Stanley A. Ellisen — Von Adam bis Maleachi

Stanley A. Ellisen

VON ADAM BIS MALEACHI

Das Alte Testament verstehen

Christliche
Verlagsgesellschaft
Dillenburg

CIP-Kurztitelaufnahme der Deutschen Bibliothek

Ellisen, Stanley A.:
Von Adam bis Maleachi; Stanley A. Ellisen
(Übers.: Mitarbeiter der BAO in Österreich;
Überarb.: Helmut Tillmanns)
Dillenburg: Christliche Verlagsgesellschaft

Einheitssacht.: Knowing Gods Word <dt.>

ISBN 3-921 292-71-9

Originaltitel: Knowing Gods Word
© Copyright 1984 by Stanley A. Ellisen, USA
© Copyright 1988 der deutschsprachigen Ausgabe:
Christliche Verlagsgesellschaft, Dillenburg
Übersetzung: Mitarbeiter der BAO Österreich
Überarbeitung: Helmut Tillmanns, Wermelskirchen
Umschlaggestaltung und Foto: Eberhard Platte, Wuppertal
Druck: Druckhaus Gummersbach
Printed in West-Germany

Inhalt

Vorwort	9
Richtlinien der Bibelauslegung	11
Der hebräische Kalender und die Zeitrechnung im Alten Testament	12
Die Bücher des Alten Testaments	13
Chronologische Übersicht über das Alte Testament	14
Einleitung in die Mosebücher	16
Das erste Buch Mose	17
Einleitung	17
Gliederung von 1. Mose	20
Chronologie von 1. Mose	21
Besonderheiten von 1. Mose	23
Die biblischen Bundesschließungen: Der Herr zeichnet seinen Plan vor	25
Übersicht über die biblischen Bundesschließungen	26
Das zweite Buch Mose	26
Einleitung	26
Gliederung von 2. Mose	29
Die ägyptischen Pharaonen und ihr Bezug zu Israel	30
Besonderheiten von 2. Mose	31
Offenbarungen Gottes in 2. Mose	33
Die geistliche Bedeutung der Stiftshütte	34
Das dritte Buch Mose	34
Einleitung	34
Gliederung von 3. Mose	36
Besonderheiten von 3. Mose	36
Die Opfer des Alten Testaments	39
Der herbäische Festkalender	40
Die heiligen Feste Israels und ihre Bedeutung	41
Das vierte Buch Mose	42
Einleitung	42
Gliederung von 4. Mose	44
Chronologie der Wüstenwanderung Israels	45
Besonderheiten von 4. Mose	46
Lagerordnung der Stämme Israels in der Wüste	49
Marschordnung der Stämme Israels durch die Wüste	48
Bevölkerungsentwicklung Israels in der Wüste	49
Das fünfte Buch Mose	50
Einleitung	50
Gliederung von 5. Mose	52
Besonderheiten von 5. Mose	53
Einleitung in die Geschichtsbücher	55
Die Dreiteilung der Geschichtsbücher	58
Das Buch Josua	59
Einleitung	59
Gliederung von Josua	61
Besonderheiten von Josua	62
Stammesgebiete und Zufluchtsstädte	63
Moralische Untersuchung der Eroberungen Josuas	66
Die Bücher Richter und Rut	67
Einleitung	67
Gliederung von Richter	68
Chronologie der Zeit der Richter	69
Besonderheiten von Richter	71
Das Buch Rut	73
Einleitung	73
Gliederung von Rut	74
Besonderheiten von Rut	75
Bedeutung der Leviratsehe in Rut	76
Die Bücher Samuel	77
Einleitung	77
Gliederung von 1. Samuel	79
Gliederung von 2. Samuel	80
Chronologie der Ereignisse in den Samuelbüchern	81
Die Schlachten Israels in den Samuelbüchern	82
Besonderheiten von 1. und 2. Samuel	83
Die Bücher der Könige	87
Einleitung	87
Gliederung von 1. Könige	89
Gliederung von 2. Könige	89

Inhalt

Chronologie der Könige des
  geteilten Reiches 90
Meilensteine der Geschichte Israels
  von Salomo bis Zedekia 92
Besonderheiten von 1. und 2. Könige .. 93

Die Bücher der Chronik 97
Einleitung 97
Gliederung von 1. Chronik 99
Gliederung von 2. Chronik 100
Besonderheiten von 1. und 2. Chronik . 101

Die Bücher Esra und Nehemia 103
Einleitung 103
Gliederung von Esra 106
Gliederung von Nehemia 106
Chronologie der Ereignisse der
  persischen Zeit 107
Besonderheiten von Esra und Nehemia . 109
Bedeutende Herrscher während der
  Gefangenschaft und Heimkehr 111

Das Buch Ester 113
Einleitung 113
Gliederung von Ester 115
Besonderheiten von Ester 116

Einleitung in die poetischen Bücher 118

Einleitung in die Weisheitsliteratur . 121

Das Buch Hiob 123
Einleitung 123
Gliederung von Hiob 125
Besonderheiten von Hiob 126

Das Buch der Psalmen 128
Einleitung 128
Übersicht über die fünf Bücher der
  Psalmen 134
Psalmengattungen 135
Gliederung und Inhalt der Psalmen 136
Besonderheiten der Psalmen 141

Das Buch der Sprüche 145
Einleitung 145
Gliederung der Sprüche 147
Besonderheiten der Sprüche 148

Das Buch Prediger 151
Einleitung 151
Gliederung des Predigers 153
Besonderheiten des Predigers 153

Das Buch Hohelied 156
Einleitung 156
Gliederung des Hohelieds 160
Besonderheiten des Hohelieds 161

Einleitung in die prophetischen Bücher 163

Übersicht über die Wirkungszeit der Schriftpropheten 166

Der Prophet Jesaja 167
Einleitung 167
Gliederung von Jesaja 171
Besonderheiten von Jesaja 172
Der symmetrische Aufbau von
  Jesaja 40-66 176

Der Prophet Jeremia 178
Einleitung 178
Gliederung von Jeremia 180
Besonderheiten von Jeremia 181
Übersicht über das Wirken Jeremias ... 184

Das Buch der Klagelieder 185
Einleitung 185
Gliederung der Klagelieder 187
Besonderheiten der Klagelieder 188

Der Prophet Hesekiel 190
Einleitung 190
Gliederung von Hesekiel 192
Besonderheiten von Hesekiel 193

Der Prophet Daniel 197
Einleitung 197
Gliederung von Daniel 200
Besonderheiten von Daniel 201

Einleitung in die kleinen Propheten 206

Der Prophet Hosea 207
Einleitung 207
Gliederung von Hosea 209
Besonderheiten von Hosea 209

Inhalt

Der Prophet Joel 211
   Einleitung 211
   Gliederung von Joel 213
   Besonderheiten von Joel 213
   Der prophetische Tag des Herrn 215

Der Prophet Amos 216
   Einleitung 216
   Gliederung von Amos 218
   Besonderheiten von Amos 219

Der Prophet Obadja 220
   Einleitung 220
   Gliederung von Obadja 223
   Besonderheiten von Obadja 223

Der Prophet Jona 225
   Einleitung 225
   Gliederung von Jona 227
   Besonderheiten von Jona 228

Der Prophet Micha 230
   Einleitung 230
   Gliederung von Micha 231
   Besonderheiten von Micha 232

Der Prophet Nahum 233
   Einleitung 233
   Gliederung von Nahum 236
   Besonderheiten von Nahum 236

Der Prophet Habakuk 238
   Einleitung 238
   Gliederung von Habakuk 239
   Besonderheiten von Habakuk ... 240

Der Prophet Zephanja 241
   Einleitung 241
   Gliederung von Zephanja 242
   Besonderheiten von Zephanja ... 243

Der Prophet Haggai 244
   Einleitung 244
   Gliederung von Haggai 245
   Besonderheiten von Haggai 246

Der Prophet Sacharja 247
   Einleitung 247
   Gliederung von Sacharja 250
   Besonderheiten von Sacharja 250

Der Prophet Maleachi 253
   Einleitung 253
   Gliederung von Maleachi 255
   Besonderheiten von Maleachi ... 256

Zentrale Ereignisse der Zeit
zwischen den Testamenten 259

Register von Begriffen zur
biblischen Einleitung 260

Vorwort

Mit der Veröffentlichung dieses Werkes von Stanley E. Ellisen aus den USA wird den deutschsprechenden Lesern ein guter Dienst erwiesen.

Der Autor läßt keine Abweichungen von dem vom Heiligen Geist »gehauchten« Wort Gottes (Verbalinspiration) erkennen. Er setzt keine Fragezeichen, wo die inspirierten Schreiber einen Punkt gesetzt haben.

Ellisen führt den Leser des Alten Testaments zum Thema jedes einzelnen Buches, informiert sehr ausführlich über die Hintergründe und gibt eine durchweg originelle, doch tiefsinnige Gliederung der Bücher. Probleme, auf die der forschende Leser stoßen mag, weiß er zu lösen, und Fragen, die aufkommen mögen, zu beantworten.

Dr. Martin Luther hat gesagt: »Die ganze Schrift treibt Christus.« Auch das versucht Ellisen aufzuzeigen; der Leser wird feststellen, daß ihm das gelungen ist.

Vorwort

Wie gut kennst du das Alte Testament, die Heilige Schrift des Herrn Jesus und der Apostel? Für den Großteil der modernen Menschheit ist es ein Buch mit sieben Siegeln, und doch spricht es mächtig zu den Problemen unserer Zeit. Die Übersichten und Gliederungen dieses Buches dienen dazu, die unergründlichen Schätze der Schriften des Alten Testamentes zu erschließen und nutzbar zu machen. Wer den Schlüssel zum Alten Testament besitzt, hat die Verheißung wahren Erfolges (Jos 1,8).

Zwar sind viele ausgezeichnete Werke über das Alte Testament verfügbar, die sich mit Hintergrund und Entstehungsgeschichte befassen. Einfache Einführungen in Inhalt und Vorgeschichte zur persönlichen Anwendung dieser Bücher sind jedoch selten. Dieses Problem stellte sich mir vor fünfundzwanzig Jahren, als ich meine Lehrtätigkeit aufnahm. Seither habe ich einen Großteil meiner Arbeit der Aufgabe gewidmet, die Lücke zu schließen. Es war mir vergönnt, Studienunterlagen zu allen Büchern der Bibel herzustellen und im Laufe vieler Jahre zu verfeinern. Im Unterricht wurden sie einem gnadenlosen Härtetest unterzogen, bis ich sie in diesem Band zusammenfassen und der Öffentlichkeit vorlegen konnte. Am meisten liegt mir dabei die Verbreitung der zahlreichen Übersichten, Tabellen und Gliederungen am Herzen.

Die Besonderheiten dieses Buches sind vielfach. Jede der vier großen Gruppen alttestamentlicher Büchern wird in einer eigenen Einleitung vorgestellt, um den Leser mit der jeweiligen Literaturgestaltung vertraut zu machen. Darauf folgen Einleitungen und Übersichten zu den einzelnen Büchern mit einer straff gehaltenen Gliederung. Jede dieser Gliederungen ist auf einer Seite zusammengefaßt, um Zusammenhänge und Aufbau möglichst klar herzustellen und dem Gedächtnis einzuprägen. Beigefügt sind zahlreiche Chronologien und geschichtliche Übersichten. Sie dienen dazu, die Personen und Ereignisse der Schrift ihrem außerbiblischen Umfeld zuzuordnen und die Wechselbeziehungen zwischen Weltgeschehen und biblischer Geschichte zu verdeutlichen. Abgeschlossen wird die Einführung durch eine Liste der »Besonderheiten« jedes einzelnen Bibelbuches, die dessen einzigartige Bedeutung und seine Einbindung in die übrige Bibel beleuchtet.

Meine besondere Dankbarkeit gilt zahlreichen Förderern und Kritikern. Ein großer Teil dieses Werkes stammt keineswegs aus eigener Feder, sondern ist die Frucht vieler Anregungen anderer Autoren. Geduldige Lehrer und noch geduldigere Schüler haben sehr viel zur Entstehung dieses Bandes beigetragen. Den Geduldspreis jedoch hat meine Frau Evelyn verdient, der mein erster Dank gilt. Den Herausgebern von Thomas Nelson Publishers möchte ich hiermit meinen Dank für ihr langfristiges Interesse an diesem Projekt aussprechen. Vor allem die Ermutigung und Anregung von Herausgeber Ronald E. Pitkin (zuständig für Lehrbücher und Nachschlagewerke) war von unschätzbarem Wert. Unerläßlich war die minutiöse Detailarbeit von Marlene Patterson in der Redaktion. Ihr Verständnis für meine zeitintensive Lehrtätigkeit während der Arbeit an diesem Material ist mir in bleibender Erinnerung.

Salomo sagt: »Gottes Ehre ist es, eine Sache zu verbergen, die Ehre der Könige aber, eine Sache zu erforschen« (Spr 25,2). Es hat dem Herrn gefallen, uns in unserem Streben nach Wahrheit manches zu verbergen, um unsere Entdeckerfreude zu schüren. Mögen die vorliegenden Übersichten und Gliederungen dieses Streben nach Erkenntnis im Alten Testament unterstützen und Ausgangspunkt für viele praktische Anwendungen werden.

Stanley A. Ellisen
Portland, Oregon

Richtlinien der Bibelauslegung

Problem	Richtlinie
Wie wahr ist die Bibel?	1. Bedenke: Die gesamte Bibel ist Wort Gottes und frei von Irrtümern, weil »gotteingehaucht«. »Dein Wort ist Wahrheit« — das gilt für alle Aussagen der Bibel.
Welche Übersetzung der Bibel ist am besten geeignet?	2. Es ist ratsam, mehrere Übersetzungen miteinander zu vergleichen. Alle Lehr- und Auslegungsunterlagen müssen letztlich am griechischen bzw. hebräischen Grundtext gemessen werden. (Anm.: In unseren Zitaten verwenden wir die Revidierte Elberfelder Bibel)
Wie wörtlich sollen wir die Bibel auslegen?	3. Unser Ausgangspunkt ist immer die nächstliegende Bedeutung. Um diese zu finden, müssen wir die verwendete Formulierung im historischen Zusammenhang untersuchen. Zu beachten ist aber auch die gelegentliche Verwendung von bildhafter Sprache zur Übermittlung und Verdeutlichung einer wörtlichen Wahrheit.
	4. Die Auslegung muß in den geschichtlichen Zusammenhang passen und konkrete Aussagen zum Thema des Abschnittes enthalten. Das ergibt sich aus der induktiven Methode des Bibelstudiums. Hüte dich davor, Verheißungen oder Befehle außerhalb ihres Zusammenhanges auszulegen.
Woran erkenne ich, ob meine Auslegung richtig ist?	5. Jede Auslegung muß sich an den klaren Aussagen der übrigen Bibel messen. Das ist das deduktive Prinzip der »Stimmigkeit der Schrift« — die gesamte Schrift bildet ein einheitliches Gedankengebäude.
	6. Beachte das Prinzip der »fortschreitenden Offenbarung«: Gott offenbarte in jeder Generation nur so viel von seiner Wahrheit, wie die Empfänger verstehen konnten. Kein einzelner Ausschnitt ist in sich allein vollständig.
Wie sind menschliche Schilderungen göttlicher Wahrheit zu verstehen!	7. Beachte das Prinzip der »Anpassung Gottes«: Gott hat sich der menschlichen Sprache bedient, nicht als eines »fehlerhaften Werkzeuges«, sondern als eines göttlich vorbereiteten Trägers der biblischen Botschaft. Oft sind göttliche Wahrheiten in das Gewand menschlicher Analogien gekleidet.
Wie können wir biblische Wahrheiten auf unser Leben anwenden?	8. Lerne es, aus den Begebenheiten und Lehren des Textes Prinzipien abzuleiten. Ohne die fundierte Anwendung von Prinzipien auf das eigene Christsein verfehlt das Studium eines Textes sein eigentliches Ziel.

Der hebräische Kalender und die Zeitrechnung im Alten Testament

DAS HEBRÄISCHE JAHR. Der Kalender Israels gründet sich auf ein lunisolares Jahr (kombiniertes Mond- und Sonnenjahr), wobei alle jährlichen Feste nach dem Neumond berechnet sind. Das heilige Jahr beginnt mit dem Neumond der Führjahrs-Tag-und-Nachtgleiche, dem Ersten des Monats Abib (Nach 600 v. Chr. »Nisan«). Heute beginnt der »bürgerliche« jüdische Kalender mit dem Neumond der Herbst-Tag-und-Nachtgleiche, dem 1. Tischri. Das jüdische Jahr hat 12 Monate von abwechselnd 30 und 29 Tagen. Das Mondjahr ist somit 354 Tage lang, etwa $11^{1}/_{4}$ Tage kürzer als das Sonnenjahr (365 Tage, 5 Std., 48 Min., 46 Sek.). Zum Ausgleich wird alle drei Jahre ein dreizehnter Monat (»Schaltmonat«) angehängt (eigentlich jedes 3., 6., 8., 11., 14., 17. und 19. Jahr eines 19-Jahre-Zyklus). Dadurch bleibt der Rhythmus des Sonnenjahres (und damit die Aussaat- und Erntezeit) erhalten. Die hebräische Zeitrechnung beginnt mit dem »Jahr der Schöpfung«, das Rabbi Jose ben Halafa (um 125 n. Chr.) mit dem Jahr 3760 vor unserer Zeitrechnung angab (siehe Louis Finkelstein: *The Jews*, Bd. II, S. 1786).

DER HEBRÄISCHE MONAT. In Israel beginnt jeder Monat mit dem Neumond und wird angekündigt durch Posaunen. Die Monate werden meist mit ihrer Zahl bezeichnet, nur vier haben Namen: Abib und Siw, die zwei ersten Monate im Frühjahr, sowie Etanim und Bul, die zwei ersten im Herbst (7. und 8. Monat). nach dem Exil folgte man dem babylonischen Gebrauch und nannte den Abib »Nisan«; außerdem finden wir sechs weitere Namen: Siwan (3. Monat), Elul (6.), Tischri (7.), Kislew (9.), Schebat (11.) und Adar (12.). Im Talmud werden die folgenden Veränderungen und Ergänzungen angebracht: Ijjar (2.), Tammus (4.), Ab (5), Marcheschwan oder Cheschwan (8.) und Tebet (10.). Der Schaltmonat hieß Ve-Adar oder Adar II.

UMRECHNUNG VON HEBRÄISCHEM UND GREGORIANISCHEM KALENDER. Unser Kalender stützt sich auf das Sonnenjahr und ist benannt nach Papst Gregor, der 1582 den julianischen Kalender revidierte. Dieser war 45 v. Chr. von Julius Cäsar eingeführt worden. Papst Gregor strich einfach das hundertjährige Schaltjahr der julianischen Zeitrechnung und ersetzte es durch ein 400jähriges Schaltjahr. Somit wurde das julianische Jahr um 12 Minuten verkürzt. Weil das Mondjahr $11^{1}/_{4}$ Tage kürzer ist als das Sonnenjahr, fällt der Neumond auf unserem Kalender jedes Jahr $11^{1}/_{4}$ Tage zurück (bzw. läuft 19 Tage vor), weshalb sich der hebräische Monat gegenüber dem gregorianischen ständig verschiebt. Diese Verschiebung ist aus nebenstehender Umrechnungstabelle für die Jahre 1983-1987 ersichtlich (*American Jewish Year Book,* 1983).

DIE PROBLEME BEI DER EXAKTEN UMRECHNUNG HEBRÄISCHER DATEN. Aus der Tabelle geht auch hervor, wie unmöglich es in der Praxis ist, biblische Daten auf unserem Kalender genau wiederzugeben. Gewöhnlich wird der jüdische Monat mit zwei unserer Monate gleichgesetzt (z.B. Nisan = März/April; Ijjar = April/Mai usw.) Damit ist der zeitliche Rahmen zwar ungefähr wiedergegeben, die Genauigkeit der biblischen Datumsangaben geht jedoch verloren. Darum haben wir in diesem Band einen anderen Weg beschritten: Der hebräische Monat wird einfach mit unserem Monat gleichgesetzt, also: Nisan = April; Ijjar = Mai usw. Das ist zwar astronomisch nicht genau, macht die biblischen Datumsangaben aber konkret und einprägsam.

Hebräischer Monat		(Tage)	Entsprechung im gregorianischen Jahr					
vorexil.	nachexil.		Neumond	1983	1984	1985	1986	1987
1. (Abib)	Nisan	(30)	1. Nisan	15. März	3. April	23. März	10. April	31. März
2. (Siw)	Ijjar	(29)	1. Ijjar	13. April	2. Mai	21. April	9. Mai	29. April
3.	Siwan	(30)	1. Siwan	13. Mai	1. Juni	21. Mai	8. Juni	29. Mai
4.	Tammus	(29)	1. Tammus	11. Juni	30. Juni	19. Juni	7. Juli	27. Juni
5.	Ab	(30)	1. Ab	11. Juli	30. Juli	19. Juli	6. Aug.	27. Juli
6.	Elul	(29)	1. Elul	9. Aug.	28. Aug.	17. Aug.	4. Sep.	25. Aug.
7. (Etanim)	Tischri	(30)	1. Tischri	8. Sept.	27. Sept.	16. Sept.	4. Okt.	24. Sept.
8. (Bul)	Cheschwan	(29)	1. Cheschwan	7. Okt.	26. Okt.	15. Okt.	2. Nov.	23. Okt.
9.	Kislew	(30)	1. Kislew	6. Nov.	25. Nov.	14. Nov.	2. Dez.	22. Nov.
10.	Tebet	(29)	1. Tebet	6. Dez.	24. Dez.	13. Dez.	1. Jan.	22. Dez.
11.	Schebat	(30)	1. Schebat	5. Jan.	23. Jan.	11. Jan.	31. Jan.	21. Jan.
12.	Adar	(29)	1. Adar	3. Feb.	21. Feb.	9. Feb.	1. März	20. Feb.
	Adar II		1. Adar II	4. März	—	11. März	—	—

Die Bücher des Alten Testaments
Anordnung in der griechischen und deutschen Bibel — 39 Bücher

DIE GESCHICHTSBÜCHER	17	Die Mosebücher Spätere Geschichte	(5) (12)	1. bis 5. Mose Josua bis Ester
DIE POETISCHEN BÜCHER	(5)	Weisheitsbücher Lyrische Bücher	(3) (2)	Hiob, Sprüche, Prediger Psalmen, Hohelied
DIE PROPHETISCHEN BÜCHER	(17)	Große Propheten Kleine Propheten	(5) (12)	Jesaja bis Daniel Hosea bis Maleachi

Chronologische Übersicht über das Alte Testament

Das Alte Testament ist fest in seinen geschichtlichen Rahmen eingebettet. 1. Mose beginnt mit der Urgeschichte, von der aus weltlichen Quellen keinerlei Daten vorliegen. Es enthält genaue Geschlechtstafeln mit umfassenden Geburts- und Todesangaben. Von Adam bis Joseph wird jedes Glied

Anordnung in der hebräischen Bibel — 24 Bücher

DAS GESETZ — »Thora« (5)	Die Bücher Mose	1. Mose =	»Im Anfang«
		2. Mose =	»Und dies sind die Namen«
		3. Mose =	»Und der HERR rief«
		4. Mose =	»Und der HERR redete«
		5. Mose =	»Dies sind die Worte«
DIE PROPHETEN — »Nevi'im« (8)	Vordere Propheten	Josua Richter Samuel Könige	
	Spätere Propheten	Jesaja Jeremia Hesekiel Die 12 kleinen Propheten	
DIE SCHRIFTEN — »Kethubim« (11)	poetische Bücher	Hiob Psalmen — »Buch der Loblieder« Sprüche	
	Rollen (an Festen gelesen)	Hohelied (an Passah gelesen) Rut (an Pfingsten) Klagelieder (am Gedenktag der Zerstörung Jerusalems) Prediger (am Laubhüttenfest) Ester (am Purimfest)	
	Geschichtsbücher	Daniel Esra/Nehemia Chronika — »Worte der Tage«	

Katholische und anglikanische Bibeln enthalten auch apokryphe Bücher (aus der griechischen LXX). Sie heißen dort »deuterokanonisch«. Es sind dies die Bücher Tobit, Judit, Weisheit Salomos, Jesus Sirach, Baruch, der Brief Jeremias, 1. und 2. Makkabäer und Zusätze zu den Büchern Ester und Daniel. In manchen Bibeln finden sich auch 1. Esra, das Gebet Manasses und 2. Esra (in der LXX nicht enthalten).

genaustens mit dem vorhergehenden in Verbindung gebracht, um ein exaktes Zeitschema zu erhalten. Auch die Zeit von Joseph bis Mose ist genau datiert: »an eben diesem Tag« (2 Mo 12,41). Diese exakte Datierung erstreckt sich bis in die Regierungszeit Salomos (1 Kö 6,1).

Unterschiedliche Zeittafeln

Dennoch gibt es eine Vielzahl biblischer Zeittafeln. Die bekannteste stammt von Erzbischof James Usher (1650), der die Schöpfung mit 4004 v. Chr. errechnete. Woher diese Unterschiede? Nun, es gibt mehrere exegetische Probleme, vor allem in 2 Mo 12,40 wo der Aufenthalt der Söhne Israel in Ägypten mit 430 Jahren angegeben wird. Der *Samaritanische Pentateuch* und die griechische LXX nämlich schließen in diesen 430 Jahren die Zeit der Erzväter mit ein. Rechnet man diese 215 Jahre von der Gesamtdauer von 430 Jahren ab, so erhält man für den Aufenthalt in Ägypten eine Dauer von 215 Jahren. Damit fällt die Erschaffung Adams auf 4004 v. Chr., genau 4000 Jahre vor der Geburt Christi, (womit für die Wiederkunft das Jahr 1996 nahegelegt wird, 6000 Jahre nach der Erschaffung Adams, beachte Mt 24,36.).

Der hebräische Text spricht jedoch ausdrücklich von den 430 Jahren als der »Zeit, die sie in Ägypten zugebracht hatten.« Dazu passen auch die Annäherungswerte in 1 Mo 15,13.16 und Apg 7,6 sowie die Angabe in Gal 3,17 (die »Bestätigung des Bundes« wird in 1 Mo 46,3 erwähnt). Aufgrund dieser Überlegungen haben wir unsere Zeittafel auf eine streng wörtliche Auslegung des hebräischen Textes aufgebaut. Damit wollen wir andere Auslegungen nach Dynastien oder Lücken in den Geschlechtsregistern nicht ausschließen (z.B. die *Sumerische Königsliste*), doch müssen wir von der normalen, wörtlichen Auslegung ausgehen. Um einen Text zu verstehen, muß man ihn kennen. Jede Abweichung von der streng wörtlichen Bedeutung muß aus dem Zusammenhang ausreichend gerechtfertigt sein.

Zeittafel der alttestamentlichen Geschichte

		An. Hom.	v. Chr.
1.	Erschaffung Adams (Anno Hominis = Jahr des Menschen)	0	4173
2.	Schöpfung bis Jakobs Ankunft in Ägypten (1Mo 5; 11; 47,9) 2298 Jahre	2298	1875
3.	Jakobs Ankunft in Ägypten bis Auszug unter Mose (2Mo 12,40) 430 Jahre	2728	1445
4.	Auszug bis Errichtung des Tempels Salomos 480 Jahre	3208	966
5.	Beginn der Herrschaft Davids	3163	1010
6.	Teilung des Reiches	3242	931
7.	Reform beider Reiche durch Jehu	3332	841
8.	Fall Samarias	3451	722
9.	Beginn des jüdischen Exils (606; 597; 586)	3567	606
10.	Rückkehr unter Serubbabel zum Wiederaufbau des Tempels	3636	537
11.	Rückkehr unter Nehemia zum Wiederaufbau der Stadtmauer	3729	444
12.	Vom Edikt des Kyrus bis zur Ausrottung des Gesalbten 476 Jahre (genaue Berechnung siehe Kapitel über Daniel)	4210	33 n.Chr.
13.	Geburt des Messias (wenige Monate vor dem Tod des Herodes, der kurz nach einer Mondfinsternis am 12. März 4 v.Chr. starb)	4169	5 v.Chr.

Genauere Untersuchungen finden sich in Martin Anstey: *Romance of Bible Chronology* (ein Klassiker zu diesem Thema); Jack Finegan: *Handbook of Biblical Chronology*; Harold Hoehner: »Genealogy«, in *Wycliffe Bible Encyclopedia*; Phillip Mauro: *The Chronology of the Bible*; Kennet Kitchen: *Ancient Orient and the Old Testament*.

Einleitung in die Mosebücher

I. Bezeichnung.

Früher wurden statt Büchern Schriftrollen verwendet, deren Länge ausgerollt etwa 10 Meter betrug. Das reichte gerade aus, um die fünf Bücher Mose zu fassen. Die Juden nannten diese Bücher »Thora« (Lehre) oder »das Gesetz«. In der griechischen Übersetzung heißen sie »Pentateuch« (von *pente* = fünf und *teuchos* = Behälter, in denen die Rollen verwahrt wurden).

II. Verfasser.

Die Urheberschaft dieser Bücher durch Mose war bei Juden wie Christen unangefochten, bis sie Baruch Spinoza 1671 infrage stellte. Seither pflegen moderne Gelehrte aus text- und sprachkritischen Gründen die Echtheit der Bücher abzustreiten. Doch innere wie äußere Beweise aus dem Alten und Neuen Testament weisen unzweideutig auf Mose als Autor hin. Die Verwendung bereits vorhandener Urkunden sowie direkter Offenbarungen von Gott widerspricht in keiner Weise dem Grundsatz der Inspiration, wurde doch die Auswahl dieser Materialien von Gott selbst überwacht. Wer die mosaische Verfasserschaft leugnet, stellt sich gegen das übereinstimmende Zeugnis der Schrift und untergräbt die Glaubwürdigkeit sowohl der Mosebücher als auch der ganzen Bibel. (Dieser Frage werden wir bei 1. Mose näher nachgehen.)

III. Die Bedeutung der Mosebücher

Der Wert dieser uralten Bücher ist unschätzbar. Sie sind von grundlegender Wichtigkeit für fünf große Bereiche:

A. *Kosmisch* erklären sie den Ursprung des Universums, denn sie stellen den einzigen alten Bericht über den »Urgrund des Seins« dar. »Der Erste Beweger, von Philosophen und Denkern aller Zeiten vergeblich gesucht, wird in den allerersten Worten eingeführt.«

B. *Ethnisch* umfassen die Mosebücher Entstehung und Verbreitung der drei großen Rassen der Menschheit: Indogermanen, Negroide und Mongolide.

C. *Historisch* sind sie die einzige Quelle, die die Abkunft der Menschheit lückenlos bis Adam zurückverfolgt. Sie erheben nicht den Anspruch, eine vollständige Geschichte der Völker zu enthalten, sondern beschränken sich bewußt auf das Walten Gottes in seinem Reichs- und Heilsplan. Dabei wird die Geschichte Israels an Abraham, dem die Bundesverheißung zuteil wurde, geknüpft.

D. *Religiös* sind sie die bedeutendsten Bücher der Menschheit, denn sie schildern Person und Wesen Gottes, die Erschaffung des Menschen und seinen Sündenfall sowie die Bundesschließungen und Heilsverheißungen Gottes.

E. *Prophetisch* enthalten die Mosebücher die Ansatzpunkte für alle wichtigen Themen der Bibel. Wie schon ihre Geschichtsdarstellung hat auch ihre Prophetie den Messias zum Mittelpunkt. Gemeinsam stellen sie eine wohlausgewogene Weltsicht dar, wobei ihre Geschichte in ihrer Prophetie Erfüllung findet.

IV. Einteilung der Mosebücher.

A. NACH DEM WESEN GOTTES

- 1. MOSE   Gottes Hoheit über das All, den Menschen und die Völker
- 2. MOSE   Gottes Macht in Gericht und Erlösung
- 3. MOSE   Gottes Heiligkeit und sein heiliges Gesetz
- 4. MOSE   Gottes Güte und sein Ernst in der Züchtigung
- 5. MOSE   Gottes Treue zu seinen Verheißungen

B. NACH DEM PLAN GOTTES ZUR AUFRICHTUNG SEINER HERRSCHAFT

- 1. MOSE   Notwendigkeit und Vorgeschichte seiner Herrschaft
- 2. MOSE   Aufrichtung und Verfassungsgebung seiner Herrschaft
- 3. MOSE   Die geistliche Ordnung seiner Herrschaft
- 4. MOSE   Die politische Ordnung seiner Herrschaft
- 5. MOSE   Die Neuordnung seiner Herrschaft für das Gelobte Land

Das erste Buch Mose

Einleitung

Titel und Autor

A. BEZEICHNUNGEN

1. Die Juden nennen es »Bereschit« nach dem ersten Wort »Im Anfang«.
2. Die Übersetzer der griechischen Septuaginta (LXX) nannten es »Genesis« (Ursprünge), da es die Entstehung des Alls, des Menschen sowie der Völker zum Inhalt hat.

B. ANGRIFFE GEGEN DIE VERFASSERSCHAFT MOSES

1. Bis ins 17. Jahrhundert war Mose einhellig als Autor der fünf Bücher des Pentateuch anerkannt.
2. Seit Baruch Spinoza 1671 Esra als Autor vorschlug, hat man eine Unzahl von abweichenden Theorien entworfen. Aufgrund verschiedener Gottesnamen, Stilrichtungen und Entwicklungsstufen des Gottesdienstes wurden mehrere Quellen rekonstruiert. Dazu haben vor allem die folgenden Forscher beigetragen.
   a. Jean Astruc (1753) nahm aufgrund der Verwendung der Gottesnamen zwei Autoren an: den Elohisten (E) und den Jahwisten (J).
   b. Johann Eichhorn (1780) stellte fest, daß mit den Gottesnamen auch der literarische Stil wechselte, wonach er ebenfalls zwei Autoren unterschied.

- c. Alexander Geddes (bekanntgemacht durch W. M. de Wette, 1792) nahm mehrere Autoren an, jedoch einen Redaktor, der die verschiedenen Quellentexte zu einem Ganzen vereinte.
- d. Hermann Hupfeld, Karl Graf und Abraham Kuenen (1853-69) unterschieden von E noch eine Priesterschrift (P). Als letztes Buch wäre 5. Mose entstanden (D, von der griechischen Bezeichnung Deuteronomie).
- e. Julius Wellhausen (1876) stellte die klassische Urkundenhypothese mit der Reihenfolge J-E-D-P- auf.

3. Heute ist die Urkundenhypothese Wellhausens, der die Entstehung des Pentateuch erst im Exil oder später ansetzte, weithin verworfen, die Vierquellentheorie jedoch nicht.
Folgende Reihenfolge der vier Quellen wird nach wie vor angenommen

- a. J — der Jahwist schrieb im Südreich um 950 v. Chr.
- b. E — der Elohist schrieb im Nordreich um 850 v. Chr.
- c. D — Deuteronomium wurde um 650 v. Chr. abgefaßt, kurz vor Josia.
- d. P — die Priesterschaft entstand aus alten mosaischen Traditionen nach dem Exil, um 525 v. Chr.

4. Wer die Urheberschaft Moses abstreitet, untergräbt weitere wichtige Lehren.
- a. Er stellt die göttliche Inspiration infrage, da dann die Bücher Mose nur religiöses Machwerk sind statt direkte Worte Moses, des Propheten Gottes.
- b. Er bestreitet die historische Glaubwürdigkeit der Berichte und Gesetze, da die Texte den Anstrich der Urkundenfälschung erhalten. Es handelt sich somit um fromme Mythen eines religiösen Kultes anstatt um beglaubigte Tatsachenberichte.

C. *ARGUMENTE FÜR DIE VERFASSERSCHAFT MOSES*

1. Mose ist zweifelsfrei der größte Gelehrte des Altertums und erhebt selbst den Anspruch, auf direkten Befehl Gottes zu schreiben (2 Mo 17,14; 34,27; 5 Mo 31,9.24; vgl. Apg 7,22). Kein anderer antiker Autor weist dieselben Voraussetzungen auf wie er.
2. Ihr Inhalt sowie der altertümliche Stil und Ausdruck setzt die Mosebücher gegen das übrige Alte Testament ab. Die fünf Bücher Moses bilden eine Einheit, beseelt von der gleichen Denk- und Schreibweise.
3. Jesus selbst und das Neue Testament schreiben diese fünf Bücher, das »Gesetz« einhellig Mose zu (Joh 1,17; 5,46f; 7,19; Röm 10,5.19).
4. Archäologische Funde bezeugen eine rege literarische Tätigkeit bereits vor der Zeit Moses, (mindestens seit Abraham).
5. Die jüdische Tradition hat bis in die Neuzeit fast einhellig Mose als Autor bezeichnet.
6. Die Verwendung und Auswertung älterer Urkunden durch Mose steht nicht im Widerspruch zur göttlichen Offenbarung, da auch andere biblische Autoren sich auf außerbiblische Schriften berufen (z.B. Lk 1,1-3).

Das geschichtliche Umfeld

A. DATIERUNG — ca. 1443 v. Chr.

    1. Zwar hätte Mose dieses Buch bereits während seines vierzigjährigen Aufenthalts in Midian schreiben können, doch ist fraglich, ob er damals die menschliche Motivation und die göttliche Inspiration zur Abfassung dieses Monumentalwerkes hatte. Wahrscheinlicher ist eine Datierung nach der Beauftragung am brennenden Dornbusch.

    2. Am ehesten ist eine Abfassungszeit zu Anfang der Wüstenwanderung anzunehmen, als er Israel die Grundtatsachen der göttlichen Wahrheit und seinen Bundesplan für das Volk nahebringen wollte.

B. ZEITSPANNE VON 1. MOSE — 2369 Jahre

    1. 1. Mose reicht von der Erschaffung des Alls und des Menschen bis zum Tod Josephs.

    2. Die Zeit seit Adams Erschaffung läßt sich aus dem Text als genau 2369 Jahre errechnen, wenn wir von der normalen Bedeutung der masoretischen Texte ausgehen. (Siehe Chronologie von 1. Mose.)

C. GEOGRAPHISCHES UMFELD VON 1. MOSE

    1. 1. Mose reicht vom Zweistromland Mesopotamien, der »Wiege der Menschheit«, bis zum Niltal, der Wiege des hebräischen Volkes.

    2. Dieses Gebiet wird nach seiner Form der »fruchtbare Halbmond« genannt. In ihm laufen drei Kontinente zusammen, hier liegt der »Nabel der Welt«.

D. RELIGIÖSES UMFELD

    1. Religion — das Verhältnis der Menschen zu Gott — ist für 1. Mose besonders wichtig. Vor der Sintflut scheint der Monotheismus (Glaube an einen Gott) vorherrschend gewesen zu sein. Selbstüberhebung und Auflehnung führten zu den Gerichten der Sintflut und der Zerstreuung wegen des Turmbaus zu Babel. Zur Zeit Abrahams hatte der Götzendienst sowohl in Chaldäa als auch in Ägypten allgemein Einzug gehalten. Das spätere Gericht Gottes über Ägypten erging ausdrücklich wegen des Götzendienstes.

    2. Die religiöse Entwicklung von 1. Mose 1,11 zeigt anschaulich die unausweichlichen Folgen der Sünde, die alles durchtränkt und verdirbt, was in ihren Machtbereich gerät. Loslösung von Gott und Eigensucht beginnen im Herzen und erstrecken sich bald auf die Ehe, Familie, Nachkommen und die gesamte Gesellschaft. In der Sintflut mußte Gott fast das gesamte Menschengeschlecht vernichten, um es zu erhalten.

    3. In der Geschichte von Abraham und seiner Segenslinie wird Gottes Heilsplan als Lösung des Sündenproblems vorgestellt. Aus einer Welt voller Götzendienst (Jos 24,2) erwählte sich Gott Abraham, den Mann des Glaubens, um ihm Gnade zu erweisen und mit ihm einen Bund, durch den sein Heilsplan verwirklicht werden sollte, zu schließen.

Der Zweck von 1. Mose

A. **Historischer Zweck** ist ein wirklichkeitsgetreuer Bericht über die edle Abkunft des Menschen in der Schöpfung, seine schändliche Sünde mit ihren Folgen in Verderben und Gericht sowie die Vorstellung von Gottes Herrschafts- und Heilsplan auf der Erde. Der Bericht beschränkt sich bewußt auf das Wesentliche und läßt alle Nebenlinien beiseite, um sich gänzlich dem Heils- und Bundeswalten Gottes zuzuwenden.

B. **Theologischer Zweck** ist die Betonung der Hoheit und Erhabenheit Gottes über seine Schöpfung und die Verantwortung des Menschen diesem erhabenen Gott gegenüber. Wer ihm gehorcht, erfährt Gnade und Befreiung, wer sich von ihm lossagt und in Auflehnung lebt, dem bleibt das Gericht nicht erspart.

Geschlechtsregister in 1. Mose

»Dies ist die Geschlechterfolge«, hebr. *Toledot* (wörtlich »Hervorbringungen, Erzeugungen«)*

1. »Toledot« der Himmel und der Erde — 2,4 (von 1,1)
2. »Toledot« Adams — 5,1
3. »Toledot« Noahs — 6,9
4. »Toledot« der Söhne Noahs — 10,1
5. »Toledot« Sems — 11,10
6. »Toledot« Terachs — 11,27
7. »Toledot« Ismaels — 25,12
8. »Toledot« Isaaks — 25,19
9. »Toledot« Esaus — 36,1.9
10. »Toledot« Jakobs — 37,2

* Beachte die allgemeine Tendenz: weg von den Nebenlinien und hin zur Segenslinie.

Gliederung von 1. Mose

THEMA: Gottes Werk der Schöpfung und Erlösung

I. DIE URGESCHICHTE: DER ANFANG DER MENSCHHEIT 1-11
   A. *Die Schöpfung* 1-2
      1. Allgemeiner Schöpfungsbericht .... (1)
      2. Spezieller Schöpfungsbericht: Der Mensch .... (2)
   B. *Der Sündenfall* 3-6
      1. Der Ursprung der Sünde .... (3)
      2. Das Fortschreiten der Sünde .... (4-6)

  C. *Die Sintflut* 6-8
    1. Die Ursachen der Flut ....(6)
    2. Der Ablauf der Flut ....(7)
    3. Die Folgen der Flut ....(8)
  D. *Der Neuanfang* 9-11
    1. Das neue Geschlecht Noahs ....(9-10)
    2. Die neue Rebellion von Babel ....(11)

II. DIE ERZVÄTER: DER ANFANG DES VOLKES ISRAEL 12-50
  A. *Das Leben Abrahams* — Verheißung des Bundes 12-24
    1. Beginn des Bundesglaubens ....(12-14)
    2. Erprobung des Bundesglaubens ....(15-21)
    3. Wachstum des Bundesglaubens ....(22-24)
  B. *Das Leben Isaaks* — Weitergabe des Bundes 21-26
    1. Geburt und Heirat ....(21-24)
    2. Der Segen des Bundes ....(25-26)
  C. *Das Leben Jakobs* — Fortbestand des Bundes 27-36
    1. Der Raub des leiblichen Segens ....(27-30)
    2. Der Verlust des geistlichen Segens ....(31-36)
  D. *Das Leben Josephs* — Bewährung des Bundes 37-50
    1. Wachstum durch Leid ....(37-40)
    2. Sieg durch Vertrauen ....(41-50)

Chronologie von 1. Mose

NAME	GEBURTSJAHR		ALTER BEI ERSTEM SOHN	JAHRE DANACH	LEBENS- ALTER	TODESJAHR	
	An. Hom.	v.Chr.				An. Hom.	v.Chr.
1. Adam	0	4173	130	800	930	930	3243
2. Set	130	4043	105	807	912	1042	3131
3. Enosch	235	3938	90	815	905	1140	3033
4. Kenan	325	3848	70	840	910	1235	2938
5. Mahalalel	395	3778	65	830	895	1290	2883
6. Jered	460	3713	162	800	962	1422	2751
7. Henoch	622	3551	65	300	365	987	3186
8. Metuschelach	687	3486	187	782	969	1656	2517
9. Lamech	874	3299	182	595	777	1651	2522
10. Noah	1056	3117	500	450	950	2006	2167

| SINTFLUT | 1656 | 2517 | | | | | |

NAME	GEBURTSJAHR		ALTER BEI ERSTEM SOHN	JAHRE DANACH	LEBENS- ALTER	TODESJAHR	
	An. Hom.	v.Chr.				An. Hom.	v.Chr.
11. Sem	1558	2615	100	500	600	2158	2015
Ham							
Jafet							
12. Arpachschad	1658	2515	35	403	438	2096	2077
13. Schelach	1693	2480	30	403	433	2126	2047
14. Eber	1723	2450	34	430	464	2187	1986
15. Peleg	1757	2416	30	209	239	1996	2177
16. Regu	1787	2386	32	207	239	2026	2147
17. Serug	1819	2354	30	200	230	2049	2124
18. Nahor	1849	2324	29	119	148	1997	2176
19. Terach	1878	2295	70	135	205	2083	2090
Haran							
Nahor							
20. Abraham	2008	2165	100	75	175	2183	1990

| BERUFUNG ABRAHAMS | 2083 | 2090 | | | | | |

21. Isaak	2108	2065	60	120	180	2288	1885
22. Jakob	2168	2005	91	56	147	2315	1858
23. Joseph	2259	1914	?	?	110	2369	1804
(Beachte: Die Segenslinie geht über Juda, nicht über Joseph)							

ANKUNFT JAKOBS IN ÄGYPTEN	2298	1875					
(Beachte: Die 430 Jahre »in Ägypten« sind entweder mit Abraham im Jahre 2090 oder von der Bestätigung des Bundes an Jakob 1875 v.Chr. gerechnet.							
Siehe 1Mo 12,1-3; 15,13; 46,2-4; 2Mo 12,40; Apg 7,6 und Gal 3,17).							

| Mose | 2648 | 1525 | — | — | — | 2768 | 1405 |

* Anmerkungen

1) Diese Daten gehen davon aus, daß der Auszug aus Ägypten 1445 v.Chr. stattfand (John Garstang: *Foundations of Bible History*; Gleason Archer: *A. Survey of Old Testament Introduction*). Der Beginn des Tempelbaus fällt somit ins Jahr 967 v.Chr. (Edwin R. Thiele: *The Mysterious of the Hebrew Kings*, J. Barton Payne: *An Outline of Hebrew History*). Die Ungenauigkeit beträgt plus oder minus 1 Jahr; der Aufenthalt in Ägypten ist mit 430 Jahren unterstellt.

2) Die Geschichtsschreiber in 1. Mose sind die einzigen in der Bibel, die die einzelnen Lebensdaten mittels des Alters bei der Geburt des Sohnes in Verbindung bringen. Diese Zeittafel beruht also auf einer streng wörtlichen Auslegung von 1. Mose. Zwar würden nur wenige moderne Gelehrte die Erschaffung Adams im Jahr 4173 v.Chr. ansetzen; die hier vorgelegten Daten müssen jedoch als Ansatzpunkt für weitere Überlegungen dienen.

Besonderheiten von 1. Mose

1. **DIE ERHABENHEIT GOTTES.**

   Die ersten Worte der Bibel stellen Gott als den erhabenen »Urgrund des Seins« vor. Seine Existenz wird als Grundlage für alle Wahrheit vorausgesetzt. Sie wird nicht bewiesen, denn niemand kann über Gott urteilen. Wer das versucht, erweist sich als Tor (Ps 14). Als erhabener Schöpfer ist Gott niemandem verantwortlich, sondern er hat ein Recht darauf, daß alle seine Geschöpfe ihn achten und ihm gehorchen. Er offenbart nichts von seinem Ursprung und seiner Herkunft, vielmehr taucht er unvermittelt aus dem Nebel der Ewigkeit auf, um sein Schöpfungswerk zu beginnen. Als Schöpfer heißt er in Kapitel 1 »Elohim«, ein Mehrzahlwort, das seine Größe und sein umfassendes Wesen bezeichnet, aber auch die Dreieinheit nahelegt. Gottes Erhabenheit und Hoheit ist ein Hauptthema des Buches.

2. **DER EINZIGE AUTHENTISCHE BERICHT ÜBER DIE URSRPÜNGE.**

   Zwar hat man verschiedentlich alte Urkunden mit verschwommenen Hinweisen auf den Ursprung der Menschheit gefunden, doch nichts reicht an den hoheitsvollen, genauen Berichten von 1 Mo 1-2 heran. Israels erster Gesetzgeber und Historiker schöpft vorhandene Quellen aus, um unter göttlicher Inspiration die Entstehung aller Lebensgrundlagen zu überliefern. Ohne seinen Bericht hätten wir kein objektives Wissen über den Ursprung der Welt, des Lebens und des Menschen. Wir wüßten nichts über die Anfänge der Sünde, der Menschenrassen und der Sprachenvielfalt. Dieses älteste, dem Menschen erhaltene Buch lehrt uns wesentliche Wahrheiten.

3. **DER URSPRUNG DER SÜNDE.**

   Ohne dieses Buch hätten wir kein Wissen vom Usprung des Bösen in der Welt. Nach 1 Mo ist die Sünde nicht von Gott in die Welt gesetzt, — sie entstand im Herzen des ersten Menschenpaares. Ihre Ursache ist nicht in der Umwelt zu suchen, auch nicht in der Schlange oder dem Baum. Diese waren nur der Anlaß zur Sünde. Die eigentliche Ursache liegt im selbstsüchtigen Wollen, das Gottes Hoheit zurückweist und im Ungehorsam eigene Wege geht.
   War die Sünde einmal vorhanden, breitete sie sich unerbittlich aus. Das sehen wir in 1 Mo 4-6, wo sie sich vom Herzen in die Familie, zu den Kindern und von da in die ganze übrige Gesellschaft fortpflanzt. Das Ergebnis sehen wir in 6,11-12; »Die Erde war erfüllt mit Gewalttat«, und »alles Fleisch hatte seinen Weg verdorben.«
   Sünde kann nicht verborgen bleiben oder sich in eine untergeordnete Rolle fügen.

4. **DAS BUCH DER GROSSEN ÜBERNATÜRLICHEN GERICHTE.**

   Ähnlich wie die Offenbarung am Ende der Bibel berichtet 1. Mose von mehreren übernatürlichen Gerichtshandlungen Gottes: 1) der Fluch nach dem Sündenfall; 2) die Sintflut; 3) die Sprachverwirrung zu Babel und 4) Feuer und Schwefel auf Sodom und Gomorra. Ursache war jedesmal Aufruhr gegen Gottes Willen, der moralische Verderbtheit nach sich zog. Diese Gerichte verdeutlichen Gottes kompromißloses Vorgehen gegen Sünde und Aufruhr. Immer jedoch geht mit dem Gericht auch Gottes Angebot der Gnade und Vergebung einher. Die Überreste der Gerichte blieben in jedem Fall als Mahnmal stehen, um auch in Zeiten der Gnade an Gottes Zorn gegen die Sünde zu erinnern.

5. **DAS UREVANGELIUM.**

Der Ursprung der Sünde zog aber nicht nur das Gericht Gottes, sondern auch die Verheißung der Erlösung (3,15) nach sich. Gemäß der Verheißung Gottes wird der »Same« der Frau der Schlange den Kopf zermalmen, so wie die Schlange seine Ferse zermalmen wird (ein Bild für Christus und den Teufel, Joh 12,31-32; Offb 12,9). Dies ist ein Vorausbild auf Gottes Herrschafts- und Heilsplan. Christi Tod hat den Satan und sein Reich prophetisch vernichtet, weil er die Erlösung der Nachkommen Adams und Evas erwirkte. Diese erste Gottesverheißung war das »Johannes 3,16« des Alten Testamentes, wo auf den Glauben an Opferblut angespielt wird.

6. **DER ABRAHAMBUND.**

Der zentrale Abschnitt von 1 Mo ist die Geschichte des Bundes Gottes mit Abraham. Die ersten elf Kapitel zeigen das »Dilemma des Menschen« auf, das Fortschreiten der Sünde — die letzten 39 Kapitel die »Befreiung Gottes«, die Verheißung des Heils. Diese vierteilige Verheißung, »Abrahambund« genannt, bildet das Sprungbrett für alles künftige Handeln Gottes am Menschen. Gott versprach dem Abraham persönlichen, nationalen, territorialen und geistlichen Segen durch seinen »Samen«. Abrahams Leben ist der Bericht dieses Bundes. Sechsmal erscheint »Jahwe« (der Bundesgenosse) Abraham: 1) zur Bundesstiftung (12,1-3); 2) zur Bundesbestätigung (12,7); 3) zur Bundeserweiterung (13,14-17); 4) zur Ratifikation des Bundes (15,8-18); 5) zur Zeichenstiftung (17,10) und 6) zur Bekräftigung mit einem Eid (22,16-18). An keine Bedingung geknüpft, kann der Bund weder durch das Versagen Abrahams noch seiner Nachkommen aufgehoben werden.

Obwohl teilweise in Israels Geschichte erfüllt und im geistlichen Sinne bei Christi erstem Kommen vollendet, wird der Abrahambund bei der Wiederkunft Christi, des »Samens« Abrahams (Gal. 3,16), vollständig erfüllt.

7. **CHRISTUS IN 1. MOSE.**

Das Buch der Ursprünge spricht auch von der Wiederkunft Christi, wenn auch dem natürlichen Menschen verborgen. Im Gläubigen wecken diese verhüllten Andeutungen die Hoffnung auf Ihn, der alle Erwartungen erfüllen wird.

Die Andeutungen nehmen entweder die Form konkreter Verheißungen oder verschleierter Typen an.

Konkrete Verheißungen

a. Der »Same« der Frau im Urevangelium (3,15). Ein Nachkomme Evas (oder Marias) (Gal 4,4) würde die Schlange — den Satan — endgültig zermalmen.

b. Der »Same« Abrahams im Abrahambund (1 Mo 12,3). Ein Nachkomme Abrahams würde allen Nationen zum Segen werden, indem er die Rechtfertigung durch den Glauben erwirkt (Apg. 3,25; Gal 3,7-9).

c. Ein »Löwe« aus Juda würde sich als Weltherrscher erheben (1 Mo 49,9-10; Offb 5,5).

Verschleierte Typen.

Während Verheißungen Zukunftsschau für den Alten Bund sind, dienen die Typen der Vergangenheitsschau im Neuen Bund — sie sind also rückblickend (1 Kor 10,6.11).

a. *Adam* ist ein Typus auf Christus, denn seine Tat wirkt sich auf die Menschen aus. Wie »in Adam« alle sterben, werden »in Christus alle lebendig gemacht« (Röm 5,12; 1 Kor 15,21-22).

b. *Abel* hat durch sein »besseres Opfer« typische Bedeutung (1 Mo 4,4; Hebr 11,4).

c. *Melchisedek* ist als eigens ernannter Hoherpriester Gottes ein Typus auf Christus, da er sowohl König als auch Priester ist (1 Mo 14,18-20; Hebr 7,1).

d. *Isaak*, der langersehnte »Same«, ist typisch für Christus durch seine Bereitschaft zum Opfer und durch den Erwerb einer Braut aus einem fernen Land (1 Mo 21; 22; 24). (Im Neuen Testament nicht direkt ausgesagt, doch ableitbar.)

e. *Joseph* ist in vieler Hinsicht Vorausbild auf Christus: Er widerstand dem Bösen, wurde von seinen Brüdern betrogen, vom Vater geliebt, litt für die Sünden anderer, nahm sich in der Fremde eine heidnische Frau und wurde schließlich zum Weltherrscher, als der er sich mit seinen Brüdern versöhnte (Apg 7,9-13).

Die biblischen Bundesschließungen:
Der Herr zeichnet seinen Plan vor

DIE SAMENS-BÜNDE	ADAMBUND	— Verheißung des Heils durch den Samen der Frau (1Mo 3,15)
	NOAHBUND	— Verheißung keiner weiteren Gerichtsflut (1Mo 9,1-17)
DER ZENTRALE BUND	ABRAHAMBUND	— Vierfache Segensverheißung an und durch Abraham (1Mo 12,1-7) 1. Persönlicher Segen — ein großer Name für Abraham 2. Territorialer Segen — ein großes Land für den »Samen« 3. Nationaler Segen — ein großes Volk 4. Geistlicher Segen — Gnade für alle Nationen durch Abrahams Samen
DIE EINZEL-BÜNDE	1. MOSEBUND	— Persönlicher Segen für Israel, wenn es gehorsam ist (2Mo 20,23)
	2. PALÄSTINENSISCHER BUND 3. DAVIDBUND 4. GEISTLICHER BUND	— Das Gelobte Land als ewiger Besitz, wenn das Volk gehorsam ist (5Mo 28-30) — Ein ewiger Thron für David (2Sam 7,10-16) — »Rechtfertigung durch den Glauben« für alle durch den Samen Abrahams (Gal 3,8)
DER NACHTRÄGLICHE BUND	JEREMIAS NEUER BUND	Als Ersatz für den Mosebund: — Persönlicher Segen für das heimgekehrte Volk (Jer 31,31-34)

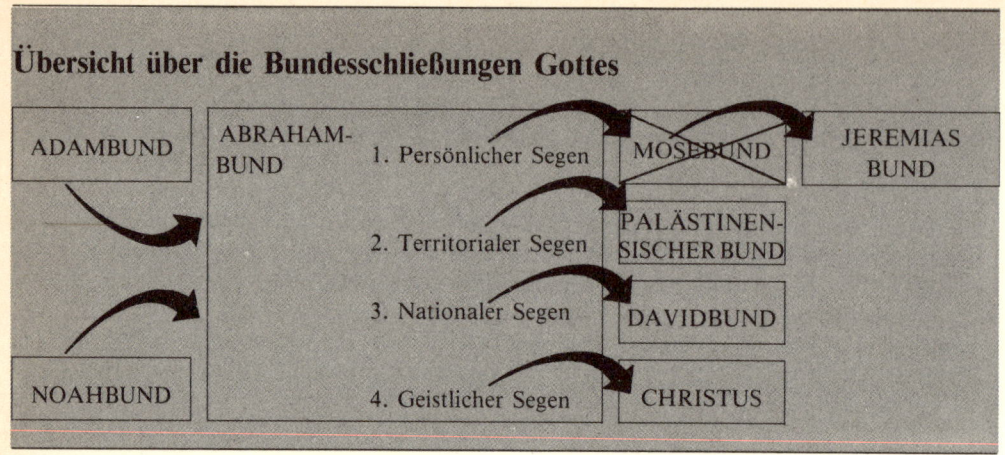

Das zweite Buch Mose

Einleitung

Titel und Autor

A. BEZEICHNUNGEN

1. Die Juden nennen das Buch »We'elle Schemot« nach den ersten Worten: »Und dies sind die Namen.«

2. Im Griechischen heißt es nach dem Kern der Handlung »Exodus« (Auszug).

B. VERFASSER

Die Verfasserschaft Mose ergibt sich wie bei 1 Mo aus der engen Beziehung zum übrigen Pentateuch. In diesem Buch wird Mose selbst zum Träger der Handlung (17,14; 24,4; 25,9; 36,2).

Geschichtliches Umfeld

A. DATIERUNG — ca. 1440 v. Chr.

Wenn 1 Mo um 1443 abgeschlossen war, blieb 1440 ausreichend Zeit für die Abfassung dieser Geschichte Israels während des erstens Teils der Wanderungen um Kadesch-Barnea

B. ZEITPUNKT DER HANDLUNG — 1445 v. Chr.

Über den Zeitpunkt des Auszugs herrschen zwei Meinungen vor: 1445 oder 1290 v. Chr.

1. Argumente für eine späte Datierung: Das Datum 1290 gründet sich auf die Annahme, Ramses II (1292-1234) hätte die Städte Piton und Ramses im Nildelta erbaut. Eine Eroberung Jerichos und Kanaans im späten fünfzehnten Jahrhundert wird ausgeschlossen. (Diese Ansicht ist gründlich behandelt und widerlegt in Leon Wood: *A Survey of Israel History, A Survey of Old Testament, Introduction*.

2. Argumente für eine frühere Datierung: Eine Datierung um 1445 ist aufgrund der folgenden Überlegungen vorzuziehen:

   a. 1 Kö 6,1 gibt zwischen dem Auszug aus Ägypten und dem Baubeginn des salomonischen Tempels (967 v. Chr.) einen Zeitraum von 480 Jahren an.

   b. In Ri 11,26 wird ein Zeitraum von 300 Jahren zwischen der Eroberung des Ostjordanlandes und der Zeit Jeftahs (um 1100 v. Chr.) angenommen.

   c. Nach Apg 13,17-20 verliefen vom Auszug bis Samuel 450 Jahre. Samuel starb um 1020 v. Chr.

   d. Die Datierung der Eroberung von Jericho durch den Archäologen John Garstang ist noch immer am besten belegt, obwohl Kathleen Kenyon sie infrage stellt. (Z.B. wurden in Jericho keine Gräber aus der Zeit nach 1375 v. Chr. gefunden).

   e. Nach der späten Datierung könnte der Auszug nicht vor 1210 geschehen sein, denn die Knechtschaft Israels und der Bau der Städte begann bereits vor der Geburt Moses achtzig Jahre vor dem Auszug.

   f. Der Name »Ramses« leitet sich vom Sonnengott »Ra« (oder »Re«) ab und war wohl schon lange vor dem starken und beliebten Pharao dieses Namens in Gebrauch.

C. *ÜBERBLICK ÜBER DAS LEBEN MOSES* — drei Abschnitte zu je 40 Jahren.

   1. 40 Jahre in Ägypten im Haus seiner Eltern und am Hof des Pharao. Er wurde 1525 v. Chr. in Goschen als der zweite Sohn von Amram und Jochebed aus dem Stamm Levi geboren. Er erhielt eine gute religiöse, intellektuelle, militärische und politische Ausbildung.

   2. Die nächsten 40 Jahre verbrachte er als Flüchtling vor dem Pharao in Midian. Dort wurde er Hirte und heiratete Zippora, die Tochter des Priesters Jethro, die ihm zwei Söhne gebar: Gerschom und Elieser (2 Mo 18,3-4).

   3. In den letzten 40 Jahren war er der erste Volksführer Israels in Ägypten und während der Wüstenwanderung. Er diente dem Herrn als König, Priester und Prophet, noch ehe es diese Ämter in Israel gab. Er lehrte sie als Prophet, betete für sie nach ihrem Götzendienst und führte sie aus dem Sklavenhaus in die Wüste, wo sie die Bundesordnungen Gottes empfingen.

D. *GEOGRAPHISCHE LAGE ÄGYPTENS*

Das alte Ägypten war geteilt in Unterägypten mit dem weiten Nildelta und Oberägypten, einem 900 km langen, nur etwa 20 km breiten Schlauch am Nilfluß. Die Wüste, das Meer und die Stromschnellen am oberen Nil schlossen das Land ringsrum ab. Einzige Lebensader Ägyptens war der Nil, der aus mehreren Flüssen und Seen im Inneren Afrikas entsprang. Jeden September trat der Nil über die Ufer, um sein Tal mit dem fruchtbaren Nilschlamm zu überschwemmen und zu bewässern, was Ägypten zur »Kornkammer« des Nahen Osten machte. Seine natürlichen Grenzen trugen viel zur Sicherheit und Stabilität während eines Großteils seiner Geschichte bei.

E. *DIE POLITISCHE SITUATION IN ÄGYPTEN*

   1. Die Politik Ägyptens ergibt sich unmittelbar aus der geographischen Lage. Mehrmals wechselte die Hauptstadt zwischen den beiden Zentren Theben (No-Amon) im südlichen Ober-

ägypten und Memphis (Nof oder Ramses) oder Avaris im unterägyptischen Nildelta. In der Bibel heißt Ägypten »Mizraim« — »die beiden Ägypten«.

2. Manetho, Priester und Historiker zur Zeit Ptolemäus II Philadelphus (285-247 v. Chr.), erhielt von jenem literaturhungrigen Monarchen den Auftrag, eine Geschichte Ägyptens zu verfassen. Sein Werk ist unsere wichtigste Wissensquelle über das alte Ägypten. Weiter verfügt die moderne Ägyptologie über viele Dokumente und Schrifttafeln aus den Ruinenhügeln und Gräbern, doch die Unsicherheit der Daten — vor allem der am weitesten zurückliegenden — wird allgemein beklagt.

3. Folgende Pharaonen herrschten zur Zeit Moses:
Amosis I (1580-1558) setzte nicht nur die Unterdrückung Israels unter den Hyksos fort, sondern steigerte sie noch, wahrscheinlich wegen der ausländischen Abkunft der Hebräer und ihres starken Wachstums.
Thutmosis I (1539-1514) befahl den Kindermord zur Zeit der Geburt Moses.
Königin Hatschepsut (1504-1482), die Tochter Thutmosis I und Frau Thutmosis II, riß nach dem Tod ihres Mannes (1520-1504) die Herrschaft an sich. Sie war es wohl, die 1525 Moses adoptierte.
Thutmosis III (1504-1450) war der Pharao, vor dem Mose nach Midian floh, obwohl Hatschepsut noch lebte.
Amenophis II (1450-1426) verhärtete sich gegen den Auszug und wurde von Gott mit den ägyptischen Plagen geschlagen. Der nächste Pharao (Thutmosis IV) war nicht der rechtmäßige Nachfolger, sondern ein späterer Sohn — ein Hinweis auf den frühzeitigen Tod des Erstgeborenen.

F. *DAS RELIGIÖSE UMFELD IN ÄGYPTEN*

1. Die Religion Ägyptens.
   a. Die alten Ägypter waren überaus religiös und verehrten Zehntausende von Göttern. Es gab sowohl nationale als auch örtliche Gottheiten und Fetische für jede Erscheinung der Natur. Die Hauptgötter waren: Re und Amon-Re, die Sonnengötter; der Osiris, der Gott des Nils und somit der Fruchtbarkeit und des Lebens; Horus, ebenfalls ein Sonnengott; dargestellt als Falke; Ptah, der Gott von Memphis und der Künstler. Jeder Gegenstand der Natur besaß einen eigenen Geist, der Gestalt angenommen hatte. Dies führte zur Anbetung verschiedener Tiere: des Stiers, der Kuh, der Katze und des Krokodils.

   b. Den Hauptgöttern wurden gewaltige Tempel errichtet, deren Priester große Macht über Volk und Politik der Ägypter ausübten. Ein wichtiger Ritus war die Beschneidung.

   c. Wesentliches Merkmal der ägyptischen Religion war der Glaube an ein Leben nach dem Tod. Darum wurden Tod und Begräbnis sorgfältig vorbereitet, und die Reichen und Mächtigen ließen sich monumentale Grabstätten errichten, in denen ihnen ihre Besitztümer mit auf den Weg gegeben wurden.

2. Die Religion der Israeliten in Ägypten
   a. Bis zu Josephs Tod im Jahre 1804 v.Chr. übte sein Glaube zweifellos großen Einfluß aus, hatte er doch 51 Jahre lang dem Volk vorgestanden. Auch die Absonderung in Goschen stellte einen Schutz vor dem Götzendienst Ägyptens dar.

b. Dennoch verfiel das Volk einem Götzendienst, der allgemeine Verbreitung gehabt haben dürfte. Das wird zwar nicht von Mose, doch von Hesekiel (Hes 20,6-10) erwähnt. Wegen dieses Götzendienstes gedachte Gott, seinen »Grimm über sie auszugießen«, doch verschone er sie um seines Namens und Bundes willen. Das mag neben den politischen Gegebenheiten der eigentliche Grund dafür gewesen sein, warum Israel in Ägypten so schwer geknechtet wurde. Gott verwendete die politische Lage als Werkzeug, um seinen Grimm über den Götzendienst zu bekunden.

c. Doch der Sieg Josephs mußte sie an Gottes Verheißung erinnern, sie aus Ägypten zurück ins Gelobte Land zu bringen.

Der Zweck von 2. Mose

Hauptzweck ist die Schilderung der Erlösung Israels aus der Knechtschaft und dem Götzendienst in Ägypten, um als Bundesvolk des Herrn ihm allein zu gehören. Mose erinnert das Volk an seine unwürdige Abkunft und Gottes Erlösung und Befreiung durch seinen starken Arm und das Blut eines Lammes. Im Zentrum stehen drei große Ereignisse: Der Auszug aus Ägypten, die Gesetzgebung am Sinai und die Errichtung der Stiftshütte.

Gliederung von 2. Mose

THEMA: Befreiung und Ordnung des Bundesvolkes Israel

I. DER AUSZUG — IM BRENNPUNKT STEHT GOTTES MACHT 1-18
   A. *Die Knechtschaft Israels in Ägypten* 1-11
      1. Unterdückung Israels und Zubereitung Moses .... (1-4)
      2. Die Plagen Ägyptens und Verhärtung des Pharao .... (5-11)
   B. *Die Befreiung Israels aus Ägypten* 12-15
      1. Einsetzung des Passahmahls .... (12)
      2. Aufbruch in Hast und Eile .... (13-14)
      3. Das Loblied der Rettung .... (15)
   C. *Der Zug zum Sinai* 16-18
      1. Der Herr versorgt sein Volk .... (16-17)
      2. Der Herr kämpft für sein Volk .... (17)
      3. Jethros Rat zur Aufteilung der Verantwortung .... (18)

II. DAS GESETZ — IM BRENNPUNKT STEHT GOTTES WESEN 19-24
   A. *Der Herr bietet den Bund an* 19
   B. *Geistliche und moralische Gesetze* 20
      1. Die Beziehung zu Gott
      2. Die Beziehung zum Nächsten
      3. Moses Rolle als Mittler
   C. *Soziale und bürgerliche Anordnungen* 21-23
      1. Gnade und Gerechtigkeit .... (21)
      2. Achtung vor dem Eigentum .... (22)
      3. Sorge für die Armen und Diener Gottes 23
   D. *Israel nimmt den Bund an* 24

III. DIE STIFTSHÜTTE — IM BRENNPUNKT STEHT GOTTES GEGENWART ...25-40
    A. *Gottes Modell für das Heiligtum* 25-31
        1. Geräte des Heiligtums ....(25)
        2. Äußere Teile des Heiligtums ....(26-27)
        3. Priester und Dienst am Heiligtum..(28-31)
    B. *Gottes Strafe für den Götzendienst des Volkes* 23-34
        1. Götzendienst und Gericht..(32)
        2. Moses Fürbitte und Gottes Gnade ....(33)
        3. Des Herrn Befehl zur Erneuerung des Bundes....................(34)
    C. *Gottes Gegenwart im Heiligtum* 35-40
        1. Die Gemeinde spendet reichlich..(35)
        2. Die Handwerker arbeiten tüchtig ....(36-39)
        3. Der Herr offenbart sich mächtig ....(40)

Die ägyptischen Pharaonen und ihr Bezug zu Israel

I. DAS ALTE REICH: I.-VI. Dynastie = 2850-2200 v.Chr.
    1. *Menes* (u, 2850), der erste ägyptische König, regierte von Theben in Oberägypten aus (so Manetho, der ägyptische Priester und Historiker um 280 v.Chr.)
    2. *Djoser* (um 2700) von der dritten Dynastie hatte seinen Sitz in Memphis, wo er die Stufenpyramide errichtete, die erste von etwa sechzig Pyramiden, welche von 2700 bis 2200 v.Chr. erbaut wurden.
    3. *Snofru* (um 2400) von der vierten Dynastie baute die größte Pyramide (fast 270 m hoch). Seinem Nachfolger *Khafre* verdanken wir die große Sphinx.

II. ERSTE ZWISCHENZEIT: VII.-XI Dynastie = 2200-1900 v.Chr.

III. DAS STARKE MITTLERE REICH: XII. Dynastie = 1900-1750 v.Chr.
    4. *Amenemhet I* (um 1900) begann die XII. Dynastie in Theben, regierte jedoch von Memphis aus. Seine Zeit war von reichen literarischem Schaffen und schwungvollem Handel geprägt. Syrien und Palästina unterstanden teilweise ägyptischer Oberhoheit.
    5. *Senusert II* (1894-1878) und *Senusert III* (1878-1871) waren an der Regierung, als Joseph nach Ägypten kam. Einer von ihnen muß Joseph zum Premierminister gemacht und Jakob und seine Familie nach Goschen eingeladen haben. Sie gruben den ersten Kanal zwischen dem Roten Meer und dem Nildelta.

IV. ZWEITE ZWISCHENZEIT: XIII.-XVII. Dynastie = 1750-1570 v.Chr.
    6. Die *Hyksosherrscher* der Dynastien XV bis XVI (1720-1550) waren asiatische Hirtenkönige. Hauptstadt war Avaris im Nildelta. Ihre militärische Gewaltherrschaft brachte das Pferd und den Streitwagen nach Ägypten.

V. DAS NEUE REICH: XVIII.-XX. Dynastie = um 1570-1150 v.Chr.
    7. *Amosis I* (1580-1558), noch vor der XVII. Dynastie, regierte von Theben aus und vertrieb die Hyksos. Doch die Unterdrückung Israels, die wahrscheinlich unter den Hyksos begonnen hatte, wurde unter seiner ausländerfeindlichen Führung noch verstärkt.

8. *Thutmosis I* (1539-1514) erwirkte große Gebietsgewinne für Ägypten. Wahrscheinlich war er es, der aus Furcht vor der Zunahme der Hebräer die Tötung der männlichen Kinder anordnete.
9. *Königin Hatschepsut* (1504-1482) war die Tochter von Thutmosis I. Nach dem Tod ihres Halbbruders und Ehemanns, *Thutmosis II,* riß sie die Herrschaft an sich und wurde eine mächtige Herrscherin. Offenbar war sie es, die Mose adoptierte.
10. *Thutmosis III* (1504-1450, trat die Herrschaft aber erst 1482 an) war wohl Ägyptens mächtigster Herrscher, Eroberer und Baumeister. Aus Abscheu gegen Hatschepsut versuchte er die Erinnerung an sie auszulöschen. Nach seinem Sieg über die Hetiter in Megiddo (1482) umfaßte sein Reich das Gebiet von der vierten Stromschnelle des Nils bis zum Euphrat. Vielleicht war er es, vor dem Mose 1585 fliehen mußte, obwohl Königin Hatschepsut noch am Leben war.
11. *Amenophis II* (1450-1426) folgte seinem Vater Thutmosis III mit 18 Jahren auf den Thron und erwies sich als erfolgreicher Soldatenkönig. Er könnte der Pharao des Auszugs sein, der von den Plagen getroffen wurde. Sein Nachfolger war nicht der rechtmäßige Erbe, sondern ein späterer Sohn — weil der Erstgeborene wahrscheinlich gestorben war.
12. *Ramses II* (1290-1224) war einer der mächstigsten Pharaonen und unterwarf sogar die Hetiter in Palästina. Er war einer der zehn Herrscher namens Ramses, die zwei Jahrhunderte lang regierten. Viele halten ihn für den Pharao des Exodus.

VI. DER NIEDERGANG DES REICHES: XXI.-XXX. Dynastie = um 1150-332 v.Chr.
13. *Schischak (Scheschonk I)* (945-924) begann die XXIII. Dynastie, die zwei Jahrhunderte lang währte. Es war der erste einer Reihe von libyschen Herrschern, die ihren Sitz im östlichen Delta hatten. Er plünderte 925 v.Chr. Jerusalem.
14. *Necho II* (609-593) von der XXVI. Dynastie tötete König Josia bei Megiddo, als sich dieser ihm entgegenstellte, um Assyrien in der Schlacht von Karkemisch zuhilfe zu eilen. Bald darauf riß Nebukadnezar alle asiatischen Gebiete Ägyptens an sich.
15. *Ptolemäus I* (323) begann die ptolemäische Ära, als ihm nach dem Tod Alexanders des Großen Ägypten zufiel.

Besonderheiten von 2. Mose

1. **ISRAEL WIRD ZUR NATION.** Dieses Buch stellt den einzigen alten Bericht über die Entstehung und Ordnung der Nation Israel dar. Ihre Herkunft aus der Knechtschaft in einem fremden Land, ihre mächtige Befreiung von einem hartnäckigen Unterdrücker und die Verfassungsgebung für ein Volk mit genauen geistlichen, sozialen und bürgerlichen Gesetzen erfahren wir aus diesem Buch. Israel ist ein Wunder Gottes.

2. **DIE ERSTEN WUNDER DER BIBEL.** Abgesehen von den übernatürlichen Geschichten von 1 Mo sind die ägyptischen Plagen die ersten Wunder oder übernatürlichen Zeichen, die Gott durch Menschen wirkte. Die Plagen sowie die Vernichtung des ägyptischen Heeres im Schilfmeer stellen den Jahwe-Gott Israels als Kriegshelden dar (2 Mo 14,14; 15,3). Dies verleiht der Selbstoffenbarung Gottes vor der Welt und seinem Volk etwas völlig Neues, wenn wir von dem ungewöhnlichen Sieg Abrahams bei der Befreiung Lots absehen. Hier zeigt sich auch deut-

lich, welchem Zweck die Wunder Gottes vor allem dienen: das Wort Gottes zu bestätigen. Mose, der erste Verfasser biblischer Bücher, war auch der erste, der Gottes Wort durch Wunder bekräftigte.

3. ***EINSETZUNG DES PASSAHMAHLS.*** Von den vielen Festen und Gedenktagen Israels waren keine so bedeutend wie das Passahmahl. Es lag in der Mitte der ersten Monate und es war das erste der heiligen Jahresfeste. Sein Zweck ist ein dreifacher:
   1) Erinnerung an die leibliche Verschonung und Erlösung der Erstgeborenen durch den Tod eines Lammes.
   2) Das Gedenken an die Notwendigkeit einer geistlichen Erlösung durch den Tod eines Lammes, als Hinweis auf die künftige Errettung Gottes nach dem Abrahambund.
   3) Lehre der Bedeutung des Todes Christi, der als »Lamm Gottes« diesen Typus erfüllte. Wie das Passahmahl vorausblickte auf den Tod Christi, dient das Abendmahl rückblickend dem Gedächtnis an dieses einzige Opfer, das die Sünden der Welt hinwegnehmen kann. Das Passahlamm ist das beste alttestamentliche Bild der Erlösung.
   4) Mit dem Passah war das Fest der ungesäuerten Brote unlöslich verbunden (Lk 22,1.7) und weist auf die Forderung an die Gemeinde zu einem Leben der Heiligung hin (1 Kor 5,7-9). Sauerteig ist Symbol für alles durchdringende Sünde; sieben Tage sind ein Hinweis auf die ganze Zeit des Glaubenslebens.

4. ***EINSETZUNG DES MOSAISCHEN GESETZES UND BUNDES.*** Keine schriftliche Urkunde hat mehr Einfluß auf die Moral- und Justizgesetzgebung der Menschheit ausgeübt, als das Gesetz Moses. Da es einerseits ewig ist, andererseits aber zeitgebunden war, ist eine Betrachtung seiner zweifachen Zielsetzung besonders wichtig:
   a. Es offenbarte *Gottes geistliche und moralische Lebensprinzipien*. Gedacht war es nicht als Heilsweg, sondern als Lebensweg (Gal. 2,21). Die dem Gesetz zugrundeliegenden Prinzipien zeigen Gottes Heiligkeit und seine Forderung an sein Volk, ebenfalls heilig zu sein (Mt 5,17; Röm 3,31; 1 Petr 1,16).
   b. Zugleich war es ein *Bundesschluß*, ein Vertrag zwischen dem Bundesgott und seinem Volk. Als solcher war es bedingt und zeitgebunden, abhängig von der Treue des Volkes zu seinem Gott (2 Mo 19). Es bot einen Ansporn zu heiligem Leben, einen Maßstab für Segen und Strafe unter einer theokratischen Regierungsform (5 Mo 32-33). Als »Bundesschluß« und Richtlinie für Segen und Gericht endet das mosaische Gesetz am Kreuz; Jesus wurde Hoherpriester und das aaronitische Gesetz und Priestertum abgelöst (Hebr 7,12). Bereits Jeremia kündigte einen neuen Bund des Herrn mit Israel und Juda an, nach der großen Not, die über das Volk kommen würde. Dann würde die Gemeinschaft mit ihm wiederhergestellt werden (Jer 31,31-34; 32,37-41).

5. ***DIE EINSETZUNG DES SABBATS.*** Die Einhaltung des Sabbats wurde Israel erstmals in Verbindung mit dem Manna befohlen (2 Mo 16,23-30). In Kap 20,8 begegnen wir dem Sabbatgebot als Teil des Bundesgesetzes in der Funktion eines »Zeichens« (einer »Unterzeichnung«) des Bundes zwischen dem Herrn und Israel (31,13.17; s.a. Hes 20,12.20). Als solches sollte es für »all eure Generationen« gelten, als Ausdruck der Fortdauer des Bundes. In diesem Sinne endete das mosaische Gesetz am Kreuz, wo das Priestertum des Gesetzes durch das neue Priestertum Christi abgelöst wurde (Gal 3,19; Eph 2,15; Hebr 7,12). Im Prinzip jedoch besteht das Sabbatgebot weiterhin zum Gedächtnis an den Anspruch Gottes auf die Zeit seiner Kinder. Dem Herrn dienen kann nur, wer großzügig von seiner Zeit gibt. Obwohl im Zeitalter

der Gnade die Einhaltung des Sabbats nicht gefordert ist, legt dieses Gebot doch nahe, daß Zeit für den Herrn zur Gemeinschaft mit ihm und zur Erlangung seines Segens unabdingbar ist (Hebr 10,25).

6. ***DIE ERRICHTUNG DES HEILIGTUMS.*** Ein volles Jahr verbrachte das Volk Israel am Berg Sinai. Der Großteil dieser Zeit diente der Errichtung des Heiligtums, in dem Gott selbst Wohnung unter seinem Volk nehmen wollte. Wie das Gesetz für Gottes Heiligkeit und die Entfremdung des Menschen von Gott aufgrund seines Ungehorsams steht, so versinnbildlicht die Stiftshütte die Gnade Gottes, der einen Ort der Begegnung und Gemeinschaft durch das Opfer von Blut schafft. Es gibt nur einen Weg zu Gott: den Weg durch Opfer, Reinigung und Wandel im Licht. Als Typus steht die Stiftshütte für Christus als den einzigen Zugang des Menschen zu Gott. Die einzelnen Gegenstände darin verleihen den mannigfachen Aspekten seines Lebens und Sterbens sichtbaren Ausdruck (Hebr 9,1-14).

7. ***VORAUSBILDER AUF CHRISTUS IN 2. MOSE.*** Obwohl in 2 Mose keine ausdrücklichen Verheißungen auf Christus vorkommen, ist dieses Buch reich an Typen, die seine Person und sein Werk bildhaft vorwegnehmen:
    a. Mose ist verschiedentlich Typus auf Christus. Er gab seine königliche Stellung auf, um sein Volk zu erlösen (Phil 2,5-10; Hebr 11,24-26) er wurde zuerst abgelehnt, später aber als Retter und Führer anerkannt (Apg 7,35), er war zugleich Priester, König und Prophet (2 Mo 24,6-8; 5 Mo 33,4-5; 5 Mo 18,15).
    b. Aaron, der Hohepriester, steht in vielen Aspekten seines Priestertums für Christus (Hebr 5,7).
    c. Das Passahlamm ist das bedeutendste alttestamentliche Vorausbild auf Christus als das Lamm Gottes, dessen Blut zur Erlösung vergossen und in Anspruch genommen wird (Joh 1,29; 1 Kor 5,7).
    d. Christus selbst bezeichnet Manna als einen Typus auf sich selbst. Ein Geschenk vom Himmel, das den Menschen ewiges Leben spendet (Joh 6,32-33.58).
    e. Das Heiligtum und seine Geräte sind ein deutliches Bild für Christus, der den einzigen Zugang zu Gott darstellt (siehe oben Punkt 6).
    (Bei der Auslegung von Typen gilt: Während die Bedeutung von Symbolen oft in den ihnen innewohnenden Eigenschaften zu suchen ist, liegt sie bei Typen meist in den Funktionen oder Aufgaben. Dieser Grundsatz soll allzu subjektiven Auslegungen einen Riegel vorschieben.)

Offenbarungen Gottes in 2. Mose

1. Das »Ich bin« am brennenden Dornbusch	(2Mo 3)	— Gottes Treue zum Bund
2. Die ägyptischen Plagen	(8-12)	— Gottes Gerichte
3. Das Passah	(12)	— Gottes Erlösung
4. Der Zug durch das Schilfmeer	(14)	— Gottes Macht
5. Die Reise zum Sinai (Hunger, Durst und Krieg)	(16-17)	— Gottes Fürsorge
6. Gesetzgebung am Sinai	(19-24)	— Gottes Heiligkeit
7. Stiftshütte, Priester und Opfer	(25-30)	— Gemeinschaft mit Gott
8. Das Gericht wegen des Goldenen Kalbs	(32)	— Züchtigung durch Gott
9. Die Erneuerung des Bundes	(33)	— Gottes Gnade
10. Der Einzug der Herrlichkeit	(40)	— Gottes Herrlichkeit

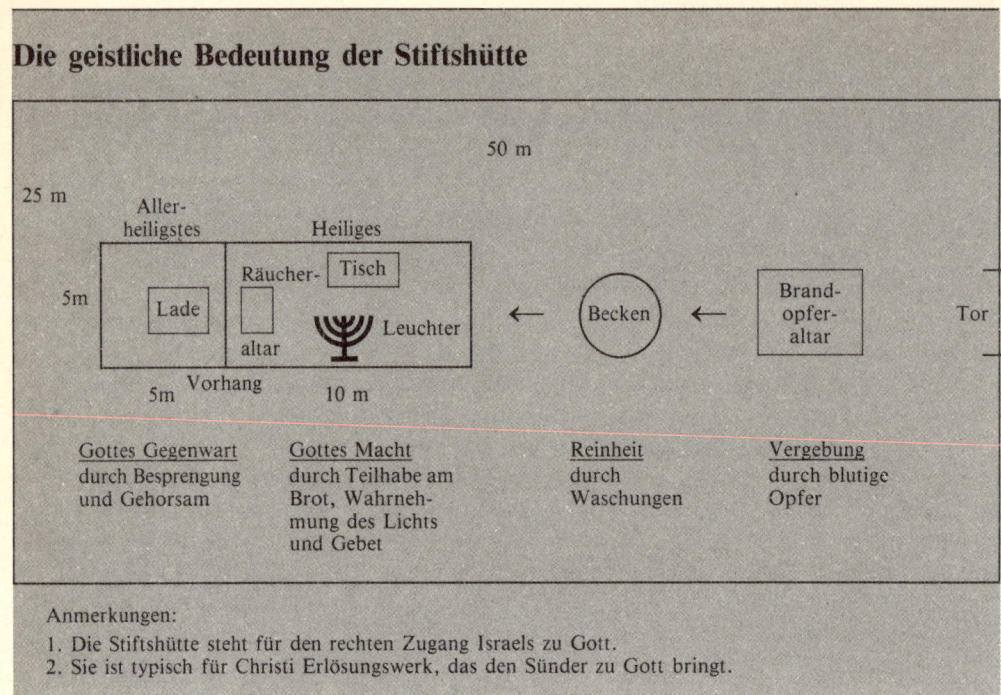

Das dritte Buch Mose

Einleitung

TITEL UND AUTOR

A. *BEZEICHNUNGEN*
1. Die Juden nennen das Buch »Wajjikra« nach den ersten Worten: »Und es rief (der HERR).« Gott beginnt hier, aus dem neu errichteten Heiligtum zu sprechen. Das Buch wurde auch als »das Gesetz der Priester« bezeichnet.
2. In der griechischen Übersetzung heißt 3Mo »Leuitikon« (lateinisch »Levitikus«), weil besonderes Gewicht auf dem levitischen Priestertum liegt (Freilich kommen die Leviten nur einmal vor, in 25,32-33). Es war ein Handbuch für den Priesterdienst der Leviten.

B. *VERFASSERSCHAFT*
1. Die interne Beweislast für die Urheberschaft durch Mose liegt in der 56maligen Wiederholung der Wendung »der HERR redete zu Mose.« Bei keinem anderen Bibelbuch ist der Verfasser durch sein internes Zeugnis so gut belegt wie bei 3Mo
2. Jesus selbst bestätigt die Verfasserschaft Moses in Mt 8,4
3. Der Buchanfang »Und der HERR rief Mose« knüpft direkt an 2Mo an. Der Herr begann das Volk vom Heiligtum aus zu lehren.

Das geschichtliche Umfeld

A. *DATIERUNG* — ca. 1440 v.Chr.
   Wahrscheinlich schrieb Mose das Buch unmittelbar nach der Fertigstellung von 2Mo während der Wanderungen um Kadesch-Barnea. Die Texte entstammen zwar zum großen Teil direkten Gottesoffenbarungen, ihre gegenwärtige Form dürften sie aber erst nach dem Aufruhr in Kadesch erhalten haben während der vierzig Jahre in der Wüste.

B. *DIE ZEITSPANNE VON 3. MOSE* — ca. 30 Tage
   1. Die Offenbarung dieser Anordnung begann offenbar nach der Fertigstellung der Stiftshütte am 1. April 1444 v.Chr. und endete vor dem Aufbruch am 20. Mai (2Mo 40,17; 4Mo 10,11). Da die letzten 20 Tage von der Volkszählung in Anspruch genommen wurden (4Mo 1,1), liegen die Ereignisse von 3Mo in den 30 Tagen vom 1. bis 30. April (Abib).
   2. In diese Zeit fällt die erste Jahresfeier des Passah und des Auszugs (4Mo 9,1-12), die sieben Tage in Anspruch nahm. Wer durch die Berührung einer Leiche unrein war, mußte einen Monat später ein Nachpassah feiern.

C. *DAS RELIGIÖSE UMFELD*
   1. Soeben aus dem Götzendienst Ägyptens gerufen, verbrachten die etwa 2,5 Millionen Israeliten ihr erstes Jahr in der Einöde des Gebirges Sinai. Man nennt dieses Jahr ihr »theologisches Jahr«, denn in dieser Zeit wurde ihnen ein ganzes System religiöser Wahrheit offenbart. Statt sie direkt ins Gelobte Land zu führen, brachte sie die Wolken- und Feuersäule nach Süden zum Sinai. Vor der kriegerischen Begegnung mit dem Feind brauchten sie eine besondere Begegnung mit dem Herrn. Der Herr versorgte sie reichlich mit Nahrung, Wasser, Kleidung und Gesundheit, um sie vom Götzendienst zu entwöhnen und ihnen die Gebote und Gedanken ihres lebendigen Gottes nahezubringen.
   2. Bis sie das Gesetz hatten und das Heiligtum in ihrer Mitte errichtet war, mußten sie lernen, wie sie Gott dienen und ein heiliges Leben führen konnten. Dazu dient 3Mo, vor allem was den Priesterdienst betrifft. Voraussetzung dafür ist die Sühnung für Sünde und die Absonderung zum Dienst. Das Wort »heilig« kommt in 3Mo 93mal vor, das Wort »Sühnung« 51mal.

D. *DIE STELLUNG VON 3. MOSE ZU DEN ANDEREN MOSEBÜCHERN*
   1. Während die übrigen Mosebücher zum großen Teil Geschichte enthalten, beinhaltet 3Mo fast ausschließlich Gesetzestexte (außer Kap. 8-10). Meist geht es um rituelle Gesetze, die geistliche Gesetzgebung im Gegensatz zur bürgerlichen, sozialen und militärischen Gesetzgebung in 2 und 4Mo. Die Zentrale Wahrheit lautet: »Ihr sollt heilig sein; denn ich, der HERR, euer Gott, bin heilig« (19,2). Das Wort »heilig« bedeutet »für den Herrn beiseite gesetzt« oder »abgesondert.«
   2. 3Mo liegt nicht nur äußerlich, sondern auch inhaltlich im Zentrum der Mosebücher. 1 und 2Mo behandeln den Fall des Menschen und seine Befreiung aus Götzendienst, Knechtschaft und Tod; 4 und 5Mo bereiten das Volk auf Dienst und Kampf vor; 3Mo hingegen betont Gottesdienst und Gemeinschaft mit dem Herrn. Zwischen der Befreiung von 2Mo und der Befähigung von 4Mo muß die Reinigung von 3Mo stehen. Gottesdienst und Gemeinschaft verbinden Erlösung und Dienst, geben der Erlösung rechten Ausdruck und ermöglichen den rechten Dienst.

Der Zweck von 3. Mose

Vorrangiges Ziel des Buches ist es, das Volk in die persönliche Heiligkeit zu führen. Die vielen Rituale sollen der Heiligkeit des Herrn sichtbaren Ausdruck verleihen und zeigen, daß die Gemeinschaft mit ihm nur durch Sühnung und Gehorsam möglich wird.

Gliederung von 3. Mose

THEMA: Reinheit und Heiligkeit, um dem Herrn nahen zu können

I. GEMEINSCHAFT MIT GOTT DURCH RECHTE OPFER 1-17
   A. *Das Opfergesetz* 1-7
      1. Die gottesdienstlichen Opfer .... (1-3)
         (Brand-, Speis- und Heilsopfer oder Friedensopfer)
      2. Die Wiederherstellungsopfer .... (4-6)
         (Sünd- und Schuldopfer)
      3. Spezielle Anweisungen .... (6-7)
   B. *Das Priestergesetz* 8-10
      1. Weihe der Priester .... (8)
      2. Dienst der Priester .... (9)
      3. Übertretungen der Priester .... (10)
   C *Das Reinheitsgesetz* 11-16
      1. Reine Nahrung .... (11)
      2. Leibliche Reinheit .... (11-15)
      3. Der Versöhnungstag .... (16)
   D. *Das Altargesetz* 17
      1. Opfer nur auf dem Altar
      2. Blut nur zur Sühnung

II. GEMEINSCHAFT MIT GOTT DURCH RECHTES LEBEN 18-27
   A. *Persönliche Heiligkeit für alle* 18-20
   B. *Sonderregeln für Priester* 21-22
   C. *Die Festordnung* 23
   D. *Achtung vor dem Namen des Herrn* 24
   E. *Sonderregeln für das Gelobte Land* 25-27

Besonderheiten von 3. Mose

1. **DER HERR SPRICHT DIREKT ZU ISRAEL.** 3Mo unterscheidet sich von den übrigen Mosebüchern darin, daß es fast vollständig aus direkter Offenbarung des Herrn an Mose besteht. In 3Mo kommt die Selbstoffenbarung Gottes »Ich bin der HERR« häufiger vor als in jedem anderen Buch. Das erste, was der Herr aus der Stiftshütte seinem Volk zeigt, ist seine Heiligkeit. Darum wird durchgehend der Gottesname »Jahwe« (HERR) gebraucht.

2. **DIE HEILIGKEIT DES HERRN.** Das Wort »heilig« (kodesch) kommt in 3Mo häufiger vor als in jedem anderen Buch. Seine Grundbedeutung ist »beiseitegestellt«, hier jedoch ist es Fachwort für »dem Herrn beiseitegestellt.« Viele Gegenstände und Orte werden in 3Mo als heilig bezeichnet, aber auch der Herr selbst (11,44ff). Oft wird dem Volk Gottes geboten, heilig zu sein (11,44ff). Der Heilige Geist kommt in diesem Buch nicht vor, vielleicht um das objektive Opferwerk Christi, das jeder Heiligkeit zugrundeliegt umso stärker herauszustreichen. Heiligkeit bedeutet nicht eine fromme Gesinnung, sondern Absonderung für Gott — Absonderung »vom« Weltlichen »zum« Herrn. Seine Warnung, vor der Unmoral der Kanaaniter leitet der Herr mit dem Hinweis auf sein eigenes heiliges Wesen ein (18,2-3). Er hatte seinen Bundesnamen (Jahwe) für sie geheiligt; darum soll sein Volk sich für ihn heiligen.

3. **ANLEITUNG ZU GOTTESDIENST UND GEMEINSCHAFT.** Der Herr lehrt in 3Mo nicht den Weg des Heils, sondern den »Weg der Gemeinschaft«. Die Erlösung selbst findet ihr Sinnbild im Passahlamm beim Auszug aus Ägypten, nicht in den Opfern von 3Mo. Diese Opfer dienen dem Gottesdienst und der Danksagung in der Gemeinschaft, aber auch der Wiederherstellung der Gemeinschaft, wenn diese durch Sünde zerbrochen ist. Gemeinschaft ist eine Liebesbeziehung, die von jedem Opfer zwei Dinge erfordert: ein fehlerloses Tier und Blutvergießen. Ersteres bedeutet die Gabe des Gläubigen für Gott, letzteres die Gabe Gottes zur Sühnung der Sünde, die den Menschen aus der Gemeinschaft mit Gott reißt. Liebe bedeutet, sich selbst zu geben; darum muß Liebe zu Gott immer Opferliebe sein. Der Erlöste naht sich Gott nicht mit leeren Händen wie der Sünder, welcher der Erlösung bedarf. Kein Dank ohne Opfer!

4. **DAS »BLUTIGSTE BUCH DER BIBEL«.** Das Wort »Blut« kommt in 3Mo 93mal vor, genauso häufig wie »heilig«. In unserem Denken gehören diese beiden Worte nur selten zusammen, denn Töten ist grausam und mit unserem Frömmigkeitsbild unvereinbar. In biblischen Zeiten jedoch war die Schlachtung eines Tieres etwas völlig Normales, sowohl zur Nahrung als auch zum Opfer. Ohne Blutvergießen kein Gottesdienst, denn »das Blut ist es, das Sühnung tut durch die Seele« (17,11). Das hatte Gott bereits Adam und Eva gezeigt, als sie gesündigt hatten. Hier in 3Mo jedoch wird diese Wahrheit auf die verschiedenen Opfer angewandt. Die Opfer sind für Israel Sinnbilder für Gottesdienst und Gemeinschaft, für uns verdeutlichen sie die vielerlei Aspekte des Opfers Christi, das alle Opfer erfüllt hat. Ohne die Wahrheiten von 3Mo könnten wir nicht wirklich verstehen, was Christi Kreuztod bedeutet. Kein Gläubiger sollte diese Schätze in 3Mo unbeachtet lassen.

5. **LIEBE DEINEN NÄCHSTEN; LIEBE DEN FREMDEN** (19,18.34) 3Mo 19 wird als die »Bergpredigt des Alten Testaments« bezeichnet. Hätte der Herr Jesus einen Predigttext benötigt, hätte er diesen verwenden können. An keiner anderen Stelle im Alten Testament ist so deutlich und unverkennbar von Liebe die Rede. Jedem Gebot folgt die Begründung »Ich bin der HERR«. Jesus zitiert dieses Gebot an zweiter Stelle als das wichtigste Gebot Gottes (Mt 22,39).

6. **DER VERSÖHNUNGSTAG »JOM KIPPUR«** (16). Der Jom Kippur, der zehnte Tag des neuen Jahres (10. Tischri) galt als der heiligste Tag des Jahres. Es war ein Tag der Reue für die Sünden des vergangenen Jahres, verdeutlicht durch ein Ritual, das dieses Bekenntnis und Gottes Vergebung im Opfer zweier Ziegenböcke versinnbildlicht. Als Vorbereitung dazu dient ein Jungstier zur zeremoniellen Reinigung des Hohenpriesters, der an diesem Tag das Allerheiligste Gottes betrat. Einer der Ziegenböcke wurde für Jahwe geschlachtet — der andere war für Asasel (»Vernichtung«) bestimmt: der »Sündenbock«. Der geschlachtete Bock symbolisiert das »Mittel

der Sühnung«, ein stellvertretendes Opfer; der Sündenbock steht für die »Wirkung der Sühnung«, die Hinwegnahme der Sünden. Nur an diesem Tag durfte der Hohepriester in die Gegenwart Gottes im Allerheiligsten treten, einmal für sich selbst und einmal für das Volk.

Das Wort »Sühnung« (Versöhnung) kommt nur im Alten Testament vor und kommt von »bedecken« *(Kaphar)*. In 3Mo begegnet es uns 52mal. Die deutsche Übersetzung »Versöhnung« oder »Sühnung« bezeichnet eigentlich erst die Auswirkung der »Bedeckung«, Christi Kreuzestod erfüllt die Sinnbilder der beiden Böcke: Sein Blut erwirkte vor Gott die Sühnung für unsere Sünden (der geschlachtete Bock) und eröffnet den Zugang zu Gott; als »Lamm Gottes« nimmt er die Sünden der Welt weg (Joh 1,29). Dieses zweifache Werk wird in Jes 53 besonders anschaulich dargestellt. Der Jom Kippur ist bis heute der wichtigste Festtag der Juden (Louis Finkelstein: *The Jews: Their History, Culture an Religion,* Bd. II, S. 1783); ihnen geht es aber vor allem um den Abbau sozialer Spannungen und die Erneuerung von Freundschaften. Es steht also vielmehr das Ergebnis der Versöhnung als die Versöhnung selbst im Mittelpunkt.

7. **ISRAELS HEILIGER FESTKALENDER** (3Mo 23). Da die Erlösung Israels aus Ägypten als die Geburtsstunde des Volkes gefeiert wird, wurde jener Monat, der Nisan, zum ersten Monat des heiligen Jahres. Dabei nimmt die Zahl 7 besondere Bedeutung an:

   a. Der wöchentliche Sabbat — 7. Tag
   b. Passahfest und Fest der ungesäuerten Brote — 7 Tage lang
   c. Pfingst- (oder Wochen-)fest — 7. Woche (nach dem Tag der Erstlinge)
   d. Neujahrfest, Versöhnungstag und Laubhüttenfest — 7. Monat (heiliger Monat)
   e. Sabbatjahr (Jahr der Ruhe) — 7. Jahr
   f. Das Sabbatjahr vor dem Jobeljahr (= 50. Jahr) — 7. Jahrwoche

   Zwar verfolgten diese Feste (»Sabatte«) auch leibliche und soziale Anliegen aber vor allem hatten sie Bundescharakter, betonen sie doch die Begegnung mit dem Bundesgott sowie das Gedenken an sein Gesetz und seine Verheißung.

8. **TYPEN AUF CHRISTUS IN 3. MOSE.** Dieses priesterliche Buch enthält natürlich viele Bilder für das priesterliche Wirken Christi. Wie Melchisedek ein Typus auf seine Person war, ist Aaron Vorausbild auf sein Werk, und zwar vor allem in zwei Dingen:

   a. Aarons Amt: Aaron hatte zwei Hauptaufgaben: Opfer darzubringen und Fürbitte zu leisten. So opferte Christus am Kreuz sich selbst und trat dann in Gottes Gegenwart, um Fürbitte für sein Volk zu leisten (Jes 53,12).

   b. Aarons Opfer: In 3Mo gibt es drei Arten von Opfern:

   1) Das Passahlamm ist Typus auf Christus als makelloses, stellvertretendes Opfer, das Erlösung und Befreiung vom Tod erwirkt.

   2) Die fünf Gottesdienst- und Wiederherstellungsopfer weisen auf Christi Opfer seiner selbst im Leben wie im Tod hin, das ungetrübte Gemeinschaft mit dem Vater sowie Frieden und Freude für sein Volk erwirkte.

   3) Die beiden Ziegenböcke des Versöhnungstages versinnbildlichen die völlige Lösung des Sündenproblems: Die Bezahlung für die Sünde durch den Tod und die Wegnahme der Sünde an den Ort der Vernichtung.

Die Opfer des Alten Testaments

I. *Ursprung und Hintergrund der alttestamentlichen Opfer:*
   A. Gott schlachtete Tiere, um Adam und Eva im Zuge seines Erlösungsbundes zu bekleiden (1Mo 3,15-21).
   B. Abels Blutopfer war ein Opfer des Glaubens (1Mo 4,4; Hebr 11,4).
   C. Noah betete Gott an, indem er auf der gereinigten Erde reine Tiere opferte (1Mo 8,20).
   D. Abraham, Isaak und Jakob dienten dem Herrn mit Opfern (1Mo 12,7; 26,25).
   E. Bei den Völkern der Antike waren Opfer gang und gäbe.
   F. Der Bund des Herrn mit Israel enthält ein ganzes System von Opfern.

II. *Die Bedeutung der alttestamentlichen Opfer:*
   A. Blutopfer versinnbildlichen das Prinzip der stellvertretenden Sühnung für Sünde.
   B. Sie verdeutlichen Buße, Glauben, Anbetung und Dank an Gott.
   C. Sie stellen den praktischen Aspekt der Religion dar (Hebr 11,4: »Durch Glauben brachte Abel ein besseres Opfer dar«).
   D. Sie anerkennen und bekennen Gottes Recht auf Leben und Eigentum der Menschen.
   E. Sie sind Vorausbilder auf verschiedene Aspekte des einmaligen Opfers Christi.

III. *Die Bedeutung der einzelnen Opfer:*

Opfer	Bedeutung für Israel	Bedeutung im NT
DAS EINE ERLÖSUNGSOPFER (2Mo 12,1-13)		
Passahlamm	Erlösung von Sünde und Tod durch das Blut eines Lammes.	Christi Opfer für unsere Sünde als Lamm Gottes (Joh 1,29).
DIE GOTTESDIENSTLICHEN OPFER (3Mo 1-3)		
Brandopfer	Hingabe an Gott	Jesu völlige Hingabe an Gott (Hebr 10,5-7)
Speisopfer	Weihe des Besitzes	Christi Weihe seines eigenen Leibes — ein vollkommenes Leben (Hebr 10,5)
Heilsopfer (oder Friedensopfer)	Dank an Gott durch Teilen mit ihm und anderen	Christi Opfer stiftet Frieden mit Gott (Eph 2,14)
DIE WIEDERHERSTELLUNGSOPFER (3Mo 4-7)		
Sündopfer	Wiederherstellung der Gemeinschaft durch stellvertretendes Blutopfer	Christi Opfer bewirkt durch Bekennen ständige Wiederherstellung (Hebr 9,12.26; 1Jo 1,9)
Schuldopfer	Wegnahme der Schuld, die von Gott und den Menschen trennt	Christi Opfer ist Bezahlung unserer Schuld (2Kor 5,19)

DIE ZEREMONIELLEN REINIGUNGSOPFER (3Mo 14; 4Mo 19)		
Zwei Vögel	Geistliche Reinigung von Unreinheit durch Krankheit	Christi Opfer reinigt uns von Unreinheit durch Sünde (Hebr 9,22)
Eine rote junge Kuh	Geistliche Reinigung von unwissentlicher Unreinheit	Christi Opfer reinigt uns von unwissentlicher Unreinheit (Hebr 9,13-14)

Der hebräische Festkalender

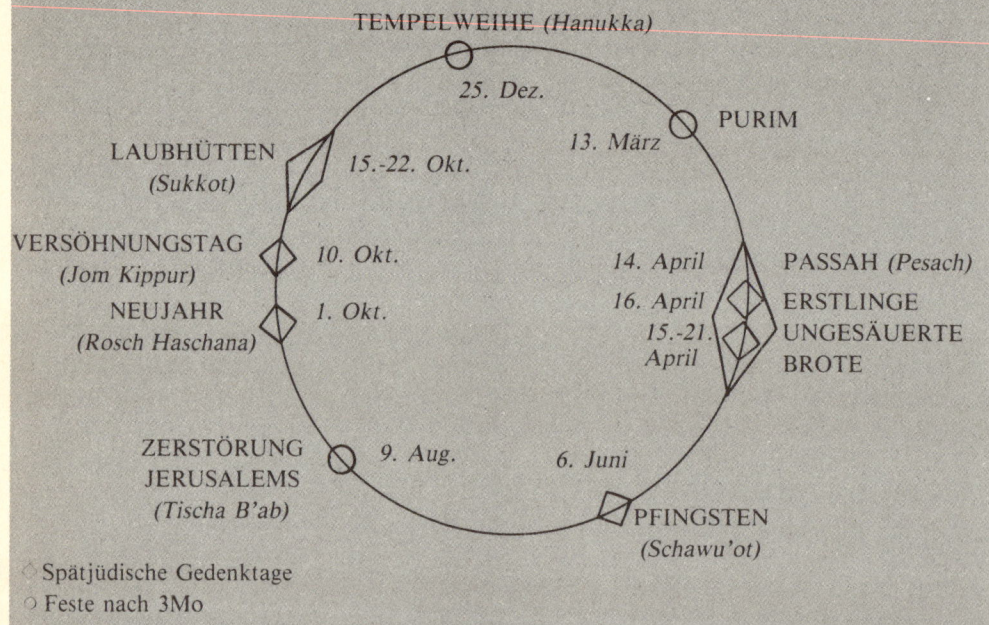

◐ Spätjüdische Gedenktage
○ Feste nach 3Mo

Beachte den historischen Zweck der Feste

1. *Politisch* — Förderung der nationalen Einheit durch regelmäßige Zusammenkünfte.

2. *Sozial* — Erneuerung von Freundschaften bei Erntefesten.

3. *Religiös* — Verehrung des Bundesgottes und Gedenken an die Bundesbeziehung.

Beachte den symbolischen Charakter der Feste:

1. *Die Frühjahrfeste fanden ihre Erfüllung* in Christi Tod und Auferstehung sowie in der Entstehung der Gemeinde, der Erstlinge zu Pfingsten

2. *Die Herbstfeste werden ihre Erfüllung finden,* wenn Israel sich zu Beginn seines »neuen Jahres« zu Buße und Reinigung versammelt, um ins Tausendjährige Friedensreich einzutreten.

Die heiligen Feste Israels und ihre Bedeutung

Durch die verschiedenen Feste wollte Gott das Element der Regelmäßigkeit in den Gottesdienst einbringen. Die Feste waren Begegnungen mit dem Herrn, Feste der Gemeinschaft und Lehre sowie des Gedenkens an den Bund. Im folgenden fassen wie die Festzeiten und ihre Bedeutung kurz zusammen.

1. **Der wöchentliche Sabbat** — in 3Mo 23,3 als erster Festtag erwähnt:
   — *Zweck:* Ruhe für Mensch und Tier und Gedenken an den Bundesgott Israels.
   — *Ritual:* Einstellung jeder Arbeit; Verdoppelung der täglichen Opfer durch die Priester und Erneuerung der Schaubrote.
   — *Bedeutung:* Vorausbild auf die Ruhe im vollendeten Werk Christi (Hebr 4,1-10).

2. **Passah und Fest der Ungesäuerten Brote** — 14. und 15. Abib
   — *Zweck:* Erinnerung an die Befreiung von Knechtschaft und Tod in Ägypten und an den Loskauf Israels durch den Herrn als seinen »Erstgeborenen«.
   — *Ritual:* Versammlung aller Männer am Heiligtum; Ausfegung des Sauerteigs und Schlachtung und Verzehr eines fehlerlosen Lammes.
   — *Bedeutung:* Das geschlachtete Lamm ist typisch für Christi stellvertretenden Tod; das ungesäuerte Brot bedeutet ein sündloses Leben, dessen sich die Gläubigen befleißigen sollen.

3. **Fest der Erstlinge** — 16. Abib (2. Tag der Ungesäuerten Brote; ursprüngl. Sonntag)
   — *Zweck:* Weihe der gesamten Ernte an den Gott, dessen Besitz wir nur verwalten.
   — *Ritual:* Abschneiden neuer Ähren (am 10.), die am 16. als Schwingopfer dargebracht wurden (Später wurde das Getreide auch geerntet).
   — *Bedeutung:* Die neuen Ähren sind ein Typus auf Christi Auferstehung als der Erstling der Toten (1Kor 15,20.23).

4. **4. Pfingstfest** (Wochenfest) — 6. Siwan (Sonntag)
   — *Zweck:* Dank für die Gerstenernte, Weihe der kommenden Weizenernte und Erinnerung an die Befreiung aus der Knechtschaft in Ägypten.
   — *Ritual:* Versammlung der Männer am Heiligtum; Opferung zweier gesäuerter Brote (der täglichen Nahrung); Spenden für die Armen.
   — *Bedeutung:* Die zwei Brote stehen für die zweifache Erstlingsernte des Heiligen Geistes: Die Gemeinde und später aus Israel (Jak 1,18; Offb 14,4).

5. **Neujahrsfest** — 1. Tischri (etwa Oktober)
   — *Zweck:* Beginn des bürgerlichen Jahres und Feier des heiligen siebten Monats, der wichtige Feste enthält.
   — *Ritual:* »Lärmblasen« — an diesem Neumond wurden die Trompeten länger und lauter geblasen als sonst.
   — *Bedeutung:* Israels erneute Zusammenkunft vor dem Tag der Trauer und der Freude im Tausendjährigen Reich.

6. **Der Versöhnungstag** — 10. Tischri (etwa Oktober, ursprüngl. Freitag)
   — *Zweck:* Sühnung für unbedeckte Sünden und Versinnbildlichung der Wegnahme dieser Sünden, wodurch das Volk für ein weiteres Jahr zeremoniell rein war.
   — *Ritual:* Trauer und Buße; Opfer eines Jungstieres und zweier Ziegenböcke durch den Hohenpriester als Zeichen für die Sühnung und Wegnahme der Sünden.
   — *Bedeutung:* Hinweis auf die Sühne für alle unsere Sünden durch Christus, der die Strafe bezahlt und die Sünde weggenommen hat (Hebr 10,23-26).

7. **Laubhüttenfest** — 15.-22. Tischri (Oktober, ursprüngl. zwischen zwei aufeinanderfolgenden Mittwochen)
   — *Zweck:* Gedenken an die Wüstenwanderung und Versorgung durch Gott; Freude über die eingebrachte Ernte; Erfüllung aller Gelübde, die während des vergangenen Jahres eingegangen wurden, für freiwillige Opfer und Dankopfer.
   — *Ritual:* Wohnen in Laubhütten; Erfüllung von Gelübden; besondere Opfer während sieben Tagen.
   — *Bedeutung:* Vorausbild auf die Freude und den Frieden Israels nach der Reinigung im Tausendjährigen Reich (Sach 14).

Das vierte Buch Mose

Einleitung

TITEL UND AUTOR

A. *BEZEICHNUNGEN*
   1. Die Juden nannten das Buch »Wajjedabber« — »Und es redete (der HERR)«, meist aber »Bemidbar« — »In der Wüste« nach dem ersten bzw. fünften Wort.
   2. Die griechischen Übersetzer nannten das Buch »Arithmoi« (Zahlen, lateinisch Numeri) nach den Volkszählungen in den Kapiteln 1-3 und 26.

B. *VERFASSERSCHAFT*
   1. Die Urheberschaft durch Mose ergibt sich intern durch die enge Beziehung zu 3 und 5Mo, die häufige Wendung »der HERR redete zu Mose« und den Befehl des Herrn an Mose, das vorliegende Buch zu schreiben (4Mo 33,2).
   2. Externe Beweise sind in den zahlreichen Bezugnahmen des Herrn Jesus und der Apostel auf 4Mo zu sehen (Joh 3,14; 1Kor 10; Hebr 3; 4; 10,28). Jesus Christus selbst bezeichnet Mose als Autor dieser Bücher (Joh 5,46).

Das geschichtliche Umfeld

A. *DATIERUNG* — vollendet um 1405 v.Chr.
B. *ZEITSPANNE VON 4. MOSE* — 1444-1405 v.Chr.
   1. 4Mo setzt ein mit dem Befehl zur Durchführung einer Volkszählung am 1. Mai 1444 v.Chr. und endet mit der Zusammenkunft im Jordantal kurz vor dem Tod Moses. Rückblickend

wird über die Feier des zweiten Passahfestes am 14. April 1444 berichtet, um einen Ansatzpunkt für die Regelung des Nachpassah zu bieten (4Mo 9).

2. 4Mo umspannt ingesamt 38 Jahre und 9 Monate, und zwar in vier Phasen:

   a. Volkszählung und Vorbereitung zum Aufbruch (1-10)   20 Tage
   b. Marsch nach Kadesch-Barnea; Erkundung des Landes (11-14)   70 Tage
   c. Wüstenwanderung um Kadesch (15-20)   38 Jahre und 1 Monat
   d. Umgehung Edoms in die Steppen von Moab (21-36)   5 Monate

3. Genauere Daten sind in der Chronologie der Wüstenwanderung Israels angegeben.

C   *DAS RELIGIÖSE UMFELD*

1. Dieses Buch umfaßt zwei Generationen des Volkes Israel: die erste Generation, die aus Ägypten gekommen war, und die zweite, die ins Gelobte Land einziehen würde. Die erste Generation hatte durch die Hand Moses große Wunder erlebt und das Bundesgesetz des Herrn empfangen und wurde wegen ihres Ungehorsams und Aufruhrs verworfen. Die zweite Generation wuchs mit dem Gesetz und dem Manna auf und wurde von Gott verwendet, um die Völker des Ostjordanlandes zu vernichten, soweit Gott sie für gerichtsreif befunden hatte.

2. Nach dem Aufbruch der ersten Generation vom Sinai wurde die Stimmung im Volk zusehend schlechter. Voll Undankbarkeit für die Versorgung durch Gott beklagten sie sich über das Manna. Selbst in Moses eigener Familie hielten Neid und Streitsucht Einzug. Nach dem großen Aufruhr zu Kadesch-Barnea verharrten viele, auch führende Israeliten, in der Rebellion, bis die erste Generation ausgestorben war. Am Ende dieser Epoche erwies sich selbst Mose als ungehorsam, weshalb ihm der Einzug ins Gelobte Land verweigert wurde.

3. Zweimal versündigte sich das Volk in der Wüste schwer: am Sinai und in Kadesch. In beiden Fällen handelte es sich um die erste Generation. Die erste Sünde war Götzendienst und die zweite Aufruhr gegen Gott. Beide Sünden fanden im August statt, die erste 1445 v.Chr., die zweite 1444. Beiden folgten große Segnungen Gottes: das mosaische Gesetz und der Einzug ins Gelobte Land. Beide Male ging der Zorn Gottes so weit, daß er sein Volk vernichten wollte. Doch auf den Zorn Gottes folgten seine Gnade und Vergebung aufgrund des Bundes mit Abraham und der Liebe zu seinem Volk.

4. Nach dem Begräbnis Aarons begann mit dem Hohenpriester Eleasar eine neue Epoche. Die zweite Generation verhielt sich wie die erste: Murren, Unglaube und Götzendienst. Diese neue Epoche begann mit den großen Siegen im Ostjordanland. Doch beachte: Brut sündiger Männer (32,14)!

5. Obwohl das Volk das Gesetz und das Opfersystem kannte, ist sehr fraglich, ob deren Bestimmungen in der Wüste auch eingehalten wurden. Jedenfalls wurde die Beschneidung bis zur Überquerung des Jordans nicht vollzogen (Jos 5,5)

Der Zweck von 4. Mose

Mit diesem Buch will Mose an Gottes Langmut für sein auserwähltes Volk erinnern und nachweisen, daß Gottes erlösende Gnade die Bestrafung für Sünde nicht ausschließt. Gott hatte sein Volk aus Gnade erlöst, doch nicht zu einem Leben der Sorglosigkeit, Freizügigkeit und Unabhängigkeit. Er hatte das Volk erlöst, um es zu Dienst und Kampf zuzurüsten. Kernsatz ist: »Jeder, der mit dem

Heer auszog« (14mal in Kapitel 1). In dieser Zeit der Zurüstung zeigte der Herr: Kein Feind kann demjenigen widerstehen, der Gottes Macht vertraut und seinem Wort gehorcht. Das Thema lautet demnach: »Zurüstung zum Dienst auf dem Weg vom Sinai zum Jordan.«

Gliederung von 4. Mose

THEMA: Zurüstung zum Dienst auf dem Weg vom Sinai zum Jordan

- I. ORDNUNG DER ERSTEN GENERATION 1-10
  - A. *Erste Volkszählung und Dienstordnung* 1-4
  - B. *Gesetze der Reinheit und Absonderung* 5-6
  - C. *Letzte Vorbereitungen zum Aufbruch* 7-10

- II. UNORDNUNG IN DER ERSTEN GENERATION 11-20
  - A. *Israels Abfall und Gottes Strafe* 11-14
    1. Das Volk verachtet das Manna ....(11)
    2. Mirjam und Aaron lehnen sich gegen Mose auf ....(12)
    3. Israel verweigert den Einzug ins Land ....(13)
    4. Der Herr verwirft die erste Generation ....(14)
  - B. *Achtunddreißig Jahre in der Wüste* 15-20
    1. Warnung vor Aufruhr ....(15)
    2. Gericht wegen Aufruhr ....(16)
    3. Aufruhr gegen Aarons Amt ....(17-18)
    4. Ungehorsam von Mose und Aaron ....(20)

- II. NEUORDNUNG DER ZWEITEN GENERATION 21-36
  - A. *Siege auf dem Weg zum Jordan* 21-24
    1. Militärischer Sieg über heidnische Feinde ....(21)
    2. Geistlicher Sieg über Moab und Bileam ....(22-24)
  - B. *Konflikt und Sieg über die Midianiter* 25-31
    1. Götzendienst und Unzucht mit Baal-Peor ....(25)
    2. Zweite Volkszählung und Nachträge zum Gesetz ....(26-30)
    3. Der Mustersieg über die Midianiter ....(31)
  - D. *Letzte Vorbereitungen zum Einzug* 32-36
    1. Zweieinhalb Stämme siedeln sich im Ostjordanland an ....(32)
    2. Rückblick auf die Wüstenwanderung und Auftrag ....(33)
    3. Anweisungen für die Aufteilung des Landes ....(34-36)

Chronologie der Wüstenwanderung Israels

Buch	Ereignis	Datum v.Chr.	Stelle
2. MOSE (11 ½ Monate)	Einsetzung des Passah in Ägypten.	14. April 1445	2Mo 12,6
	Aufbruch aus Ramses, Ägypten.	15. April 1445	2Mo 12,18; 4Mo 33,3
	Zug durch das Schilfmeer	18. April 1445	4Mo 33,8
	Ankunft in der Wüste Sinai	15. Mai 1445	2Mo 16,1
	Ankunft am Berg Sinai.	1. Juni 1445	2Mo 19,1
	Theologisches Jahr am Sinai.		
	Fertigstellung der Stiftshütte und Einzug der Herrlichkeit des Herrn.	1. April 1444	2Mo 40,17
3. MOSE (1½ Monate)	Gesetzgebung vom Heiligtum aus.	1.-14. April 1444	3Mo 1,1
4. MOSE (38 Jahre und 8½ Monate)	Zweite Passahfeier (am Sinai)	14. April 1444	4Mo 9,1
	Erste Volkszählung Israels.	1. Mai 1444	4Mo 1-3
	Lagerordnung Israels.		
	Aufbruch vom Sinai.	20. Mai 1444	4Mo 10,11
	Ankunft in Kadesch-Barnea nach 21 Tagereisen. Siebentägiger Aufenthalt in Hazerot wegen Mirjams Aussatz.	20. Juni 1444	4Mo 12; 33; 5Mo 1,2
	Aufruhr in Kadesch-Barnea und Urteilsspruch über die erste Generation (38 Jahre Wüstenwanderung).	1. August 1444	4Mo 14
	Erneute Versammlung zu Kadesch-Barnea.	1. April 1406	4Mo 20,1-13
	Tod Mirjams.		
	Ungehorsam von Mose und Aaron.		
	Tod Aarons am Berg Hor.	1. August 1406	4Mo 33,38
	Zug vom Berg Hor an den Jordan. Große Siege über die Kanaaniter, Amoriter, Basan und Midianiter.	1. Sept. 1406	4Mo 20,29

Buch	Ereignis	Datum v.Chr.	Stelle
5. MOSE (2 Monate)	Offenbarung des deuteronomischen Gesetzes an Mose und Unterweisung des Volkes für das Leben im Gelobten Land.	1. Feb. 1405	5Mo 1,3
	Tod Moses am Berg Nebo und 30tägige Volkstrauer	1. März 1405	5Mo 34,8
JOSUA (½ Monat)	Josua führt das Volk über den Jordan	10. April 1405	Jos 4,19
	Passahfeier in Gilgal.	14. April 1405	Jos 5,10

Besonderheiten von 4. Mose

1. **VOLKSZÄHLUNGEN UND ORDNUNGEN ISRAELS** (1-3; 26). Wenn 3 Mo über die Gottesdienstordnung Israels berichtet, enthält 4 Mo die Dienst- und Kriegsordnung des Volkes. Auf Gottes Geheiß zählte Mose sowohl die erste als auch die zweite Generation von Kriegern. Die große Zahl von 600.000 Kriegern wird zwar zuweilen bezweifelt, stimmt aber mit anderen Zahlenangaben (2Mo 12,37; 38,26) und Hinweisen auf die Größe des Volkes (2 Mo 1,9; 4 Mo 22,11) überein. Wie Mose bereits in 2 Mo 15,3 ausgerufen hatte: »Der HERR ist ein Kriegsheld«, bereitet er sein Volk in 4 Mo auf den Kampf vor. Er zählt es, legt Lager- und Marschordnung fest, gibt Nahrungsrationen aus, nimmt es unter seine von Gott gegebene Autorität und führt sie in die Schlacht. Er weist sie sogar an, wie die Beute zu verteilen ist (31; 34; 35). In 4 Mo 1-20 muß das Volk oft schmerzliches »Lehrgeld« zahlen, während die Kapitel 21-36 seine Schlachten, Erfolge und die Neuausrichtung für weitere Aufgaben beschreiben.

2. **DAS NASIRÄERGELÜBDE: DEM HERRN ABGESONDERT** (4Mo 6). In diesem Buch des Dienstes sind auch Sonderanweisungen für die Beteiligung von Laien am Dienst des Heiligtums enthalten. Das Nasiräergelübde konnte jede Person, auch eine Frau, die sich besonders dem Herrn hingeben wollte, leisten. Anstatt bezahlt zu werden, mußte sie jedoch ein besonderes Opfer darbringen und bestimmte Auflagen erfüllen: 1) Verzicht auf alle Speisen und Getränke, die vom Weinstock kommen, 2) keine Verwendung eines Rasiermessers und 3) keine Berührung eines Leichnams. Diese Sonderregeln betonen das besondere Vorrecht, dem Herrn dienen zu dürfen.

3. **DER AUFRUHR ISRAELS UND SEINE BESTRAFUNG** (13;14). Der große Aufruhr zu Kadesch-Barnea hatte in der großen Unzufriedenheit des Volkes und seiner Führer bereits seine Schatten vorausgeworfen. Schon vorher wurde das Volk wegen seiner Klage über das Manna gerichtet, und Mirjam und Aaron mußten ihre Eifersucht auf Mose bitter büßen. Sogar Mose selbst machte sich des Ungehorsams schuldig (20,12; 27,14), weshalb ihm der Einzug ins Land verwehrt wurde. Auch die zweite Generation mußte das Gericht für Götzendienst und Unzucht kennenlernen (25). Diese zahlreichen Fälle von Sünde und Aufruhr beweisen die Erwählung Israels nicht aufgrund seiner Gerechtigkeit, sondern einzig aufgrund der Gnade des Herrn.

4. **DAS GROSSE GERICHT DES HERRN.** 4 Mo enthält viele Gerichte des Herrn, vor allem wegen Auflehnung gegen ihn. Der Aufruhr der levitischen Ältesten brachte sofortige Vernichtung über sie und ihre Familien. Das Murren des Volkes über das Manna führte zu einer großen Plage. Der Aufruhr zu Kadesch stellte die gesamte Generation unter Gericht, indem ihr der Einzug ins Land Kanaan vorenthalten wurde. Obwohl sich Mose daran nicht beteiligte, wurde später auch er bestraft, weil er aus Jähzorn dem Herrn ungehorsam wurde, als er Wasser aus dem Felsen schlug. Aufruhr ist eine Sünde mit Willen, die Gott sofort und rückhaltlos bestraft (Hebr 10,26).

5. **DIE UNTERSCHEIDUNG ZWISCHEN WILLENTLICHER UND VERSEHENTLICHER SÜNDE** (15,22-36). Während versehentliche Sünden durch verschiedene Opfer gesühnt werden konnten, war dies bei willentlichen oder absichtlichen Sünden nicht möglich; sie verlangten nach Bestrafung, ob dies nun die Todesstrafe oder eine Geldstrafe war. Willentliche Sünden mußten nicht notwendigerweise böswillige Verbrechen sein; es waren Sünden, vor denen das Volk gewarnt worden war. Der Mann, der am Sabbat Feuerholz sammelte, wurde nicht wegen der Boshaftigkeit seiner Tat gesteinigt, sondern weil der Herr diese Strafe verordnet hatte (2 Mo 35,2-3). Die Todesstrafe bedeutete jedoch nicht den Verlust des ewigen Lebens.

6. **DER PROPHET BILEAM UND SEIN »SPRECHENDER ESEL«** (22-24). Bileam war ein eigennütziger Prophet aus Mesopotamien, der von dem Moabiterkönig Balak angeheuert wurde, um Israel zu verfluchen. Gott brauchte diesen verderbten, heidnischen Propheten, um Balak und die Moabiter von seinem Plan zu unterrichten, Israel trotz seiner Feinde zu segnen.
   a. Gott zeigte hiermit seine Allmacht über alle sogenannten Götter und seinen unabwendbaren Beschluß, Israel zu segnen. Der Fluch über das Volk mußte sich in Segen verkehren.
   b. Gott machte seine fortgesetzte Liebe zu Israel trotz dessen Überheblichkeit deutlich, denn er fand kein Unrecht im Volk, das ihn zur Rücknahme seines Segens bewegen konnte (23,20-21.)
   c. Aus Israel würde ein »Stern« oder König aufgehen. der über den Nahen Osten herrschen würde. Das ist eine der ersten konkreten Verheißungen auf den Messias, von der die Weisen aus dem Morgenland wußten, als sie dem Stern nach Bethlehem folgten.
   d. Bileam verführte Israel später durch die Maobiter zu Götzendienst und Unzucht, weshalb er selbst getötet wurde (25;31,8). Das Neue Testament warnt vor dem Weg Bileams, vor seinem Irrtum und vor seiner Lehre, das prophetische Amt zum persönlichen Vorteil zu mißbrauchen und Gottes Volk durch lustvolle Verlockungen zu verführen (2 Petr 2,15; Jud 11).

7. **DIE BESIEDELUNG DES OSTJORDANLANDES DURCH DIE 2 1/2 STÄMME** (32). Die Niederlassung der Stämme Ruben und Gad sowie des halben Stammes Manasse im Ostjordanland ist von ihren Beweggründen her fragwürdig. Mose sah sie als Aufruhr und Abfall, obwohl er später nachgab, als diese Stämme zusagten, sich am Feldzug in Kanaan zu beteiligen. Ihr ausdrücklicher Beweggrund jedoch war: Das Ostjordanland war »ein Land für Vieh, und deine Knechte haben Vieh« (32,4). Anscheinend ließen sie sich von ihrem Vieh leiten. Später waren diese Stämme mehrmals die ersten, die von Feinden bedrängt wurden. Sie wurden als erste in die assyrische Gefangenschaft geführt. Das zeigt, wie gefährlich es ist, kurzfristigen Verlockungen zu folgen, anstatt langfristigen Verpflichtungen nachzukommen.

8. **VORBILDER FÜR DAS CHRISTSEIN IN 4. MOSE** (1 Kor 10; Hebr 3-4). Im Neuen Testament wird die Wüstenwanderung Israels als Anschauungsunterricht für den Christen betrachtet, als »Typen« oder Vorbilder. Paulus warnt die Gläubigen davor, durch Murren und ein Leben nach dem Lustprinzip das Mißfallen Gottes zu erregen. Der Autor des Hebräerbriefes warnt vor Verhärtung und Trägheit. Dadurch würde sich der Gläubige um die großen Segnungen eines wirksamen Dienstes bringen (Hebr 3,12-4,8).

9. **DER AARONITISCHE SEGEN** (6,24-26). Der hohepriesterliche Segen, wie Mose und Aaron ihn aussprachen, beinhaltet einen dreifachen Wunsch für Israel: des Herrn Schutz, seine Gnade und sein Friede. Da er allen gilt, die mit dem Herrn im Bund sind, ist er auch auf die neutestamentlichen Gläubigen anwendbar. Er schließt mit dem klassischen Gruß Israels: »Frieden« (Schalom).

10. **TYPEN AUF CHRISTUS IN 4. MOSE**
    a. Das Lösegeld (fünf Schekel) (3,40-51). Da es nicht genügend Leviten gab, um die Erstgeborenen Israels auszulösen, mußte jede Familie fünf Schekel Lösegeld entrichten. Historisch wollte Gott damit zeigen, wie er volle Entschädigung für die Erstgeborenen forderte, deren Dienst von nun an die Leviten ausüben sollten. In einer übertragenen Bedeutung hat Christus das Lösegeld für unsere Sünden voll und ganz bezahlt. Sein Werk am Kreuz war kein »symbolischer« Preis, sondern gänzliche Begleichung der Schuld.
    b. Die Asche der roten Kuh (19). Historisch zeigt sie die Notwendigkeit der Reinigung von versehentlichen Sünden; für uns bedeutet sie die Bezahlung Christi auch für diese Vergehen, die jedoch Bekenntnis und Inanspruchnahme der Vergebung erfordern (1 Joh 1,9).
    c. Die erhöhte Schlange (21,9). Wie der Gebissene auf das Symbol des Gottesgerichts aufblicken mußte, so müssen wir Sünder heute zum Kreuz Christi aufblicken und sein stellvertretendes Opfer für uns annehmen (Joh 3,14).
    d. Der sprossende Stab Aarons (17). Wie der sprossende Stab Aaron als den einzigen Hohenpriester oder Mittler für Israel auswies, so zeigte Christi Auferstehung seine einzigartige Mittlerrolle zwischen Gott und den Menschen (1 Tim 2,5). Beachte: Dieser Beweis sollte alles »Murren« und Klagen beenden (17,20).

Marschordnung der Stämme Israels*

DAN	EPHRAIM	LEVITEN Die Söhne Kehats mit den Geräten des Heiligtums	RUBEN	LEVITEN Söhne Gerschons und Meraris mit den Wagen, die Wände und Decken des Heiligtums trugen	JUDA	
ASSER	MANASSE		SIMEON		ISSA-SCHAR	LADE
NAFTALI	BENJAMIN		GAD		SEBULON	

*Siehe 4Mo 2; 10,11-28
Mose, Aaron und seine Söhne begleiteten die Bundeslade, wohin die Wolkensäule führte.
Die Israeliten marschierten in Lager und Stämme geordnet und zwar hintereinander statt nebeneinander, in lockerer Aufstellung statt im Gleichschritt. Jede Familie blieb vereint und führte ihr Vieh mit sich.

Lagerordnung der Stämme Israels in der Wüste*

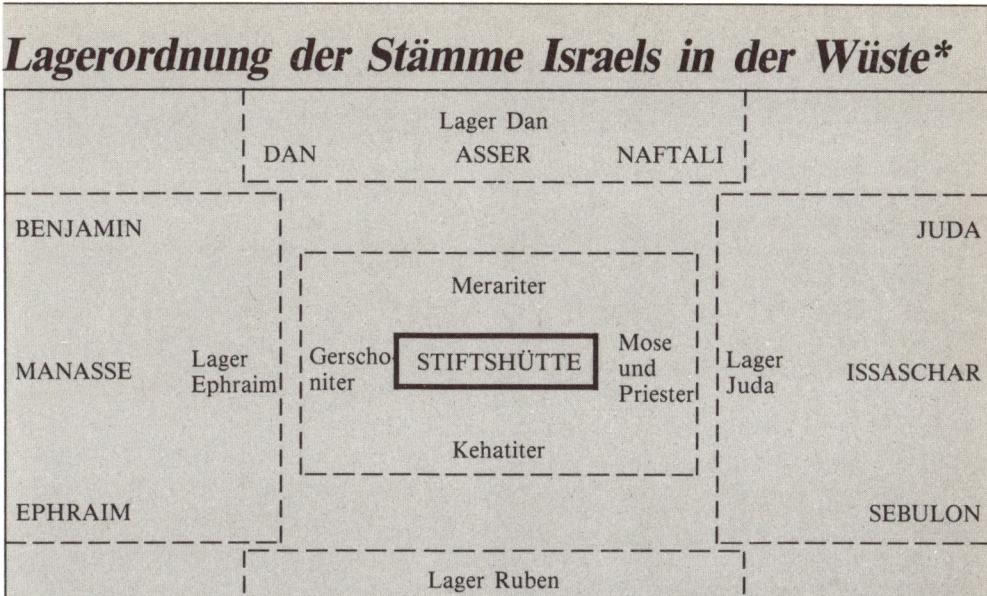

Anmerkungen:
1) Das Lager wurde so aufgerichtet, daß der Eingang der Stiftshütte nach Osten blickte.
2) Die Lagerordnung betonte die Bedeutung des Gottesdienstes und der Gegenwart Gottes im Volk.
3) Dasselbe gilt für die Marschordnung: die Stiftshütte mit den Leviten in der Mitte, vorne die Lager Juda und Ruben, hinten die Lager Ephraim und Dan.
* siehe 4Mo

Bevölkerungsentwicklung Israels in der Wüste*

	Stamm	Volkszählung 1444	Volkszählung 1405
Leas Söhne	Ruben	46.500	43.730
	Simeon	59.300	22.200
	(Levi)	(8.580)	
	Juda	74.600	76.500
	Issaschar	54.400	64.300
	Sebulon	57.400	60.500
Rahels Söhne	Ephraim	40.500	32.500
	Manasse	32.200	52.700
	Benjamin	35.400	45.600
Bilhas Söhne	Dan	62.700	64.400
	Naftali	53.400	45.400
Silpas Söhne	Gad	45.650	40.500
	Asser	41.500	53.400
Gesamt		603.550	601.730

Anmerkungen:
1) Der Stamm Simeon hatte bis zur 2. Volkszählung stark verloren (24.000 waren nach 25.9. bei einer Plage gestorben).
2) Die Erstgeborenen Israels (22.273) sind überraschend wenige. Bei insgesamt 612.130 erwachsenen Männern würde das 27 Söhne pro Familie bedeuten.
Mögliche Lösung: Viele Erstgeborene hatte der Pharao getötet. Waren etliche dem Würgeengel in Ägypten zum Opfer gefallen?
3) Eine Bevölkerung von 612.130 erwachsenen Männern bedeutet ein Gesamtzahl von mindestens 2,5 Millionen Menschen.

Die Leviten	Männer ges.	Dienstalter 30-50	Aufgaben (4Mo 3-4)
Gerschoniter	7.500	2.630	Geräte des Heiligtums
Kehatiter (8600 = Abschreibfehler)	8.300	2.750	Decken des Heiligtums
Merariter	6.200	3.200	Wände des Heiligtums
Gesamt	22.000	8.580	

*Siehe 4Mo 1 (Volkszählung 1444) und 4Mo 26 (Volkszählung 1405).

Das fünfte Buch Mose

Einleitung

TITEL UND VERFASSER

A. BEZEICHNUNGEN
1. Auf hebräisch heißt das Buch »Elle haddevarim« (»Dies sind die Worte«) oder einfach »Devarim« (»Worte«), wie immer nach den einleitenden Worten.
2. In der Septuaginta erhielt es den Namen »Deuteronomie« (»Zweites Gesetz«), was die lateinische Vulgata übernahm.

B. VERFASSERSCHAFT
1. Bis vor kurzem verlegte man dieses Buch in die Zeit König Josias (621 v. Chr.), verwarf diese Theorie aber zugunsten einer Vielzahl widersprüchlicher Meinungen.
2. Die mosaische Urheberschaft stützt sich auf zahlreiche innere und äußere Beweise. Mose selbst, der wie die meisten Autoren der Bibel in der dritten Person schrieb, kommt in diesem Buch 38mal vor. Kurz vor seinem Tod erklärte er, er habe dieses Buch geschrieben, um es den Priestern zu überantworten (5 Mo 31,9.24-26).
3. Neben zahlreichen alttestamentlichen Bezugnahmen auf 5 Mo als »das Gesetz Moses« bekräftigen auch der Herr Jesus und die Apostel Mose als Verfasser (Mt 19,8; Mk 10,3; Joh 1,17; 5,46; Apg 3,22; Röm 10,5; 1 Kor 9,9).

4. Das letzte Kapitel über den Tod Moses ist ein späterer Zusatz, der wahrscheinlich von Josua, Eleasar oder Samuel stammt.

5. Die Abweichungen zwischen den Bestimmungen von 2 Mo und 5 Mo widerlegen die Verfasserschaft Moses nicht; ein späterer Pseudo-Mose hätte es nicht gewagt, von 2 Mo abzuweichen, während Mose selbst wohl kaum eine Wiederholung des Originals niedergeschrieben hätte. Die Abweichungen ergeben sich ganz natürlich aus der neuen Situation, die die Anpassung des sinaitischen Gesetzes an das Leben im Gelobten Land erforderlich machte.

Das geschichtliche Umfeld

A. *DATIERUNG — 1405 v. Chr.*
1. Am 1. Februar 1405 v. Chr. rief Mose das Volk zu einer letzten Mahnrede zusammen (1,3). Zwar mag diese Rede an mehreren aufeinanderfolgenden Tagen gehalten worden sein, doch 67mal begegnen wir in diesem Buch dem Wort »heute«.
2. Da Mose 30 Tage später starb, müssen die Botschaften von 5 Mo in recht rascher Folge gehalten und niedergeschrieben worden sein (34,8).

B. *HINTERGRUND*
1. Israel lagerte am Jordan, bereit und begierig, das Gelobte Land einzunehmen. Nach der Eroberung des gesamten Ostjordanlandes ohne nennenswerte Verluste war es für neue Aufgaben gewappnet.
2. In religiöser Hinsicht unterscheiden sich die Israeliten der zweiten Generation stark von der ersten, die aus Ägypten aufgebrochen war. Sie hatten den dortigen Götzendienst nicht erlebt, sondern waren während der vierzigjährigen Wüstenwanderung unter Mose aufgewachsen. Sie wußten aus Erfahrung: Der Herr schenkt seinem Volk Sieg, wenn es ihm vertraut. Doch neigten sie zu Selbstgerechtigkeit und Götzendienst und hatten gegen eine Vielfalt von sozialen und familiären Problemen zu kämpfen. Als gelernte Krieger mußten sie an die Heiligkeit unschuldigen Lebens erinnert werden und lernen, wie sie im Gelobten Land eine gerechte Ordnung aufrichten konnten.

Der Zweck von 5. Mose

Der Zweck dieser Mahnreden war es, *die neue Generation Israels auf das Leben im Land vorzubereiten*. Dazu bediente sich Mose einer Erweiterung und Ausgestaltung des sinaitischen Gesetzes, das durch seine Kürze und Prägnanz auffällt. In einer ausführlichen Rede wendet Mose die Prinzipien dieser Rechtsordnung auf die neue Situation an. Er erinnert an Gottes vergangenes Wirken, ermahnt zu Treue in der Gegenwart und ermutigt durch Gottes Verheißungen für die Zukunft. Der Ermahnung durch die Gebote legt er die Zusicherung der Liebe Gottes zugrunde. Er streicht die Zuverlässigkeit der Verheißungen Gottes heraus, erinnert aber beständig an die Pflicht zum Gehorsam, an den diese Verheißungen gebunden sind.

Gliederung von 5. Mose

THEMA: Mose erklärt das Bundesgesetz für das Gelobte Land

- I. RÜCKBLICK AUF DIE TREUE DES HERRN 1-4
  - A. Israels Sünde zu Kadesch-Barnea 1
  - B. Israels Sieg im Ostjordanland 2-3
  - C. Israels Sendung im Gelobten Land 4
- II. WIEDERHOLUNG DER GRUNDGEBOTE 5-11
  - A. Die Zehn Gebote und das Große Schema 5-6
  - B. Die Gefahren des Götzendienstes 7-9
  - C. Die Verpflichtung zu Liebe und Dienst 10-11
- III. DAS GESETZ FÜR DAS GELOBTE LAND 12-26
  - A. Besondere religiöse Gesetze 12-16
  - B. Besondere bürgerliche Gesetze 17-21
    1. Verantwortung der Führer .... (17-18)
    2. Veranwortung bei Blutvergießen .... (19-21)
  - C. Besondere soziale Gesetze 22-26
    1. Beachtung von Rechten und Moral .... (22-25)
    2. Beachtung des Zehnten, der Abgabe für den Herrn .... (26)
- IV. ERFÜLLUNG DES GESETZES ALS BEDINGUNG FÜR DAS BLEIBEN IM LAND
  - A. Gehorsam, um im Land zu bleiben 27-28
  - B. Buße, um ins Land zurückzukehren 29-30
- V. LETZTER AUFTRAG UND ABSCHIED MOSES 31-34
- — Beachte die Vierteilung von Moses Rede:
  Erste Rede: 1-4; zweite Rede: 5-26; dritte Rede: 27-28; vierte Rede: 29-30.
- — Beachte die Ähnlichkeit mit alten Lehensverträgen zwischen Vasallen und Lehensherrn im 15. Jahrhundert v.Chr.:
  1. Präambel (1,1-5)
  2. Historischer Prolog (1.6-4,49)
  3. Allgemeine und konkrete Bestimmungen (5-26)
  4. Segen und Fluch (27-30)
  5. Zeugen und Nachfolgebestimmungen (31-34)

Besonderheiten von 5. Mose

1. **WOZU EIN ZWEITES GESETZBUCH?** 5 Mo knüpft an alle vier übrigen Mosebücher an, vor allem aber an das sinaitische Gesetz von 2 Mo 20-23
   a. 5 Mo 5,7-21 wiederholt den Dekalog (die Zehn Gebote) von 2 Mo 20 fast wörtlich, außer in der Begründung des Sabbatgebotes, das hier mit der Befreiung aus der Knechtschaft verbunden ist.
   b. 5 Mo betont vor allem die Liebe: Gottes Liebe zu Israel (5 mal); des Menschen Verpflichtung, Gott zu lieben (12mal); und die Verpflichtung Israels, die Fremden zu lieben (einmal). »Liebe« wird somit zum elften Gebot, oder besser zum Grundgebot, das den Beweggrund aller anderen Anordnungen bildet.
   c. 5 Mo stellt den persönlichen Vorteil des Gehorsams in den Mittelpunkt: »damit es dir gut geht« (z.B. 4,40; 5,16). Den meisten Befehlen ist eine Begründung angeschlossen, die an den allgemeinen Gerechtigkeitssinn appelliert. Die Todesstrafe für Kapitalverbrechen wird folgendermaßen begründet: »Du sollst das Böse aus deiner Mitte hinwegschaffen« (13,6; 17,7; 19,9; 22,21 usw.) Es wird der Abschreckungseffekt hervorgehoben.
   d. 5 Mo ist eindringlicher und mahnender als 2 Mo; es ist der Ruf eines Predigers und nicht die Vorladung eines Richters. Mose wendet sich an Herz und Gewissen, nicht bloß an den Verstand.
   e. 5 Mo richtet den Blick auf die Folgen von Gehorsam und Ungehorsam in Form von Segen und Fluch. Dieser Blickpunkt fehlt in 2 Mo.
   f. 5 Mo trägt ein starkes Anliegen für die Bedürftigen, Waisen, Witwen und Fremden, das in 2 Mo nur kurz gestreift wird.
      Ein eigener Abschnitt widmet sich den Menschenrechten (23-25).
   g. 5 Mo hat viel über Familienleben, Ehe, Scheidung, Wiederheirat und Frauenrechte im allgemeinen zu sagen.
   h. 5 Mo enthält die Anweisungen für Menschen in verantwortlicher Position (16-18).
   i. 5. Mo spricht viele Warnungen vor den Gefahren des Reichtums aus (6,10ff; 8,10ff; 11,14ff).
   j. 5 Mo bestärkt die Erwählung Israels aus Liebe und das Verlangen Gottes, sein Volk möge auch ihn aus Liebe erwählen (4,37; 7,7-8; 30,19-20).

2. **DAS GROSSE »SCHEMA« (»HÖRE«)** (6,4-9; wörtliche Übersetzung). »Höre, Israel: Der HERR, unser Gott, der HERR ist eins!«, gefolgt vom Gebot, Gott zu lieben und sein Wort zu lehren — das ist der Kernpunkt hebräischer Theologie. Meist wird an dieser Stelle die Einheit Gottes betont, Jesus aber streicht das Liebesgebot heraus (Mt 22,37). Das hebräische Wort für »eins« (*áchad*) bedeutet nicht eine unteilbare Einheit wie das Wort *jachad*, sondern läßt Raum für mögliche Unterteilungen. Nach 1 Mos 2,24 werden Mann und Frau »ein Fleisch« sein (*áchad*). Das Wort »eins« betont sehr wohl die Einheit Gottes, überläßt es aber späterer Offenbarung, die drei Personen der Gottheit — Vater, Sohn und Heiliger Geist — als zu dem einen Gott gehörig kundzutun.
   Dieses Schema ist bis heute die Basis der jüdischen Religion geblieben, auch wenn die Bedeutung von »eins« entstellt worden ist.

3. **DAS ZENTRALE BUCH ALTTESTAMENTLICHER THEOLOGIE.** In 5 Mo finden wir die meisten Themen der alttestamentlichen Theologie. An 259 Stellen wird auf die übrigen 4 Mosebücher bezug genommen, um eine herrliche Komposition aus der Liebe, Heiligkeit und

Gerechtigkeit Gottes herzustellen. Das Buch ist wesentlich für Israels Vergangenheit, Gegenwart und Zukunft und enthält Bezugnahmen auf alle vier alttestamentlichen Bundesschließungen mit Israel. Dieses Werk umfaßt einen größeren Bereich menschlicher Beziehungen als jedes andere Buch der Bibel.

4. ***DAS MEISTZITIERTE BUCH DES ALTEN TESTAMENTS.*** 5 Mo wird im übrigen Alten Testament 356mal und im Neuen Testament 190mal zitiert. Der Herr Jesus zitierte mehr daraus als aus jedem anderen Teil der Schrift. In der Versuchung durch den Satan zum Beispiel konnterte er dreimal mit einem Zitat aus 5 Mo, dessen einfacher Erhabenheit der Feind nicht widerstehen konnte. Das Zitat, das der Teufel in Mt 4,6 aus Ps 91 herausgriff, ist aus dem Zusammenhang gerissen und somit völlig entstellt.

5. ***DIE VIER GEISTLICHEN GESETZE ISRAELS*** (10,12-13). Moses Antwort auf die Frage »Was fordert der HERR, dein Gott, von dir?« ist eine klassische Zusammenfassung des Gesetzes, ist die Quintessenz wahrer Frömmigkeit in vier Punkten:
   a. Fürchte und ehre den Herrn, deinen Gott.
   b. Gehe auf allen seinen Wegen und liebe ihn.
   c. Diene ihm mit deinem ganzen Herzen und deiner ganzen Seele.
   d. Halte die Gebote des Herrn, (die »dir zum Guten« gegeben sind).
   Micha beantwortet dieselbe Frage in Mi 6,8 auf ähnliche Weise.

6. ***MAHNUNG AN MENSCHEN IN VERANTWORTUNG*** (16;17). Drei Arten von Trägern der Verantwortung werden in diesen Kapiteln behandelt: Richter, Priester/Richter und Könige. Ihre Hauptaufgabe lag in der unparteiischen Rechtssprechung. Dazu mußten zwei Vorbedingungen erfüllt sein:
   1) Sie durften keinerlei Bestechung annehmen;
   2) sie mußten sich beständig am Wort Gottes ausrichten.

7. ***ISRAELS »LEX TALIONIS«*** (Recht der Vergeltung) (19,21). Es wird erstmals in 2 Mo 21,23-24 und 3 Mo 24,20 vorgebracht und hier weiter ausgeführt zu abschreckender Wirkung. Es liegt der gesamten deuteronomischen Rechtsauffassung zugrunde als humanitäres Prinzip von »gleiches Recht für alle«. Hier wird der menschlichen Rachsucht und Maßlosigkeit ein Riegel vorgeschoben; das Ausmaß der Strafe wird auf das Ausmaß des Vergehens begrenzt und jede Böswilligkeit und Rachgier untersagt. Jesus verweist in Mt 5,38 darauf, um der Fehlanwendung dieses Prinzips, in persönlichen Streitfragen »keinen Pfennig und Heller nachzulassen« vorzubeugen. Es war gedacht als Grundsatz der Rechtssprechung, nicht als persönliches Recht auf Vergeltung.

8. ***DER GERECHTE KRIEG UND UNSCHULDIGES BLUT*** (20;21). Gott hatte die Söhne Israel zu Scharfrichtern über die verderbten Völkerschaften Kanaans gesetzt. Doch sollten sie nicht morden wie die Heiden, vielmehr erhielten sie konkrete Anordnungen, um nicht selbst ein gewalttätiges Volk zu werden. Diese zwei Kapitel erläutern zwei Grundprinzipien zur Ausführung dieses Auftrages:
   a. Auf Geheiß Gottes mußten die Übeltäter getötet werden, nicht zur persönlichen Befriedigung, sondern als heilige Pflicht.
   b. Dabei mußte sorgsam darauf geachtet werden, kein unschuldiges Blut zu vergießen. Dafür würde Gott die gesamte Stadt zur Rechenschaft ziehen. Gewalttat darf in keiner Weise geduldet werden.

9. **DER PALÄSTINENSISCHE BUND MIT ISRAEL** (28-30). Israel sollte in Palästina das Eigentum Gottes verwalten und würde je nach Gehorsam Segen oder Fluch empfangen. Für Ungehorsam würde das Volk schwer bestraft und schließlich »von einem Ende der Erde bis zum anderen« zerstreut werden (28,64). Es würde »keinen Rastplatz finden«, »ein zitterndes Herz, erlöschende Augen und eine verzagende Seele« erhalten (28,65). Nach dieser Zerstreuung, »am Ende der Tage« (4,30), würde es der Herr wieder zurückbringen und im Land sammeln (30,1-5), falls sie zum Herrn umkehren und seiner Stimme gehorchen würden. Dieser Bund enthält im wesentlichen die folgenden Punkte:
   a. Das Gelobte Land ist Eigentum des Herrn, der es den Kindern Abrahams als ewigen Besitz zugesagt hat.
   b. Dieser Besitz ist jedoch an ihren Gehorsam dem Bundesgott gegenüber geknüpft.
   c. Zuletzt würde der Herr sie zurückbringen, wenn sie zu ihm umkehren und ihm gehorchen.

10. **DIE GEFAHR DES GÖTZENDIENSTES.** Fast unablässig warnt Mose in diesen Reden vor dem Götzendienst (über 30 Bezugnahmen, z.B. 4,16-19; 5,7-9; 6,14-15; 7,4-5; 8,19-20). Sie waren aus einem götzendienerischen Land gekommen, waren in der Wüste mehrmals in Götzendienst gefallen und standen vor dem Einzug in ein Land, das voll von Abgötterei war. Das Gelobte Land war unsagbar reich, doch in seinem Götzendienst verkehrt und verderbt. Wie leicht könnte Israel sich diesem Götzendienst anpassen, schienen doch die Kanaaniter durch ihn reich geworden zu sein. Der Kampf würde nicht nur militärisch, sondern geistlich sein. Mose spricht die verschiedenen Schliche an, durch die der Teufel sie zum Götzendienst verführen könnte.

11. **DIE MESSIASVERHEISSUNG IN 5. MOSE: »EIN PROPHET WIE MOSE«** (18,18-19). Christi Rolle als Prophet wird erstmals an dieser Stelle vorhergesagt. Die Aufgabe der Propheten war es, den Menschen die Worte Gottes weiterzusagen, deren Einhaltung oder Mißachtung Gott lohnen oder strafen würde. Mose war ein Prophet, mächtig an Worten und Werken. Seine Werke bewiesen die göttliche Herkunft seiner Worte, wie bei Elia nach ihm. Auch Jesu große Wunder waren dazu gedacht, ihn als den Messias und seine Worte als Wahrheit auszuweisen. Während Moses Wunder zumeist Gerichtszeichen waren, handelte es sich bei Jesu Wundern um Gnadentaten. Diese Vorhersage zeigt, daß die Worte des Messias mit absoluter Sicherheit wahr waren und eintreffen würden (18,22).

Einleitung in die Geschichtsbücher

I. **Bezeichnung.** »Vordere Propheten.« Sechs dieser Bücher nannten die Juden »vordere Propheten« (Josua, Richter, 1. und 2. Samuel, 1. und 2. Könige). In ihrer Bibel waren es freilich nur vier Bücher, da Samuel und Könige nur je ein Buch waren. Anschließend daran stehen die »späteren Propheten« (Jesaja, Jeremia, Hesekiel und das Zwölfprophetenbuch), ebenfalls vier Bücher. Die Begriffe »vordere« und »spätere« Propheten beziehen sich dabei nicht unbedingt auch die historisch-chronologische Folge, sondern auf die Reihenfolge im hebräischen Kanon. Die vorderen Propheten bilden den geschichtlichen Hintergrund für die späteren. »Propheten« heißen diese Bücher, weil sie Geschichte aus dem Blickwinkel Gottes zeigen mit religiösen Zweck. Die vorderen Propheten sind Erzählung, die späteren Predigt.

»Geschichtliche Bücher.« Dieser Gattungsname bezeichnet die zwölf Bücher von Josua bis Esther. Der Unterschied zu den ebenfalls geschichtlichen Mosebüchern liegt vor allem in der Betonung. Der Pentateuch berichtet die Heilsgeschichte von der Schöpfung bis zum Tod Moses, legt aber das Hauptgewicht auf Israels Bund und Gesetz. Die Geschichtsbücher schildern den historischen Ablauf der Ereignisse in Palästina. Trotz ihres religiösen Hintergrundes und der ermahnenden Einschübe (vor allem bei den Richter- und Prophetenzyklen) enthalten sie schwerpunktmäßig die historischen Entwicklungen im Israel jener Epochen.

II. *Verfasserschaft.*

Alle zwölf Geschichtsbücher haben anonyme Schreiber im Gegensatz zu den späteren Propheten, die namentlich bekannt sind. Ihre Autoren sind offenbar verschiedene prophetisch begabte Männer, die als Sprecher Gottes anerkannt waren. Vier solcher Männer stechen besonders hervor: Josua, Samuel, Jeremia und Esra, möglicherweise unter Beteiligung des Hohenpriesters Eleasar und der Propheten Nathan und Gad. Jeremia konnte bei der Abfassung der Königsbücher zweifelsfrei auf die Fertigkeit seines Sekretärs Baruch zurückgreifen. Die meisten Geschichtsbücher berufen sich auf Dokumente und Chroniken, derer sich die Autoren oder Redakteure (Bearbeiter) unter der Anleitung des Heiligen Geistes bedienten.

III. *Historische Spanne.*

Diese Bücher verfolgen die Geschichte Israels von der Landnahme unter Josua über den Abfall des Volkes vom Herrn, der zur Assyrischen und Babylonischen Gefangenschaft führte, bis hin zur teilweisen Heimkehr unter den Persern. Diese Zeitspanne umfaßt knapp 1000 Jahre, von 1405 bis 425 v. Chr. Damit legen sie den geschichtlichen Rahmen für das übrige Alte Testament bis in die Zeit Nehemias und Maleachis fest. Sie reichen von Mose, dem Gesetzgeber bis Esra, dem Gesetzlehrer.

Die letzte Mahnung Moses in 5 Mo 28-30 stellt eine ausgezeichnete Überleitung zu den Geschichtsbüchern dar. Umgekehrt führen die Geschichtsbücher vor, was Mose prophetisch sah: die Folgen von Gehorsam und Ungehorsam. Der Segen des Gehorsams zeigt sich in der triumphalen Landnahme durch Josua und der Machtentfaltung unter David und Salomo; der Fluch des Ungehorsams wird deutlich im Abfall zur Richterzeit und im Götzendienst der Könige, der zur Vernichtung beider Reiche führte. Die endgültige Wiederherstellung wartet natürlich noch auf ihre Erfüllung am »Ende der Tage« (5 Mo 4,30); eine Teilerfüllung erkennen wir jedoch in den Heimführungen unter Serubbabel, Esra und Nehemia.

IV. *Geographisches und politisches Umfeld in Palästina*

A. *GEOGRAPHISCHER HINTERGRUND.* Die Bezeichnung »Palästina« kommt in der Bibel nicht vor. Sie leitet sich von den »Philistern« ab, deren Land bei den Griechen »Palaistine« hieß, was die Römer »Palästina« aussprachen. In der Bibel heißt das Land »Kanaan« nach dem Sohn Hams, der sich dort niederließ und dessen Gebiet Abraham zugesagt wurde (1 Mo 9,25; 12,5-7). Das Land Kanaan (des Verfluchten) würde Abraham (dem Gesegneten) gehören. Die Bezeichnung Kanaan stand ursprünglich nur für das Westjordanland; Palästina umfaßte später auch das Gebiet des Jordan.

Palästina erstreckt sich vom Gebirgszug des Hermon im Norden bis an die Wüste am Toten Meer. Von Dan bis Beerscheba sind es 240 km, die durchschnittliche Breite vom Mittelmeer bis ins östliche Hochland beträgt 120 km. Man könnte das Land in vier Streifen unterteilen, die sich von Norden bis Süden hinziehen:

1) die Küstenebene des Mittelmeers,

2) das zentrale Hochland, dessen Gipfel bis zu 1000 Meter hoch sind,
3) die Jordansenke mit dem Toten Meer, dessen Spiegel 393 Meter unter dem Meeresspiegel liegt, und
4) Ostpalästina oder Transjordanien, eine weite, fruchtbare Hochebene mit über 1000 Meter hohen Erhebungen. Es ist ein kleines Land der großen Gegensätze auf etwa 28.000 Quadratkilometern Fläche.

Geologisch ist die Jordansenke eine einzigartige Ausbildung der Natur. Sie ist Teil eines gewaltigen Grabenbruches, der von Syrien im Norden bis ans Tote Meer im Süden reicht. Einst dürfte dieses Becken ganz mit Wasser gefüllt gewesen sein, ein 320 km langer See vom nördlichen Galiläa bis 50 km südlich des Toten Meeres. In biblischen Zeiten waren davon nur drei größere Wasserflächen geblieben:
1) der Hulesee im nördlichen Galiläa, 70 Meter über dem Meeresspiegel (heute trockengelegt),
2) das Galiläische Meer (See von Kinneret oder Genezareth), 209 Meter unter dem Meeresspiegel, und
3) das Tote Meer, 393 Meter unter Meeresspiegel. Verbunden waren diese Gewässer durch den Jordan, dessen steiler Flußlauf sich in endlosen Mäandern 260 km lang durch sein Tal schlängelt, um die 105 km von Galiäa bis zum Toten Meer (Salzmeer) zurückzulegen. 16 Kilometer südlich von Galiläa mündet der Jarmuk in den Jordan, der etwa gleich viel Wasser vom östlichen Hochland herabführt, wie der Jordan dort enthält. Am Mittelmeer gab es in der Antike keine schiffbaren Häfen, weshalb Salomo seine Schiffe in Ezjon-Geber am Nordende des Golfes von Akaba stationierte. Erst relativ spät wurden die Häfen von Haifa und Aschdod kommerziell nutzbar.

Das augenfälligste Merkmal Palästinas ist aber seine Lage im Schnittpunkt dreier Kontinente, am historisch bedeutenden Weg zwischen Ägypten und Mesopotamien. Diese Brückenfunktion machte es wie von selbst zum zentralen Schauplatz der Geschichte, zum Nabel der zivilisierten Welt, zum »Mittelpunkt der Erde«. Diesen Landstreifen hatte der Herr für sein Bundesvolk reserviert.

B. *POLITISCHER HINTERGRUND.* Aufgrund seiner strategischen Lage war Palästina oft heiß umkämpfter Zankapfel zahlreicher Welteroberer. Bereits vor der Landnahme Israels waren die Mesopotamier vom Osten eingefallen, die Hetiter vom Nordwesten und die Ägypter vom Südwesten. Israel mußte sich zahlreicher Angriffe seitens dieser Völker, aber auch kleinerer Nachbarvölker wehren. Seine räuberischen Nachbarn hielten Israel in der Defensive.

Die Bibel sieht diese politischen und militärischen Probleme aus der prophetischen oder göttlichen Perspektive. Die Nachbarvölker und Weltreiche wurden von Gott gebraucht, um sein Volk Israel zu züchtigen. War Israel gehorsam und dem Herrn gefügig, wurden die Völker schwach und waren leicht zu bändigen. Fiel Israel vom Herrn ab, erweckte er eine fremde Macht, um sein Bundesvolk zu strafen, gefangen zu führen oder aus der Gefangenschaft heimzubringen. Josua fiel in Kanaan ein, als die starke Vormachtstellung Ägyptens gerade zu Ende gekommen war; als Israel während der Richterzeit in Götzendienst fiel, überschwemmten die mächtigen Philister aus Kreta das südliche Palästina. Aber auch die Syrer, Assyrer, Babylonier und Perser warfen mehrmals ein Auge auf dieses Schlüsselland. So bindet sich die biblische Geschichte in das Weltgeschehen ein, bleibt aber aus prophetischer Sicht immer Geschichte Gottes.

Die Dreiteilung der Geschichtsbücher

BUCH	DATIERUNG	GÖTTLICHE SICHT	WELTLICHE SICHT
VOR DER KÖNIGSZEIT — 1405-1075 v.Chr			
JOSUA	1405-1375	Landnahme durch den Glauben	Rückzug Ägyptens aus Palästina aufgrund innerer Schwierigkeiten. Die sieben Völker Kanaans sind gerichtsreif.
RICHTER	1375-1075	Segen bei Gehorsam und Gericht bei Abfall	Mehrere kleinere Nachbarvölker überfallen einzelne Stämme. Einfall der Philister aus Kreta.
RUT	um 1330	Gelebter Glaube bekehrt eine Frau aus dem benachbarten Moab. Die Abstammung Königs Davids geht über Rut auf Moab zurück.	Gute Beziehungen zwischen Israel und Moab.
AUFSTIEG UND NIEDERGANG DES KÖNIGTUMS — 1070-586			
1. UND 2. SAMUEL	1100-970	Ein gläubiger König wird über das Reich Gottes gesetzt.	Das Land entgeht nur knapp der völligen Übernahme durch die Philister.
1. UND 2. KÖNIGE	970-586	Verfall des Königtums durch Götzendienst. Teilung des Reiches und Verschleppung der Bevölkerung durch heidnische Mächte.	Übergriffe aus Ägypten und Syrien und schließliche Verschleppung duch Assyrien und Babylon.
1. UND 2. CHRONIK	Erschaffung Adams bis 586	Abstammung des davidischen Königsgeschlechts. Bau und Untergang des salomonischen Tempels.	Die umgebenden Völker und Reiche erleben je nach Gottes Plan für Davids Reich Aufschwung oder Niedergang.
DIE ZEITEN DER HEIDEN: GOTT SORGT FÜR DEN ÜBERREST — 537-432			
ESRA	537-458	Die Heimkehr aus der Verschleppung zum Wiederaufbau des Tempels und zur Erneuerung des Gottesdienstes.	Das Perserreich leitet die Heimkehr der verschleppten Völker ein und ermöglicht wieder die Verehrung der nationalen Gottheiten.

BUCH	DATIERUNG	GÖTTLICHE SICHT	WELTLICHE SICHT
NEHEMIA	445-430	Die Heimkehr aus der Verschleppung zum Wiederaufbau der Mauer von Jerusalem und zur Einrichtung begrenzter Selbstverwaltung.	Das anhaltende Wohlwollen der Perser erlaubt es den Heimkehrern, sich gegen lokale Feinde zu wehren.
ESTER	483-473	Gott sorgt auch außerhalb des Gelobten Landes für sein Bundesvolk.	Persien regiert von Indien bis an den Hellespont. Der jüdische Premierminister Mordechai bringt den Juden in der Zerstreuung Friede.

Das Buch Josua

Einleitung

TITEL UND AUTOR

A. BEZEICHNUNG
Das Buch heißt »Josua« nach der Hauptgestalt des Buches, dessen Name »Rettung des Herrn« bedeutet (Jehoschu'a, 4Mo 13,16; Hosche'a 5Mo 32,44). Die griechische Transkription ist »Iesous«, in der lateinischen Vulgata als »Jesus« wiedergegeben.

B. VERFASSERSCHAFT
  1. Über die Verfasserschaft dieses anonymen Buches sind hitzige Debatten geführt worden, vor allem unter Anhängern der Urkundenhypothesen des Pentateuch. Der Großteil des Buches könnte gut von Josua stammen, der die Geschehnisse aus eigener Anschauung kannte und des Schreibens kundig war (24,26). Die letzten Verse über den Tod Josuas und Eleasars sind offenbar von einem Redaktor beigefügt worden, etwa Pinhas oder einem der Ältesten.
  2. Die Stellung dieses Buches als das erste der »vorderen Propheten« weist auf einen prophetisch begabten oder berufenen Autor hin. Das würde die Urheberschaft durch Josua nahelegen.
  3. Da das Buch mit dem Tod Josuas schließt, ist Josua der wahrscheinlichste Verfasser — ein späterer Autor hätte das Werk mit der Geschichte des Richters Otniel fortgesetzt.
  4. Josua ist wohl der bedeutendste Abkömmling der Josephsstämme und kam aus einem von Jakob besonders gesegneten Stamm (1Mo 48,19). Wie Joseph für seine Brüder zum »Retter« wurde, so führte sie Josua durch Eroberung des Gelobten Landes in dessen Ruhe.

Das geschichtliche Umfeld

A. ZEITSPANNE VON JOSUA — 1405-1375 v.Chr.
1. Josua dürfte so alt gewesen sein wie Kaleb, der mit 40 Jahren die Erkundung Kanaans unternahm (Jos 14,7), womit der Beginn seiner Führungstätigkeit im Alter von 79 Jahren anzusetzen wäre. Da er im Alter von 110 Jahren starb, dauerte seine Tätigkeit über 31 Jahre (24,29). Die Landnahme dauerte insgesamt sieben Jahre (14,7.10).
2. Somit gelangen wir zu einer geschätzten Jahreszahl von 1405 bis 1375, (indem wir die 480 Jahre von 1Kö 6,1 zu dem Jahr 965, dem Baubeginn des Tempels addieren und die vierzig Jahre der Wüstenwanderung abziehen).
3. John Garstang konnte nach archäologischen Grabungen den Fall Jerichos um 1400 v.Chr. datieren (*Foundations of Bible History,* Garstang, S. 145ff). Funde am Tell el-Amarna in Ägypten und in Ugarit im westlichen Syrien bestärken diese Angabe anhand von königlichen Aufzeichnungen, in denen die »Habiru« in Kanaan erwähnt werden (siehe auch Gleasin Archer: *A Survey of Old Testament Introduction,* S. 253ff).

B. DIE LAGE DER NATION
1. 30 Tage nach dem Tod Moses (1. März 1405 v.Chr.) ging dessen Führerrolle auf Josua über. Die Überquerung des Jordan fand kurz vor dem Passahfest statt, als der Jordan über die Ufer getreten war.
2. Nach der glorreichen Eroberung des Ostjordanlandes war das ganze Volk, ca. 2,5 Millionen Menschen, voll Zuversicht, das Gelobte Land einzunehmen. Zwar wollten zweieinhalb Stämme sich in Transjordanien niederlassen, doch beteiligten sie sich mit 40.000 Kriegern an der Landnahme.

C. DIE GEOGRAPHIE KANAANS
1. Als geographischer Begriff meint »Kanaan« das Westjordanland von Sidon im Norden bis Gaza und Sodom im Süden (1Mo 10,19). Der Name »Kanaan« war somit ein allgemeiner Begriff für das gesamte Land, in dem sich die Nachkommen Kanaans niedergelassen hatten. Die Römer nannten es später in Anlehnung an Herodot »Palästina«, die griechische Form von »Philistäa« (Palaistine).
2. Die Bevölkerung des Landes bildete eine Vielzahl von Stämmen, die alle von Kanaan, dem Sohn Hams und Enkel Noahs, abstammen dürften (1Mo 10,15-20). Sie werden in der Bibel häufig aufgezählt (1Mo 10; 5Mo 7,1; Jos 3,10). Im einzelnen können sie folgendermaßen lokalisiert werden:

   a. Hetiter — nach den Söhnen Hets, die sich in Kleinasien niederließen.
   b. Girgasiter — westlich des Galiläischen Meeres.
   c. Amoriter — ein Bergvolk im Hochland westlich und östlich des Toten Meeres.
   d. Kanaaniter — im engeren Sinne Bewohner der nördlichen Regionen.
   e. Perisiter — gemeinsam mit den Kanaanitern im Norden.
   f. Hiwiter — die friedlichen Gibeoniter nahe Jerusalem.
   g. Jebusiter — die kriegerischen Stämme um Jerusalem.

   Politisch befand sich Kanaan seit 1468 v.Chr. im Einflußbereich der Ägypter, die im ganzen Land Garnisonen und Königsstädte erbauten und lokale Marionettenkönige einsetzten, die ihre Ausbildung in Ägypten empfingen. Um 1400 aber war die ägyptische Vormachtstellung empfindlich geschwächt, wodurch einer fremden Invasion Tür und Tor geöffnet waren. Doch die Städte in Kanaan waren gut befestigt. Jericho stand auf einem hohen Hügel, umgeben von zwei Ziegelmauern, eine 4 Meter und die andere 2 Meter stark.

4. Religiös und moralisch war das Land einem völlig entarteten Götzendienst hingegeben. Das ist aus einer flüchtigen Götterliste leicht erkennbar
   a. *El* war der höchste Gott. Ugaritische Psalmen beschreiben ihn als einen blutigen und grausamen Tyrannen voll unbezähmbarer Lust.
   b. *Baal* war der Sohn und Nachfolger Els. Er war der oberste Gott der Kanaaniter und wurde der »Herr des Himmels« genannt. Er war für Regen und Pflanzenwuchs zuständig.
   c. *Anat* war die Schwester Baals und eine der drei Fruchtbarkeits- und Kriegsgöttinnen. Zu ihrem Kult gehörten sakrale Prostitution und Kinderopfer.
   d. *Astoret (Astarte)* und *Aschera* kamen ebenfalls im Zusammenhang mit Baal vor und waren Fruchtbarkeits- und Kriegsgöttinnen.
   e. *Moloch* und *Milkom* waren die ammonitischen Götter der Orgien und entsprachen *Kemosch*, dem moabitischen Nationalgott.

Die Götter der Unzucht und Gewalt vermitteln einen Eindruck von der Grausamkeit und Verderbtheit der Menschen, die sich Götter nach ihrem eigenen Bilde machten (Ps 115,8).

Der Zweck von Josua

Der Zweck des Buches Josua ist die Aufzeichnung der Ereignisse bei der Landnahme und der Aufteilung Kanaans unter den Stämmen. Die Geschichte beweist die Treue des Bundesgottes (Jos 1,2-6). Zweitens weist dieses Buch auf die ungeahnten Möglichkeiten dessen hin, der im Glauben dem Herrn gehorsam ist, anstatt sich auf eigene Kraft zu verlassen. Zentrales Thema ist somit der Sieg des Glaubens.

Gliederung von Josua

THEMA: Sieg des Glaubens

I. *DIE EINNAHME KANAANS*
   A. *Einzug ins Land* 1-5
      1. Beauftragung Josuas .... (1)
      2. Erkundung Jerichos .... (2)
      3. Überquerung des Jordan .... (3-4)
      4. Feier des Passah .... (5)
   B. *Der Feldzug im Kernland* 6-9
      1. Die Einnahme Jerichos .... (6)
      2. Sünde und Bestrafung Achans .... (7)
      3. Eroberung von Ai und Bethel .... (8)
      4. Der Vertrag mit Gibeon .... (9)
   C. *Der Feldzug im Süden* 10
      1. Der Angriff der amoritischen Koalition

      2. Josuas Gegenangriff
      3. Ein zweifaches Wunder
      4. Einnahme des Südens

   D. *Der Feldzug im Norden* 11-12
      1. Aufmarsch der nördlichen Koalition .... (11)
      2. Josuas Gegenangriff
      3. Josuas völliger Sieg
      4. Rückblick auf die Landnahme .... (12)

II. DIE AUFTEILUNG KANAANS 13-24
   A. *Auslosung des Landes* 13-19
      1. Die Stämme im Osten .... (13)
      2. Kaleb und Juda im Süden .... (14-15)
      3. Das Kernland für die Josephsstämme .... (16-17)
      4. Die übrigen Stämme .... (18-19)

   B. *Die Bestimmung von Sonderstädten* 20-21
      1. Zufluchtsstädte .... (20)
      2. Levitenstädte .... (21)

   C. *Der Streit mit den Oststämmen* 22

   D. *Abschiedsrede und Tod Josuas* 23-24

Besonderheiten von Josua

1. **DIE ERFÜLLUNG DER LANDVERHEISSUNG AN ABRAHAM.** Die Landnahme durch Josua erfüllte die zweite Verheißung des Abrahambundes, die Landverheißung. Nachdem die »Samensverheißung« 25 Jahre auf ihre Erfüllung warten mußte, dauerte es bei der Landverheißung fast 700 Jahre. Die Reichsverheißung würde noch 400 Jahre in Anspruch nehmen (bis zum Auftreten eines Königs), die Segensverheißung für alle Völker 1400 Jahre. Und doch: in den letzten Worten des Herrn an Mose betonte er die Gewißheit einer buchstäblichen Erfüllung der Landverheißungen an die Stämme Jakobs (5 Mo 34,4).

2. **DIE ÜBERQUERUNG DES JORDAN** (4). Warum ein zweiter wunderbarer Durchzug? In etwa handelt es sich um eine »Wiederholung« des Zuges durch das Rote Meer für die neue Generation, die den Berichten der Eltern vielleicht keinen Glauben schenkte. Weitere Zielsetzungen wären:
   1) Bestätigung der gottgewollten Führerschaft Josuas (3,7);
   2) Ein Zeichen vom Herrn, daß er allein es war, der die Kanaaniter vertrieb und ihr Land den Israeliten gab (3,10);
   3) Bekräftigung der Macht der Bundeslade mit dem Gesetz Gottes, bei deren Eintritt in den Jordan das Wasser zurückwich.

Stammesgeschichte und Zufluchtsstädte

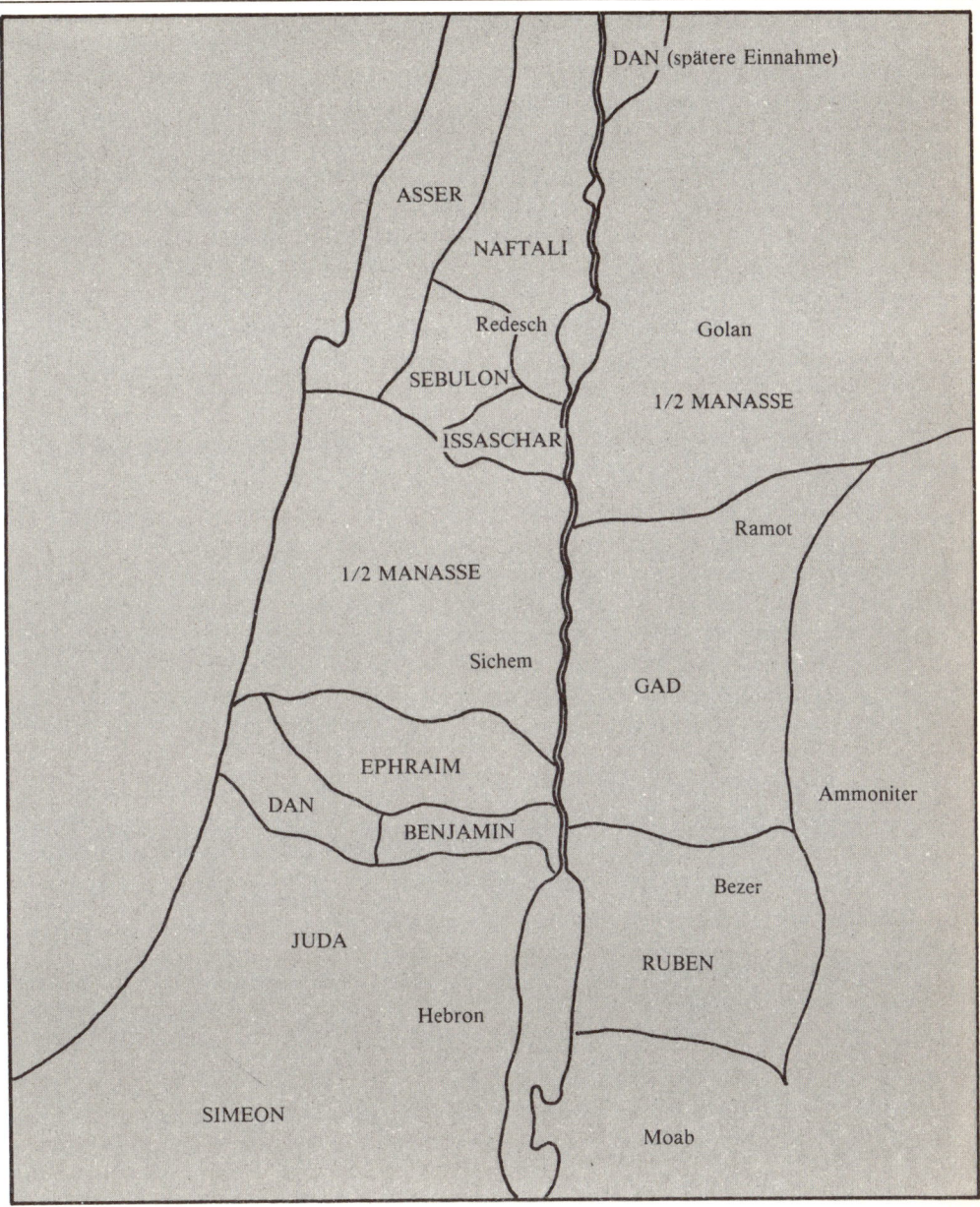

Anmerkungen: 1) Der Küstenstreifen blieb großteils unbesetzt
2) Drei Zufluchtsstädte lagen an jeder Seite des Jordans
3) Die Leviten erhielten 48 Städte mit ihren Weideplätzen

3. **DIE SCHONUNG DER HURE RAHAB** (2,12-21; 6,22-25). Diese Kanaaniterin, die noch dazu eine Hure und eine Lügnerin war, wird im Neuen Testament als Glaubensheldin gerühmt (Hebr. 11,31; Jak 2,25). Hat Gott ihr Tun gutgeheißen? Ganz bestimmt nicht ihre Hurerei oder den Betrug an ihren Volksgenossen, sehr wohl aber ihren tätigen Glauben und ihren, wenn auch lückenhaften Gehorsam dem Gott Israels gegenüber. Sie kannte keine hohen sittlichen Normen, sondern klammerte sich an den Gott, von dessen Tun sie gehört hatte. Ihre Hurerei rührte wohl vom lasterhaften Zustand der Stadt her. Ihre Errettung war vollständig, ja, sie wurde zur Stammutter Davids und des Messias.

4. **JOSUA BEGEGNET SEINEM »OBERSTEN«** (5,14). Wie Mose am brennenden Dornbusch (2 Mo 3,5), hat auch Josua vor seinem ersten großen Auftrag eine Begegnung mit dem Herrn. Dabei erfährt er: Der Herr ist der Oberste des Heeres. Die Strategie und Logistik kommt für jede Schlacht vom Herrn selbst. So zeichnet der »Oberste« vor Josua seinen Plan zur Einnahme von Jericho vor, ein scheinbar lächerliches Manöver. Menschlich gesehen war es absichtlich unlogisch und doch brachte es einen eindeutigen Gehorsamssieg. Dieses Prinzip mußten alle späteren Volksführer beherzigen: Ein gottgerechter Stratege erhält seinen Marschbefehl vom Herrn.

5. **DIE SÜNDE ACHANS** (7). Was war so schrecklich an dieser Sünde, um die Vernichtung einer ganzen Familie mit ihrem Besitz zu rechtfertigen? Hatte Mose dem Volk nicht den Reichtum Kanaans als Beute versprochen (5 Mo 20,14)? Achans Diebstahl war in zweierlei Weise verwerflich. Er verstieß gegen ein direktes Gebot, und er beraubte den Herrn (6,17-19). Jericho war der Erstling der Ernte Kanaans, die erste eroberte Stadt, darum war es »mit dem Bann belegt« (3 Mo 27,29), für den Herrn beiseitegestellt. Bei späteren Feldzügen wurde das Plündern ausdrücklich erlaubt (8,2). Dieses Gericht war für das Volk Israel eine bedeutende Lehre zu Beginn seines Lebens in Kanaan. Denn für immer sollte klar sein: Das Land gehört dem Herrn, der auf die Erstlinge jeder Ernte Anspruch erhebt. Weil sie den Herrn betrogen, wurden die Israeliten auch verschleppt, wie aus 2 Chr 36,21 hervorgeht.

6. **JOSUAS VERNICHTUNGSKRIEG.** Nur schwer läßt sich der unbedingte Tötungsauftrag mit dem Heilsplan Gottes vereinbaren. Oft wird daraus geschlossen, der alttestamentliche Gott wäre ein primitiver und blutgieriger Tyrann im Gegensatz zum Gott des Neuen Testaments, dessen Wesen Gnade und Erbarmen ist. (Siehe Abschnitt über die »moralischen Untersuchungen der Eroberung Josuas.«)

7. **GESETZESLESUNG ZU SICHEM** (8,30-35). Nach der Eroberung von Ai führte Josua die zwölf Stämme ins 30 km nördlich gelegene Sichem, um das Gesetz zu verlesen. Sechs Stämme standen auf dem Berg Garizim und sechs auf dem Berg Ebal, um durch ihr »Amen« Segen und Fluch zu bestätigen. Seltsamerweise waren die sechs Stämme, welche die Flüche wiederholten, die Stämme Ruben und Sebulon, des ersten und letzten Sohnes Leas, und die Stämme Gad, Asser, Dan und Naftali, die Söhne der Mägde Leas und Rahels.
Diese Versammlung zu Sichem war aus mehreren Gründen bedeutsam. In Sichem hatte Abraham erstmals den Bund erhalten (1 Mo 12,6-7). Hierher war Jakob aus Haran zurückgekehrt und hatte ein Grundstück erworben, das später Joseph gegeben wurde (Joh 4,5). Die Wallfahrt Josuas und Israels nach Sichem war als Erinnerung an die Verheißung Gottes an Abraham und an das Gesetz Mose gedacht. Der Segen Abrahams würde sie weiterhin begleiten, wenn sie das Gesetz Moses hielten.

8. **»DA STAND DIE SONNE STILL«** (10,13). Zwei übernatürliche Eingriffe kamen Josua gegen die Amoriter zu Hilfe:

   1) Der Herr warf große Steine auf sie, die mehr Männer töteten als das Schwert.

   2) Der Herr verlängerte den Tag, damit die Krieger Josuas den Feinden den Fluchtweg abschneiden konnten. Aufgrund der naturwissenschaftlichen Unmöglichkeit dieses Wunders sehen es viele als eine poetische Ausdrucksform an. Doch ist diese Auslegung aus dem Text nicht zu rechtfertigen, wird doch die Einzigartigkeit des Ereignisses besonders hervorgehoben (10,14). Wer den Gott Israels als den Schöpfer der Welt anerkennt, stößt an dieser Stelle höchstens auf exegetische, nicht aber auf wissenschaftliche Probleme, und nach der Beschreibung Josuas liegt zweifelsfrei ein göttliches Wunder vor.

9. **AUFTEILUNG DES LANDES UNTER DIE ZWÖLF STÄMME** (13-21). Überraschend ist die ungleiche Größe der Landanteile. Warum die riesigen Gebiete für Juda, Ephraim und Manasse, während die übrigen Erbteile relativ klein sind? Die Entscheidung wurde durch das Los gefällt und somit direkt vom Willen Gottes abhängig gemacht (Jos 18,6; Spr. 16,33). Mehrere Dinge sind an der Verlosung auffällig:

   1) Juda erhielt das weite Südland, weil Kaleb aus diesem Stamm kam und Mose ihm das Land versprochen hatte, das Kaleb selbst erkundet hatte.

   2) Da das Erstgeburtsrecht auf Joseph übergegangen war (1 Chr 5,1) erhielten seine Söhne Ephraim und Manasse das gesamte Kernland. Auch Josua war ein gehorsamer Kundschafter gewesen, was seinem Stamm Ephraim dieses Vorrecht einräumt. (Aus irgendeinem Grund wohnten die vier Stämme der Söhne Bilhas und Silpas, der Mägde, alle im hohen Norden: Asser, Naftali, Sebulon und später auch Dan.) Ganz im Einklang mit der Vorhersage Jakobs wurde Simeon und Levi kein eigener Landanteil zuerkannt — sie zerstreuten sich in ganz Israel (1 Mo 49,7).

10. **»ERWÄHLT EUCH HEUTE, WEM IHR DIENEN WOLLT«** (24,15). Diese klassische Aufforderung sprach Josua in Sichem aus, wohin er die Stämme gegen Ende seines Lebens versammelt hatte. Im Bewußtsein ihrer Neigung zum Götzendienst warnte er sie davor, dem Herrn nur mit den Lippen zu dienen. Sein Mahnruf zu Heiligung und Enthaltsamkeit stieß auf ein positives Echo und verleiht diesem Buch des Glaubens und Sieges eine ermutigende Schlußnote.

11. **CHRISTUS IN JOSUA.** Zwar finden wir in Josua keine Vorhersage auf Christus, jedoch mehrere Typen. Rahabs »rote Schnur im Fenster« (2, 18.21) wird oft als Bild des Erlösungswerkes Christi ausgelegt. Wie das Blut an den Türpfosten in Ägypten den Würgeengel vorübergehen ließ, diente die rote Schnur an der Mauer Jerichos zur Erkennung der Gläubigen im Haus Rahabs. Der »Oberste der Heeres« ist zweifelsfrei eine Christophanie (Jos 5,14). Der wichtigste Typus auf Christus in diesem Buch ist natürlich Josua selbst, trägt er doch denselben Namen »Jesus« (»Rettung« des Herrn). Seine Aufgabe war es, das Volk zur Ruhe zu bringen (Hebr 4,6-10). In Eoheser 6 stellt Paulus das Christsein einem Kampf gleich, der mit der vollen Waffenrüstung Gottes gewonnen werden kann. — Im Zug durch das Schilfmeer kann der Tod Christi für die Glaubenden, im Durchzug durch den Jordan ihr Tod mit Christus gesehen werden, oder: Befreit aus der Gewalt der Finsternis und versetzt in die Himmelswelt.

Moralische Untersuchung der Eroberungen Josuas

In diesem Buch stellt sich eine entscheidende moralische Frage: Wie kann Gott von seinem auserwählten Volk erwarten, Kanaan zu erobern, seine Bevölkerung niederzumetzeln und das Land mit seinem Reichtum an sich zu reißen? Diesem Problem begegnen wir auch in 4 Mo und den Samuelbüchern, wo Israel den Heiden das Schwert statt des Wortes Gottes entgegenhält. Warum wurden sie als Scharfrichter statt Evangelisten nach Kanaan gesandt? Aus dem historischen Hintergrund ergeben sich darauf mehrere wichtige Antworten:

1. *Wegen der entarteten Religion Kanaans.* Der religiöse Kult Kanaans war Gott wegen der Unmoral ein Greuel. Ugaritische Ausgrabungen beweisen die unglaubliche Unsittlichkeit und Grausamkeit der kanaanitischen Vielgötterei. El, der höchste Gott wird voller Stolz als ein lüsterner, sinnlicher und blutgieriger Herrscher auch über seinesgleichen präsentiert. Die drei kanaanitischen Göttinnen werden in erotischen Verrenkungen dargestellt, Schlangen um ihre Körper gewunden. Das System der Schlangenverehrung war voll von Unmoral und gerichtsreif.

2. *Wegen der verdorbenen Kultur Kanaans.* Diese dämonischen Fruchtbarkeits- und Kriegskulte sind Haltung einer Gesellschaft, in der Lasterhaftigkeit und Gewalttat die schlimmsten Auswüchse zeigten. Archäologische Ausgrabungen haben Tempel ans Licht gebracht, die mit ihren sodomitischen Priestern und Priesterinnen Brutstätten der Unsittlichkeit waren. Kinderverbrennungen gehörten zum Alltag. Die Entartung dieses Götzendienstes steht in Gegensatz zur Religion Ägyptens und Mesopotamiens, deren Moral bei weitem nicht denselben Tiefstand der Unzucht und Brutalität erreichte. Die gesamte Kultur war der Vernichtung preisgegeben (3 Mo 18,25).

3 *Wegen der Warnungen und Langmut Gottes.* Das Land Kanaan, so lesen wir mehrmals, gehört eigentlich dem Herrn, der es geben und nehmen kann, wem er will, mögen die Menschen das verstehen oder nicht. Sein Plan wird schon lange vor Mose und Josua klar:

   a. Bereits durch Noah sagte Gott das Gericht über die Unsittlichkeit der Kanaaniter voraus (1 Mo 9,22-27).

   b. Abraham und seinen Nachkommen verhieß der Herr das Land Kanaan, sobald die Sünde der Amoriter ihr Vollmaß erreichte (1 Mo 15,13-16).

   c. Wie schon Sodom vor seinem Untergang gab der Herr den Kanaanitern zweifellos viele Gelegenheiten zur Buße (1 Mo 18,25; Röm 1,18-22) Gott hat 400 Jahre lang auf diese Buße gewartet.

4. *Wegen des göttlichen Befehls an Israel.* Israel war nicht nur eine religiöse Organisation, sondern eine Institution mit besonderen Verpflichtungen dem Herrn gegenüber, auch in der Vollstreckung des Gerichtsurteils über eine verdorbene und gewalttätige Gesellschaft in Einklang mit dem Noahbund (1 Mo 9,6). Obwohl es sich beständig gegen diese unangenehme Pflicht sträubte, unterstand das Volk Israel dem besonderen Befehl des Herrn, das Land einzunehmen, die Kanaaniter zu vernichten und sich ihren Reichtum anzueignen (4 Mo 31,7; 5 Mo 9,3; 7,16; Jos 1,1-7). Oft waren die Angriffe Israels Gegenangriffe auf die Attacken der Kanaaniter (4 Mo 21,1.23.24.33; Jos 9,1-2; 10,1-4; 11,1-5).

5. *Wegen der Bundesverheißungen Gottes.* Nach der Verheißung an Abraham und Israel würde das Volk schließlich das gesamte Palästina von Ägypten bis zum Euphrat sein Eigen nennen (1 Mo 15,7; 5 Mo 7,8; 30,5).

Das Buch der Richter

Einleitung

TITEL UND AUTOR

A. BEZEICHNUNG

Die Bezeichnung »Richter« (Schofetim) leitet sich natürlich von den durch Gott ernannten Führergestalten ab, die von Josua bis zum Königstum Sauls in besonderen Notzeiten auftraten. Ihr Titel »Richter« bezieht sich auf eine doppelte Funktion:

a. Militärische Führungsrolle zur Befreiung des Volkes von seinen Unterdrückern.

b. Bürgerliche Führungsrolle zur Entscheidung von Rechtsstreitigkeiten.

B. VERFASSER

Auch dieses Buch stammt von einem anonymen Verfasser, doch gilt in der jüdischen Tradition Samuel als wahrscheinlicher Autor. Er war des Schreibens kundig und ein Lehrer des Volkes (1 Sam 10,25). Die besondere Hervorhebung des Stammes Benjamin weist auf eine Abfassung während der Regierungszeit des Königs Saul hin, ehe die Stadt Jebus in »Jerusalem« umbenannt wurde (Ri 1,21; 19,10).

Das geschichtliche Umfeld

A. ZEITSPANNE VON RICHTER — 1375-1075 v. Chr.

1. Das Buch der Richter ist unsere einzige Wissensquelle über eine ausgedehnte Epoche der Geschichte Israels. Es enthält drei Bürgerkriege, sieben Besetzungen durch fünf Feindesmächte, sieben Befreiungskriege, eine Anzahl von Friedenszeiten und den Bericht über den erfolglosen Richter Simson, als die Philister um ein Haar das Land eingenommen hätten.

2. Zählen wir die Zeitangaben der Unterdrückungs- und Befreiungsperioden zusammen, erhalten wir eine Spanne von 410 Jahren. Es waren aber bis zum Tod Simsons nur etwa 300 Jahre, was sich durch Überschneidung von Berichten über Richter von nur regionaler Bedeutung erklären läßt.

B. DIE LAGE ISRAELS

1. Nach dem Tod Josuas blieb Israel über 300 Jahre lang ohne einheitliche Führung. Jeder Stamm war selbständig, jedermann war sich selbst Gesetz. Gott berief die Richter insbesondere in Notzeiten, um sein Volk vor Feinden zu erretten und Recht zu sprechen.

2. In dieser Zeit stellte der Herr das Volk auf die Probe, ob es in einer heidnischen und götzendienerischen Umgebung seinen Bund halten würde (3,1-5). Doch Israel geriet in einen chronischen Zustand des Abfalls. Es nahm die Befreiungstaten des Herrn voll Begeisterung auf, fiel aber allzu rasch wieder in die heidnischen Gewohnheiten zurück, sobald keine starke Führung mehr vorhanden war.

3. Der geistliche Zustand steht in schroffem Gegensatz zur Zeit Josuas. Das Buch Josua ist eine Geschichte des Glaubens, des Gehorsams und des Sieges unter der gottgelenkten Führung Josuas; in Richter begegnen wir einer Kette von Abfall und Versagen, da »jeder tat, was recht war in seinen Augen« (17,6). Ohne die gnädigen Erlösungstaten des Herrn wäre Israel damals im heidnischen Götzendienst versunken.

Der Zweck von Richter

Primäres Ziel des Buches der Richter ist die Beurkundung des Zustandes Israels ohne nationalen Führer, um die Notwendigkeit eines von Gott geleiteten Königs herauszustellen. Die vielen Zyklen von Versagen und Gericht erhärten die Aussagen von 5 Mo: Der Abfall vom Herrn führt unweigerlich ins Gericht der Sklaverei und Anarchie.

Gliederung von Richter

THEMA: Die Zyklen von Versagen und Abfall, als es noch keinen König gab.

- I. DIE WICHTIGSTEN GRÜNDE DES ABFALLS 1-3
    - A. *Militärisches* Versagen: Reste der Kanaaniter im Land 1,1-2,9
    - B. *Religiöses* Versagen: Mißachtung des Gesetzes 2,9-3,6

- II. DIE ZAHLREICHEN ZYKLEN DES ABFALLS 3-16
    (Bosheit — Bestrafung — Buße — Befreiung — Bestärkung)
    - A. Abfall führt zur Unterdrückung durch *Mesopotamien* 3,7-11
      Rettung durch *Otniel* von Juda
    - B. Abfall führt zur Unterdrückung durch die *Moabiter* 3,12-30
      Rettung durch *Ehud* von Benjamin
    - C. Abfall führt zur Unterdrückung durch die *Philister* 3,31
      Rettung durch *Schamgar* von Juda
    - D. Abfall führt zur Unterdrückung durch die *Kanaaniter* 4-5
      Rettung durch *Debora und Barak*
    - E. Abfall führt zur Unterdrückung durch die *Midianiter* 6-8
      Rettung durch *Gideon* von Manasse
    - F. Abfall führt zur Unterdrückung durch den Usurpator *Abimelech* 9
      Rettung durch eine namenlose Frau
    - G. Abfall führt zur Unterdrückung durch die *Ammoniter* 10-12
      Rettung durch *Jeftah* von Manasse
    - H. Abfall führt zur Unterdrückung durch die *Philister* 13-16
      Versuchte Rettung durch *Simson* von Dan

- III. DIE FURCHTBARSTEN AUSWÜCHSE DES ABFALLS 17-21
    - A. *Götzendienst und Auswanderung Dans* 17-18
      Zur Zeit eines Enkels Moses
    - B. *Schandtat und Ausrottung Benjamins bis auf einen geringen Rest* 19-21
      Zur Zeit eines Enkels Aarons

Chronologie der Zeit der Richter*

Jahr v.Chr.	Unterdrücker	Richter	Stamm	Stelle	Bedeutung
1382-1374; 1374-1334	Mesopotamien (8)	Otniel (40)	Juda	Ri 3,7-11	Baalskult bald nach Josua. Unterdrückung durch einen fernen und alten Feind.
1370	Der Stamm Dan vermag die Philister im Südwesten nicht zu vertreiben und wandert nach Norden aus.			17-18	Feigheit, Loslösung von Gott und Götzendienst kommen in diesem Auszug zum Vorschein. Priester ist ein Enkel Moses.
1365	Die Schandtat der Benjaminiter führt zum Bürgerkrieg. Noch ist Pinhas Hoherpriester			19-21	Der kleine Stamm Benjamin kann seine Jugend nicht im Zaum halten und wird beinahe aufgerieben.
1340	Wahrscheinlicher Zeitpunkt der Heirat Ruts aus Moab mit Boas, dem Sohn der Rahab (siehe Einführung zu Rut).			Rut	Beziehungen mit Moab noch freundlich. Eine Moabitern wird Stammutter Davids und des Messias.
1334-1316; 1316-1235	Moabiter (18)	Ehud (80)	Benjamin	3,12-30	Ein blutsverwandter Nachbarstamm nimmt Israel in Zucht. Benjamin wieder gestärkt. Längste Friedenszeit.
1230	Philister	Schamgar	Juda	3,31	Verbrechen herrscht auf Israels Straßen. Erste Unterdrückung durch die Philister. Eisen war unerschwinglich — daher ein Viehtreiberstock als Waffe.
1235-1216; 1216-1176	Kanaaniter (20)	Debora (40)	Ephraim	4-5	Furchtsame männliche Führer. Zwei mutige Frauen retten Israel (Jael und Debora).

Jahr v.Chr.	Unterdrücker	Richter	Stamm	Stelle	Bedeutung
1176-1169; 1169-1129	Midianiter (7)	Gideon (40)	Manasse	6-8	Baalskult und Furcht treiben Israel in die Höhlen. Raubzüge von Beduinen. Ermächtigung eines gewöhlichen Bauern.
1129-1126	Usurpator (3)		Manasse	9	Der mißratene Sohn eines großen Mannes versucht die Königswürde an sich zu reißen.
1120-1097	Friedenszeit	Tola (23); Jair (22)	Issaschar, Gilead	10,1-2	»Friedensrichter« statt Befreier von Unterdrückung.
1103-1085; 1085-1079	Ammoniter (18)	Jeftah (6)	Manasse (Gilead)	10-12	Israel dient vielen fremden Göttern. Ein Verstoßener, zum Befreier berufen, züchtigt Ephraim.
1100-1085	Friedenszeit	Ibzan (7); Elon (10); Abdon (8)	Juda, Sebulon Ephraim	12,8-15	Frieden für die Stämme im Norden, Süden und im Kernland
1103-1063; 1095-1075	Philister (40)	Simson (20)	Dan	13-16	Die Philister besetzen Westisrael. Ein begabter, doch sittenloser Nasiräer ist der einzige erfolglose Richter.
1095-1055; 1070-1020	Philister (40)	Samuel (50)	Levi	1Sam 7-16	Der erste Prophet und der erste Führer ganz Israels seit Josua.

*Für die Richterzeit existieren stark unterschiedliche Datierungen. Gründe dafür sind das Fehlen von Anhaltspunkten außerbiblischer Geschichte und die mangelnden Angaben über die gesamte Zeitspanne. Zwei wesentliche Stellen sind Ri 11,26 und 1, Kö 6,1. Durch Überlappungen und die nicht mehr als regionale Bedeutung der Richter erklärt sich die additive Gesamtdauer von 410 Jahren in einer Zeitspanne von nur 300 Jahren. Unsere Angaben ähneln denen von Gleason Archer: *The Expositor's Bible Commentary* (Frank E. Gaebelein, Hrsg.), S. 367-68.

Besonderheiten von Richter

1. **DAS GERICHTSTHEMA.** Wie in Josua der Bundessegen durch Glauben und Gehorsam erkennbar wird, begegnen wir in Richter dem Fluch des Ungehorsams. Josua siegte auf ganzer Linie; Richter ist ein Buch voller Niederlagen. Obwohl die Friedens- und Ruhezeiten insgesamt überwiegen, dominieren inhaltlich die unausweichlichen Folgen des Götzendienstes, vor dem Mose so eindringlich gewarnt hatte. Je weiter die Zyklen des Götzendienstes fortschreiten, desto länger werden die Unterdrückungs- und desto kürzer die Friedenszeiten. Am Ende übernehmen die Philister die Vorherrschaft, denen es sogar gelingt, den Richter Simson zu verführen und zu töten. Die Anhänge über Dan und Benjamin schließen das Buch mit einer deutlichen Gerichtsaussage ab. Aus Ungehorsam und Unfähigkeit, ihre inneren Feinde zu überwinden, werden diese Stämme selbst überwunden und gerichtet.

2. **DER RUF NACH EINEM KÖNIG** (17,6; 18,1; 19,1; 21,25). Dieser Ruf leitet sich aus den Kapiteln 1-16 eindeutig ab und wird im Anhang viermal laut. Ohne einen König verfiel Israel in Anarchie. Warum versagte ihnen der Herr dann einen Volksführer, anstatt ihnen sofort den in 5 Mo 17 verheißenen König zu geben? Zweck dieser Wartezeit war es offenbar, die Notwendigkeit des Königtums herauszustellen. Zugleich wollte der Herr ihre Bundestreue prüfen, ob sie ihn als ihren wahren König erwählen würden, wie Mose gesagt hatte (5 Mo 12,2.5) Sie sollten sich ohne jeden Zwang seitens eines Monarchen für den Herrn entscheiden. Ihr Versagen verdeutlicht umso mehr die Notwendigkeit des Königtums.

3. **DIE UMSIEDLUNG UND DER ABFALL DANS** (17;18). Anstatt mit Gottes Hilfe das Hügelland der Philister einzunehmen, suchte dieser Halbstamm mit seinen »tapferen Männern« im Norden ein bequemes Dasein. Dabei wurde ihre Tapferkeit zu Gewalttat. Der gesamte Stamm wandte sich einem selbstgezimmerten Götzendienst zu. Indem sie den Enkel Mose (Jonathan) als Priester über das Gottesbild Michas einsetzen, bewiesen die Daniter ihre Ablehnung des zentralen Heiligtums, der Stiftshütte. Dieser Hang zum Götzendienst zieht sich durch einen Großteil des Alten Testaments, bis die Assyrer das Volk Israel ins Land des Götzendienst verschleppten. Ein Detail am Rand: Sowohl Simson (ein Daniter gegen Ende der Richterzeit) als auch diese Daniter zu Beginn jener Epoche lebten nach ihren Lüsten, schritten bis zur Gewalttat und vermochten doch nicht den Sieg zu erringen, den Gott für sie vorgesehen hatte.

4. **BENJAMIN: DER STAMM, DER BEINAHE UNTERGING** (19-21). Kurz nach Josuas Tod fand ein unglaublicher Vernichtungskrieg statt, in dem der Bruderstamm Josephs nur knapp dem Untergang entging. Diese Tragödie ist in mancher Hinsicht lehrreich; 1) Weil dieser Stamm seine Jugend nicht in Zucht nehmen konnte, verfiel die zentrale Stadt Gibea der Sodomie (weswegen Sodom zerstört wurde). 2) Die eigene Schuld darf in keinem Fall beschönigt werden, sondern verlangt Buße und Umkehr. 3) Später zeigt sich Gottes Gnade, die einen Neuanfang ermöglichte. (Aus dem Überrest Benjamins stammte der Richter Ehud, der erste König Saul und Saulus von Tarsus, der große Apostel der Heiden).
Die Geschicke Dans und Benjamins in diesem Buch haben manches gemeinsam. 1) Beide Berichte beginnen mit einem Leviten aus Bethlehem. 2) Bei einem kommt ein Enkel Moses vor (Jonathan), beim anderen ein Enkel Aarons (Pinhas). 3) In beiden Fällen leitet eine Gruppe von 600 Männern einen Neuanfang ein. 4) Beide zeigen das rasche Anwachsen der Gewalttat im führerlosen Israel. 5) Beachte auch die Gnade Gottes, die aus jedem dieser Stämme schließlich einen großen Helden erweckte, um Israel von den Philistern zu befreien. Beide versagten je-

doch, weil sie sich von ihren Begierden leiten ließen statt von den festen Grundsätzen (Simson und Saul).

5. **GIDEONS GOTTESPROBE** (6,37-40). Wie Josua (und später Jeftah) war Gideon ein Nachkomme Josephs. Sein Sieg über die Midianiter ist der erstaunlichste des Richterbuches. Seine Vorbereitung, seine Begegnung mit dem Herrn, seine Demut und seine Wundertaten nehmen breiten Raum ein (6,13-21). Er glich Mose wie kein anderer Richter. Was können wir aus seiner berühmten Gottesprobe lernen? 1) Diese Probe war für Gideon von großer Bedeutung, nachdem er Anführer eines Heeres im Kampf gegen eine unübersehbare Schar von Beduinenkämpfern werden sollte. Aufgewachsen im Götzendienst, wußte er wenig von »biblischen Prinzipien«, obwohl er von den Auszugswundern gehört hatte. Wenn er nun selbst angesichts eines übermächtigen Feindes Wunder vollbringen sollte, brauchte er ein Zeichen für Gottes Hilfe. 2) Heutige Glaubenstaten sind jedoch nicht von sichtbaren Zeichen abhängig zu machen, sondern von den geoffenbarten Prinzipien des Alten und Neuen Testaments. — Eines jedoch können wir von Gideon lernen: Jeder neue Lebensschritt, der Glauben erfordert, muß sorgfältig abgewogen werden, um unter der Führung des Herrn und nicht aus einer egoistischen Ablehnung des gegenwärtigen Zustandes zu handeln.

6. **JEFTAHS ÜBEREILTER SCHWUR** (11,29-40) Von vier Richtern lesen wir, daß der Geist Gottes über sie kam (Otniel, Gideon, Jeftah und Simson). Jeftahs Geschichte ist in dreierlei Hinsicht bedeutsam: 1) Seine Ernennung als Verstoßener; 2) sein Disput mit den Ammonitern, in dem er Transjordanien als Geschenk des Herrn in Anspruch nimmt; und 3) sein Opferschwur an Gott. Hat er seine Tochter tatsächlich »als Brandopfer« dargebracht (11,31)? Jeftahs Schwur beinhaltet zwei Alternativen: Was nach seinem Sieg über Ammon aus seinem Haus herauskommt, 1) »soll dem HERRN gehören«; oder 2) soll »als Brandopfer« dargebracht werden. Die zweimonatige Zurückgezogenheit der Tochter um ihre »Jungfrauschaft« zu beweinen, sowie die Feststellung, sie »hatte keinen Mann erkannt«, weist eher auf die erste Alternative hin: die Weihe für den Herrn zum Tempeldienst. Da Jeftah sonst keine Kinder hatte, um seinen Namen zu erhalten, war dies ein großes Opfer. Menschenopfer hat der Herr unter keinen Umständen gutgeheißen (auch nicht bei Isaak).

7. **DIE TRAGISCHEN LIEBSCHAFTEN SIMSONS** (13-16). Simson war der begabteste unter den Richtern und der einzige im Alten Testament, dessen Nasiräertum ausdrücklich festgestellt wird. Seine Geburt wurde angekündigt wie die von Isaak, Samuel, Johannes dem Täufer und des Herrn Jesus. Seine übermenschliche Kraft war ihm verliehen, um Israel von den Philistern, die das Land überschwemmten, zu retten. Doch der Richter mit der größten persönlichen Kraft war zugleich der einzige, der in seiner Aufgabe versagte und tragisch endete, und zwar aus zwei Gründen: 1) Er lebte nach seinen Leidenschaften anstatt nach den Prinzipien des Nasiräertums. Er ließ sich von mindestens drei Philisterinnen verführen. 2) Er verlor bei seinen lüsternen Streifzügen seine eigentliche geistliche Aufgabe aus den Augen. Obwohl sein Glaube »der Löwen Rachen verstopfte« (Hebr 11,32.33), fiel er den Philistern nur dort lästig, wo sie seinen Liebschaften im Weg standen.

8. **CHRISTUS IM BUCH DER RICHTER.** Als der Herr Jesus auf dem Weg nach Emmaus in den Aussagen über ihn im Alten Testament (Luk 24,27) zum Buch der Richter kam, besprach er vielleicht zwei Punkte: 1) Die Notwendigkeit des Königtums zur Einigung Israels unter Gottes Führung. (Die Richterzeit bereitete das Volk auf König David vor, aber auch auf den Mes-

sias. 2) Die Richter selbst, auf die der Geist Gottes kam, sind Schattenbilder auf den Herrn, vor allem auf seine künftige Rolle als Richter über sein Volk, Befreier von seinen Feinden und Rechtsprecher für die Kinder Gottes.

Das Buch Rut

Einleitung

TITEL UND AUTOR

A. BEZEICHNUNG

Der Name »Rut« bedeutet »Freundschaft«, eine passende Kennzeichnung der namensgebenden Hauptperson. Dies ist eines der sechs Geschichtsbücher, die nach einer ihrer Hauptpersonen benannt sind (Josua, Rut, Samuel, Esra, Nehemia und Ester). Zugleich ist es eines der zwei Bibelbücher, die einen Frauennamen tragen:
1. Rut, die Heidin, die eine reichen Juden und Königsahnen heiratete.
2. Ester, die Jüdin, die einen reichen Heiden und König heiratete.

B. VERFASSER

Samuel, der wahrscheinliche Autor des Buches der Richter, hat wohl auch Rut geschrieben. Zuweilen wird Rut als dritter Anhang zu Richter 1-16 gesehen, um eine positive Schlußnote des Glaubens und der Liebe in eine Zeit der Treuelosigkeit, Götzenverehrung und Gewalttat zu bringen. Da die Geschlechterfolge in Kap 4 bis David, nicht aber bis Salomo reicht, wurde das Buch wohl nach Davids Salbung zum König, jedoch vor der Thronbesteigung und jedenfalls vor der Geburt Salomos verfaßt. Damals lebte Samuel noch und schrieb vielleicht das Buch, während sich die Eltern Davids in Moab aufhielten.

Das geschichtliche Umfeld

A. ZEITPUNKT DER EREIGNISSE — 1340 v. Chr.

Oft werden die Ereignisse des Buches Rut um 1100 v. Chr. angesetzt, um Boas zum Urgroßvater Davids zu machen. Folgende Argumente sprechen jedoch für eine frühere Datierung:
1. Von Salmon bis David (1405-1040) sind es fünf Generationen, die in allen biblischen Geschlechtsregistern aufscheinen (Rut 4,21.22; 1 Chr 2,11-15; Mt 1,5.6; Lk 3,32). Vier Geburten in 365 Jahren machen jedoch eine Lücke notwendig.
2. Diese erscheint nur zwischen Obed und Isai möglich.
   a. Zwischen Salmon und Boas kann keine Lücke bleiben (Mt 1,5)
   b. Zwischen Boas und Obed kann keine Lücke bleiben (Rut 4,17)
   c. Zwischen Isai und David kann keine Lücke bleiben (1 Sam 16,1ff)
3. Da Matthäus in seinem Geschlechtsregister offenbar Lücken gelassen hat (Mt 1,8.11), können wir eine solche dort annehmen, wo wir über keine Altersangabe des Vaters bei der Geburt des Sohnes verfügen.
4. Bei einem angenommenen Geburtsjahr des Boas — seine Eltern waren Salmon und Rahab — um 1390 v. Chr. muß die Geburt Obeds durch Rut spätestens 1340 v. Chr. eingetreten sein.

B. *DAS UMFELD*
1. Das Buch beginnt mit dem seltenen Ereignis einer Hungersnot in Bethlehem, dem »Haus des Brotes«. Wie bei Joseph in Ägypten verwendete der Herr eine Hungersnot, um durch und für seine Getreuen Heil und Segen zu wirken.
2. Die Handlung mutet merkwürdig an. Eine treue und tüchtige Frau aus einem Volk, das der Blutschande Lots mit seiner Tochter entsprang und Israel zu Götzendienst und Unzucht verleitet hatte (1 Mo 19,37; 4 Mo 25,1ff), wird zum Vorbild von Liebe und Tugend.

Der Zweck von Rut

Das Buch Rut verfolgt ein zweifaches Ziel: 1) Darstellung der Kühnheit und Liebe zweier Frauen unterschiedlicher Abkunft zu einer Zeit, als unter den Völkern Streit, Gewalt und Götzendienst herrschten. 2) Erinnerung an Davids Abstammung von Moab, vielleicht als sich seine Eltern in Moab aufhielten. Dadurch tritt die starke heidnische Prägung der Messiaslinie hervor, die die Kanaaniterin Rahab und die Moabiterin Rut enthält.

Gliederung von Rut

THEMA: Die Liebe zu Noomi läßt Rut zur Stammutter Davids werden.

I. RUTS ENTSCHEIDUNG FÜR DEN HERRN — IM GEBIET VON MOAB 1
   A. *Die Hungersnot in Behlehem* 1,1-2
   B. *Die Todesfälle in Moab* 1,3-5
   C. *Die Entscheidung Noomis und Ruts* 1,6-18
   D. *Die Rückkehr nach Bethlehem* 1,19-22

II. RUTS DIENST FÜR NOOMI — AUF DEN FELDERN DES BOAS 2
   A. *Ruts Dienst für Noomi* 2,1-3
   B. *Ruts Begegnung mit Boas* 2,14-23
   C. *Ruts Versorgung durch Boas* 2,14-23

III. RUTS VERLOBUNG MIT BOAS — AUF DER TENNE 3
   A. *Der Rat Noomis gibt Hilfe* 3,1-5
   B. *Die Begegnung mit Boas gibt Hoffnung* 3,6-15
   C. *Der Bericht an Noomi wirkt Hochstimmung* 3,16-18

IV. RUTS HEIRAT MIT BOAS — AM STADTTOR 4
   A. *Boas erwirbt das Recht zum Loskauf* 4,1-8
   B. *Boas vollzieht den Loskauf* 4,9
   C. *Die Ältesten segnen die Heirat des Boas* 4,10-13
   D. *Die Frauen segnen die Geburt Obeds* 4,13-17
   E. *Gott segnet das Geschlecht des Boas* 4,19-22

Besonderheiten von Rut

1. **FRAUEN IM MITTELPUNKT.** Zwei alttestamentliche Bücher sind nach Frauen benannt: Rut am Beginn der Geschichte Israels im Gelobten Land und Ester am Ende der alttestamentlichen Geschichte. Rut ist eine der Frauen, die in der Richterzeit auftreten — neben Debora, Jael und der namenlosen Frau, die den falschen König Abimelech durch einen Mühlstein tötete, der Tochter Jeftas und der Mutter Simsons. Die Festigkeit Noomis in Schicksalsschlägen hat Rut zum Glauben an den Gott Israel gebracht. Diese Bindung Ruts erweist sich stärker als ihre rassische Zugehörigkeit, und so kehrt Noomi mit Rut nach Israel zurück. Rut wird dort Stammutter des Königs Davids. Samuel, selbst von einer frommen Mutter (Hanna) geboren, sicherte zwei edlen Frauengestalten einen Platz in den Annalen Israels, mitten unter den Großen des Volkes.

2. **EIN ALTTESTAMENTLICHES BEISPIEL GLÄUBIGER HEIDEN** (1,16). Das Glaubensbekenntnis Ruts ist ein vielzitiertes Wort des Alten Testaments: »Dein Volk ist mein Volk, und dein Gott ist mein Gott.« Die Bekehrung Ruts ist nicht die erste Bekehrung eines Heiden im Alten Testament, ist aber die bekannteste. Sie stellt auch einen interessanten Gegensatz zur Bekehrung ihrer Schwiegermutter Rahab dar. Während Rahab aus Angst vor dem kommenden Gericht handelte, reagiert Rut aus Liebe (Jos 2,9-13; Rut 1,16). So verwendet der Herr Liebe und Angst, um Glauben zu wecken — im Alten wie im Neuen Testament

3. **DIE EINZIGARTIGE GESCHICHTE EINER FAMILIENTRAGÖDIE.** Rut ist das einzige Buch der Bibel, das sich auf die Nöte und Probleme einer einzigen Familie statt eines Stammes oder Volkes konzentriert. Eigentlich geht es um eine israelitische Witwe, die dreimal vom Schicksal schwer geschlagen wurde, nachdem eine Hungersnot sie mit ihrer Familie aus Bethlehem vertrieben hatte. Wie das Buch Ester zeigt das Buch Rut das verborgene Wirken Gottes, der selbst in größten Schwierigkeiten für die Seinen sorgt und eben die Nöte gebraucht, um die Geburt Davids und schließlich die Ankunft des Messias zu bewerkstelligen. Die Betonung des Buches liegt auf »den Nachkommen ... von dieser jungen Frau« (4,12) durch die der Herr seine Pläne zur Vollendung bringen würde.

4. **MOABS BEZIEHUNG ZU DAVID UND DEM MESSIAS** (4,18-22). Die Moabiter waren zwar Nachkommen Lots und seiner Tochter (durch Blutschande) und darum mit Israel verwandt, jedoch aufgrund ihrer Feindschaft gegen Israel beim Auszug aus Ägypten »bis zur zehnten Generation« aus der Versammlung des Herrn ausgeschlossen (5 Mo 23,3-6). Warum wurde dann Rut binnen zweier oder dreier Generationen in Israel aufgenommen? Nun, das Gesetz bezog sich offenbar nur auf männliche Moabiter, so wie man nach 5 Mo 21,10-13 auch eine Kriegsgefangene zur Frau nehmen durfte. Während der Stammbaum Davids und des Messias nur hebräische Väter aufweist, zeigt er doch die Einbeziehung heidnischer Frauen: Tamar und Rahab waren Kanaaniterinnen, Rut eine Moabitern und Naama, die Mutter Rehabeams, eine Ammoniterin.

5. **RUT: ISRAELS FESTROLLE FÜR PFINGSTEN.** Dieses Buch wurde bei der jährlichen Festversammlung zum sommerlichen Pfingstfest gelesen; die Erntszene darin erinnerte an die Wintergerste, die der Herr geschenkt hatte, sowie an die kommende Ernte liebevollen Dienstes. Wie Pfingsten die Ernte des Erstlings (der Gerste) feiert, so spricht Rut von den Erstlingen

der Ernte unter den Heiden. Denken wir auch daran: Das neutestamentliche Pfingsten ist das Fest der Erstlinge der Ernte Gottes in der Gemeinde, zu der viele Heiden gehören.

6. **CHRISTUS IN RUT.** Das Buch Rut enthält zwei bedeutende Bezugnahmen auf Christus, beide ausgehend von Boas:
   a. In seiner Eigenschaft als befähigter und bereitwilliger Löser ist Boas ein Typus auf Christus. Dieser Aspekt des Werkes Christi wird sonst nur in Jer 32,6-25 in anderem Zusammenhang gezeigt. Das Wort »lösen« (gaál) kommt im Buch Rut 8mal vór. Als Löser (Erlöser) des Gläubigen bezahlt Christus alle Schuld, leistet Fürsprache gegen alle Widersacher, stiftet Versöhnung nach aller Zwietracht und wird der Bräutigam zur ewigen Vereinigung und Gemeinschaft.
   b. Boas kommt in allen Stammbäumen Jesu vor (siehe Einführung), Rut hingegen nur in Matthäus 1,5, und das nicht zufällig: Matthäus erwähnt in seinem Stammbaum Jesu noch drei andere Frauen ausländischer Abkunft. Er scheint damit den weitgefaßten internationalen Hintergrund des Messias betonen zu wollen, der allen Völkern das Heil bringen sollte. Er war nicht bloß ein »lokaler« Heiland.

Bedeutung der Leviratsehe in Rut

BEDEUTUNG:	Eine »Leviratsehe« (Schwagerehe) war die Heirat eines Mannes mit seiner verwitweten und kinderlosen Schwägerin »im Haus des Vaters«, d.h. wenn der Bruder noch unverheiratet ist.
ZWECK:	Erhaltung des Namens und der Familie des verstorbenen Bruders und Versorgung seiner Witwe.
BIBELSTELLEN:	1 Mo 38,8 — Erwähnung und Anwendung des Prinzips. 5 Mo 25,5.6 — Bestätigung im mosaischen Gesetz. 3 Mo 25,25-28 — Verankerung der Löserpflicht.
PFLICHTEN DES LÖSERS	1) Voraussetzungen für den Gelösten — ein rechtmäßiger, naher Verwandter. 2) Voraussetzungen für den Löser — fähig zum Loskauf aus der Schuld und Armut des Verstorbenen. 3) Bereitschaft zu Fürsprache, Schutz und Mittlerschaft. 4) Bereitschaft zur Ehe und Versorgung der Gelösten.
ANWENDBARKEIT IM BUCH RUT:	1) Noomi und Rut waren Witwen und auf Loskauf sowie Schutz angewiesen, um die Familie Elimelechs und Machlons zu erhalten. 2) Nur Boas war aufgrund seiner engen Verwandtschaft und finanziellen Befähigung als Löser geeignet. 3) Die Heirat des Boas mit Rut führte die Linie Elimelechs weiter und führte Rut in die israelitische Königslinie ein. 4) Die Rückverfolgung des Stammbaums bis Perez betont die Leviratsehe in Rut. Kurz vor der Geburt von Perez (durch Blutschande) wurde die Löserpflicht erstmals beim Tod Ers an Onan ausgesprochen (1 Mo 38,8).

THYPOLOGISCHE ANWENDUNG AUF CHRISTUS UND DIE GEMEINDE
1) Christus wurde Mensch und daher unser naher Verwandter.
2) Christus ist durch die Bezahlung unserer Schuld und durch unsere Versorgung mit ewigen Glück seiner Löserpflicht vollauf gerecht geworden. (Was wir beim Tod Adams verloren, hat Christus mehr als wettgemacht.)
3) Christus wurde unser Fürsprecher und Mittler.
4) Christus erfüllt diesen Typus als der himmlische Bräutigam, der sich eine heidnische Braut nimmt, sie in Liebe willkommen heißt und reich beschenkt.

Die Bücher Samuel

Einleitung

TITEL UND AUTOR

A. *BEZEICHNUNG*
Die Samuelbücher sind nach der Hauptperson Samuel benannt (»Name Gottes« oder auch eine Kurzform für »von Gott erbeten«). In der hebräischen Bibel gibt es nur ein »Buch Samuel«, die Übersetzer der Septuaginta (LXX) teilten es jedoch auf zwei Buchrollen auf, die sie »1. und 2. Könige« nannten. Unsere Bücher der Könige waren für sie »3. und 4. Könige.«

B. *VERFASSER*
Wie die meisten geschichtlichen Bücher sind auch diese anonym. Allgemein wird 1. Sam 1-24 Samuel selbst und der Rest den Propheten Nathan und Gad zugeschrieben. Aufgrund der reichen Ausstattung mit Detailinformation dürften die Autoren Augenzeugen der Geschehnisse gewesen sein. Der beste Hinweis auf die Verfasserschaft der Samuelschriften ist nach dem hebräischen Talmud in 1. Chr 29,29 zu suchen: »die Geschichte des Sehers Samuel« und »die Geschichte des Propheten Nathan« und »die Geschichte Gads, des Schauenden.«

Das geschichtliche Umfeld

A. ZEITSPANNE — ca. 1100-970 v.Chr.
1. Die Ereignisse dieser beiden Bücher reichen von der Geburt Samuels bis zum Ende des Königstums von David. Samuel nahm seine Führerrolle im Jahre 1070 v.Chr. auf (fünf Jahre nach dem Tod Elis) und dürfte somit um 1100 geboren sein. Da die Regierungszeit Davids von 1010 bis 970 reichte, umspannen die Samuelbücher 130 Jahre israelitischer Geschichte.
2. Kurz vor dem Auftreten Samuels gab es mehrere Richter in Israel. Simson wirkte im Südwesten unter den Stämmen Juda und Dan, Jeftah in Manasse und im östlichen Ephraim, Ibzan, Elon und Abdon in anderen Gegenden, als Samuel in Silo aufwuchs.
3. Dabei überlappen sich mehrere Zeitperioden:

40 Jahre Unterdrückung durch die Philister	1095-1055 (Ri 13,1).
40 Jahre Richtertum des Priester Eli	1115-1075 (1Sam 4,18)
75 Jahre Bundeslade in Kirjat-Jearim	1075-1000 (1Sam 7,2; 1Chr 15,25)
40 Jahre Richtertum Samuel	1055-1015 (1Sam 7,14-16)

40 Jahre Königtum Sauls   1050-1010 (Apg 13,21)
40 Jahre Königtum Davids   1010-970 (2Sam 5,4)

B. DIE RELIGIÖSE LAGE DER NATION
1. Diese Epoche beginnt mit weitverbreiteter Gottlosigkeit und Lasterhaftigkeit (1Sam 7,3). Der Priester Eli versah seinen Dienst zwar treu, vermochte jedoch seine Söhne nicht in Zucht zu nehmen (1Sam 2,29). Diese dienten am Heiligtum in Silo mit gröbster Sittenlosigkeit und Habsucht, die das Gericht Gottes über das Haus Eli brachten und sein Priestertum der Verwerfung preisgaben (1Sam 2,33). Diese äußerliche Religionsausübung und Sittenlosigkeit waren offenbar bezeichnend für ganz Israel, Gott brauchte den Einfall der Philister, um das Volk zu züchtigen.
2. Von der Zeit Josuas bis Eli standen Stiftshütte und Bundeslade in Silo (14 km nördlich von Bethel). Nachdem die Lade im Todesjahr Elis geraubt wurde, blieben diese beiden zentralen Kultobjekte Israels 75 Jahre lang getrennt, bis zur Überführung der Lade durch David im Jahre 1000 v.Chr. nach Jerusalem.

Folgende Standorte nehmen Stiftshütte und Bundeslade seit Josua ein:

Stiftshütte		Bundeslade	
Gilgal	1405-1398	Gilgal (in der Stiftshütte)	1405-1398
Silo	1398-1075	Silo (in der Stiftshütte)	1398-1075
Nob	1075-1015	Philistäa	1075
Gibeon	1015-1000	Kirjat-Jearim	1075-1000
Jerusalem	1000-960	Jerusalem (in der Stiftshütte)	1000-960
(Vollendung des Tempels: 960)		Jerusalem (im Tempel)	960-586

C DIE POLITISCHE LAGE DER NATION
1. Innere Streitigkeiten. Der geistliche Zustand Israels zu Beginn des elften vorchristlichen Jahrhunderts fand seine Entsprechung in der politischen Lage. Die Nation war führerlos und gespalten. Seit Josua hatte es keinen nationalen Regenten mehr gegeben; die Stämme unterstanden entweder von Gott berufenen Richtern, die in besonderen Notzeiten auftraten, oder dem jeweiligen Priester (Pinhas und Eli).
2. Äußere Unterdrückung. In dieser Epoche stellten die Philister im Südwesten die größte Bedrohung dar, obwohl auch von den blutsverwandten Nachbarvölkern im Osten und von Syrien im Norden Übergriffe drohten. Den Philistern gelang es nicht nur, die Bundeslade zu erobern, sondern zeitweise vermochten sie auch fast das gesamte Westjordanland zu unterwerfen. Während des ganzen elften Jahrhunderts kam es zu vielen Schlachten gegen die Philister (siehe »Die Schlachten Israels in den Samuelbüchern«).
3. Während der Regierungszeit Davids konnten diese Probleme der inneren Anarchie und äußeren Bedrückung Schritt für Schritt gelöst werden. Die Nation wuchs von vielen Häuflein zerstrittener Stämme zu einer geeinten politischen Macht heran, welche bei ihren Nachbarn großes Ansehen genoß. David besiegte die Philister und unterjochte Edom, Moab, Ammon und Syrien. Mit Phönizien wurde ein Friedensvertrag geschlossen.

Der Zweck der Samuelbücher

Der einheitliche Zweck der Samuelbücher ist die Beurkundung der Entwicklung Israels aus der Anarchie in eine theokratische Monarchie. Dieses Wachsen wird aus religiöser Sicht betrachtet, indem einerseits die Unsinnigkeit menschlicher Versuche der Einigung und Ausbreitung, andererseits die ungeheure Machtentfaltung eines Reiches, das unter einem gottgeschenkten König dem Herrn gehorsam ist, betont wird. Grundthema ist die Herrlichkeit und Macht einer Nation, die dem allmächtigen Gott untersteht.

Gliederung von 1. Samuel

THEMA: Gott erweckt einen König in Israel

- I. AUFSTIEG UND WIRKEN SAMUELS 1-8
  - A. *Die Ausrüstung Samuels zum Dienst* 1-3
    1. Geburt und Weihe durch seine Mutter .... (1)
    2. Wachstum und Berufung durch Gott .... (2-3)
  - B. *Die Aufgabe Samuels zur Einigung von Israel* 4-7
    1. Die Lade Gottes bringt Gericht über die Philister .... (4-5)
    2. Die Lade Gottes bringt Gericht über Israel .... (6)
    3. Der Herr schlägt die Philister .... (7)
  - C. *Die Ablehnung Samuels als Führer von Israel* 8
    1. Israel verwirft die Söhne Samuels
    2. Israel verlangt einen König wie alle Nationen

- II. AUFSTEIG UND HERRSCHAFT SAULS 9-15
  - A. *Die Auswahl Sauls durch das Volk* 9-10
    1. Sein Auftreten als Held .... (9)
    2. Seine Salbung zum König .... (10)
  - B. *Die Anerkennung Sauls nach seinem Sieg* 11
    1. Die Krise durch die Ammoniter
    2. Der Kampf gegen die Ammoniter
    3. Die Krönung Sauls zum König
  - C. *Die Ablehnung Sauls durch den Herrn* 12-15
    1. Die Tadelworte Samuels .... (12)
    2. Die Torheiten Sauls .... (13-14)
    3. Die tragische Sünde Sauls .... (15)

- III. AUFSTIEG UND VORBEREITUNG DAVIDS ZUM KÖNIG 16-31
  - A. *Davids Wahl zum König* 16-17
    1. Seine Salbung als Hirte .... (16)
    2. Seine Stärke als Held .... (17)
  - B. *Davids Wirken am Hof* 18-19
    1. Sein Erfolg und Sauls Neid .... (18)
    2. Sein Entkommen vor Sauls Nachstellung .... (19)
  - C. *Davids Aufenthalte als Flüchtling* 20-31
    1. Seine gelunge Flucht vor Saul .... (20-23)
    2. Sein großmütiges Handeln an Saul .... (24-26)
    3. Seine Geschicke in Philistäa .... (27-30)
    4. Seine Glaubhaftigkeit beim Tod Sauls .... (31)

Gliederung von 2. Samuel

THEMA: Gott erweckt David zum König

I. DAVIDS SIEG ÜBER ALLE FEINDE 1-10
    A. *Davids Herrschaft über Juda in Hebron* 1-4
        1. David wird König über Juda .... (1-2)
        2. Isch-Boschet wird König über Israel .... (2-3)
    B. *Davids Herrschaft über Juda und Israel* 5-10
        1. Festigung des Throns Davids .... (5-7)
        2. Ausweitung des Reichs Davids .... (8-10)

II. DAVIDS NÖTE DURCH SEIN UNBEHERRSCHTSEIN 11-20
    A. *Davids große Sünde und Buße* 11-12
        1. Sein Ehebruch und Versuch der Vertuschung .... (11)
        2. Seine Zurechtweisung durch Nathan und seine Bestrafung ... (12)
        3. Seine Buße und Vergebung durch Gott .... (12)
    B. *Davids große Sorge und die Probleme in seiner Familie* 13-14
        1. Amnons Schandtat an Tamar .... (13)
        2. Absaloms Mord an Amnon .... (13)
        3. Absaloms Flucht vor David .... (13)
        4. Davids Haltung Absalom gegenüber .... (14)
    C. *Davids große Notlage und Regierungskrise* 15-18
        1. Der Verrat Absaloms an David .... (15-16)
        2. Der Verlust des zweiten Sohnes Davids .... (17-18)
    D. *Die große Spaltung unter Davids Führern* 19-20
        1. Der Zwist zwischen Joab und Amasa .... (19)
        2. Der Zwist zwischen Juda und Israel .... (19-20)
        3. Der Zwist zwischen Joab und Scheba .... (20)

III. DAVIDS NACHTRÄGLICHE ZÜCHTIGUNG 21-24
    A. *Der Ausgleich für das Unrecht Sauls an Gibeon* 21
    B. *Die Aufzählung der Gnadentaten Gottes* 22-23
    C. *Die Antwort auf Gottes Züchtigung* 24
        1. Die eigensüchtige Volkszählung
        2. Bestrafung und Buße
        3. Der Erwerb der Tempelhöhe

Chronologie der Ereignisse in den Samuelbüchern

JAHR v.Chr.	EREIGNIS	BIBEL-STELLE	BEDEUTUNG
REGIERUNGSZEIT DER RICHTER ELI UND SAMUEL			
1115-1075	Richtertum Elis (40 Jahre)	1Sam 4,18	Verderbtheit auch des Priesterstandes.
1100	Geburt Samuels	1Sam 1	Eine fromme Mutter erzieht einen Volksführer.
1103-1055	Unterdrückung durch die Philister	Ri 13,1	Israels längste Knechtung durch die Philister.
1075	Tod Elis nach dem Verlust der Bundeslade	1Sam 4	Der Verlust der Lade an die Philister ist ein Tiefpunkt Israels.
1055	Samuel wird Richter über Israel	1Sam 7,2-3	Erweckung durch Samuel eint Israel.
REGIERUNGSZEIT VON KÖNIG SAUL			
1050	Sauls Salbung zum König	1Sam 9-10	Gott gibt Israel einen »großen« König nach ihren Vorstellungen.
1045	Sauls erste Schlacht, Einigung des Volkes unter ihm als König	1Sam 11	Sauls Demut gibt Hoffnung auf einen gehorsamen König.
1030	Sauls Ungeduld und vorschnelles Opfer	1Sam 13	Sauls Ungehorsam zeigt sich in der Notlage.
1025	Sauls mangelnder Gehorsam im Kampf gegen die Amalekiter	1Sam 15	Nach einem großen Sieg wird Saul abermals ungehorsam.
1024	Salbung Davids	1Sam 16	Gott erwählt sich einen jungen Hirten als König über Israel.
1023	David tötet Goliat	1Sam 17	Durch Glauben und Gehorsam erfährt David Gottes Macht.
1018	Davids Flucht vor Saul	1Sam 19	Sauls Auflehnung gegen Gott zeigt sich in seiner Eifersucht auf David.
1016	Saul tötet 85 Priester von Nob (die Familie Elis)	1Sam 22	Sauls Loslösung von Gott wird zu offener Feindschaft gegen seine Priester.
1015	Samuels Tod in Rama	1Sam 25,1	Der Dienst Samuels führte Israel von der Anarchie zur Monarchie.

REGIERUNGSZEIT VON KÖNIG DAVID

Jahr	Ereignis	Bibelstelle	Ergebnis
1010	Tod Sauls und Beginn der Herrschaft Davids über Juda	2Sam 1-2	Israels großer König tritt seine gerechte Regierung an.
1003	David wird König über ganz Israel in Jerusalem	2Sam 5,5	David wartet auf Gottes Zeit, um das ganze Reich zu erhalten.
1002	Davids Sieg über die Philister	2Sam 5	Niederschlagung der philistischen Vormachtstellung.
1000	Überführung der Lade durch David	2Sam 6	Bundeslade und Stiftshütte in Jerusalem wieder vereint.
1000	Der Bund Gottes mit David	2Sam 7	Davids Herrschaft wird ewig währen.
999-992	David besiegt alle seine Feinde	2Sam 8-12	Das Reich Davids erstreckt sich über ganz Palästina.
995	Davids Sünde mit Batseba	2Sam 11-12	Anfang der Probleme Davids.
993	Geburt Salomos durch Batseba	2Sam 12	Davids Sünde bringt Strafe, seine Buße Segen.
987	Der Aufstand Absaloms	2Sam 13-19	Davids Mangel an Einfühlungsvermögen hat Folgen.
985	Davids eigensüchtige Volkszählung	2Sam 24	Nach dieser Sünde kauft David den Bauplatz für den Tempel.

Die Schlachten Israels in den Samuelbüchern

Das elfte vorchristliche Jahrhundert war für Israels neuerstandene Monarchie eine Zeit schwerer Kämpfe. Die Großmächte Ägypten und Mesopotamien waren zwar schwach und wenig angriffslustig, die kleineren Nachbarstaaten Israels aber versuchten oftmals, das Land für sich zu erobern. Israel war Angriffen aus vier Richtungen ausgesetzt. Syrien und Zoba im Norden; Ammon und Moab im Osten; Edom im Süden und Philistäa im Südwesten. Unter Davids Regierung dienten diese feindlichen Übergriffe zur Ausweitung der Grenzen Israels und Unterjochung der Feinde. Die wichtigsten Schlachten jener Zeit waren die folgenden:

JAHR v.Chr.	GEGNER	SCHLACHTORT	FELDHERR	BIBELSTELLE	ERGEBNIS
SCHLACHTEN VOR DER KÖNIGSZEIT					
1106	Ammon	Gilead	Jeftah	Ri 10,7	Befreiung aus der Knechtschaft unter Ammon.
1080-1060	Philistäa	Westjuda	Simson	Ri 14-16	Simson war den Philistern höchstens ein Dorn im Auge.
1075	Philistäa	Afek	Eli und seine Söhne	1Sam 4	Die Philister besetzen das Kernland, rauben die Lade und zerstören Silo.
1055	Philistäa	Mizpa	Samuel	1Sam 7	Israel steht geeint hinter Samuel und besiegt erstmals die Philister.

JAHR v.Chr.	GEGNER	SCHLACHT-ORT	FELDHERR	BIBEL-STELLE	ERGEBNIS
SCHLACHTEN UNTER KÖNIG SAUL — Israels selbsterwähltem König					
1045	Ammon	Jabesch	Saul	1Sam 11	Israel geeint hinter dem neuen König Saul.
1030	Philistäa	Michmas	Saul	1Sam 13	Die Philister überrennen Israel; Sauls Ungeduld kostet ihn die Krone.
1027	Philistäa	Michmas	Saul und Jonatan	1Sam 14	Jonatans großer Sieg und Sauls unbedachter Schwur.
1025	Amalek	Süd-westjuda	Saul	1Sam 15	Saul ist ungehorsam und wird vom Herrn verworfen.
1023	Philistäa	Terebin-thental	Saul und David	1Sam 17	David tötet Goliat, die Philister werden zerstreut.
1010	Philistäa	Gilboa (Jesreel)	Saul	1Sam 31	Saul und Jonatan fallen, als die Philister Nordisrael einnehmen.
SCHLACHTEN UNTER KÖNIG DAVID — Gottes auserwähltem König					
1002	Philistäa	Refaim (Südwest-juda)	David	2Sam 5	In zwei Entscheidungsschlachten setzt David der Vormacht der Philister ein Ende.
1000	Moab	Moab	David	2Sam 8	David unterjocht Moab und Syrien.
998	Ammon und Syrien	Helam (Gilead)	David	2Sam 10	David versetzt den vereinigten, feindlichen Heeren einen vernichtenden Schlag und versklavt die Syrer.
995	Ammon	Rabba	Joab und David	2Sam 11; 12	David veranlaßt den Tod des gerechten Uria; die Ammoniter werden versklavt.
992	Edom	Salztal	David	1Chr 18,12.13	Versklavung der Edomiter. Davids Herrschaft erstreckt sich bis zum Salztal.

Besonderheiten von 1.und 2.Samuel

1. **SAMUEL, DER KÖNIGMACHER.** In der alttestamentlichen Geschichte begegenen wir drei bedeutenden Leviten, die jeweils am Beginn, in der Mitte und am Ende der Volksgeschichte Israels stehen: Mose, Samuel und Esra. Jeder von ihnen hatte besondere Bedeutung für die Niederschrift des Wortes Gottes. Mose schrieb die ersten fünf Bücher, Esra verdanken wir die letzten vier oder fünf Geschichtsbücher und die Zusammenstellung des hebräischen Kanons, und Samuel ist wahrscheinlich Autor dreier zentraler Bücher. Dach Samuels Größe liegt in seiner Rolle als Königmacher des Herrn, der die ersten beiden Könige Israels salbte. Diese seine Aufgabe ruhte auch in Zukunft in der Hand der Propheten, bis hin zu Johannes dem Täufer, dem Wegbereiter Jesu. Wegen ihrer Selbstlosigkeit und Bereitschaft, sich von Gott führen zu lassen, waren die Propheten berufen, Gott in der Wahl seiner Könige zu vertreten.

2. ***HANNAS KLASSISCHES DANKGEBET*** (1 Sam 2,1-10). Der Lobpreis der Mutter Samuels gilt als eines der schönsten Gebete der Bibel. Hanna jubelt über die Größe und Gnade Gottes, der die Demütigen und Niedrigen erhöht, um die Weisen und Mächtigen zuschanden zu machen. Damit ist der Grundtenor der Samuelbücher vorgezeichnet; denn dieses Prinzip wird noch mehrfach belegt. Bei Hanna begegnen wir auch erstmals zwei bedeutenden Bezeichnungen Gottes: 1) Der »HERR der Heerscharen« (1 Sam 1,3.11). Diese Kombination findet sich im Alten Testament fast 300mal. Wie Mose den Herrn als »Kriegshelden« besingt und Josua ihn als »Obersten des Heeres des HERRN« sieht (2 Mo 15,3; Jos 5,14), hören wir von Hanna: »Der HERR tötet und macht lebendig« (1Sam 2,6) ein Hinweis auf seine Allmacht. 2) Hanna nennt den König »Gottes Gesalbten« (1 Sam 2,10), was in Daniel 9,25.26 als »Messias« gedeutet wird und wovon sich die Bezeichnung »Christus« im Neuen Testament ableitet. Die Salbung steht für die Ermächtigung des Geistes, durch den alle Gottesmänner, sogar der Messias, den Dienst versehen. Diese beiden Bezeichnungen »HERR der Heerscharen« und »sein Gesalbter« passen vorzüglich an den Anfang der Samuelbücher: David wird mit dem Geist gesalbt, um dem Herrn der Heerscharen zu dienen, seine Feinde zu vernichten und sein Königtum aufzurichten.

3. ***DIE TRAGISCHE GESTALT ELIS*** (1 Sam 2,12-36). Der Hohepriester Eli versinnbildlicht das Israel jener Zeit, eine äußere Form der Religiosität ohne Kraft und Selbstzucht. Die Gründe für die Entmachtung dieses Priesters sind sowohl im ewigen Ratschluß Gottes als auch in seinem menschlichen Versagen zu sehen: 1) Nach Gottes Willen und Ratschluß sollte Pinhas, der Sohn Eleasars, für immer das Priestertum des Herrn empfangen, nicht Itamar, von dem Eli abstammte (4 Mo 25,11-13). 2) Eli hatte es versäumt, seine Söhne in Zucht zu nehmen (1 Sam 3,13). Sie hatten das Priesteramt zu ihrer eigenen Bereicherung mißbraucht, und Eli war mitschuldig daran (1 Sam 2,29). An ihrer Stelle würde der Herr einen beständigen Priester erwecken, dessen Haus bestehen würde. Das war schließlich Zadok, ein Nachkomme des Pinhas. Nachdem unter David aus persönlichen Gründen Abjatar, ein Nachkomme Elis, neben Zadok Dienst tat, versetzte Salomo Abjatar in den Ruhestand und überließ das Hohepriestertum der Linie Zadoks.

4. ***DER RAUB DER LADE: »IKABOD«*** (1 Sam 4-6). Eli und seine Söhne brachten Israel die größte Schande seiner Geschichte ein, indem sie die Bundeslade als Talisman in die Schlacht führten. Nicht nur fiel der Sieg in der Schlacht von Afek an die Philister, auch die Lade ging verloren. Der Name von Elis Enkel »Ikabod« (»Die Herrlichkeit ist gewichen«; 1 Sam 4,21) kennzeichnet den Zustand der Nation treffend. Die Lade blieb 75 Jahre lang von der Stiftshütte getrennt. Während ihres siebenmonatigen Aufenthalts in Philistäa verwendete sie jedoch der Herr, um den Philistern einige Grundwahrheiten über den Gott Israels beizubringen. Wurde sie im Tempel Dagons aufgestellt, fiel der Philistergott zweimal vor ihr nieder, wobei er in Brüche ging. Wurde sie in die fünf Philisterstädte gesandt, wütete eine Seuche im Volk und löste Panik aus, als wollte der Herr einen Intensivkurs über die Macht des Wortes Gottes in der Lade erteilen. Da erfuhren die Philister die Macht Gottes Israels, die Israel selbst so mangelhaft verkündete.

5. ***SAUL, ISRAELS SELBSTERWÄHLTER »GROSSER« KÖNIG*** (1 Sam 9-15). Wie die Torheit Elis dem von Gott erwählten, beständigen Priester Zadok entgegengestellt wird, so hebt sich die Torheit Sauls gegen den beständigen König Gottes, Davids, ab. Sauls Ernennung zum König wird besonders auffällig, nachdem Stadt und Stamm Sauls (Gibea in Benjamin) dreihundert Jahre zuvor wegen ihrer Sittenlosigkeit beinahe vernichtet worden wären. Die Wahl

Sauls durch das Volk zeigt das Vertrauen der Menschen zu körperlicher Größe statt geistlicher Kraft. Denn das Versagen Sauls ist auf geistliche Schwachheit zurückzuführen, wie aus mehreren zentralen Ereignissen klar wird: 1) Vor der Schlacht gegen die übermächtigen Philister wurde er ungeduldig wegen Samuel und riß in tollkühner Selbstüberhebung den Opferdienst an sich. 2) Siegestrunken verlangte er Unmögliches von seinen Männern. 3) Nach einem Teilsieg über die Amalekiter versäumte er es, den Herrn durch ihre vollständige Vernichtung zu ehren (Wobei er hoffte, ein späteres Opfer könnte diesen Ungehorsam wiedergutmachen). 4) Er wurde eifersüchtig, als David gelang, was ihm selbst verwehrt blieb 5) Die Strafe Gottes machte ihn verbittert statt demütig. Sauls tragisches Ende im Selbstmord zeigt plastisch das Unvermögen menschlicher Größe, das Werk Gottes zu vollbringen.

6. **DAVID UND GOLIAT** (1 Sam 16;17). Deutlich gegen den »großen« Saul hebt sich der junge David ab, den seine eigene Familie nicht als Kandidaten für das höchste Amt betrachtete (1 Sam 16). Das sehen wir nochmals, als der junge Hirte den gewaltigen Riesen besiegte, der das gesamte Heer Israels in Angst und Schrecken versetzt hatte. David kam ohne Schwert und Rüstung, allein »mit dem Namen des HERRN der Heerscharen« (17,45). Davids Siegesgewißheit war groß genug, um auf den Hohn des Philisters zu antworten, er werde sein gesamtes Heer den Vögeln des Himmels und den Tieren der Erde zum Fraß vorwerfen (V. 46). Statt sich wie Saul im Kampf von seinen eigenen Wünschen leiten zu lassen, befragte David später vor jeder Schlacht den Herrn (1 Sam 22,10; 23,2.4.10; 30,8; 2 Sam 2,1; 5,19.23). Davids Hauptproblem beim Kampf gegen Goliat war nicht der Riese und die Philister, sondern der Zweifel und Unglaube im Lager Israels. Im Glauben konnte David es mit dem gesamten Heer der Philister aufnehmen. Sein Glaube steckte schließlich Saul und seine verängstigten Männer an.

7. **UNVERGLEICHLICHER DAVID.** Vielleicht genoß keine andere biblische Gestalt das Wohlwollen Gottes und der Menschen im selben Ausmaß wie David. An ihm hat der Herr später alle Könige Israels gemessen. Ihn verwendete Gott nicht nur, um sein Königreich aufzurichten, sondern auch um das Volk in Anbetung und Lobpreis anzuführen. Seine Psalmen haben wohl mehr Menschen angeleitet als jede andere Literatur. Was war so besonders an David? 1) Er war erfüllt von tiefer Liebe zu Gott und diente ihm mit ganzem Herzen. 2) Er handelte aus mutiger Überzeugung ohne sich von dem Unglauben und der Nörgelei um ihn einschüchtern zu lassen. 3) David bestieg den Thron als »Diener des Volkes«, nicht als ihr Herr wie Saul. 4) In einer langen, notvollen Vorbereitungszeit lernte er, auf den Herrn zu warten und ihm alle persönlichen Rachegedanken anzubefehlen. 5) Er verstand es, Verantwortung weiterzugeben und seinen Mitarbeitern Anerkennung zu zollen. 6) Bei seinen vielen Schwächen blieb er in erstaunlicher Weise bereit, Schuld einzugestehen und sich von Gott zurechtweisen zu lassen. Während Saul durch Strafe verbittert, eigensüchtig und gewalttätig wurde, wurde David sanftmütig und großherzig.

8. **DER DAVIDBUND** (2 Sam 7). Wie der Abrahambund den persönlichen, territorialen, nationalen und geistlichen Segen für Israel vorzeichnet, legt der Davidbund das Hauptgewicht auf den nationalen Bereich, die Königslinie. David empfing die Verheißung, seine Söhne würden für immer Thronrecht in Israel haben. Diese seine Linie würde durch Salomo, den Erbauer des Tempels, führen. Im Neuen Testament beweist Matthäus das Recht des Herrn Jesus auf den Königsthron, indem er seinen Stammbaum über Joseph (den rechtlichen Vater) und Salomo auf David zurückverfolgte. Marias Linie läßt er beiseite, geht sie doch über Nathan statt Salomo. Denn, wie Jeremia nach dem Götzendienst und Gericht an Israel bekräftigt, faßt das Recht der Davidslinie über Salomo auf Gottes Treue, nicht auf dem Gehorsam der Menschen.

9. ***DAVIDS SÜNDE MIT BATSEBA*** (2 Sam 11; 12). Dieser »Seitensprung« auf dem Höhepunkt der Macht ist Angelpunkt im Leben Davids. Hier liegt die Scheidung zwischen seinen Siegen und seinen Nöten. Die Sünde selbst kam fast zufällig zustande. Sein Blick auf die Frau seines Nachbarn führte zu Besitzgier, zu Ehebruch, Betrug und Beschönigung, zum Raub der Nachbarsfrau und Mord durch eine Verschwörung gegen einen der edelsten Männer des Heeres. Getarnt wurde die Affäre als tragisches Kriegsunglück. Das schonungslose Gleichnis des Propheten jedoch brachte die Affäre in ihrer ganzen Verderbtheit ans Licht. Wir vermögen vier Folgen dieser Sünde zu erkennen, zwei des Gerichts und zwei der Gnade.
1) Die unmittelbare Folge war Gericht: das Selbstgericht Davids und der Tod des Neugeborenen. 2) An zweiter Stelle steht die sofortige Vergebung Gottes nach dem Bekenntnis Davids (2 Sam 12,13) Die dritte Folge sehen wir in Davids Familie. Seine Unzucht findet sich wieder bei seinem Sohn Amnon mit dessen Schwester Tamar; Davids Mord an Uria setzt sich fort in der Ermordung zweier seiner Söhne; dem Raub einer fremden Frau steht der Raub des Königtums durch seinen Sohn Absalom und die öffentliche Schändung seiner Nebenfrauen entgegen. Obwohl seine Buße ihm sofortige Vergebung eintrug, hafteten ihm die Folgen seiner Vergehen ein Leben lang an. 4) Als vierte Folge sehen wir die Gnade Gottes an David nach seiner rückhaltlosen Buße, indem Batseba von David einen weiteren Sohn empfing, dem der Thron zukommen würde. Ps 32 und 51 zeigen Davids Größe in Bekenntnis, Demütigung und die Größe Gottes in Vergebung und Erneuerung zum Dienst.

10. ***DIE TRAGIK DER SÖHNE DAVIDS.*** David hatte ein Dutzend Frauen, (von denen wir acht namentlich kennen), und mindestens zehn Nebenfrauen, 28 Söhne und eine Tochter (2 Sam 3,2-5, 5,13-16; 1 Chr 3,1-9; 14,3-7; 2 Chr 11,18). Drei seiner Söhne wurden getötet (Amnon, Absalom und Adonija), nachdem sie jeweils zum rechtmäßigen Nachfolger aufgerückt waren. Der Herr befand David mitschuldig (1 Kön 1,6). Diese Tragödien in der Familie eines frommen Mannes sind schwer erklärlich, bringen uns jedoch auf eine seltsame Anomalie im Leben der vier Hauptgestalten von 1 und 2 Sam. Die drei wichtigsten Gottesmänner dieser Bücher (Eli, Samuel und David) haben es versäumt, ihre Söhne in Zucht zu nehmen, wofür ihnen die Herrschaft genommen wurde (David nur vorübergehend). Der einzige gottlose König freilich, Saul, hatte als Sohn einen der edelsten und gottgefälligsten Menschen des Buches: Jonathan. Dieser Anomalie werden wir auch bei späteren Königen begegnen.

11. ***DER KAUF DES TEMPELSPLATZES*** (2 Sam 24). Im zweiten Buch Samuel nehmen die Sünden Davids einen vorrangigen Platz ein: Ehebruch und eigensüchtige Volkszählung. Nach echter Buße und dem Gericht des Herrn zeigt sich jedoch in jedem Fall die besondere Gnade des Herrn. Nach seiner Buße für die Sünde gegen Batseba und Uria wurde David ein weiterer Sohn von ihr geschenkt, der den Tempel erbauen würde: Salomo. Nach seiner Sünde und dem Gericht für die Volkszählung wurde es David gestattet, den Bauplatz für den Tempel zu erwerben, den Berg Morija. Trotz des ernsten Gerichts des Herrn ist sein Gnadenerweis jedesmal größer als die Strafe, sofern sie als Zucht in Buße und Demut angenommen wird.

12. ***CHRISTUS IN DEN SAMUELBÜCHERN.*** In diesen Büchern vermögen wir zwei Bezugnahmen auf Christus zu erkennen, beide ausgehend von David. (Zuweilen wird Samuel, der Priester, König und Prophet, als Typus auf Christus betrachtet. Diese Deutung wird aber nirgends im Neuen Testament nahegelegt. Besser entspricht Samuel Johannes dem Täufer, dem Propheten-Priester, welcher der Salbung des Herrn Jesus beiwohnte.) Bei David begegnen wir sowohl *einem Typus auf Christus* als König als auch einer *Vorhersage auf Christus* als den im Davidbund verheißenen Nachkommen. Zwischen David und Christus treten viele Entspre-

chungen auf, vor allem in der frühen Salbung und Demut und späteren Thronbesteigung zur Übernahme des Reiches.

Die einzige konkrete Vorhersage auf Christus in den Samuelbüchern finden wir im verheißenen Nachkommen Davids, der von Salomo abstammen und dessen Reich für immer bestehen würde (2 Sam 7,16; Lk. 1,32.33).

Die Bücher der Könige

Einleitung

TITEL UND AUTOR

A. BEZEICHNUNG

Diese beiden Bücher sind nach ihrem ersten hebräischen Wort benannt: »Wehammäläch« (Und der König). Zugleich faßt dieser Titel den Kerninhalt des Buches, die Regierungen der Könige beider Reiche, zusammen. Im Hebräischen sind die Königsbücher nur ein Buch, enthalten sie doch eine fortlaufende Geschichte. Die griechischen Übersetzer teilten das Werk auf, weil ihr Text wohl mehr Buchstaben hatte und daher mehr Platz brauchte, und nannten es dritte und vierte Könige (siehe Einführung zu den Samuelbüchern).

B. VERFASSER

1. Zwar ist der Autor nicht namentlich bezeichnet, doch wird allgemein Jeremia genannt, dem sein Schreiber Baruch zur Seite stand (Jer 45), Situationsbedingt muß der Verfasser jedenfalls zeitgenössisch mit Jeremia sein, wobei das Gewicht des Inhalts auf einen Propheten schließen läßt. Somit kann Jeremia, der Prophet als wahrscheinlichster Autor angenommen werden.

2. Natürlich griff der Verfasser auf viele zeitgeschichtliche Urkunden und Chroniken zurück, wobei an einigen Stellen beider Bücher auf mindestens zehn solcher Schriften bezug genommen wird. Folgende Quellentexte lagen dem Verfasser vor:

   a. Das Buch Jaschar (2Sam 1,18)
   b. Das Buch der Geschichte Salomos (1Kö 11,41)
   c. Das Buch der Geschichte der Könige von Israel (1Kö 14,19; insgesamt 18mal in beiden Büchern erwähnt)
   d. Das Buch der Geschichte der Könige von Juda (1Kö 14,29; insgesamt 15mal in beiden Büchern erwähnt)
   e. Das Buch Jesajas (2Kö 18-20, eine Parallele zu Jesaja 36-39)
   f. Das Buch der Geschichte des Königs David (1Chr 27,24)
   g. Die Geschichte des Sehers Samuel (1Chr 29,29)
   h. Die Geschichte des Propheten Nathan (1Chr 29,29)
   i. Die Geschichte Gads, des Schauenden (1Chr 29,29)
   j. Die Weissagung Ahijas, des Siloniters (2Chr 9,29)
   k. Die Geschichte Jedos, des Sehers (2Chr 9,29)

Das geschichtliche Umfeld

A. ZEITSPANNE DER BÜCHER — 970-560 v.Chr.

1. Die Ereignisse der beiden Königsbücher reichen vom Tod Davids, des ersten Bundeskönigs, bis zur Verschleppung Zedekias, des letzten Königs von Juda. Im letzten Kapitel wird

auf die Freilassung Jojachins in Babylon verwiesen, die nach der Machtübernahme Ewil-Merodachs im Jahre 560 v. Chr. anzusetzen ist.
2. Diese Epoche von Salomo bis Zedekia ist als die Zeit des Salomonischen Tempels bekannt und dauerte vom Bau des Tempels durch Salomo bis zu seiner Zerstörung durch Nebukadnezar.

B. *DAS POLITISCHE UMFELD*
1. Diese beiden Bücher umfassen die Zeit von der größten politischen Machtentfaltung Israels unter Salomo bis zum völligen Untergang durch die Zerstörung des Südreichs und die Verschleppung des Überrests nach Babylon. Die Ursachen des Niedergangs sind schon sehr früh in der rücksichtslosen Innenpolitik Salomos zu suchen, die zu Aufruhr und Unruhe führte. Nach dem Untergang des Nordreiches 722 v. Chr. erlebte das Südreich noch vereinzelte politische Höhenflüge, ehe es im Jahre 586 vom selben Schicksal ereilt wurde.
2. International beginnt die Epoche mit einem Machtvakuum, in dem kein Großreich eindeutig dominierte. Doch erlangten die Weltreiche Macht und Ansehen, je weiter der geistliche Niedergang Israels voranschritt. Das Assyrische Reich gelangte kurz vor der Vernichtung des Nordreiches zur Weltherrschaft. Gerade rechtzeitig ein Jahrhundert später erfuhr das Neubabylonische Reich seinen großen Aufschwung, um Gottes Gericht über das Südreich auszuführen. Diese prophetische Geschichtsbetrachtung ist beiden Königsbüchern zu eigen.

C. *DAS RELIGIÖSE UMFELD*
1. Die Errichtung des Salomonischen Tempel zu Beginn dieser Epoche stellt einen einzigartigen Höhepunkt in der Religionsgeschichte Israels dar. Salomo führte auch eine wohl durchdachte Gottesdienstordnung ein und rüttelte durch seine Einweihungsfeier und -ansprache ein starkes religiöses Empfinden wach. Doch diese guten Ansätze erstarben bald, und wieder versank die Nation im Götzendienst, angeregt durch Salomo, der seinen heidnischen Frauen Kultstätte errichtete. Unmittelbar nach der Reichsteilung führte Jerobeam im Norden einen Kälberkult mit den beiden Zentren Bethel und Dan ein. Dazu kam später der kanaanitische Baalsdienst, eingeführt durch Ahab und Isebel im Norden und ihre Tochter Atalja im Süden. Trotz der Säuberungen Jehus im Jahre 841 v. Chr. durchdrang der Götzendienst beide Reiche bis zu ihrem Untergang 722 und 586 v. Chr.
2. Die religiöse Prägung jener Zeit läßt sich am besten an den jeweils regierenden Königen ablesen. Nach Salomo hatte Juda 19 Könige und eine Königin, von denen nur acht nach Gottes Maßstab als gerecht bezeichnet werden. Auch das Nordreich hatte 19 Könige, die jedoch alle »böse« waren. So war das religiöse Erbe Abrahams, Moses und Davids nichts als eine Schale ohne Inhalt.

Der Zweck der Königsbücher

Diese beiden Bücher verfolgen ein zweifaches Ziel, ein literarisches und ein religiöses:
A. *Der literarische Zweck,* den der Autor im Auge hatte, war eine vollständige Darstellung der Geschichte des Davidsreiches, welche bereits 400 Jahre zuvor in den Samuelbüchern in Angriff genommen worden war. Wie 2 Sam mit dem Erwerb des Tempelplatzes durch David endet, beginnt 1 Kö mit den Bauvorbereitungen durch Salomo, während 2 Kö die Geschichte bis zur Vernichtung des Tempels fortsetzt.
B. *Das religiöse Ziel* besteht in der Klarstellung des Zusammenhangs zwischen Bundestreue

und Geschichtsverlauf. Der vom Geist geleitete Autor will dem Volk eine Botschaft in die Verschleppung ab 586 mitgeben: Gehorsam und Segen sowie Ungehorsam und Fluch sind untrennbar miteinander verbunden. Während die späteren Chronikbücher zur Aufrichtung der Gedemütigten gedacht sind, legen die Königsbücher das Hauptgewicht auf die Notwendigkeit von Buße und Umkehr zum Bundesgott, um Erneuerung zu erwirken und den Segen des Bundes zu bringen.

Gliederung von 1. Könige

THEMA: Salomos Größe und die Gefahr des Götzendienstes

- I. DAS GEEINTE REICH UNTER SALOMO 1-11
  - A. *Der Anfang der Herrschaft Salomos* 1-4
    1. Salomos Thronbesteigung .... (1)
    2. Salomos Beauftragung durch David .... (2)
    3. Salomos Weisheit vom Herrn .... (3)
    4. Salomos gute Regierung .... (4)
  - B. *Die Arbeit am Tempel durch Salomo* 5-8
    1. Die Bauleute .... (5)
    2. Die Baupläne .... (6-7)
    3. Die Bauvollendung und Weihe .... (8)
  - C. *Aufstieg und Abfall Salomos* 9-11
    1. Salomos Macht vom Herrn .... (9-10)
    2. Salomos Abfall vom Herrn .... (11)
- II. DAS GETEILTE REICH BIS JOSCHAFAT 12-22
  - A. *Der Kampf gegen den Götzendienst in beiden Reichen* 12-16
    1. Der Kälberkult im Nordreich .... (12-14)
    2. Leichtfertiger Götzendienst im Südreich .... (14-15)
    4. Ermordung von vier Königen im Nordreich .... (15-16)
  - B. *Der Kampf gegen den Baalsdienst im Nordreich* 17-22
    1. Gericht durch Hungersnot nach dem Wort des Herrn an Elia .... (17)
    2. Vernichtung der Baalspriester durch Elia .... (18)
    3. Elias Rückzug zum Berg Sinai .... (19)
    4. Ahabs Untergang durch die Syrer .... (20-22)

Gliederung von 2. Könige

THEMA: Gericht über den Götzendienst in Israel und Juda

- I. DIE FORTLAUFENDEN WARNUNGEN GOTTES AN ISRAEL BIS ZU SEINER VERSCHLEPPUNG 722 v.Chr. 1-17
  - A. *Der Gerichtsbote Elisa — ein Prophet in Israel* 1-8
    1. Elias letzte Gerichtshandlung .... (1)
    2. Elisas erste Gerichtshandlungen .... (2)
    3. Elisas großer Dienst der Gnade und Gerechtigkeit .... (3-8)

    B. Der Gerichtsbringer Jehu — ein König in Israel 9-10
        1. Jehu erhält seinen Auftrag von Elisa .... (9)
        2. Jehu rottet das Haus Ahab aus .... (10)
        3. Jehu vernichtet den Baalsdienst .... (10)
    C. Der Gerichtsbote Jojada — ein Priester in Juda 11-12
        1. Jojada richtet die götzendienerische Königin .... (11)
        2. Jojada richtet die Baalsdiener in Juda .... (11)
        3. Joasch, der König, wird untreu und fällt einem Anschlag zum Opfer ..(12)
    D. Gerichtsreife durch Verhärtung gegen Gottes Gnade 13-17
        1. Erneuter Streit zwischen Israel und Juda .... (13-14)
        2. Das goldene Zeitalter in Israel und Juda .... (14-15)
        3. Der Niedergang in Israel und Juda .... (15-16)
        4. Der Zusammenbruch Israels .... (17)

II. DIE FORTGESETZTEN WARNUNGEN GOTTES AN JUDA BIS
ZU SEINER WEGFÜHRUNG 586 v.Chr. 18-25
    A. Die Zwangsreform Hiskias 18-20
        1. Seine raschen Reformen retten das Reich .... (18)
        2. Sein Vertrauen rettet vor Assyrien .... (18-19)
        3. Seine Krankheit und das kommende Unheil .... (20)
    B. Die Zuchtlosigkeit der Söhne Hiskias 21
    C. Die Zwangsreform Josias 22-23
    D. Die Zuchtlosigkeit der Söhne Josias 23-24
    E. Der Zusammenbruch Judas 25

Chronologie der Könige des geteilten Reiches

	JUDA			ISRAEL		
JAHR	KÖNIG	1. KÖNIGE	2.CHRO-NIK	JAHR	KÖNIG	1. KÖNIGE

Im Jahre 931 v.Chr. fielen die zehn Nordstämme von Rehabeam ab und gründeten das Nordreich Israel.

JAHR	KÖNIG	1. KÖNIGE	2.CHRONIK	JAHR	KÖNIG	1. KÖNIGE
931-913	Rehabeam (17)	14,21	12,1	931-910	Jerobeam I (22)	14,20
913-911	Abija (3)	15,1.2	13,1			
911-870	Asa (41)	15,9.10	16,13	910-909	Nadab (2)	15,25
				909-886	Basha (24)	15,28-33
				886-885	Ela (2)	16,8
				885	Simri (1 Woche)	16,10.15
				885-874	Omri (12)**	16,23
873-848	Joschafat* (25)	22,41.42	20,31	874-853	Ahab (22)	16,29
		2. Könige				
853-841	Joram (8)*	8,16.17	21,5.20	853-852	Ahasja (2)	22,52
841	Ahasja (1)	8,25.26	22,2	852-841	Joram (12)	2Kö 3,1

841 v.Chr. tötete der Heerführer Jehu sowohl Ahasja als auch Joram, riß den Thron Israels an sich und vernichtete das gesamte Haus Ahabs und Isebels sowie alle Baalsdiener im Norden.

JAHR	KÖNIG	2. KÖNIGE	2.CHRO-NIK	JAHR	KÖNIG	2. KÖNIGE
841-835	Königin Atalja	11,3.4	22,12	841-814	Jehu (28)	10,36
835-796	Joasch (40)	12,1	24,1	814-798	Joahas (17)	13,1
796-767	Amazja (29)	14,1.2	25,1	798-782	Joasch (16)	13,10
792-740	Asarja (52)* (Usija)	15,1.2	26,3	793-753	Jerobeam II* (41)	14,23
750-732	Jotam (16)*	15,32.33	27,1-8	753-752	Secharja (6 Monate)	15,8
				752	Schallum (1 Monat)	15,13
				752-742	Menahem (10)	15,17
				742-740	Pekachja (2)	15,23
743-728	Ahas (16)*	16,1.2	28,1	752-732	Pekach (20)***	15,27
728-698	Hiskia (29)	18,1.2	29,1	732-722	Hoschea (9)	15,30; 17,1

Im Jahre 722 v.Chr. wurde Samaria nach dreijähriger Belagerung von den Assyrern zerstört und die Bevölkerung des Nordreichs deportiert. Aufgrund der Blitzreform und Säuberung durch Hiskia, (der sogar ein Notstandspassah abhielt), entging Juda noch einmal dem Gericht.

698-643	Manasse (55)	21,1	33,1	
643-641	Amon (2)	21,19	33,21	
641-609	Josia (31)	22,1	34,1	
609	Joahas (3 Monate)	23,31	36,2	(Auch Schallum genannt, siehe 1Chr 3,15; Jer 22,11)
609-598	Jojakim (11)	23,36	36,5	
598-597	Jojachin (3 Monate)	24,8	36,9	(In 1Chr 3,16 Jechonja genannt; in Jer 22,24.28 Konja)
597-586	Zedekia (11)	24,18	36,11	

Im Jahre 586 v.Chr. vernichtete Nebukadnezar Jerusalem und den Tempel und verschleppte die gesamte Bevölkerung mit Ausnahme der Armen nach Babylon. Diese Verschleppung geschah in drei Phasen 606, 597 und 586 v.Chr.

Die Datierungen stützen sich bis auf geringfügige Abweichungen auf Edwin R. Thiele: *Chronology of the Hebrew Kings*.

   *Mitregentenschaft mit Vater eingerechnet.

  **In die zwölf Jahre Omris sind die vier Jahre eingerechnet, in denen Tibni eine Gegenregierung führte (1Kön 1,21.22)

 ***In die zwanzigjährige Regierungszeit Pekachs sind offenbar zwölf Jahre eingerechnet, in denen er als Gegenkönig zu Menahem und Pekachja in Gilead regierte (siehe Tiele, a.a.O. S. 122-125)

Meilensteine der Geschichte Israels von Salomo bis Zedekia

JUDA	ISRAEL	EREIGNIS	BIBELSTELLE
967-960		*Der Tempel Salomos* in seiner unerreichten Pracht wird als Sinnbild der Größe des Jahwegottes erbaut.	1Kö 5-8
931	931	*Teilung des Reiches* nach dem Tod Salomos in ein Nordreich »Israel« und ein Südreich »Juda«	12,1-20
	931	*Einsetzung des Kälberkults* im Nordreich und Dan durch Jerobeam I.	12,27ff.
927		*König Schischak von Ägypten plündert den Tempel*, als er einen Großteil Judas erobert.	14,25ff
	879	*Omri erbaut Samaria* und verlegt die Residenz von Tirza dorthin.	16,24
	874	*Einsetzung des Baalsdienstes* in Samaria durch Ahab und Isebel	16,31ff
973		*Die große Erweckung Joschafats in Juda* durch Bibelunterricht. Dies führt zum größten Aufschwung seit Salomo.	2Chr 17
870-841	870-841	Einzige *Friedenszeit zwischen Juda und Israel* durch das Bündnis der Könige Joschafat und Ahab.	1Kö 22; 2Kö 8
	870-850	*Elia*, der erste wunderwirkende Prophet, kämpft zwanzig Jahre lang gegen den Baalskult im Norden.	1Kö 17-22
841	841	*Jehu tötet die Könige des Nord- und Südreichs*, reißt den Thron Israels an sich und vernichtet das Haus Ahab sowie den Baalskult im Nordreich.	2Kön 9ff
790	790	Ein *Bürgerkrieg* zwischen Juda und Israel führt fast zur Zerstörung Jerusalems und des Tempels, nachdem Amazja von Juda im Größenwahn den Krieg eröffnete.	2Kön 14
	770-750	*Goldenes Zeitalter* für beide Reiche während der starken Könige Asarja (Usija) von Juda und Jerobeam II von Israel.	2Kö 14,21ff
	752	*Niedergang des Nordens* nach dem »goldenen Zeitalter.« In dreißig chaotischen Jahren werden vier Dynastien durch Morde beendet.	15,8ff
	743	Der Assyrerkönig *Tiglat-Pileser unternimmt mehrere Einfälle in Israel*, bei denen 733 Galiläa und Transjordanien eingenommen und die Bevölkerung verschleppt wird.	15,29ff
728		*Hiskia von Juda leitet eine Blitzreform ein*, um das nach dem Tod seines Vaters Ahas bevorstehende Gericht abzuwenden.	18ff; 2Chr 29-31

JUDA	ISRAEL	EREIGNIS	BIBELSTELLE
	722	*Eroberung Samarias durch Assyrien* nach dreijähriger Belagerung und Verschleppung der gesamten Bevölkerung nach Assyrien wegen Israels Götzendienst.	2Kö 17
714-701		*Assyrischer Einfall in Westpalästina* unter Sargon und Sanherib. Einnahme von Aschdod und vielen Städten; nur Jerusalem bleibt verschont.	18,9ff
701		*Völlige Vernichtung des assyrischen Heeres* von 185.000 Mann durch göttlichen Eingriff, da Hiskia sich nach dem Rat Jesajas ganz auf den Herrn verläßt.	19,35
650		*Gefangennahme Manasses* durch Assyrien und Verschleppung nach Babel, wonach er Buße tut, wiedereingesetzt wird, und seine Bosheit wettmacht.	2Chr 33,11
629		*Die Reformen Josias*, die gründlichsten der jüdischen Geschichte. Ausgelöst durch den Fund des verlorenen Gesetzbuches im Tempel, stellen sie einen ehrlichen Versuch dar, das drohende Gericht abzuwenden.	2 Kö 22f
606-586		*Zerstörung Jerusalems und des Tempels* durch Babylon im Jahre 586 nach der Weigerung der Juden, sich vor Babylon zu beugen. Die Verschleppung geht in drei Phasen vor sich im Jahre 606, 597 und 586 v.Chr. Übrig bleiben nur die Armen.	2 Kö 25

Besonderheiten von 1. und 2. Könige

1. **DIE GRÖSSE SALOMOS** (1 Kö 1-11). Salomo glänzt in drei Bereichen: seine Weisheit, sein Tempelbau und seine Regierung des Friedens und Wohlstands. Seine Weisheit zeigt sich in den drei Bibelbüchern, die ihm zugeschrieben werden: Sprüche, Prediger und Hohelied; der Tempel war ein prachtvolles Kunstwerk, wie es seinesgleichen in der gesamten Antike nicht gab; und sein Reich des Friedens und Wohlstands brachte ihm weltweiten Ruhm. Diese Größe gibt einen kleinen Einblick in den Segen, der König David bei Gehorsam und Treue verheißen war und den der Herr für sein Volk geplant hatte, wenn es sich ihm unterordnen würde. Doch Salomo handelte nicht nach seiner eigenen Predigt.

2. **SALOMOS GOLDENER TEMPEL** (1 Kö 5-8). Der salomonische Tempel war Israels Beitrag zu den »sieben Weltwundern«. An materiellem und künstlerischem Wert war er eine Klasse für sich, unerreicht in der Antike und seither. Spätere Tempel waren zwar größer (Tempel des Serubbabel und Herodes), doch bei weitem nicht so reich verziert und aufwendig gebaut (auf der Baustelle befanden sich keine Meißel oder eiserne Werkzeuge — 1 Kö 6,7). Das gesamte Allerheiligste, auch die Wände und der Boden, waren mit reinem Gold überzogen. Die Baupläne stammten von Gott selbst, das Gold und Silber hatte zum Großteil David gesammelt (1 Chr 28,19; 29,1-9). Wozu ein so prunkvolles Gotteshaus, wo ein

großer Teil der Bevölkerung arm war? Dieser Tempel sollte die Herrlichkeit und Macht des Gottes Israel zeigen und den Nationen Sinnbild seiner Majestät sein (2 Chr 2,5-12).

3. **DIE REICHSTEILUNG — 931 v. Chr.** (1 Kö 12). Nach 80 Jahren der Festigung und Ausweitung des Reiches unter David und Salomo zerfiel es nach dem Tod Salomos in zwei Teilstaaten. Zehn Stämme schlossen sich unter Jerobeam zusammen und zwei unter Rehabeam: Israel und Juda. (Doch fiel ein Großteil von Simeon und Levi ebenfalls an Juda.) Wie konnte ein so mächtiges Reich so rasch zerfallen? Dafür gibt es drei Gründe: einen geistlichen, einen wirtschaftlichen und einen politischen.
   a. Die geistliche Ursache lag im Götzendienst Salomos, hervorgerufen durch seine Vielweiberei (1 Kö 11,11).
   b. Wirtschaftlicher Anlaß war die je länger, je mehr rücksichtslos hohe Besteuerung durch Salomo. Er hatte sein Königtum mit reichem Prunk ausgestattet, doch das Volk blieb arm und unterdrückt (1 Kö 12).
   c. Schon von alters her bestand eine politische Feindschaft zwischen Ephraim und Juda, die der Ephraimiter Jerobeam wohl zu nutzen verstand. Nur widerstrebend beugte sich Ephraim unter die Führung Judas, waren doch die großen Führer Joseph und Josua aus Ephraim.

4. **DER KÄLBERKULT ISRAELS** (1 Kö 12,25ff). Jerobeam führte dieses System aus politischen Gründen ein, um das Volk von Jerusalem und seinem Tempel fernzuhalten. Er schob damit dem heidnischen Götzendienst einen Riegel vor (11,33), verschrieb sich jedoch einem gefälschten Gottesdienst an Jahwe (12,28). Wie schon Aaron vor ihm, brach er das zweite Gebot, um den Gottesdienst schmackhaft zu machen. Zugleich wurde ein neues Priestertum aus Laien erforderlich, da die Leviten nach Juda abgewandert waren (2 Chr 11,14). Diese Sünde Jerobeams pflanzte sich auf alle anderen Könige des Nordreichs fort und führte schließlich zum Gericht.

5. **DER BAALSKULT VON AHAB UND ISEBEL** (1 Kö 16,29ff). Die leichtfertige Übernahme des Kälberkults durch Israel öffnete dem kanaanitischen Baalsdienst Tür und Tor; er wurde sechzig Jahre später eingeführt. Der Kälberkult verstieß gegen das zweite Gebot, der Baalsdienst gegen das erste, Baal war der Hauptgott der Kanaaniter, besonders zuständig für Landwirtschaft, Regen und Fruchtbarkeit, eine Verlockung für Israel. Die Sittenlosigkeit dieser Religion stand dem heiligen Gott Israels diametral entgegen. Isebel, die phönizische Frau König Ahabs, hatte diesen Kult in Israel eingeführt und eine Gefolgschaft von 850 Propheten Baals und Ascheras mitgebracht (1 Kö 18,19). Der Baalsdienst stellt den Gott Israels, den rechtmäßigen Eigentümer des Landes Kanaan, direkt infrage.

6. **ELIA UND ELISA, DIE WUNDERWIRKENDEN PROPHETEN** (1 Kö 17-2 Kö 9). Urplötzlich tritt in Israel der Prophet Elia auf, ausgestattet mit wunderbaren Kräften, um den Baalskult Ahabs und Isebels zu bekämpfen. Sein alles beherrschendes Ziel war es, zu beweisen, daß der Gott Israels stärker ist als Baal. Als erstes Wunder verschloß er über drei Jahre lang den Himmel, was die Macht Baals als Gott der Landwirtschaft und des Regens klar widerlegte. Elisas Dienst, der über ein doppeltes Maß des Geistes Elias verfügte, trieb die Kontroverse auf die Spitze, wirkte er doch mehr Wunder als Elia (vierzehn statt sieben) und brachte durch seine kaltblütige Kühnheit viele dem Baal verfallene Könige zur Verzweiflung. Dieses wunder-

wirkende Zweigespann war im Nordreich tätig, als das Volk eben jenes götzendienerische System zu übernehmen im Begriff war, zu dessen Vernichtung der Herr es ins Gelobte Land gebracht hatte. In seinem letzten Auftritt salbte Elisa den Heerführer Jehu, um das Haus Ahabs und den gesamzen Baalskult in Israel zu vernichten (2 Kö 9,6-10).

7. **DIE EINNAHME SAMARIAS 722 v. Chr.** (2 Kö 17). In den letzten dreißig Jahren seines Bestehens stürzte das Nordreich ins politische Chaos. Fünf Dynastien und vier politische Morde jagten einander im Schatten des Untergangs. Den letzten König Hoschea, warf Salmanassar ins Gefängnis, ehe die Stadt 722 erobert wurde. Samaria war durch Omri erbaut, der im Zuge eines politischen Heiratsbündnisses Isebel ins Land gebracht hatte. Darum mußte das Ende des Reiches ebenfalls in Samaria stattfinden. Der Zusammenbruch des Nordreiches war eine Warnung an Juda; der Herr würde dem Götzendienst in seinem Land nicht länger tatenlos zusehen (Hes 23,11).

8. **HISKIAS REFORMEN IN JUDA** (2 Kö 18-20; 2 Chr 29-32). König Hiskia veranlaßte eine der wesentlichsten Reformen in Juda. Deren Bedeutung ist unlösbar mit ihrer Datierung verknüpft, die in der Fachwelt Gegenstand eines heftigen Disputs ist. Während die traditionelle Ansicht 728-698 behauptet, glaubt man heute weithin an eine Regierungszeit von 715-686, wobei am Anfang und Ende jeweils eine Mitregentschaft steht. Belegt wird diese Meinung durch die Angaben der assyrischen Taylor-Stele, nach welcher der Rückzug Sanheribs ins Jahr 701 fällt, das dem vierzehnten Jahr Hiskias in 2 Kö 18,13 entsprechen dürfte. Demnach dürften im Text zwei verschiedene Datierungen verwendet werden, gezählt vom Beginn seiner Mitregentschaft mit Ahas bzw. vom Beginn seiner Alleinregierung (2 Kö 18,1.9.10.13). Doch erscheint die traditionelle Datierung mit 728 folgerichtiger und aus dem Text besser belegbar:

   a. Dreimal wurde Hiskias Herrschaft mit dem dritten Regierungsjahr Hoscheas in Beziehung gesetzt (2 Kö 18,1.9.10). Für die Annahme einer geänderten Datierung in V. 13 besteht kein Anhaltspunkt.
   b. Aus dem Text ist keine Mitregentschaft von König Ahas beim Beginn der Reformen Hiskias im Jahre 728 ersichtlich. Beide Männer wußten, was sie wollten; und ihre Ansichten widersprachen einander völlig. Eher scheint Hiskia im ersten Monat seiner 29jährigen Regierungszeit, getrieben vom drohenden Gericht, eine Blitzreform eingeleitet zu haben.
   c. Hiskias Einladung der Nordstämme zum Passah erscheint nur dann sinnvoll, wenn diese großangelegte Feier vor der Verschleppung jener Stämme nach Assyrien im Jahre 722 stattfand, denn nachher blieb »nichts übrig« (2 Kö 17,6.18). Ganz sicher hat der junge Reformator nicht die neue Mischrasse, die Assyrien angesiedelt hatte, zu einer koscheren Passahfeier eingeladen.
   d. Nirgends im Text wird behauptet, Sanherib sei im selben Jahr gegen Juda gezogen als die 185.000 Assyrer vernichtet wurden (2 Kö 18,13). Ganz sicher dauerte es geraume Zeit, nach Palästina zu marschieren, eine Anzahl gut befestigter Städte in Philistäa einzunehmen, dem ägyptischen Heer entgegenzutreten, 46 jüdische Städte zu erobern — was aufwendige Erdwälle erforderte, die bis auf die Höhe der Mauern reichten — und zahlreiche Dörfer zu plündern. Hiskia hatte sich bereits lange auf den Anmarsch der Assyrer vorbereiten können (2 Chr 32,1-8). Er verstärkte nicht nur die Wehranlagen, sondern lenkte die gesamte Wasserversorgung der Stadt um, indem er einen riesigen Tunnel 542 Meter durch massiven Fels grub, eine gigantische Leistung (2 Kö 20,20) Aufgrund von Jes 20,1 scheint Sargon seinen Sohn Sanherib bereits wesentlich früher, noch vor dem Fall Aschdods

im Jahre 711, gegen die Städte Philistäas und Judas gesandt zu haben, denn damals stand der ganze Westen in hellem Aufruhr gegen Assyrien.

Wenn diese Argumente für eine frühe Datierung der Reformen im Jahre 728 zutreffen, konnte die Erweckung Hiskias zusammen mit der Säuberung vom Götzendienst, der unter seinem Vater Ahas schlimmer gewesen war als im Nordreich, das Gericht über den Süden noch einmal abwenden. Die Blitzreform Hiskias hat das Endgerichte über Juda um 136 Jahre verzögert.

9. **DIE REFORMEN IN JUDA.** Während im Nordreich nach Gottes Maßstab nur böse Könige herrschten, gab es in Juda von insgesamt neunzehn Herrschern neun gute. Fünf davon führten Reformen durch: Asa, Joschafat, Joasch, Hiskia und Josia. Asa und Joasch fielen im Alter ab, das Werk der übrigen drei — Joschafat, Hiskia und Josia wurde durch ihre gottlosen Söhne zunichte gemacht. Seltsamerweise hatten vier der Reformatoren gottlose Väter, während umgekehrt nur einer von ihnen einen gläubigen Sohn hatte (Asa, der Vater Joschafats). Mehrmals wird hervorgehoben, wie sie »groß« oder reich wurden und sich dann vom Herrn abwandten (2 Chr 18,1; 26,16).

10. **JOSIAS UMFASSENDE, DOCH VERGEBLICHE REFORM** (2 Kö 22;23; 2 Chr 34-35). Judas letzte Reform war wohl die größte, doch sie kam zu spät. Niemand hat mehr geleistet als der junge Josia, der fast im Alleingang sein Volk aus Götzendienst und Chaos zur Erneuerung und zum Wohlstand führte, wie seit Samuel ihresgleichen nicht mehr war. Ohne Frage standen ihm dabei Propheten wie Jeremia und Zephanja sowie die Prophetin Hulda zu Seite. Kein anderer Todesfall in Israel wurde so tief betrauert wie sein frühzeitiges Abscheiden, vor dem er sich anmaßte, dem ägyptischen Pharao Necho auf dem Weg zur Schlacht von Karkemisch entgegenzutreten, der Assyrien im Kampf gegen Babylon beistehen wollte. Es war auch ihm nicht gelungen, gläubige Söhne heranzuziehen, weshalb die vielversprechenden Ansätze seiner Reformen bald im Sande verliefen: Jeder seiner Söhne trägt ein gutes Maß Schuld am Untergang der Nation.

11. **DIE ZERSTÖRUNG JERUSALEMS UND DES TEMPELS 586 v. Chr.** (2 Kö 25; 2 Chr 36). Das Schreckensereignis der Einnahme Jerusalems und der Zerstörung des Tempels war ein Meilenstein in der Geschichte Israels. Der Fall der Stadt am 9. August (Tischa B'Ab) im 380. Jahr des Tempels ist in den Klageliedern Jeremias verewigt; dieser Gedenktag wird jedes Jahr von den Juden begangen. Insgesamt hatte es drei Verschleppungen nach Babylon gegeben: 606 v. Chr. (Dan 1,1); 597 (2 Kö 24,11-12) und 586 (2 Kö 25,8-11). Damit waren viele Riten und Gebräuche abgebrochen, die nie wieder voll eingesetzt werden konnten. Zwar wurden Stadt und Tempel mehrmals wiedererbaut, und heute ist Israel unabhängig, doch zur Einheit von Stadt, Tempel und Unabhängigkeit ist es nie wieder gekommen. Werfen wir einen kurzen Blick auf die Ursachen des Untergangs und der Gefangenschaft:
    a. Die Weigerung, das Bundesgesetz zu halten, was zur Übernahme der Götzen und Greuel der Heiden führte (5 Mo 28,58; 2 Chr 36,14).
    b. Die Weigerung, die Zurechtweisung durch die Propheten Gottes und seine Züchtigung zu beachten (3 Mo 26,14-33; 2 Chr 25,4; 36,15.16).
    c. Die Weigerung, die Sabbate und Sabbatjahre Gottes einzuhalten (3 Mo 26,33-35; 2 Chr 36,21). Sie betrogen den Herrn um siebzig Jahre. Er hatte alle fünfzig Jahre sieben Sabbatjahre und ein Jobeljahr gefordert, die das Volk somit 437 Jahre lang nicht beachtet hatte. Damit gehen wir zuück bis ins Jahr 1023. Wahrscheinlich wurden Sabbat- und Jobeljahr, die Ruhe für das Land, nur ganz selten eingehalten. Der rechtmäßige Eigentü-

mer Palästinas ist der Herr, diesen Besitz übereignet er nur zur Verwaltung jenem, der seinen Bund hält.

12. **CHRISTUS IN DEN KÖNIGSBÜCHERN.** Messiasverheißungen finden wir in diesen Büchern keine, doch begegnen wir in Salomo einem Typus auf Christus. Als der Sohn Davids, der den Tempel erbauen und das Reich erben würde, versinnbildlicht Salomo Jesus Christus, der in Herrlichkeit kommen wird, um Frieden, Wohlstand und Gerechtigkeit auf der ganzen Erde aufzurichten (Mt 12,42). Der Wunderdienst Elias und Elisas ist ein Schattenbild des prophetischen Wirken Christi, der sein Wort durch zahlreiche Wunder bekräftigte.

Die Bücher der Chronik

Einleitung

TITEL UND AUTOR

A. *BEZEICHNUNG*
1. Der Name »Chronik« ist eine christliche Bezeichnung und stammt von Hieronymus (4. Jahrhundert). Der Zweck der Bücher, eine chronologische Aufzeichnung der heiligen Geschichte, ist mit diesem Titel gut festgehalten.
2. In der hebräischen Bibel handelt es sich wieder nur um ein Buch des Titels »Worte der Tage«. Als Überblick über das Handeln Gottes am Volk Israel steht dieses Buch am Ende des hebräischen Kanons.
3. Die griechischen Übersetzer nannten die Chronik »Auslassungen« im Sinne von Ergänzungen oder Anhängen zu den Samuel- und Königsbüchern.

B. *VERFASSER*
1. Der ungenannte Verfasser soll der Priester Esra sein, so sagt zumindest die hebräische Tradition. Der literarische Stil, die priesterliche Sicht und der mutmaßliche Zweck stimmen gut mit anderen Werken Esras überein. Die letzten Verse der Chronik sind übrigens identisch mit den ersten Versen des Buches Esra, was den Fortsetzungscharakter hervorhebt.
2. Die Arbeit des Autors bestand fast ausschließlich in der Bearbeitung vorhandener Quellen. Verwendet werden die Mosebücher, die Samuel- und Königsbücher und etwa 12 andere zeitgenössische Schriftwerke (1 Chr 9,1; 29,29; 2 Chr 9,29; 12,15; 13,22; 20,34; 26,22; 27,7; 32,32; 33,19).

Das geschichtliche Umfeld

A. *ZEITSPANNE* — Von Abraham bis zum Perserkönig Kyrus (538 v. Chr.)
1. Die Abfassung des Werkes fand offenbar nach der Heimkehr aus der Gefangenschaft statt, als Hintergrundmaterial zu den Mahnungen Esras und Nehemias. Eine gute Datierung wäre um 430 v. Chr.
2. Die Ereignisse und Geschlechtsregister des Buches umfassen die gesamte alttestamentliche Geschichte von Adam bis Pelatja und Jesaja, den Enkel Serubbabels und Zeitgenos-

sen Esras (nach C. F. Keil). Die Spanne der Chronik ist somit die größte aller Bücher der Bibel, von 1. Mose bis Maleachi.

B. *DAS POLITISCHE UMFELD*
1. Während der Sammlung der Chronikberichte war Juda keine Monarchie mehr, sondern ein Häuflein von Heimkehrern aus dem persisch regierten Babylon. Mit dem Jahr 606 v. Chr. hatten die »Zeiten der Nationen« (Lk 21,24) begonnen, in denen heidnische Völker über Israel herrschten.
2. Dennoch waren die Juden nicht ohne Möglichkeit der Einflußnahme. Daniel diente sowohl im Neubabylonischen Reich Nebukadnezars als auch im Perserreich unter Kyrus als Premierminister (Dan 2; 6). Ester war Königin und Mordechai Premierminister unter Ahasveros, dem Vater von Artaxerxes I Longimanus, dem Regenten zur Zeit Esras. Damit konnten die Juden auf ein gutes Einvernehmen mit den Persern zählen.

C. *DAS RELIGIÖSE UMFELD*
1. Die Berichte von 2 Chr handeln zwar von der Zeit des salomonischen Tempels, wurden jedoch während der Zeit des Tempels Serubbabels verfaßt (536-7). Dieser zweite Tempel stand bereits etwa 85 Jahre, und es war auch die Stadtmauer fertiggestellt worden. Dann setzte sich freilich die Stagnation ein. Das verheißene messianische Friedensreich ließ auf sich warten, Enttäuschung und Gleichgültigkeit machten sich breit. Die Heimkehr in die karge Hügellandschaft Judäas brachte den Juden ihre eigene Unscheinbarkeit im gewaltigen Perserreich zum Bewußtsein. Die Bundesverheißungen eines großen davidischen Reiches in Palästina klangen wie ein Hohn aus fernen Zeiten.
2. Diese religiöse Stagnation wird zwischen den Zeilen aller sechs Bücher der nachexilischen Zeit erkennbar (Esra, Nehemia, Ester, Haggai, Sacharja und Maleachi). Bei ihrer Heimkehr aus dem Exil hatten die Juden wohl erwartet, der Herr würde nun sein messianisches Reich aufrichten, und das Erwachen war bitter. Ernüchterung und Abkehr breiteten sich aus, was einen zündenden Hinweis auf die Sicht Gottes in Bezug auf Israel erforderlich machte: Was hatte der Erhabene und Treue, der höchste Gott, mit diesem Volk vor? Darum verfaßte der Autor (Esra) die Chronikbücher, um die Erhabenheit Gottes über die Nationen darzustellen, eines Gottes, der rechte Anbetung und fraglosen Gehorsam durch reichen Bundessegen belohnen würde (2 Chr 7,14).

Der Zweck der Chronikbücher

Der Rückblick auf die alttestamentliche Zeit läßt eine zweifache Zielsetzung erkennen:

A. Der *historische Zweck* liegt nicht in einer Fortsetzung der Geschichte Israels über 2 Kö hinaus, sondern in einer prägnanten Neuformulierung der Geschichte aus göttlicher Sicht. Anstatt mit Samuel oder Abraham einzusetzen, geht der Autor auf Adam zurück. Große Teile der Samuel- und Königbücher werden ausgelassen: viele Kriege, politische Begebenheiten und sogar Sünden der Hauptgestalten. Der Kern enthält Tempelgottesdienst und Levitentum, den Segen der Buße und die Erhabenheit Gottes, sein Volk zu erneuern und seine Verheißungen zu erfüllen, wo immer er Gehorsam findet.

B. Auch ein *kanonischer Zweck* wird in der Plazierung dieser Bücher als Schlußlicht des hebräischen Kanons erkennbar. Esra, dem die Chronikbücher und die Ordnung des Kanons im Rahmen der Großen Synagoge zugeschrieben werden, hat diese Schriften nicht aus Bescheidenheit an den Schluß gestellt, sondern um ihnen besonderes Gewicht zu verleihen. Sie wiederholen auf einzigartige Weise das Alte Testament, runden die göttliche Geschichte ab, um künftige Geschlechter an die zentrale Rolle Gottes inmitten seines Volkes zu erinnern. Trotz der weitgehenden Zerstreuung Israels bleibt der göttliche Heilsplan unverändert; zwar erweckt Gott Weltreiche, um sein Volk zu züchtigen, doch einst wird er alle Bundesverheißungen voll und ganz erfüllen. Mit dieser Aussage scheint das Alte Testament enden zu wollen.

Gliederung von 1. Chronik

THEMA: Der höchste Gott errichtet David einen Thron

- I. GESCHLECHTSREGISTER FÜR DAVIDS REICH 1-9
  - A. *Die Geschlechtsregister des Volkes Israel* 1
    1. Die Urgeschichte — von Adam bis Abraham
    2. Die Erzväter — von Abraham bis Jakob
  - B. *Die Geschlechtsregister des Hauses David* 2; 3
    1. Davids Abstammung .... (2)
    2. Davids Nachkommen .... (3)
  - C. *Die Geschlechtsregister der Stämme Israels* 4-9
    1. Juda und Simeon im Süden .... (4)
    2. Die Stämme des Ostjordanlandes .... (5)
    3. Der Priesterstamm Levi .... (6)
    4. Die nördlichen Stämme im Westjordanland .... (7-9)

- II. STREIFLICHTER AUS DAVIDS REICH 10-29
  - A. *David tritt die Herrschaft an* 10-12
    1. Das Ende der Herrschaft Sauls .... (10)
    2. Der Beginn der Herrschaft Davids .... (11; 12)
  - B. *David bringt die Lade nach Jerusalem* 13-16
    1. Der falsche Weg zur Überführung der Lade .... (13)
    2. Der rechte Weg zur Überwindung der Philister .... (14)
    3. Der rechte Weg zur Überführung der Lade .... (15; 16)
  - C. *David erhält den Königsbund* 17-21
    1. Verheißung des ewigen Thrones Davids .... (17)
    2. Vernichtung der äußeren Feinde Davids .... (18-20)
  - D. *David bereitet den Tempelbau vor* 21-29
    1. Der Erwerb des Bauplatzes .... (21)
    2. Die Bereitstellung der Baustoffe .... (22)
    3. Die Anweisungen für den Tempeldienst .... (23-26)
    4. Die Ordnungen für den Staatsdienst .... (27)
    5. Abschließender Auftrag zum Tempelbau .... (28; 29)

Gliederung von 2. Chronik

THEMA: Der treue Gott nimmt die Dynastie Davids in Zucht

- I. DIE HERRSCHAFT SALOMOS — DER TEMPELBAU 1-9
  - A. *Salomo erwählt Weisheit vom Herrn* 1
    1. Seine Wahrhaftigkeit ....(1,1-6)
    2. Seine Weisheit ....(7-11)
    3. Sein Wohlstand ....(12-17)
  - B. *Salomo baut den Tempel des Herrn* 2-5
    1. Der Kauf der Materialien...(2)
    2. Der Bau des Tempels ....(3)
    3. Die Ausstattung des Tempels ....(4)
    4. Die Aufstellung der Bundeslade ....(5)
  - C. *Salomo erklärt den Tempel zum Eigentum des Herrn*................6; 7
    1. Gebet um Gottes bleibende Gnade ....(6)
    2. Gewißheit der Gnade durch Buße ....(7)
  - D. *Salomo erwirbt Ruhm und Macht vom Herrn*............................8; 9
    1. Sein Ruhm, begründet durch verschiedene Bauten ....(8)
    2. Sein Ruhm, bestätigt durch die Königin von Saba ....(9)
    3. Sein Ruhm, bekräftigt durch die Größe seines Vermögens...(9)

- II. DIE HERRSCHAFT DER SÖHNE SALOMOS — DIE REFORMEN..........10-36
  - A. *Vergleich von vier frühen Reformen* 10-20
    1. Die mangelhafte Reform Rehabeams — gescheitert ....(10-12)
    2. Die militärische Reform Abijas — siegreich ....(13)
    3. Die ansatzweise Reform Asas — im Keim erstickt..........(14-16)
    4. Die Bibelreform Joschafats — gesegnet..............................17-20
  - B. *Vernichtung von drei Gegnern der Reform*...........................21; 22
    1. Jorams Bestrafung durch Elia ....(21)
    2. Ahasjas Ermordung durch Jehu..(22)
    3. Ataljas Hinrichtung durch die Priester ....(23)
  - C. *Versagen von vier Zwangsreformen*..23-27
    1. Der Eifer des Joasch bis zum Tod des Priesters Jojada................(23; 24)
    2. Der Erfolg Amazjas bis zur Verführung durch Edoms Götter............(25)
    3. Die Ehre Usijas, bis er »mächtig geworden war« ....(26)
    4. Die Entschlossenheit, doch mangelnde Konsequenz Jotams.........(27)
  - D. *Der Götzendienst und die Herzenshärte von Ahas* 28
  - E. *Die durchgreifende Blitzreform Hiskias* 29-32
  - F. *Der Götzendienst und die späte Umkehr Manasses* 33
  - G. *Die letzte große Reform Josias — von seinen Söhnen zunichte gemacht*..34-36

Besonderheiten von 1. und 2. Chronik

1. **DIE GÖTTLICHE SICHT.** Die Chronik enthält nicht eine Wiederholung, sondern eine Vogelperspektive der Geschichte Israels. Diese Bücher betonen die Erhabenheit Gottes, der trotz menschlichen Versagens seine Pläne erfüllt. Diese göttliche Sicht zeigt sich überall, vor allem in der zentralen Stellung von Ausdrücken wie »mein Volk«, »der Gesalbte des HERRN«, die »Lade«, der »Tempel«, »Zorn«, »Schwert«, »Königtum«, »Augen« und sogar »der HERR auf seinem Thron« (1Chr 5,36.37; 11,2; 13,2.10; 21,12). Diese letzten Bücher der hebräischen Bibel schließen das Alte Testament durch eine göttliche Sicht des Bundesvolkes ab.

2. **GEGENÜBERSTELLUNG DER CHRONIK MIT SAMUEL UND KÖNIGE.** Der Zweck der Chronik läßt sich am besten anhand eines Vergleichs mit den Samuel- und Königbüchern einschätzen:
    a. Die Chronik vertritt den priesterlichen statt prophetischen Standpunkt. Während viel von den Priestern und Leviten die Rede ist, werden die großen Propheten Elia und Elisa kaum erwähnt. Der Tempel ist wichtiger als der Thron.
    b. Die Chronik beschränkt sich fast völlig auf das Südreich Juda. Israel wird nur insofern behandelt, als Juda direkt betroffen ist. Ausführlich wird die davidische Königslinie behandelt, die Könige Israels dagegen nur gestreift.
    c. Die Handlung ist in der Chronik hauptsächlich religiös statt politisch oder militärisch. Dem Autor liegen nicht so sehr die Feldzüge als die Reformen am Herzen. Selbst bei David stehen die Vorbereitungen zum Tempelbau im Mittelpunkt. Der militärische Erfolg hängt immer von der Beziehung zum Herrn ab.
    d. Der Stil der Chronik ist mehr statistisch als biographisch. David tritt aus einer langen Kette von Stammbäumen und Statistiken hervor, ohne daß er als Hirte und Höfling unter Saul erwähnt wird. Besonderes Gewicht wird auf Davids Anordnungen für Priester, Leviten und Sänger sowie auf seine Verwaltungsmaßnahmen gelegt.
    e. Der Zweck der Chronik ist Trost statt Tadel, Anreiz zur Treue statt Anklage wegen Schuld. Die gottlosen Könige des Nordreichs sind nebensächlich. Von den großen Sünden Davids und Salomos lesen wir überhaupt nichts. Sogar bei den gottlosen Königen des Südreichs werden die Reformen hervorgehoben, um den Blick auf das Positive zu lenken (vgl. Rehabeam und Manasse). Der Autor will nicht richten, sondern aufrichten, denn der erhabene Gott würde sich seinem Volk zuwenden und es erhöhen, wenn seine Gebote befolgt würden.
    f. In der Chronik wird nicht der Götzendienst angeprangert, sondern die geistliche Gleichgültigkeit. Jerobeams Kälberkult, in den Königen viermal erwähnt, kommt in der Chronik überhaupt nicht vor. Von Salomos Kernsünde des Götzendienstes lesen wir nichts. Die Verschleppung von 586 wird nicht auf Abgötterei, sondern auf Ungehorsam zurückgeführt. Als der Autor die Chronik zusammenstellte, war der Überrest Judas von seinem Götzendienst restlos geheilt, stand dem Bund Gottes jedoch gleichgültig gegenüber und war geneigt, einem weltlichen Lebensstil nachzugehen.

3. **»SUCHE DEN HERRN.«** Diese Ermahnung, die wir in den Psalmen und Propheten oft vorfinden, kommt in den Samuel- und Königsbüchern überhaupt nicht vor, in der Chronik jedoch ist elfmal davon die Rede. Dahinter steckt eine tiefe Wahrheit, nämlich das Zusammenwirken des Ratschlusses Gottes und des Gehorsams des Menschen zur Erfüllung

des göttlichen Heilsplans. 2.Chr 7,14 mag dazu als Schlüsselvers dienen, indem die Notwendigkeit persönlicher Buße und Umkehr zu Gott zur Erlangung des Bundessegens hervorgehoben wird.

4. **DIE GESCHLECHTSREGISTER** (1Chr 1-9). Es sind dies die umfassendsten Geschlechtstafeln (»Genealogien«) des Alten Testaments. Zentral stehen die Stammbäume Judas und Davids zur Ableitung der Thronrechte und die Stammbäume Levis und Aarons zum Vollzug der Priesterrechte. Die wichtigsten biblischen Quellen zur Beurkundung der Davidslinie sind 1Mo 4; 5; 10; 11; 25; 35; 36; 46; 2Mo 1; 6; Rut 4; 2Sam 3; 5; 1Kö; 2Kö. Verlorengegangen sind die folgenden Quellen (zusätzlich zu den in den Königsbüchern erwähnten):
   a. Die Geschichte des Propheten Schemaja (2Chr 12,15)
   b. Die genealogischen Schriften des Sehers Iddo (2Chr 12,15)
   c. Eine Schrift (Midrasch) des Propheten Iddo (2Chr 13,22)
   d. Die Geschichte Jehus, des Sohnes Hananis (2Chr 20,34)
   e. Die Geschichte Usijas, geschrieben vom Propheten Jesaja (2Chr 26,22)
   f. Die Schrift (Midrasch) des Buches der Könige (2Chr 24,27)
   g. Die Geschichte der Seher (Hosai) (2Chr 33,19)

Im folgenden eine Übersicht über die 53 Generationen von Adam bis Serubbabel:

Adam	Sem	Isaak	Obed	Joasch	Jechonja
Set	Arpachschad	Jakob	Isai	Amazja	Pedaja (oder
Enosch	Schelach	Juda	David	Asarja	Schealtiel)
Kenan	Eber	Perez	Salomo	Jotam	Serubbabel
Mahalalel	Peleg	Hezron	Rehabeam	Ahas	
Jered	Regu	Ram	Abija	Hiskia	
Henoch	Serug	Amminadab	Asa	Manasse	
Metuschelach	Nahor	Nachschon	Joschafat	Amon	
Lamech	Terach	Salmon	Joram	Josia	
Noah	Abraham	Boas	Ahasja	Jojakim	

Die folgende Zusammenstellung aus 1Chr 5,29-41, Esra 7,1-5 und Nehemia 12,10.11 enthält alle Hohepriester von Aaron bis Jaddua:

Priester	Zeitl. Bezug	Priester	Zeitl. Bezug	Priester	Zeitl. Bezug
Aaron	Mose	Zadok	David	Asarja III	
Eleasar	Mose	Ahimaaz		Seraja	Von Nebukadnezar
Pinhas	Josua	Asarja I			getötet
Abischua		Johanan		Jozadak	Bruder Esras
Bukki		Asarja II	Usija	Jeschua	Serubbabel
Usi		Amarja II		Jojakim	
Serachja		Ahitub II		Eljaschib	Nehemia
Merajot		Zadok II		Jojada	
Amarja		Schallum		Johanan	
Ahitub	Samuel	Hilkija	Josia	Jaddua	Alexander der Große (nach Jesephus)

5. **DIE GEFAHR DES REICHTUMS.** In der Chronik begegnen wir mehrfach der Gefahr des Abfalls vom Herrn durch Reichtum und Macht. Das wird deutlich bei Rehabeam (2Chr 12,1); Asa (16,1.2); Joschafat (18,1); Joram (21,3.4); Amazja (25,11-14); Usija (26,16); und Hiskia (32,23-25). Wohlstand und Macht sind göttliche Segnungen, doch nur zu leicht führen sie zur Loslösung vom Herrn.

6. **JOSCHAFATS BIBELREFORM** (2Chr 17,7-12). Joschafat zeichnet sich durch eine ganz besondere Erweckung aus: Er sandte Reiseprediger und Lehrer aus (Fürsten, Leviten und Priester), um in allen Städten Judas das Gesetz zu lehren. Die unmittelbaren Folgen dieser Bibelreform waren Friede und gute Beziehungen zu den Nachbarstaaten, Gunst bei Gott und nationaler Wohlstand.

7. **CHRISTUS IN DER CHRONIK.** Neben den bereits behandelten Typen David und Salomo sind in den Stammbäumen der Davidslinie christologische Hinweise enthalten, steuern sie doch auf den Messias zu. Nachdem diese Bücher das hebräische Alte Testament abschließen, greift Matthäus ganz am Anfang des Neuen Testaments die Geschlechtsregister auf, um Jesu Thronrecht als König Israels zu bekräftigen.

Die Bücher Esra und Nehemia

Einleitung

TITEL UND AUTOR

A. *BEZEICHNUNG*
1. Die Bücher Esra und Nehemia galten früher als ein einziges Buch, wie wir bei Josephus, im Talmud und bei Hieronymus lesen. Dadurch konnte die Zahl der kanonischen Bücher auf die Zahl der Buchstaben im hebräischen Alphabet (22) beschränkt werden.
2. Die *griechische L«* faßt beide Bücher zu einem zusammen und nennt sie 2. Esra (»Esdras B«) 1. Esra ist ein apokryphes Buch, ein Konglomerat aus 2 Chr 35; 36; Esr und Neh 7,38-8,12
3. Die *lateinische Vulgata* gliedert das Werk in zwei Bücher: Esra heißt dort »Esdras A« und Nehemia »Esdras B«.
4. Protestantische und modernhebräische Bibeln enthalten zwei Bücher, benannt nach ihren Hauptpersonen: Esra und Nehemia.

B. *VERFASSER ODER REDAKTOR*
1. Allgemein wird die vorliegende Endfassung der vier Geschichtsbücher aus jener Zeit dem Priester Esra zugeschrieben: 1. und 2. Chronik, Esra und Nehemia. Als Quellen dienten wohl unter anderem die Memoiren Nehemias, der gelegentlich zu Wort kommt.
2. Wenn wir Esra als Verfasser annehmen, konnte er auf folgende Schriften zurückgreifen:
   a. Die *Memoiren Esras* (der sowohl erster als auch in dritter Person vorkommt),
   b. die *Memoiren Nehemias* (der teilweise in erster Person spricht).
   c. Mehrere offizielle Dokumente und Listen werden in Esra 4,7-6,18; 7,12-26 erkennbar. Diese Stellen sind in aramäisch abgefaßt, der internationalen Amts- und Handelssprache jener Zeit.

3. Esra war der Sohn des Hohenpriesters Seraja, der 586 v. Chr. von Nebukadnezar getötet wurde (Esr 7,1; 2 Kö 25,18-22). Sein Bruder Jozadak war der Hohepriester, der nach Babel in die Gefangenschaft ging (1 Chr 5,41). Als der Gesetzeslehrer, der das Alte Testament abschloß, wird Esra in seiner Bedeutung gern mit Mose verglichen, dem Gesetzgeber, der das Alte Testament begann. Beide waren Leviten: Wie Mose die ersten fünf Bücher schrieb, kann Esra Autor oder Bearbeiter der letzten vier sein.
4. Unter den Heimkehrern versah Esra mehrere wesentliche Funktionen:
   a. Die Wiederaufnahme des Gottesdienstes im neuerbauten Tempel im Jahre 457.
   b. Die Abfassung oder Endbearbeitung von 1. und 2. Chronik, Esra, Nehemia (und Psalm 119), wenn wir das Esra zuschreiben.
   c. Der Vorsitz über die »Große Synagoge«, die vermutlich den Kanon des Alten Testaments festlegte und ordnete.
   d. Die Einrichtung örtlicher Synagogen in Juda zum Studium der Thora, wie sie bereits in Babylon entstanden und zum regelmäßigen Versammlungsort der Juden der Zerstreuung geworden waren (siehe Hes 20).

Das geschichtliche Umfeld

A. *DATIERUNG* — ca. 430-425 v. Chr.
Da Esra und Nehemia während der Regierungszeit Artaxerxes I (465-424) wirkten, wurden diese Schriften wohl gegen Ende seiner Herrschaft abgefaßt, nachdem Maleachi, der letzte Prophet, seine Botschaft gepredigt und niedergeschrieben hatte.

B. *DIE ZEITSPANNE VON ESRA UND NEHEMIA* — 538-430 v. Chr.
Diese beiden Berichte umfassen über hundert Jahre, von der ersten Heimkehr des Tempelgründers Serubbabel (537) bis zur letzten Heimkehr des Mauergründers Nehemia (nach 432). Eigentlich handelt es sich um vier Heimkehrergruppen: Unter Serubbabel 537, unter Esra 457 und unter Nehemia 444 und 432.

C. *DAS POLITISCHE UMFELD*
1. Diese Bücher führen uns in eine neue Epoche der Geschichte Israels sowohl auf nationaler wie auf internationaler Ebene. National begann mit der Heimkehr die nachexilische Ära. Weltweit setzte die Vormachtstellung des Perserreiches mit seiner völlig andersartigen Politik ein, die mit vielen anderen Völkern auch Israel betraf.
2. Am wichtigsten für Israel war die Rückführungspolitik der Perser. Statt die unterjochten Völker zu deportieren und zu verschleppen, wie es die Politik Assyriens und Babyloniens gewesen war, führten die Perser sie in ihre Heimat zurück, um zum Abbau der inneren Spannung beizutragen. Die Verschleppten wurden nicht nur freigelassen, sondern erhielten oftmals Finanzhilfe zur Rücksiedlung und Wiedereinrichtung ihrer Religion.
3. Bei der Beurteilung dieser Politik sei auf die wesentliche Rolle mehrerer Juden im Perserreiche verwiesen, welche zweifellos großen Einfluß zugunsten der Juden ausübten: Daniel, Ester und Mordechai hatten im babylonischen bzw. im persischen Weltreich politische Schlüsselpositionen inne.

C. *DAS RELIGIÖSE UMFELD*
1. Auf weltweiter Ebene leiteten die Perser ein völlig neues religiöses Klima ein. Die Dekrete der Könige Kyrus und Darius entstammten zum Teil ihren Glaubensüberzeugungen,

einer Mischung aus herkömmlichem Vielgötterglauben und dem neuen Zoroastrismus mit seinen beiden Hierarchien des Guten und Bösen. Die Rückführung der Völker sollte die örtlichen Gottheiten besänftigen und den inneren Frieden wahren. Das konnte den Juden natürlich nur recht sein; sie durften mit den Tempelgeräten zurückkehren, um den Gottesdienst neu zu beleben.

2. Die Gefangenschaft in Babylon hatte unter den Verschleppten eine geistliche Revolution ausgelöst. Nachdem zur Zeit der Gefangennahme ein fast lückenloser Abfall eingetreten war (siehe Jeremia und Hesekiel), hatte sich zur Heimkehr im Jahre 537 eine erweckte Gruppe frommer Juden gebildet, die sich nach dem Gelobten Land zurücksehnten. Zwar blieben viele im fruchtbaren Babylon zurück, doch eine große Schar von 50.000 Männern (Frauen und Kindern nicht mitgezählt) ließen sich auf das Wagnis ein, in die zerstörten Städte und verwilderten Felder Judas zurückzukehren. In den Synagogen hatten sie die Thora und die Propheten studiert, — Jesaja, Jeremia, Hesekiel und Daniel —, was ihren Glauben erweckt und gestärkt hatte.

3. Diese Epoche war eine Zeit gewaltiger philosophischer Strömungen und Umbrüche und brachte unter anderen die folgenden Denker und Bewegungen hervor:
    a. Sokrates (um 469), Plato (427) und Aristoteles (384) entwickelten einen großen Teil des griechischen oder hellenistischen Gedankengutes, das später die Welt verändern sollte.
    b. Zarathustra (Zoroaster, 628-551) konnte seinen Anschauungen im gesamten persischen Reich zum Durchbruch verhelfen.
    c. Buddha, (Gautama, 563-486) entwickelte die »vier großen Wahrheiten« des Buddhismus, die den alten indischen Hinduismus mit seinem Kastenwesen ablehnten.
    d. Konfuzius (Kung Fu-tse, um 551-479) lehrte in einem Klima großer innerer Spannungen und der Verwerfung religiöser Traditionen in China.
    Diese weltweite religiöse Aufbruchsstimmung zeigt Zweck und Ziel des Werkes Esras, die wahre Religion, den Bundesglauben Israels, zu bewahren und zu pflegen.

Der Zweck von Esra und Nehemia

A. *Der gemeinsame Zweck von Esra und Nehemia*. Historisch sind sie zur Vervollständigung der Geschichte Israels gedacht; der Chronikbericht hatte mit der Verschleppung von 586 geendet. Die Geschichte der Rückkehr Israels aus dem Exil sollte die Bundestreue des Herrn, der die Heimkehrverheißung erfüllt hat, belegen.

B. *Der besondere Zweck von Esra*. Dieses Buch wollte vor allem die Wiedererrichtung des Tempels genau an dem von Jeremia verheißenen Zeitpunkt beurkunden (Jer 29,10ff; Esr 1,1). Esra greift die Anspielung auf diese Erfüllung in den letzten Versen der Chronik auf und führt näher aus, wie der Tempel wiedererrichtet und der Gottesdienst eingesetzt wurde.

C. *Der besondere Zweck von Nehemia*. Die persönlichen Aufzeichnungen Nehemias (Neh 1,1-7,72) werden zu einem vollständigen Bericht über den Wiederaufbau der Mauer erweitert. Dabei wird das genaue Datum des königlichen Dekrets angegeben: im Monat Nisan im zwanzigsten Jahr des Königs Arthasasta. Gott verwendete einen einsatzbereiten Laien, um die Mauern wieder zu errichten und dem heimgekehrten Überrest sowie dem Tempel Schutz zu gewähren. Zugleich diente die Mauer als Bollwerk gegen den heidnischen Materialismus und als Kulturschranke gegen Einbrüche in die religiöse Reinheit der Juden. Diese genaue Datierung in Nehemia löst den Countdown aus, an dem die »siebzig Wochen« (Jahrwochen, Heptaden) Daniels zu messen sind (Dan 9,24ff). Die Datumsangabe dieser beiden Bücher zeigen somit die vergangene Erfüllung (der siebzig Jahre Jeremias) und weisen auf die künftige Erfüllung der Danielsverheißung von den »siebzig Wochen« hin.

Gliederung von Esra

THEMA: Israels Heimkehr aus dem Exil zum Wiederaufbau des Tempels

- I. DER TEMPELBAU UNTER SERUBBABEL 1-6
  - A. *Die Heimkehr nach Israel* 1; 2
    1. Das Heimkehrdekret von Kyrus .... (1)
    2. Die Heimkehrerliste von Esra .... (2)
  - B. *Die Heimkehrer beginnen den Tempelbau* 3; 4
    1. Baubeginn mit Jubel und Jauchzen .... (3)
    2. Stillegung wegen Widerspruchs und Anklage .... (4)
  - C. *Die Heimkehrer vollenden den Tempelbau* 5; 6
    1. Die Verheißung durch Haggai und Sacharja .... (5)
    2. Die Versorgung durch König Darius .... (6)
- II. DIE VOLKSREFORM UNTER ESRA 7-10
  - A. *Bereitung und Sendung Esras* 7
  - B. *Begleiter und Reise Esras* 8
  - C. *Beschwerden gegen Mischehen* 9; 10
    1. Das Bußgebet Esras .... (9)
    2. Die Bekehrung des Volkes .... (10)

Gliederung von Nehemia

THEMA: Wiederaufbau der Mauer und Wiederherstellung des Bundes

- I. WIEDERAUFBAU DER MAUER UNTER NEHEMIA 1-7
  - A. *Das Ansuchen Nehemias und seine Versetzung* 1; 2
    1. Eine üble Nachricht und eine Bitte an Gott .... (1)
    2. Eine gewährte Bitte und ein königlicher Auftrag .... (2)
  - B. *Die Arbeit des Volkes und sein Verdienst* 3
    1. Der Bauplan im ganzen
    2. Die Bauabschnitte im einzelnen
  - C. *Der Abscheu der Gegner und ihre Verachtung* 4; 5
    1. Äußere Gegner furchtlos überwunden .... (4)
    2. Innere Gegner selbstlos überführt .... (5)
  - D. *Der Abschluß der Arbeit und das Verzeichnis der Heimkehrer* 6; 7
    1. Die Einschüchterung der Feinde beendet .... (6)
    2. Die Eintragung des Volkes beschlossen .... (7)

II. WIEDERHERSTELLUNG DES MOSEBUNDES UNTER ESRA 8-10

   A. Bekanntmachung des Mosebundes 8

   B. Erneuerung des Mosebundes 9; 10

      1. Gebet und Gesuch um Gnade ....(9)

      2. Gelübde und Gehorsam................................(10)

III. WIEDERBESIEDLUNG JERUSALEMS UND REFORMEN
UNTER NEHEMIA 11-13

   A. Erfassung der Bewohner Jerusalems..........................11

   B. Erfassung der Priester Jerusalems............................12

   C. Einweihung der Mauern Jerusalems..........................12

   D. Erneuerung des Gehorsams der Bewohner Jerusalems........13

Chronologie der Ereignisse der persischen Zeit

JAHR v. Chr.	EREIGNIS	BEDEUTUNG
559	Kyrus der Große wird König von Persien (559-530)	Ausweitung und Organisation des Perserreichs. Eroberung von Medien (550) und Kleinasien (546).
538	Mit der Eroberung Babels durch den Meder Darius fällt Babylon an Persien	Das Ende des Babylonischen Reiches, des ersten der Visionen Daniels.
538	Freilassung der Verschleppten durch Kyrus; Dekret zum Tempelbau	Erfüllung der Jesajaverheißung eines »Kyrus« und der Jeremiaprophetie von den »siebzig Jahren« für Babel
537	Heimkehr der Juden unter Serubbabel zum Wiederaufbau des Tempels	Der Tempelgottesdienst ist ihnen wichtiger als der Schutz durch eine Stadtmauer
530	Kambyses befiehlt die Einstellung des Tempelbaus	Die Vorgeschichte dazu liefert ein Streit mit den Samaritern nach der Neuaufnahme der Altaropfer
525	Einnahme Ägyptens durch Kambyses	Diese Eroberung macht Persien zum größten Reich der Geschichte. Freilich begeht Kambyses auf dem Heimweg Selbstmord.
522	Darius übernimmt den Thron vom Usurpator Pseudo-Smerdis	Damit fällt der Thron wieder dem Haus Kyrus des Großen zu. Einteilung des Reiches in 127 Satrapien. Niederlage gegen die Griechen bei Marathon (490).

520	Wiederaufnahme des Tempelbaus auf das Drängen von Haggai und Sacharja	Weitere samaritische Klagen werden durch ein königliches Baudekret beendet; die Feinde müssen Finanzhilfe gewähren.
516	Vollendung des Tempels Serubbabels	Der Bau wird genau siebzig Jahre nach seiner Zerstörung (586) fertiggestellt.
486	Xerxes (486-465) ist Nachfolger des Darius	Er bringt den Juden besonderes Wohlwollen entgegen.
480	Niederlage des persischen Heeres gegen Griechenland in der Schlacht von Salamis	Dieser zweite Anlauf, Griechenland dem Perserreich einzuverleiben, ist der Wendepunkt in der Geschichte Persiens.
479	Ester wird Königin von Persien	Vier Jahre nach der Absetzung Wastis und kurz nach der persischen Niederlage gegen Griechenland.
473	Ester rettet die Juden. Mordechai wird Premierminister	Einsetzung des jüdischen Purimfestes am 13. + 14. März. Benannt nach dem berüchtigten »Pur« (Los), das Haman zur Vernichtung der Juden warf (Est 3,7; 9,26). Ester und Mordechai üben großen Einfluß zugunsten der Juden in der Zerstreuung aus.
465	Artaxerxes Longimanus tritt seine vierzigjährige Herrschaft an (465-425)	Er begünstigt die Juden Esra und Nehemia, wie es sein Vater tat.
457	Der Priester Esra geht nach Jerusalem, um den Gottesdienst wiederaufzunehmen	Der persische König (ein Polytheist) unterstützt Esra und Nehemia tatkräftig.
444	Nehemia geht nach Jerusalem und baut in 52 Tagen die Mauer wieder auf.	Unter ihrem Schutz kann der Gottesdienst geschehen und können die Bundesbräuche erneuert werden.
432	Maleachi predigt gegen die Gleichgültigkeit und Vermischung mit den Heiden	Dies zeigt die sich breitmachende geistliche Stagnation und Infragestellung der Bundesverheißungen
430	Nehemia reist nach kurzem Aufenthalt in Persien abermals nach Jerusalem	Dies ist der letzte große Reformversuch der alttestamentlichen Zeit.
430-425	Esra schließt die Geschichtsbücher des Alten Testaments ab und ordnet den hebräischen Kanon	Damit gehen 1000 Jahre Geschichte Israels zu Ende, von Mose bis Esra. Der Überrest und die Zerstreuten verfügen hiermit über einen Bericht der göttlichen Geschichte, der sie trotz heidnischer Herrschaft mit der Hoffnung auf einen Messias tröstet.

Besonderheiten von Esra und Nehemia

1. **DIE GESCHICHTE DER NACHEXILISCHEN ZEIT.** In etwa ergänzt durch die Propheten Haggai und Sacharja, erfahren wir aus diesen Büchern von der Heimkehr aus der Verschleppung. Esra beschreibt die zweifache Erfüllung der Verheißung von Jer 25,12; 29,10:
   1) Eine siebzigjährige Gefangenschaft liegt zwischen der ersten Wegführung von 606 und der Befreiung und Heimkehr von 536.
   2) Eine nicht ganz deckungsgleiche Periode von siebzig Jahren liegt zwischen der Zerstreuung des Tempels im Jahre 586 und seiner Vollendung 516. Obwohl die eigentliche Gefangenschaft nur 50 Jahre dauerte, lag siebzigjährige Schande sowohl auf den Weggeführten als auch auf dem Gottesdienst
   Die Heimkehrer waren zum großen Teil Judäer, vertraten aber ganz Israel, wie folgende Stellen beweisen:
   1) Das Heimkehrdekret von Kyrus richtete sich an ganz Israel, auch die von Assyrien verschleppten Nordstämme (Esr 1,3).
   2) Die zwölf Stämme kehren in den zwölf Anführern wieder (Neh 7,7; vgl. Esr 2,2).
   3) Für die zwölf Stämme wurden bei der Tempelweihe zwölf Ziegenböcke geopfert (Esr 6,17; 8,35).
   4) Während die Bezeichnung »Juda« in Esra und Nehemia nur 27mal vorkommt, stoßen wir über 60mal auf den umfassenden Begriff »Israel«, der alle Stämme einschließt.

2. **ERFÜLLTE PROPHETIE.** Esras Hauptanliegen war das »Wort«. Das Buch Esra beginnt mit der Bekräftigung des erfüllten Gotteswortes durch Jeremia, spielt aber zugleich auf die Erfüllung von Jes 44,28 an. Bereits über 150 Jahre zuvor hatte Jesaja Kyrus namentlich genannt, der im Auftrag des Herrn Völker unterjochen, Gefangene freisprechen, den Tempel wiedererbauen und den Namen Jahwes vom Aufgang der Sonne bis zu ihrem Niedergang bekanntmachen würde (Jes 45,1.6). Diese Heimkehr war ein Meilenstein der Geschichte Israels, den alle vier großen Propheten vorhersahen.

3. **DAS PERSERREICH IM RATSCHLUSS GOTTES.** Die Gesamtgeschichte von Esra und Nehemia beginnt mit Kyrus, dem ersten Perserkönig, und reicht bis zum Hohenpriester Jaddua, der das Ende des Perserreiches im Jahre 333 miterlebte. Persien war das zweite der heidnischen Weltreiche der Danielvisionen (Dan 2,39; 7,5). Diese Reiche dienten als Zuchtrute für Israel. Persiens Rückführungspolitik gegenüber den gefangenen Völkern, die ihre Gunst statt ihren Gewahrsam suchte (im Gegensatz zu Assyrien und Babylon), paßte zu Gottes Plan der Wiedereinsetzung seines Volkes. Dieses königliche Wohlwollen, bestärkt durch führende Juden wie Daniel, Ester und Mordechai, prägt den Rest der alttestamentlichen Geschichte.

4. **DIE REISE VON BABYLON NACH ISRAEL** (Esr 7,9; 8,31). Esra gibt uns einen Hinweis auf die Reisezeit von Babylon nach Jerusalem (ca. 1400 km): drei Monate und 18 Tage, »weil die gute Hand seines Gottes über ihm war« (7,9). Sie reisten gemäß ihrem eigenen Wunsch ohne Militäreskorte. So können wir erahnen, wie lange die Weisen aus dem Morgenland bis Bethlehem brauchten, nachdem sie den Stern »im Osten« gesehen und westwärts aufgebrochen waren.

5. **DER STREIT MIT DEN SAMARITERN** (Esr 4). Die Weigerung der Israeliten, die Samariter am Tempel mitbauen zu lassen, erscheint nebensächlich, führt aber zu einem Bruch der

Beziehungen bis in die neutestamentliche Zeit. Diese beiden Völker wurden zu unversöhnlichen Feinden, die keinen Umgang miteinander duldeten. Warum waren die Juden damals so ablehnend, hatte doch selbst David die Hilfe der Phönizier willkommen geheißen? Wahrscheinlich fürchteten sie, die Samariter würden nach ihrer Mithilfe auch ein Mitspracherecht bei der Wiederaufnahme des Gottesdienstes beanspruchen. Die samaritische Mischrasse hätte die uralten Grundfesten von Gottesdienst und Religion der Israeliten infrage gestellt. Seltsamerweise waren die Samariter die ersten, die die Heimkehrer als »die Juden« bezeichneten (Esr 4,12). Die neue Zeit erforderte Trennung und Reinheit, um den wahren Gottesdienst eifersüchtig zu bewahren.

6. **SERUBBABEL UND SCHESCHBAZAR** (Esr 1,8.11; 2,2). Sollen wir diese beiden Männer gleichsetzen oder auseinanderhalten, denen gleichermaßen die Grundsteinlegung des Tempels zugeschrieben wird (Esr 3,8.10; 5,16; Sach 4,9)? Zwar könnten beide Namen dieselbe Person bezeichnen, der Text scheint sie jedoch auseinanderzuhalten. Überzeugend erscheint der Gedanke, »Scheschbazar« könnte eine andere Schreibweise von »Schenazzar« in 1Chr 3,18 sein, der ein Sohn Jechonjas und somit Onkel Serubbabels war. Dann erhielt Scheschbazar von Kyrus die Führung der Heimkehrer und die Statthalterschaft in Jerusalem zugesprochen (Esr 5,14), verstarb jedoch vor der Fertigstellung der Grundmauern. Serubbabel, der führende Königssohn der nächsten Generation, übernahm dann den Tempelbau und wurde Statthalter. So kann die Grundsteinlegung des Tempels beiden zugesprochen werden, wobei die messianische Linie über Serubbabel geht.

7. **DER TEMPEL SERUBBABELS** (Esr 6,3.4). Reichte dieser Bau jemals an den salomonischen Tempel heran? Während Salomos Tempel genau beschrieben wird (1Kö 6; 2Chr 3), kennen wir vom Tempel Serubbabels nur die Abmessungen. Er war 30 Meter breit, 30 Meter hoch, 50 Meter lang und besaß drei Stockwerke. Damit war er um ein Drittel größer als Salomos Tempel, jedoch viel einfacher und weniger aufwendig gestaltet. Auch die Geräte waren geringer an Zahl: Der Tempel enthielt nur die Gerätschaften der mosaischen Stiftshütte, nicht die Mehrfachausführungen des ersten Tempels; (z.B. gab es nur einen Leuchter statt zehn). Der Talmud führt fünf Dinge an, die der Tempel Salomos hatte, der Serubbabels jedoch nicht: die Lade, das heilige Feuer, die Schechina, den heiligen Geist und die Urim und Tummim. Anstatt der Bundeslade enthielt das Allerheiligste einen großen Stein.

8. **ESRAS SCHEIDUNGSGEBOT** (Esr 9,1ff; 10,3.11). Dieser Befehl an den Überrest, sich von heidnischen Frauen zu trennen, scheint dem Gesetz Moses zu widersprechen (5Mo 21,10-14; 24,1-4). Mose verlangte von ausländischen Frauen nur ein Reinigungsritual. Esra dürfte jedoch demselben Problem gegenübergestanden sein wie Maleachi in Mal 2,11-16, wo jüdische Männer zusätzlich zu ihren Bundesfrauen noch Ausländerinnen genommen hatten. Scheidung von der »Frau deiner Jugend« war für Maleachi ein Greuel (Mal 2,15.16). Wie Abraham sich auf Gottes Geheiß von seiner zweiten Frau, der Ausländerin, trennen mußte (Hagar in 1Mo 21,12), so befahl auch Esra die Absonderung des Überrests von den ihn umgebenden Heidenvölkern, in denen die Juden aufzugehen drohten. Die langen Beratungen wegen dieser 113 Übeltäter lassen auf entsprechende Verfügungen zur Versorgung der Geschiedenen und ihrer Kinder schließen.

9. **CHRISTUS IN ESRA UND NEHEMIA.** Die beiden Hauptgestalten, Serubbabel und Joschua, nehmen in den beiden prophetischen Büchern jener Zeit, Haggai und Sacharja, Verheißungscharakter auf Christus an, den Priester-König. »Siehe, ein Mann, Sproß ist sein Name! ...

er wird den Tempel des HERRN bauen, und er wird Hoheit tragen und wird auf seinem Thron sitzen und herrschen. Auch wird ein Priester auf seinem Thron sein; und der Rat des Friedens wird zwischen ihnen beiden sein« (Sach 6,12.13).

Für Haggai ist Serubbabel ein Typus auf Christus, der Gottes »Siegelring« (Bevollmächtigung) erhält, um alle Reiche zu stürzen und als Stellvertreter Gottes über die Nationen zu regieren (Hag 2,23). Natürlich ist Serubbabel auch Ahnherr des Messias (Mt 1,12). Esra und Nehemia zeigen, wie nötig der Überrest einen solchen Statthalter Gottes hatte, der sein Volk in den Wirren der nachexilischen Zeit leiten und führen könne.

Bedeutende Herrscher während der Gefangenschaft und Heimkehr

SPÄTASSYRISCHE KÖNIGE: 745-626 v. Chr.

Tiglat-Pileser III (Pul)	745-727	Einfall in Israel; Verschleppung aus Galiläa und Transjordanien.	2Kö 15,29
Salmanasser V	727-722	Unterwerfung Israels, Belagerung des unbeugsamen Samaria (725).	2Kö 17,5.6 18,9
Sargon II	722-705	Verschleppung Israels nach Assur, Einfall in Philistäa und Juda.	2Kö 18,11; Jes. 20,1
Sanherib	705-681	Einfall in Philistäa, Tyrus und Juda, Belagerung Jerusalems, doch sein Heer wurde 701 aufgerieben.	2Kö 18,13ff
Asarhaddon	681-669		
Assurbanipal	669-626	Einfall in Juda, Verschleppung Manasses nach Babylon um 650	2Chr 33,11

Nach 626 zerfiel das assyrische Reich unter seinen letzten drei Königen. Babylon nahm 612 Ninive ein, 610 fiel Haran und 605 Karkemisch.

Neubabylonische Könige 626-539 v. Chr.

Nabopolassar	626-605	Einnahme Babylons im Jahre 626; beginnender Aufstieg	
Nebukadnezar	605-562	Einnahme Palästinas 606; Zerstörung Jerusalems und Verschleppung der Zurückgebliebenen 586.	2Kö 24-25 Dan 1,1-4
Ewil-Merodach (Amel-Marduk)	562-560	Freilassung und Ehrung Jojachins	2Kö 25,27; Jer 52,31ff

Nergal-Sarezer	560-556	Er kam durch die Ermordung seines Schwagers an die Macht	
Labasi-Marduk	556		
Nabonidus	556-539	Er erlangte den Thron durch die Ermordung des Königs	
Belsazar (Mitregent)	553-539	Er machte Daniel zum Dritten im Königreich, wurde aber in derselben Nacht von Darius getötet.	Dan 5,29.30

Unter Nabonidus zerfiel das Babylonische Reich, nachdem es die Gewaltherrschaft der Assyrer gebrochen und das rebellische Juda verschleppt hatte.

Perserkönige (die ersten nichtsemitischen Weltherrscher): 539-333 v. Chr.

Kyrus der Große	559-530	Er eroberte 550 Medien; 546 Kleinasien und 538 Babylon. Rückführung der Gefangenen, Dekret zum Wiederaufbau des Tempels.	Esr 1,1ff
Darius (Gobryas) (Mitregent)		Er machte Daniel zum obersten Minister	Dan 6,2.29
Kambyses (Ahasveros)	530-522	Einnahme Ägyptens. Einstellung des Tempelbaus als Zugeständnis an die Samariter.	Esr 4,6.21
Gaumata (Pseudo-Smerdis)	522		
Darius Hystaspis I (vom Haus Kyrus)	521-486	Er teilte das Reich in Satrapien (Provinzen) und erließ ein Dekret zur Wiederaufnahme des Tempelbaus.	Esr 6,3ff
Xerxes (Ahasveros)	486-465	Er machte Ester zur Königin und Mordechai zum Premierminister	Est 1,1ff
Artaxerxes I Longimanus (Artahsasta)	465-424	Er beaufsichtigte die Heimkehr Esras und Nehemias zur Erneuerung Jerusalems	Esr 7,1ff; Neh 1ff
Darius II (Nothus)	424-404		

Nach dem Tod Darius II folgten innere Wirren, aus denen die schwachen Könige Artaxerxes II und III und Darius III hervorgingen. Darius III wurde von Alexander bei seinem Blitzzug durch Kleinasien, Palästina, Ägypten, Mesopotamien und schließlich Indien geschlagen.

Das Buch Ester

Einleitung

TITEL UND AUTOR

A. *BEZEICHNUNG*
1. Benannt ist das Buch nach der Hauptperson Ester, nicht nach dem Autor. Ester ist ein persischer Name und heißt Stern. Der jüdische Name Esters war »Hadassa« was soviel wie »Myrte« bedeutet.
2. Dieses Buch ist eines der zwei Bibelbücher, die einen Frauennamen tragen:
   a. Rut, die Heidin, die einen reichen Juden und Königsahnen heiratet (Boas).
   b. Ester, die Jüdin, die einen reichen Heiden und König heiratet (Ahasveros).

B. *VERFASSER*
1. Von alters her neigte man dazu, Mordechai die Urheberschaft dieses Buches zuzuschreiben, doch auch Esra und Nehemia werden genannt. Das letzte Kapitel dürfte Mordechai als Verfasser ausschließen, freilich könnte es auch durch einen Bearbeiter, etwa Esra, ergänzt worden sein. Linguistische Untersuchungen deuten am ehesten auf Esra und Nehemia hin.
2. Der unbekannte Autor war mit den Gebräuchen am persischen Hof vertraut und hatte die Gabe, dramatische Stoffe zu erkennen und zu verarbeiten. Der Talmud schreibt das Buch der »Großen Synagoge« zu, der vermutlich Esra vorstand, weshalb seine Beteiligung an diesem Werk durchaus plausibel erscheint.

Das geschichtliche Umfeld

A. *DATIERUNG* — ca. 460 v. Chr.
1. Wahrscheinlich entstand das Buch Ester kurz nach dem Tod von Ahasveros (Xerxes) im Jahre 465, als sein Akt in den königlichen Chroniken abgeschlossen wurde (Est 10,2).
2. Das Buch diente zur Ermutigung der Juden in der Zerstreuung, vielleicht auch der Heimkehrer von 457 und 444.

B. *ZEITSPANNE VON ESTER* — 483-473 v. Chr.
1. Die Absetzung von Königin Wasti fällt ins Jahr 483 (drittes Jahr von Ahasveros);
2. Die Krönung Königin Esters ist mit 479 zu datieren (siebtes Jahr von Ahasveros),
3. Die Errettung der Juden und Einsetzung des Purimfestes fanden 473 statt (dreizehntes Jahr von Ahasveros)
4. Die Ereignisse dieses Buches sind chronologisch zwischen Esra 6 und 7 einzuordnen.

C. *DAS POLITISCHE UMFELD*
1. Die Perserkönige. Unter Ahasveros erreichte das Perserreich den Höhepunkt seiner Macht. Im Jahre 480 v. Chr. unternahm dieser Herrscher einen großangelegten Feldzug gegen Griechenland, um das im Jahre 490 fehlgeschlagene Vorhaben seines Vaters Darius auszuführen, nämlich die griechische Halbinsel dem Perserreich einzuverleiben. Zwar konnte er Athen einnehmen, die Stadt plündern und die Akropolis zerstören, doch wurde seine Flotte vor der Insel Salamis geschlagen, was ihn zum Rückzug nach Persien zwang. Dieses Debakel fand zwischen den Ereignissen von Ester 1 und 2 statt.

2. Die Hauptstädte. Schuschan (griech. *Susa*, »Lilien«) war eine von drei persischen Hauptstädten, neben Babylon in Mesopotamien und Persepolis in Südostpersien. Das als Sommerpalast fungierende Schuschan lag etwa 400 km östlich von Babylon im Hochland von Elam. Daniel hatte unter Belsazar eine Zeitlang dort gelebt (Dan 8,2).
3. Die Juden im Reich. Zwar waren bereits sechzig Jahre vorher unter der Führung Seschbazar (und Serubbabels) viele Juden nach Palästina zurückgekehrt, doch lebte noch eine große Anzahl in der Zerstreuung. Unter den Persern wurden die Juden gut behandelt, lernten aramäisch, gingen häufig dem Händlerberuf nach und genossen völlige Gleichberechtigung. Der Antisemitismus ging von dem Agagiter Haman aus (s. unter Besonderheiten: »Die Saat des Antisemitismus«).
4. Die persische Wende. Im Zuge der Ablösung der babylonischen durch die persische Herrschaft vollzogen sich mehrere Veränderungen.
    a. Den eroberten Völkern wurde mehr Wohlwollen entgegengebracht. Ein Nebeneffekt davon war eine Zeit relativen Friedens, der fast 200 Jahre lang andauerte.
    b. Das Reich wurde gewaltig ausgedehnt und erstreckte sich von Indien bis Europa.
    c. Damit begann die arische (kaukasische) Weltherrschaft, da die Perser das erste Weltreich einer nicht semitischen Rasse waren.
    d. Die Perser erhoben das Aramäische zur Reichssprache in Handel und Politik, da diese Sprache allgemein gesprochen wurde.
    e. Die früheren Grenzen zwischen den Völkerschaften wurden geändert und eine neue Einteilung in Satrapien geschaffen, um alte Bündnisse aufzubrechen und lokale Autonomie, wenn auch unter zentraler Oberhoheit, zu ermöglichen.
5. Die griechische Gefahr. Der zweimalige Versuch von Darius (490) und Xerxes (480), Griechenland zu erobern, ist ein Meilenstein im Streben des Ostens nach der Weltherrschaft. Den Persern gelang es in einem kühnen Streich, den Hellespont zu überqueren und die Athener Akropolis zu zerstören. Doch brachten ihnen die Spartaner bei Salamis und Plataä eine schwere Niederlage bei, welche zum Wendepunkt im Weltgeschehen wurde. Die Griechen haben die Plünderung Athens nicht vergessen, bis Alexander die Greueltat im Jahre 331 rächte, indem er Persepolis, die zeremonielle Hauptstadt der Perser Darius und Xerxes, plünderte und einäscherte. Im Laufe von 150 Jahren sammelten die Städte Griechenlands und der Ägäis ihre Kräfte, um ihren Helden Alexander über den Hellespont zu senden, welcher nicht nur das persische Reich, sondern auch weite Gebiete darüber hinaus eroberte.

D. *DAS RELIGIÖSE UMFELD*
1. Die Religion in Israel. Den religiösen Zustand Israels in der nachexilischen Zeit haben wir in der Einführung zu Esra und Nehemia genauer beleuchtet. Es war eine Zeit geringen geistlichen Fortschritts, der Vermischung mit benachbarten Kulturen und weitverbreiteter Gleichgültigkeit, obwohl die Juden vom plumpen Götzendienst ein für allemal geheilt waren.
2. Die Religion der Juden in der Zerstreuung. Die persischen Herrscher propagierten den Zoroastrismus, benannt nach Zoroaster oder Zarathustra (»Kamelhändler«), der die Religion gründete und angeblich Hystaspis, den Vater von Darius I, bekehrte. Seine Anschauung war quasi-dualistisch. Sie tolerierte alle »wohlwollenden und wahren« Gottheiten, nicht aber die »böswilligen und falschen«. Damit wurde den Anhängern guter Götter weitgehend Unterstützung zuteil, den anderen jedoch die bösartigsten Nachstellungen. Den Juden des Reiches wurde die Verehrung eines guten Gottes zuerkannt, was nicht nur zu Toleranz, sondern zu aktiver Unterstützung und Hilfeleistung im Wiederaufleben ihres Gottesdienstes führte.

Der Zweck des Buches Ester

A. Der *historische Zweck* des Buches bestand in der Ermutigung der zerstreuten Juden anhand eines Berichts von der bleibenden Fürsorge des Herrn für sie, auch wenn er selbst unsichtbar und sein Tempel in Jerusalem weit weg war. Zwar wird sein Name im gesamten Buch nicht erwähnt, doch scheint seine göttliche Führung überall durch.

B. Ein weiterer *religiöser Zweck* ist die Einsetzung des Purimfestes, das den Juden der weltweiten Zerstreuung besonders lieb wurde.

Gliederung von Ester

THEMA: Gott sorgt für sein Volk, auch in der Fremde

I. DIE GROSSE GEFAHR DER ENDLÖSUNG 1-5
   (Geplante Ausrottung Israels in der Fremde)

   A. *Die Absetzung von Königin Wasti* 1
      1. Festmahl und Feier im Königshaus
      2. Verweigerung und Fassungslosigkeit im Königshaus
      3. Verstoßung und Verwarnung im Königshaus

   B. *Die Einsetzung von Königin Ester* 2
      1. Esters Anmut als künftige Königin
         (Die Ehe des Königs geregelt)
      2. Mordechais Demut bringt künftigen Lohn
         (Das Leben des Königs gerettet)

   C. *Die Umsetzung von Hamans Racheplan* 3-5
      1. Haman bestimmt die Vernichtung der Juden .... (3)
      2. Mordechai bittet um die Hilfe der Königin .... (4)
      3. Ester bereitet das königliche Mahl .... (5)

II. DIE ERLÖSUNG DURCH GOTT 6-10
    (Israels Errettung in der Fremde)

    A. *Die Ehrung Mordechais* 6
       1. Des Königs Schlaflosigkeit bringt Mordechai in Erinnerung
       2. Hamans Ruhelosigkeit bringt Mordechai zu Ehren

    B. *Die Erhängung Hamans* 7
       1. Ester bittet um ihr Leben
       2. Haman beweist neuerlich seine Unverfrorenheit
       3. Ahasveros bestimmt das Todesurteil

    C. *Die nationale Erhöhung der Juden* 8-9
       1. Die Erlangung der Gunst der Perser .... (8)
       2. Die Einsetzung des Purimfestes .... (9)

    D. *Das Eintreten Mordechais für die Juden* 10
       1. Seine Würde durch die Erwählung seitens des Königs
       2. Seine Bürde für das Wohl seines Volkes

Besonderheiten von Ester

1. **DIE SAAT DES ANTISEMITISMUS.** Antisemitismus, ein kollektives Vorurteil gegen die Juden, kann von einer unerklärlichen Abneigung bis zu unbezähmbarem Haß alle Formen annehmen. Der Ausdruck wurde zwar erst 1879 geprägt (siehe Max Dimont: *Jews, God and History*; S. 313ff), dem ersten Fall von Judenhaß begegnen wir jedoch im Buch Ester. Antisemitismus ist ein unbegründbarer Haß gegen die jüdische Rasse als solche, nicht gegen deren Handlungs- oder Denkweisen. Das »Verbrechen« der Juden ist es, Juden zu sein. Davon zu unterscheiden ist die Ablehnung der Juden wegen der Kreuzigung Jesu Christi oder einer konkreten persönlichen Erfahrung. Wer die Juden aufgrund ihrer Handlungen verwirft, kann seine Meinung gegebenenfalls ändern, wer sie um ihrer Rasse willen haßt, ist solcher Möglichkeit verschlossen.

   Im Buch Ester begegnen wir beiden Einstellungen. Haman war Antisemit, beseelt von einem unbändigen Rassenhaß gegen die Juden (3,6). Das Edikt des Königs wurde mit der Begründung erlassen, die Juden wären aufgrund ihrer Gesetze und Gebräuche abzulehnen. Nach Dimont ist der Judenhaß der Araber kein Antisemitismus im eigentlichen Sinn, weil er auf eine konkrete Ursache zurückgeht, nämlich auf die Besetzung Palästinas. Im Dritten Reich hingegen begegnen wir dem Antisemitismus in Reinkultur. Wie Hitler war Haman von einem tiefen Vorurteil gegen die jüdische Rasse besessen. Haman wird der Agagiter genannt (3,1) und könnte ein Amalekiter gewesen sein (1 Sam 15,8.9.32.33). Zum andern: »Haman ist ein rein persischer Name. Er wird in einer Inschrift gelesen und erscheint im Griechischen unter der Form Omanes. Agag ist der Name eines Distriks in der Nähe von Medien.« (In »Biblische Fragen beantwortet« von Franz Kaupp).

2. **DER PLATZ ESTERS IN DER GESCHICHTE.** Das Buch Ester ist im Laufe der Geschichte völlig unterschiedlich bewertet worden:
   1) Die Juden der Zerstreuung schätzten es nach den Mosebüchern am höchsten unter allen heiligen Schriften ein. Sie lasen es jährlich beim Purimfest und unzählige Male in aller Welt während ähnlicher Unterdrückungen und Bedrohungen. 2) Martin Luther wünschte nach eigener Aussage, das Buch wäre nie geschrieben worden. Darin spiegelt sich die Einstellung der Kirche zu seiner Zeit und der katholischen Kirche überhaupt wider, die Juden wären wegen der Kreuzigung Jesu verflucht und hätten keinen Platz mehr im Heilsplan Gottes. Als Reaktion darauf sehen die Juden die Kirche als ihren Erzfeind, und Jesus selbst wird zur Symbolfigur für ihre Verfolgung.

3. **DAS »GOTTLOSE« BIBELBUCH.** Ester ist eines von zwei Bibelbüchern, in denen der Name Gottes nicht vorkommt. Im Hohelied kommt nur einmal die Kurzform »Jah« vor, und das eher beiläufig (Hl 8,6). Doch ist das Buch Ester getränkt von der Macht göttlicher Vorsehung. Dieses Schweigen über Gott ist schwer zu erklären, verdeutlicht aber die Gefühle vieler Juden der Zerstreuung, die sich vom Allmächtigen verlassen vorkamen. Obwohl der Name Gottes nicht genannt wird, (weder der Bundesname »Jahwe« noch der allgemeine Name »El/Elohim«), wird das Wirken seiner mächtigen Hand »zwischen den Zeilen« erkennbar. Viele Kommentare weisen auf das faszinierende Akrostichon des Tetragrammatons JHWH im hebräischen Grundtext hin (der Gottesname »Jahwe« hat im Hebräischen nur vier Buchstaben, weil nur Konsonanten geschrieben wurden). An vier Stellen (Est 1,20; 5,4; 5,13 und 7,7) taucht das Tetragrammaton in den ersten bzw. letzten Buchstaben von vier aufeinanderfolgenden Wörtern auf, und zwar vorwärts oder rückwärts gelesen. Unter Verwendung des deutschen Wortes »HERR« kann man das etwas folgendermaßen verdeutlichen (nach A. T. Pierson: *Knowing the Scriptures*«):

1,20 »Hohe Ehre, Rasch und Reich,
zollt jede Frau dem Mann sogleich

5,4 »Rechter Ratschluß Ehre Haman,
er komme heute zu meinem Mahle.«

5,13 »IcH findE nuR HadeR und Seelenleid,
so dieser im Tore des Königs weilt.«

7,7 »WedeR UmkehR nütztE nocH, er sah,
daß Böses über ihn beschlossen war.«

In diesem Buch ist Gott inkognito — doch seine Hand wirkt über allem.

4. ***DIE JUDEN IM TRUBEL DES WELTGESCHEHENS.*** Ester vermittelt uns unschätzbare Einsichten in die Vorgänge am persischen Hof und unter den Juden insgesamt. Das Perserreich war die zweite heidnische Weltmacht der Danielvisionen in Dan 7,1-7 (vgl. Dan 8,19ff). Die erste war Babylon, dessen Aufstieg und Niedergang in weniger als 90 Jahren stattfand. Während der Herrschaft von Ahasveros begann sich im Westen eine neue Großmacht abzuzeichnen: Griechenland. Der fehlgeschlagene Versuch der Perser, nach der Plünderung Athens und der Zerstörung der Akropolis die griechischen Stadtstaaten einzunehmen, hatte dort einen unstillbaren Rachedurst geweckt. Der Vergeltungsschlag kam 150 Jahre später, als Alexander getreu dem Plan seines Vaters Philipp von Mazedonien den Hellespont überquerte, die Perser bei Granikus schlug und unaufhaltsam bis zu den persischen Hauptstädten Susa und Persepolis vordrang. Als Rache für Athen steckte er Persepolis in Brand und führte sein Heer bis an den Indus. Den von den Persern geförderten Zoroastrismus (einen polytheistischen Dualismus) rottete er fast völlig aus, um ihn durch die aristotelische Philosophie und den Hellenismus mit seinem Streben nach »Freude, Frieden und Lebenslust« zu ersetzen. Diese neue, westliche Philosophie wurde zwischen dem Alten und dem Neuen Testament zur vorherrschenden Weltanschauung, bis sie sich zur Zeit Christi fast völlig durchgesetzt hatte.
Das große Völkerringen war daher nie »religionslos« oder rein militärisch. Der Kultur- und Ideenstreit muß auf der höheren Ebene eines geistlichen Kampfes verstanden werden, wie Daniel in Dan 10,13-21 offenbart wurde. Der »Fürst des Königreichs Persien« (ein satanischer Engel) widerstand dem Botschafter an Daniel, während der »Fürst von Griechenland« auf seine Gelegenheit wartete, den Kampf zu übernehmen. Doch der Erzengel Michael half dem Volk Gottes. In Daniel 11,2-4 werden die Invasion von Ahasveros und der spätere Eroberungszug Alexanders vorhergesagt. Aus Ester ersehen wir, wie der Ideenstreit hinter den Kulissen entschieden wird, und zwar an Menschen, Mordechai und Haman, sichtbar gemacht wird.

5. ***DIE GRÖSSE MORDECHAIS.*** Zwar herrschten auch Joseph und Daniel als Mitregenten über Weltreiche, doch konnte kein Jude jemals ein so gewaltiges Reich befehligen wie Mordechai. Dennoch haben diese drei Weltherrscher aus Israel manches gemein:
   a. Alle lebten ein gottgefälliges Leben in der Fremde.
   b. Alle waren den Tücken und Anschlägen eifersüchtiger Gegner ausgesetzt.
   c. Alle stiegen aus niedrigen Diensten zur Weltherrschaft auf.
   d. Alle kamen nach treuem Dienst in niedriger Stellung zur Macht.
   e. Alle wurden zur Rettung des Volkes Gottes in Zeiten der Unterdrückung oder Knechtschaft gebraucht.

  f. Alle wurden zum Nutzen und Vorteil des vorgesetzten Königs verwendet.
  g. Alle zeigen den Segen Gottes für die Kinder Abrahams, trotz der Flüche der Gegner — nicht durch Gegentücke, sondern durch Vertrauen auf Gott und Treue im Dienst.

6. ***DIE DRAMATIK DES BUCHES ESTER.*** Dieser Bericht ist einer der fesselndsten der Weltliteratur. Er enthält alle Elemente der Dramatik: Spannung, Entspannung und Intrige. Zwei Feinde stehen einander urplötzlich gegenüber. Der eine ist ein schlauer Betrüger, der durch Kriechertum und Hinterhältigkeit an die Macht gekommen ist; der andere ist ein bescheidener Mann, den der König wegen seiner Treue ehrt. Kunstvoll wird die Spannung aufgebaut, bis im mittleren Kapitel dem Leser schier der Atem stockt. Der Galgen ist aufgerichtet, ein maßloses Morden steht unmittelbar bevor. Doch zwei Fälle von Schlaflosigkeit geben der Sache eine unerwartete Wende: Der Bösewicht wird ungeduldig und beweist dem König seine eigene Ruchlosigkeit. Am eigenen Galgen wird er erhängt. Doch Ester geht weit über seine literarische Qualität als brillantes Drama hinaus: Es ist der wahre Bericht über ein Ereignis, das für eine ganze Menschenrasse historische Bedeutung hatte. Ja, die Menschheit insgesamt war betroffen, befanden sich doch die Ahnen des Messias in Gefahr.

7. ***CHRISTUS IM BUCH ESTER.*** Dieses Buch enthält keine Verheißungen oder Typen auf Christus, außer daß Christus zum bedrohten Volk der Juden gehörte. Wie stark der Feind auch sein mag — kein Haman, Herodes oder Hitler kann den Samen Abrahams, den Gott gesegnet hat, ausrotten. Wie oft hat Gott sein Volk durch schlimmste Verfolgungen hindurchgetragen und mit besonderem Segen bedacht, indem er gottergebene Führer erweckte: Joseph in Ägypten, Moses in Ägypten, Mordechai in Persien und Jesus Christus im Galiläa der Heiden. In diesem Sinne mögen die drei erstgenannten als Typen auf Christus, den Erlöser seines Volkes, gelten.

Einleitung in die poetischen Bücher

Um die poetischen Bücher recht zu verstehen und einzuschätzen, sind einige Hinweise auf Merkmale, Zielsetzungen und Besonderheiten von Poesie (Dichtung) unabdingbar. Doch auch die hebräische Poesie an sich hebt sich durch mehrere Kennzeichen ab.

I. *Definition von Poesie*

  A. Unter Poesie verstehen wir eine in Versform angeordnete literarische Komposition zum Ausdruck eines Gedankens mit emotivem Beigeschmack und kreativer Phantasie.

  B. Obwohl viele Teile der Bibel poetische Teile enthalten (vgl. die Propheten), bezeichnen die Juden drei große Bücher als poetisch im engeren Sinne: Hiob, die Psalmen und die Sprüche.

  C. In der Reihenfolge der deutschen Bibel (die aus der Vulgata von Hieronymus entnommen ist) gehören auch die unterweisenden Bücher Prediger und Hohelied zur Dichtung, womit wir auf fünf »poetisch« genannte Bücher kommen.

D. Diese fünf Bücher lassen sich einteilen in »Weisheitsliteratur« und »lyrische Bücher«.
Drei Weisheitsbücher: Hiob, Sprüche und Prediger,
zwei lyrische Bücher: Psalmen und Hohelied.

II. Merkmale der Poesie

A. REIM
Unter Reim verstehen wir die Verwendung *harmonisierender Laute*, wobei durch die regelmäßige Wiederkehr ähnlicher Laute ein rhythmischer Effekt erzielt wird. Alliterationen (Stabreim) und verschiedene Formen der Konsonanz sind die häufigsten Reimarten, die größte Verbreitung hat jedoch der Endreim (gleicher Auslaut).

B. RHYTHMUS (Versmaß)
Unter Rhythmus verstehen wir die *gleichmäßigen Betonungsfolgen* einer literarischen Komposition durch die geregelte Wiederkehr von Betonung, Nebenbetonung und Pause. Der Rhythmus (das »Versmaß«) wird von der Zahl der Betonungen bestimmt, wobei eine Silbengruppe mit Hauptbetonung als »Fuß« bezeichnet wird. Der Rhythmus baut eine Spannung auf, die nach Erfüllung in einem symmetrischen Gegengewicht strebt.

C. BILDHAFTE AUSDRUCKSWEISE
Das dritte Kennzeichen der Poesie ist bildhafte Sprache. Darunter verstehen wir die *Herstellung von Analogien* oder Vergleichen durch gedankliche Bilder. Im Gegensatz zur Prosa wird eine poetische Aussage durch die Schaffung unerwarteter Zusammenhänge getroffen, welche neben dem Verstand auch Gefühl und Willen ansprechen. Die wichtigsten Sprachbilder sind *Simile, Metapher, Personifizierung, Apostrophe, Hyperbel* usw. Auch eine verkürzte oder knappe Ausdrucksweise ist für Dichtung typisch, um eine tiefe Wahrheit durch eine Verbindung von Ausruf und Ellipse scharf zu umreißen.

III. Besonderheiten hebräischer Poesie : der »Parallelismus«

A. GRUNDLAGEN DES PARALLELISMUS
In der hebräischen Poesie spielt der »Gedankenrhythmus« eine bedeutendere Rolle als der »Klangrhythmus« (Reim). Dies hängt mit der orientalischen Mentalität zusammen, die den gedanklichen Inhalt wichtiger nimmt, als bloße literarische Techniken. Beim sogenannten »Parallelismus« (genauer »Parallelismus membrorum«) findet die erste Zeile eines Verses in einer zweiten ihre Entsprechung oder ihr Gegenteil. Das wäre der klassische Zweizeiler. Daneben gibt es auch Drei-, Vier- oder gar Fünfzeiler. Verse von mehr als fünf Zeilen bestehen immer aus einer Kombination dieser Versarten.

B. DER VORZUG DES PARALLELISMUS
Diese Besonderheit der hebräischen Dichtung fordert den Leser nicht nur zu genauerem Denken heraus, sondern hat auch Vorteile bei der Übersetzung. Ihre rhythmische Wirkung und Ausstrahlung geht bei der Übertragung in eine andere Sprache nicht verloren, wie es bei der Wiedergabe poetischer Techniken oft der Fall ist. Um einen Reim tatsächlich als Reim wiederzugeben, wird oftmals eine Abänderung des Inhalts erforderlich. Das Besondere am Parallelismus ist die Übersetzbarkeit ohne Gefährdung der Aussage, da kein sprachspezifisches Klangschema verwendet wird.

C. ARTEN DES PARALLELISMUS
Der hebräische Parallelismus nimmt viele verschiedene Formen an, am häufigsten finden wir den »synonymen«, den »antithetischen« und den »synthetischen« Parallelismus (nach der Analyse von Bischof R. Lowth aus dem Jahre 1753).

1. *Synonym.* Die zweite Zeile ist eine Wiederholung oder Umgestaltung der ersten in analoger Form.
   Psalm 19,2: »Die Himmel erzählen die Herrlichkeit Gottes.
   und das Himmelsgewölbe verkündet seiner Hände Werk.«
2. *Antithetisch.* Die zweite Zeile sagt das Gegenteil der ersten aus.
   Psalm 1,6: »Denn der Herr kennt den Weg der Gerechten,
   aber der Gottlosen Weg vergeht.«
3. *Synthetisch.* Die zweite Zeile vervollständigt oder ergänzt die erste.
   Psalm 19,8: »Das Gesetz des HERRN ist vollkommen und erquickt die Seele;
   das Zeugnis des HERRN ist zuverlässig und macht den Einfältigen weise.«
   Es gibt drei Arten von synthetischem Parallelismus: »Ergänzung« (Ps 2,6); »Vergleich« (Ps 118,9); »Begründung« (Ps 2,12).
4. *Seltener* kommen die folgenden Arten vor:
   a. *Analytisch.* Die zweite Zeile enthält die Folgerung aus der ersten.
      Psalm 23,1: »Der HERR ist mein Hirte,
      mir wird nichts mangeln.«
   b. *Klimaktisch.* Die zweite Zeile greift die erste auf und führt sie zum Abschluß.
      Psalm 29,1: »Gebt dem HERRN, ihr Göttersöhne,
      gebt dem HERRN Herrlichkeit und Kraft.«
   c. *Emblematisch.* Die zweite Zeile führt den Vergleich in der ersten aus.
      Psalm 103,11: »Denn so hoch die Himmel über der Erde sind,
      so übermächtig ist seine Gnade über denen, die ihn fürchten.«
   d. *Chiastisch.* In der zweiten Zeile kehrt die erste wieder, jedoch in umgekehrter Reihenfolge (»invertiert«; die Bezeichnung »chiastisch« kommt vom griechischen Buchstaben *chi*, der einem X gleicht.)
      Psalm 51,3 (nach Umstellung der Satzglieder gemäß dem masoretischen Text):
      »Sei mir gnädig, o Gott, nach deiner Gnade;
      nach der Größe deiner Barmherzigkeit tilge meine Vergehen!«

IV. *Gattungen hebräischer Poesie (»kreative Literatur« der Juden)*

A. POETISCHES DRAMA: eine Serie von zur Aufführung bestimmten Szenen in Versform.
   Das Buch Hiob — »Hier fehlt kein Element der Dramatik« (Richard Moulton: *The Literary Study of the Bible*).
B. POETISCHE LYRIK: Gesungene Texte, ein Mittelding zwischen »Beschreibung« (Epik) und »Darstellung« (Drama)
   Die Psalmen — Im Psalter finden wir die meisten Arten lyrischer Dichtung: Oden, Lieder, Elegien, Meditationen, Monologe, Visionen und Rituale.
C. DIDAKTISCHE POESIE: poetische Verse zur Belehrung.
   1. Praktische Unterweisung: *Das Buch der Sprüche*

    2. Philosophische Unterweisung: *Das Buch des Predigers*
  D. *POETISCHES IDYLL:* eine Collage ländlicher Szenen aus dem Hirtenleben in Versform. *Das Hohelied.*
  E. *POETISCHE ELEGIE:* eine Collage von Trauer- und Klagegesängen in Versform. *Das Buch der Klagelieder.*

Einleitung in die Weisheitsliteratur

Im Buch Hiob begegnen wir erstmals einer ganz neuen Literaturgattung. Hiob ist nicht nur das erste poetische Buch, sondern der erste Vertreter der »Weisheitsliteratur«. Diese Bücher sind vordergründig Ideen statt Geschichtswerke. Der Sprung von Ester zu Hiob ähnelt dem von der Apostelgeschichte zum Römerbrief. Der Reigen der Geschichte ist zu Ende gekommen, wir betreten das Studierzimmer. Man bittet uns, über die getroffenen Beobachtungen eine Meinung zu bilden. Um diesen Klimawechsel in der biblischen Literatur zu verkraften, sind einige allgemeine Bemerkungen zur Weisheitsliteratur am Platz.

I. Der Hintergrund der Weisheitsliteratur

Im alten Israel gab es eine Gruppe oder »Schule« von Männern, die als »Weise« hohes Ansehen genossen. Salomo ist natürlich ihr berühmtester Vertreter, vor und nach ihm gab es jedoch viele andere. Sein Vater David zitiert bereits ein altes Sprichwort (1 Sam 24,14), und zweifellos wurde in den Schulen Salomos neben der Thora auch die Weisheit der Väter studiert. Zur selben Zeit existierten in anderen Ländern wie Ägypten, Mesopotamien, Edom und Phönizien die Weisen, die Ratschläge für ein gelungenes Leben anboten. Auch Sokrates, Konfuzius und Buddha gehören zu ihnen. Einzigartig war die hebräische Weisheit jedoch in ihrer Grundlage, der »Furcht des HERRN«

II. Merkmale der Weisheitsliteratur

  A. *PRAKTISCHE LEBENSWEISHEIT.* Den Weisen Israels ging es nicht so sehr um philosophische als praktische Weisheit. Die Metaphysik oder die Suche nach dem Urgrund des Seins war nicht ihr Problem; diese Fragen wurden in der Thora bereits als gelöst angenommen. Diesen Männern lag eine sittliche Lebensweisheit am Herzen, die göttliche Wahrheit auf menschliche Erfahrungen überträgt. Sie beobachteten Wesen und Wandel des Menschen sowie die Folgen seines Tuns und Treibens, um daraus Grundsätze für sittliches Handeln abzuleiten. Sie waren »Haus- und Hofphilosophen«, welche die Gesellschaft des Mannes auf dem Feld und der Frau im Heim suchten, erprobte und bewährte Wahrheiten sammelten, Fragende berieten und ihren Einfluß zur Geltung brachten, wo immer dies möglich war.

  B. *GÖTTLICHER HUMANISMUS.* Die alttestamentlichen Weisheitsbücher werden als die »Schriften des hebräischen Humanismus« bezeichnet (O. S. Rankin: *Israel's Wisdom Li-*

terature. Diese stehen in radikalem Gegensatz zum klassischen Humanismus, der den Menschen zum Maß aller Dinge macht. Sie fußen auf dem Glauben an die Würde des Menschen als Geschöpf und Ebenbild Gottes und an das Gebotswort Gottes als einzigen Maßstab für Wahrheit und Leben. Dieser Humanismus befaßt sich mit der Persönlichkeit des Menschen, seinem sittlichen Tun und seiner gesellschaftlichen Verantwortung im Licht dieser theologischen Grundaussagen. Für die Weisen war Weisheit »nichts anderes als Gott selbst im Zwiegespräch mit der geistlichen Schöpfung« (A. Robert und A. Feuilet: *Introduction to the Old Testament*). So brachten die Weisen Israels göttliche Prinzipien dem Mann auf der Straße nahe, nicht nur um sein Leben lebenswerter zu machen, sondern um sein Wissen um das Endziel des Daseins zu bereichern.

C. *DIE PHILOSOPHISCHE SICHT.* Im Gegensatz zu den Priestern und Propheten sahen die Weisen Israels die Welt aus dem Blickwinkel der Philosophen. Ihr Stand gründete sich nicht auf Erbfolge oder Berufung, sondern auf ein moralisches Anliegen für wahrheitsgemäßes Handeln. Wie der Priester mit dem Ritual und der Prophet mit der Verkündigung befaßt sind, ist der Rat die Hochburg des Weisen. In priesterlicher Sicht ist Sünde »Verunreinigung«, in prophetischer »Sünde« und in philosophischer »Torheit«. Der Weise sieht Gottes Befehle als moralische Lebensregeln, die bei Befolgung zu Glück, bei Mißachtung zu Unglück führen.

III. Die biblischen Weisheitsbücher

A. HIOB: *»Weisheit zum Verständnis von Leid.«*

Das erste Weisheitsbuch widmet sich einer der größten Lebensfragen: Warum leiden die Gerechten? Warum führt gute Lebensführung nicht immer zu Glück und innerem Frieden? An der Antwort darauf scheitern die meisten moralischen Gedankengebäude. Es erfordert vom Bibelgläubigen tiefe Weisheit über Gott, um sein Handeln zu verstehen. Hiob ist ein kosmisches Drama, in dem Gott alle Bereiche in der Hand hat und Hiob, einen vollkommenen und rechtgläubigen Mann, durch das Feuer des Leids auf eine höhere Ebene der Erkenntnis und des Glaubens führt. Auf dem Prüfstand steht ein religiöses Denkgebäude, welches durch ein verzerrtes Gottes- und Menschenbild in die Sackgasse geraten ist, in das nur mit Mühe tiefere Wahrheiten über das Wesen Gottes einzubauen sind. Dieses Werk ist ein Aufruf an die Notleidenden, in ihrem Glauben an Gott vorwärtszuschreiten und ihm zu vertrauen, »auch wenn der Himmel schweigt«, wenn die Gerechtigkeit vor die Hunde geht.

B. *DIE SPRÜCHE: »Weisheit für Reife und Zucht.«*

Die Sprüche sind eine klassische Sammlung göttlich erwählter Sprichwörter über Charakterbildung. Zwei Lebenswege werden einander gegenübergestellt: Weisheit und Torheit. Gezeigt wird, wie vernunftwidrig das Leben auf dem breiten Weg der Bequemlichkeit ist. Der Weise beginnt früh, mit Gott zu rechnen, führt ein zuchtvolles Leben im Dienst dauerhafter Lebensziele und erkennt die innere Kraft, die aus einem starken Charakter und aus geistlicher Lebensführung stammt. Dieses Buch ist kein Konglomerat von zusammenhanglosen Lehrsätzen, sondern ein sorgfältig arrangiertes Kunstwerk. In der Einleitung betritt die Weisheit die Bühne des Lebens; im Hauptteil werden Vorteil und Nutzen der Weisheit ausgeführt, woran im Schlußteil das klassische Porträt wahrer Weisheit anschließt: die zuchtvolle und zielstrebige Ehefrau (im letzten Kapitel).

C. *DER PREDIGER:* »*Weisheit zur Entdeckung von Sinn im Leben.*«
Der Prediger ist als Weisheitsbuch eine Klasse für sich. Seine Botschaft ist Lebensfreude angesichts der Erhabenheit Gottes und ungebrochener Optimismus trotz der scheinbaren Widersprüche des Lebens. Sein Grundtenor ist nicht Sinnleere und Pessimismus, sondern freudiger Optimismus. Das Buch will zeigen, wie sinnlos eine Lebenssicht ohne Gott, »unter der Sonne«, ist. Der Autor oder Redaktor führt uns durch den Irrgarten des Lebens, um mehrere Quellen von Freude und Sinn kritisch zu überprüfen. Keiner wäre dazu besser geeignet als Salomo, dem alle Möglichkeiten zu dieser Suche offenstanden. Hier lesen wir seine Schlüsse und Entdeckungen zum Nutzen aller, die durch Belehrung und nicht nur durch Schaden klug werden: »Genieße das Leben in aller Mäßigung und Zucht und denke daran: Am Ende wirst du deinem Schöpfer gegenüberstehen.«

Das Buch Hiob

Einleitung

TITEL UND AUTOR

A. *BEZEICHNUNG*

Wie Ester ist das Buch Hiob nach der Hauptperson, nicht nach dem Autor benannt, obwohl Hiob selbst viele Einzelheiten notiert haben mag. Die Herkunft des Namens Hiob (hebr. *'Ijjob*) ist ungewiß. Er könnte sich von »verfeindet sein« oder »Objekt der Feindschaft« ableiten. Die arabische Schreibweise *'Awwabun* legt die Bedeutung »Buße tun«, »umkehren« oder »erneuert werden« nahe. William F. Albright deutet den Namen aufgrund der ägyptischen Amarnabriefe als »Wo ist Vater« (*'aba*) (*The Archaeology of Palestine*). Da das Buch in Nordarabien spielt, ist die arabische Bedeutung von »Erneuerung« oder »Umkehr« die wahrscheinlichste.

B. *VERFASSER*
1. Das Buch Hiob ist anonym und bietet nur wenige Anhaltspunkte zur genauen Zuweisung. Als mögliche Autoren werden genannt: Hiob, Elihu, Mose, Salomo und Jeremia.
2. Die meisten Verfechter hat die Verfasserschaft durch Mose oder Salomo. Der jüdische Talmud geht davon aus, Mose habe diese Geschichte in Midian gehört und das Buch unter göttlicher Inspiration bearbeitet oder verfaßt. Bei den Rabbis gilt Salomo als der Autor, vor allem aufgrund von Aufbau und Inhalt des Werkes.
3. Der patriarchalische Beigeschmack des Buches und das Fehlen jeglicher Erwähnung des mosaischen Gesetzes oder der Gotteswunder beim Auszug weisen stark auf die Zeit der Erzväter hin. Mose könnte die Geschichte während seines vierzigjährigen Aufenthaltes in Midian gehört und während der notvollen Zeit der Wüstenwanderung niedergeschrieben haben, was den arabischen Stil und Hintergrund hinreichend erklären würde. Aufgrund der modernen Ausdrucksweise müßten wir dann eine spätere Revision annehmen.

Das geschichtliche Umfeld

A. ZEITPUNKT DER EREIGNISSE — Zeit der Erzväter
1. Da der historische Wahrheitsgehalt des Hiobsberichtes vielfach bezweifelt wird, ist hier eine kurze Liste der Argumente für seine Historizität gegeben:
   a. Hiob wird im Lande Uz angesiedelt, einem eindeutig identifizierbaren Ort (1,1).
   b. Das Wort des Herrn in Hes 14,14-20 stellt Hiob viermal mit Noah und Daniel als geschichtliche Personen gleich.
   c. In Jak 5,10.11 wird das Leiden und Ausharren Hiobs neben den Propheten als historische Wahrheit anerkannt.
   d. Die Himmmelsszenen im Vor- und Nachwort können natürlich nur aufgrund göttlicher Offenbarung historisch sein.
2. Die patriarchalischen Züge der Geschichte (Zeit zwischen Abraham und Mose) sind allgemein anerkannt:
   a. Die Lebensweise Hiobs und seine Priesterschaft im eigenen Haus sind patriarchalisch.
   b. Das hohe Alter Hiobs (nach 42,16 wohl zweimal 140) stimmt am besten mit dem Lebensalter der Erzväter überein (Abraham wurde 175 Jahre alt).
   c. Das Fehlen jeglicher Hinweise auf das mosaische Gesetz und die Auszugswunder weist auf ein frühes Entstehungsdatum hin.
   d. Der Name Elifas der Temaniter könnte auf einen unmittelbaren Nachkommen Temans hinweisen, des Enkels Esaus, dessen Vater ebenfalls den Namen Elifas trug (1 Mo 36,15).

B. DATIERUNG
1. Zur Beurteilung der weiten Spanne verschiedener Datierungen möge die folgende Liste von E. J. Young dienen (*An Introduction to the Old Testament*, S. 340):
   a. Um die Zeit Salomos (Keil, Delitzsch, Haevernick)
   b. Im achten Jahrhundert, vor Amos (Hengstenberg)
   c. Zu Beginn des siebten Jahrhunderts (Ewald Riehm)
   d. In der ersten Hälfte des siebten Jahrhunderts (Staehelin, Pfeiffer)
   e. In der Zeit Jeremias (Koenig, Gunkel, Pfeiffer)
   f. Im Exil (Cheyne, Dillmann 1891)
   g. Im fünften Jahrhundert (Moor, Driver und Gray, Dhorme)
   h. Im vierten Jahrhundert (Eissfeldt, Volz)
   i. Im dritten Jahrhundert (Cornill, der später jedoch unbestimmt datierte)
2. Aufgrund der Argumente für die Urheberschaft durch Mose oder Salomo und unbeschadet einer möglichen späteren Überarbeitung ist eine Datierung zu Beginn des fünfzehnten oder Mitte des zehnten Jahrhunderts am wahrscheinlichsten.

C. DAS GEOGRAPHISCHE UMFELD
Die biblischen Erwähnungen von Uz weisen auf ein Land östlich von Edom hin (1 Mo 10,23; 36,28; Jer 25,20; Kla 4,21). Der Schauplatz des Geschehens dürfte also im Wüstenhochland Nordwestarabiens liegen, etwa 250 km östlich des Toten Meeres. (In der Tradition wird freilich ein Ort weiter nördlich, östlich von Galiläa, angenommen.)

D. DAS RELIGIÖSE UMFELD
1. Hauspriestertum. Hiobs Opfer für seine Familie ähneln denen Abrahams, als der Gottesdienst in den Großfamilien von sich ging. Hiobs Frömmigkeit zeigt sich in seiner Recht-

schaffenheit auch im Wohlstand. Dies war vor dem mosaischen Gesetz gang und gäbe.

2. Gesetzliche Gottessicht. Die gesetzlichen Ansichten der drei Freunde über Sünde und Leid spiegelten offenbar die überkommene Rechtgläubigkeit jener Zeit wider, der auch Hiob anhing. Ihr Gottesbild war mechanistisch und zählte auf automatische und sofortige Belohnung oder Strafe. Diese falsche Theologie führte Hiob zu einer verfehlten Einschätzung seines Leides und zu einem verzerrten Selbstbild. Die Freunde wußten nichts von Gottes Güte und Gnade an den Ungerechten. Hiobs Weigerung, sich ihrer mechanistischen Sicht anzuschließen, mußten sie daher als Gotteslästerung verstehen. Das Gespräch und sein Ergebnis versetzten ihrer fehlverstandenen Rechtgläubigkeit einen vernichtenden Schlag und ermöglichten die Erneuerung ihres Glaubens aufgrund eines berichtigten Gottesbildes.

Der Zweck von Hiob

A. Hauptzweck des Buches ist zu zeigen, wie Gott sowohl Not als auch Wohlstand als Erziehungsmittel verwendet.

B. Im Zusammenhang damit wird die Erhabenheit Gottes vorgeführt, der den Satan und seine übelsten Angriffe seinen eigenen Zielen dienstbar macht.

C. Weiter will das Buch die Dynamik Gottes unter Beweis stellen, der nicht nach mechanistischen Gesetzen, sondern mit unendlicher Vielfalt und Liebe handelt.

D. Zuletzt soll dem ganzen Universum die Macht und Liebe Gottes bewußt werden, damit selbst in unverständlichen Situationen Anbetung die Herzen erfüllt.

Gliederung von Hiob

THEMA: Gottes Gebrauch von Trauer und Teufel zur Kräftigung seiner Kinder

```
I.   PROLOG DES AUTORS: DER KOSMISCHE ZWECK DES LEIDS............1; 2
     A. Des Herrn Freude an Hiob bestritten vom Satan..................1,1-12
     B. Des Herrn Freude an Hiob nach Verlust des Reichtums............1,13-22
     C. Des Herrn Freude an Hiob nach Verlust der Gesundheit...........2

II.  DIALOG DER FREUNDE: DER STRAFENDE ZWECK DES LEIDS.............3-31
     A. Zyklus 1: Hiobs Zweifel am überkommenen Gottesbild.............3-14
        1. Hiobs Klage: Gottes unerklärliche Strafe....................(3)
        2. Elifas und Hiob: Bedeutet Leid immer Sünde?................(4-7)
        3. Bildad und Hiob: Ist der Gerechte immer glücklich?.........(8-10)
        4. Zofar und Hiob: Führt Buße immer zu Segen?.................(11-14)
     B. Zyklus 2: Hiobs Verzweiflung am überkommenen Gottesbild........15-21
        1. Elifas und Hiob: Persönlicher Schlagabtausch...............(15-17)
        2. Bildad und Hiob: Spott und Verzweiflung...................(18; 19)
        3. Zofar und Hiob: Vorwurf der Heuchelei....................(20; 21)
     C. Zyklus 3: Hiobs Verwerfung des überkommenen Gottesbildes.......22-31
```

       1. Elifas und Hiob: Konkrete Angriffe widerlegt ....(22-24)
       2. Bildad und Hiob: Plädoyer für Weisheit und Erfahrung................(25-31)
  III. MONOLOG ELIHUS: DER ZURECHTWEISENDE ZWECK
      DES LEIDS..32-37
     A. Vorwurf 1: Die Oberflächlichkeit der drei Freunde 32
     B. Vorwurf 2: Die Unnahbarkeit und Unbelehrbarkeit Hiobs......................33
     C. Vorwurf 3: Die Ehrfurchtslosigkeit Hiobs vor Gott 34; 35
     D. Eigene Anschauung: Leid als Zurechtweisung 36; 37
  IV. MONOLOG DES HERRN: DER BELEHRENDE ZWECK
      DES LEIDS..38-41
     A. Frage 1: Kannst du die Schöpfung begreifen? 38; 39
     B. Frage 2: Kannst du die Schöpfung beherrschen? 40; 41
     C. Frage 3: Wie kannst du den Schöpfer bezweifeln?
        (nicht ausdrücklich gestellt)
  V. EPILOG DES AUTORS: DER HERRLICHE AUSGANG
     GERECHTEN LEIDS..42
     A. Hiobs Antwort und Demütigung vor Gott.................................42,1-6
     B. Hiobs Auftrag, für seine Freunde zu beten.................................42,7-9
     C. Hiobs Aufstieg und Segnung von Gott 42,10-17

Besonderheiten von Hiob

1. **DIE BEZIEHUNG ZUM BUCH ESTER.** Das letzte Geschichtsbuch und das erste poetische Buch zeigen mehrere auffallende Gemeinsamkeiten und Gegensätze auf:
   a. Beide Bücher sind Dramen; Ester ist ein erzählendes und Hiob ein poetisches Drama. Ester erlebte einen rasanten Aufstieg, um Gott und seinem Volk zu dienen. Hiob erlebte einen rasanten Abstieg, um Gott und seinem Volk zu dienen.
   b. Beide Bücher stellen auf besondere Weise die Erhabenheit Gottes dar:
   Ester Gottes erhabene Zuwendung in Zeiten der Not,
   Hiob Gottes erhabenen Zweck in Zeiten der Not.
   c. Beide sind eingebettet in den kosmischen Kampf zwischen Gott und dem Satan.
   In Ester spielt sich der Kampf auf der internationalen oder politischen Ebene ab.
   Bei Hiob spielt sich der Kampf auf der interpersonalen oder persönlichen Ebene ab.
   d. Beide entlarven die Tücken des Teufels, um Gottes Volk zu vernichten.
   In Ester wird das Volk Gottes vor den Tücken des Teufels errettet.
   In Hiob wird ein Mann Gottes gegen die Tücken des Teufels hindurchgerettet.
   e. Beide beschreiben kosmische Niederlagen des Satans gegen Gott.
   In Ester mißlingt ihm die Vernichtung des auserwählten Volkes Gottes.
   In Hiob mißlingt ihm die Vernichtung des Glaubens Hiobs, dessen Anbetung sich als echt und selbstlos erweist.

2. **VORREITER IM BIBLISCHEN KANON.** Das Buch Hiob fungiert auf mindestens dreierlei Weise als Vorreiter im Kanon der Bibel:
   a. Es ist das erste der drei Weisheitsbücher (Hiob, Sprüche und Prediger).

    b. Es ist das erste der fünf poetischen Bücher (Hiob bis Hohelied).
    c. Es ist das erste der 22 Ideenbücher (Hiob bis Maleachi).
    In allen drei Kategorien ist Hiob ein Klassiker.

3. **DIE GRÖSSE GOTTES.** Vom Vorwort bis zum Nachwort ist Hiob voll der Größe Gottes. Folgende Aspekte treten zutage:
    a. Die Größe seines Wesen (42,1-5). Sie zeigt sich nicht nur in der Erhabenheit, sondern in der Dynamik des Handelns Gottes. Gott ist weder launisch noch berechenbar, er reagiert nicht nach einem vorgegebenen Schema auf äußere Anlässe, sondern handelt mit unvorstellbarer Feinarbeit an jedem einzelnen, um seine Ziele zu erreichen.
    b. Die Größe seiner Macht (1,6; 38,1ff;). Sein allmächtiges Befehlswort herrscht über die geistliche und materielle Welt; und seine allmächtige Liebe vermag auch ohne materiellen Lohn die Gegenliebe der Menschen zu erwirken.
    c. Die Größe seines Planes (1,6.7; 19,26.27). Sein Plan und Ratschluß ist allumfassend und ewig, nicht ein bloßes Reagieren auf spontane Probleme. Er befehligt direkt alle geistliche und leibliche Kreatur und wird am Tag der Abrechnung alle zur Rechenschaft ziehen.
    d. Die Größe seiner Ziele (1,8-12; 2,3). Sein Ziel mit dem Menschen ist nicht, ihm mit einem bequemen Leben hier und jetzt zu verwöhnen, sondern ihn für die Ewigkeit zu vervollkommnen. Diesem Ziel muß sogar der Satan dienen, wodurch jedem geistlichen Wesen die Größe der Weisheit und Gnade Gottes vorgeführt wird.
    e. Die Größe seiner Kinder (1,20-22; 13,15; 23,10). Wahre Kinder Gottes lieben ihn und dienen ihm im Glauben, nicht aufgrund sichtbarer Segnungen. Sie anerkennen die Größe seines Wesens, seiner Macht, seines Planes und seiner Ziele; sie stehen Gott zur Verfügung und gestatten es ihm, sie gegebenenfalls durch Leid zu läutern, um »wie Gold« hervorzugehen.

4. **DAS LEID DER GERECHTEN.** Diese frühe Offenbarung Gottes beantwortet eines der Grundprobleme des Menschen, warum Gott die Gerechten leiden läßt, wo er doch voll Liebe und Macht ist. Mehrere Antworten auf dieses Problem treten zutage:
    a. Der Satan: Leid ist ein Mittel, das jedermann zur Verwerfung Gottes zwingen kann (1,11; 2,4.5).
    b. Die drei Freunde: Leid ist immer Strafe für Sünde (4,7-9; 8,3-6; 11,13-15).
    c. Elihu: Leid dient zur Zurechtweisung und Züchtigung durch Gott (33,13-17.29.30).
    d. Hiob:
        1) Anfangs: Leid ist für die Gottlosen, nicht die Gerechten (6,24; 7,20).
        2) Später: Leid dient der Läuterung durch Gott (23,10ff.)
    e. Der Herr:
        1) Leid ist ein Vorrecht der Kinder Gottes und dient einem großen Ziel, auch der Widerlegung des Teufels (1,8.12).
        2) Leid ist ein Ruf zum Vertrauen auch ohne Verstehen; denn wüßten wir von seinem Sinn, wäre Gottes Plan durchkreuzt (13,15).
        3) Leid kann Gott als Werkzeug dienen, um den Menschen und seine Möglichkeiten zum Bankrott zu führen und dann seine fürsorgliche Macht zu beweisen (42,3-7).

5. **DER THRONSAAL GOTTES** (1;2). Wie das letzte Buch der Bibel den Thron Gottes in Zeiten der Not schildert (Offb. 4;5;21), so lüftet dieses früheste Buch (entstanden vielleicht vor 1 Mo) ein wenig den himmlischen Schleier, um den Blick auf den Thronsaal Gottes freizuge-

ben (vgl. 1 Kö 22,19-23; 2 Chr 18,18-22). Jedesmal geht es um Gottes völlige Souveränität und sein großes Anliegen für die Nöte und Sorgen der Menschen.

6. **DER GROSSE WIDERSACHER** (1,6). Sollte Hiob das älteste Bibelbuch sein, ist die Vorstellung des großen Widersachers des Menschen, des Teufels, im ersten Kapitel wesentlich. Er wird in einfachen, unmißverständlichen Worten eingeführt, nicht als körperlose Macht des Bösen, sondern als Person, die Gott gegenübertritt, ausgestattet mit Gewalt über die Natur und beseelt von unstillbarem Haß gegen die Diener Gottes. Seine Feindschaft untersteht jedoch der genauen Überwachung durch Gott und wird durchwegs seinen Zielen dienstbar gemacht. Das sollen sich die Gläubigen vor Augen halten (2 Kor 2,11).

7. **DAS ENDE DER »ÜBERKOMMENEN RECHTSGLÄUBIGKEIT«** (42,5.6). Der Grundirrtum der Freunde Hiobs war ihre Annahme, sie wären redlich, weil sie reich, gerecht, weil sie gesund waren. Diese Sicht hatte wohl auch Hiob geteilt, verkörperte sie doch die überkommene Rechtsgläubigkeit jener Zeit; doch sein Leid versetzte dieser Ansicht den Todesstoß. Sein Gottesbild war bequem und brauchbar, bis er ins Elend gestoßen wurde. Dann sah er in seinen drei Freunden seine eigene Heuchelei. Angesichts des Gedeihens der Gottlosen erkannte er Gesundheit und Glück als schlechtes Kriterium für Rechtschaffenheit. Im Laufe des Buches Hiob zerbröckelt nach und nach die »bequeme Rechtgläubigkeit« Hiobs, da seine Erfahrung das Denken über Lohn und Leistung widerlegte. Wahrer Glaube vertraut unabhängig von Gedeih oder Verderb und weiß um den Tag der Rechenschaft (19,25).

8. **CHRISTUS IM BUCH HIOB** (16,19; 19,25). In seiner tiefen Verzweiflung sehnte sich Hiob nach einem »Schiedsmann«, um seine Sache vor Gott und den Menschen zu vertreten (9,32-33). In seiner Bestürztheit gegenüber den drei Freunden kommen auch vereinzelte »Glaubenstiefen« in Hiob zum Vorschein. In 16,19 beruft er sich auf seinen »Fürsprecher in der Höhe«, in 19,25 auf den »Erlöser«, der ihm Rechtfertigung vor Gott bringen würde. Er wußte nicht von dem Erlöser, den Gott senden würde, doch sehnte er sich nach ihm und nahm ihn im Glauben in Anspruch.
Das Leid Hiobs ist zugleich Schattenbild auf das Leben Christi, der vom Vater vollkommen erfunden, vom Satan gehaßt und bekämpft, von seinem eigenen Volk verleumdet und in tiefstes Elend gestoßen wurde. Er nahm dieses Elend auf sich, um den Elenden zu erreichen und zum Schiedsmann und Erlöser für sein Volk zu werden (Phil 2).

Das Buch der Psalmen

Einleitung

TITEL UND AUTOR

Das Besondere an diesem Buch ist seine Funktion als Liederbuch Israels und der Gemeinde bis hinein in die Neuzeit. Als solches bieten die Psalmen wesentlichen Anstoß zu Gebet und Lobpreis. Sie stehen im Herzen der Bibel, Psalm 117 ist das mittlere Kapitel und Psalm 118,8, je nach Verszählung, der mittlere Vers der Schrift: »Es ist besser, sich bei dem HERRN zu bergen, als sich auf Menschen zu verlassen.« Diese Haltung gibt die Einstellung Davids wieder, nach dem das Buch traditionell auch »die Psalmen Davids« heißt.

A. *BEZEICHNUNGEN*

1. Buchtitel. Im Hebräischen heißen die Psalmen »Buch der Loblieder« (*Sefer Tehillim*) oder einfach »Loblieder.« Diese Bezeichnung bringt den Hauptzweck der Psalmen zum Ausdruck: Gott zu loben. Die griechischen Übersetzer wählten den Titel »Psalmen« (Psalmoi) nach dem Titel von 57 Psalmen (*Mismor* — ein Lied zur Begleitung auf Saiteninstrumenten). Diese Bezeichnung wird im Neuen Testament auch in Luk 20,42 und Apg 1,20 verwendet. Der Titel »Psalter« leitet sich von demselben Wort ab.

2. Kapitelüberschriften. Eine Besonderheit der Psalmen liegt in den Einzeltiteln, mit denen viele von ihnen überschrieben sind (im Hebräischen 134; im Griechischen 148, wobei »Halleluja« als Titel gewertet wird). Diese Überschriften gehören zwar nicht zum ursprünglichen Textbestand, sind aber jedenfalls älter als die Septuaginta (2. Jahrhundert v.Chr.). Es gibt sieben verschiedene Psalmentitel, die sich vor allem auf Charakter und Verwendung des Psalms beziehen:

    a. Mismor (57mal) Auf Saiteninstrumenten begleitetes Lied;
    b. Schir (30mal) Religiöses oder weltliches Lied (allgemein);
    c. Maskil (13mal) Meditations- oder Lehrgedicht;
    d. Miktam (6mal) Bedeutung ungewiß, vielleicht »Sühnung«;
    e. Tefilla (5mal) Gebet;
    f. Tehilla (1mal; Psalm 145) Loblied. Von diesem Psalmentitel leitet sich die hebräische Bezeichnung des gesamten Buches ab.
    g. Schiggajon (1mal; Psalm 7) Bedeutung ungewiß, wahrscheinlich ein Bußpsalm.

3. Andere Funktionen der Überschriften. Weiter erfüllen die Psalmentitel fünf verschiedene Aufgaben:

    a. Titel zur Charakterisierung des Psalms (siehe oben),
    b. Titel als Anleitung für die Musiker, z.B. »dem Chorleiter« (Ps 4),
    c. Titel als Anleitung zum liturgischen Gebrauch, z.B. »Für den Tag des Sabbaths« (Ps 92),
    d. Titel zur Bezeichnung des Autors (nur 50 sind anonym),
    e. Titel zur Bezeichnung des Anlasses (bei 14 Davidspsalmen: 3; 7; 18; 30; 34; 51; 52; 54; 56; 57; 59; 60; 63; 142).

B. *DIE VERFASSER*

1. Man hat den gesamten Psalter als »Die Psalmen Davids« bezeichnet, da sein Name im Titel fast jedes zweiten Psalms vorkommt und zweifellos noch viele andere auf ihn zurückgehen. Wie die Samuelbücher die Geschichte Davids beschreiben, eröffnen uns die Psalmen den Blick in sein Herz und seinen Glauben. Seine Persönlichkeit befähigte ihn in außerordentlicher Weise für die Abfassung der Psalmen:

    a. Er war ein Mann mit einem weiten Herzen, einem scharfen Verstand, einem gottgeweihten und disziplinierten Leben, mit tiefgehenden Gefühlen, einem starken Willen und einer lebendigen Beziehung zu Gott (2Sam 23,1).
    b. Er hatte als Hirte, Musiker, Dichter, Krieger, Flüchtling, Liebender, Theologe und Staatsmann reiche Erfahrungen im Auf und Ab des Lebens gesammelt.

2. Bei 100 Psalmen kennen wir den Autor aus den hebräischen Überschriften, 19 weitere sind in der Septuaginta benannt. Insgesamt wissen wir von 12 Autoren:

a. Mose (1)	Ps 90	
b. David (73)	Ps 3-9; 11-32; 34-41; 51-65; 68-70; 86; 101; 103; 108-110; 122; 124; 131; 133; 138-145	
(2)	Ps 2 (nach Apg 4,25); Ps 95 (nach Hebr 4,7)	
c. Salomo (2)	Ps 72; 127	
d. Asaph (12)	Ps 50; 73-83	
e. Die Söhne Korahs (20)	Ps 42; 44-45; 47-49; 84; 85; 87; 88	
f. Heman (1)	Ps 88 (Ein Sohn Korahs)	
g. Ethan (1)	Ps 89	

Aus der Septuaginta können wir folgende 19 Psalmen zuweisen:

h. Hiskia (15)	Ps 120-134 (vgl. Jes 38,20)
i. Jeremia (1)	Ps 137
j. Haggai (1)	Ps 146
k. Sacharja (1)	147
l. Esra (1)	119

Die übrigen Psalmen sind anonym, doch wenn das Neue Testament Psalm 95 David zuschreibt, könnten wir das auf die gesamte Gruppe 95-100 ausweiten.

3. Traditionsgemäß wird die Sammlung der Psalmen in ihrer gegenwärtigen Form Esra zugeschrieben, obwohl auch David, Salomo und die Männer Hiskias (Jesaja und Micha) sowie Jeremia Sammlungen durchgeführt haben mögen.

Das geschichtliche Umfeld

A. DATIERUNG DER PSALMEN
1. Der erste Psalmenautor dürfte Mose (um 1430) und der letzte Esra (um 430) gewesen sein, womit die Datierungsspanne der Psalmen 1000 Jahre umfaßt. Im vergangenen Jahrhundert wurden manche Psalmen von der Bibelkritik in die Makkabäerzeit verlegt, doch ist man heute weitgehend zur vorhellenistischen Datierung zurückgekehrt (Encyclopedia Judaica, S.1312).
2. Die genannten Autoren legen eine Abfassung der Psalmen in mehreren Schüben nahe, die in die Zeit Davids (1020-970), Salomos (970-931), der Söhne Asaphs und Korahs und der »Männer Hiskias« (um 700) fallen.

B. DAS RELIGIÖSE UMFELD
1. Natürlich sind die Psalmen vordergründig religiösen Inhalts. Leland Ryken hat die Feststellung getroffen: »Fast alle Psalmengedichte tragen ein Scherflein zum Gesamtthema bei, dem Kampf zwischen Gut und Böse« (*The Literature of the Bible*, S. 125). In der Denkweise der Psalmen gibt es zwei Arten von Menschen: Gute und Böse, Fromme und Gottlose. In diesem Kampf steht der Psalmist in vorderster Reihe, schließt sich ganz der Sache Gottes an und preist ihn für sein vergangenes oder bevorstehendes Eingreifen.
2. Die Psalmentitel weisen auf den liturgischen Gebrauch mancher Psalmen hin. Nach Leopold Sabourin wurden sie oft in Verbindung mit dem Opfergottesdienst verwendet (*The Psalmis: Their Origin and Meaning*, S. 18). Die Hiskia-Psalmen dienten als Wallfahrtslieder auf der Reise zu den Jahresfesten in Jerusalem, während die Hallel-Psalmen beim Passahmahl gesungen wurden (siehe Mt 26,30), aber auch zu Pfingsten und zum Laubhüttenfest.

C. *DAS NATIONALE UMFELD*
1. In Israel gehörten Religion und Politik untrennbar zusammen. So sind die Schlachten Israels nichts anderes als heilige Kriege für Gott. Der Feind ist der unverbesserliche Böse, zu dessen Vernichtung als Widersacher Gottes Worte des Fluches ausgestoßen werden. Die Psalmen setzen die Loyalität zum Bundesvolk mit Gerechtigkeit und Gottgefälligkeit gleich; so wird der Sieg der Hand des Herrn anvertraut.
2. Der nationale und militärische Hintergrund tritt in sehr vielen Psalmen zutage, insbesondere aber in den 14 Davidspsalmen, deren Anlaß im Titel angegeben ist. In Psalm 3 ist es der Thronraub Absaloms, in Ps 18 das knappe Entrinnen vor Saul, in Ps 34 die Flucht vor den Philistern und in Ps 54 die Verfolgungsjagd Sauls.
So entstanden die Psalmen bei ganz bestimmten Notlagen und Siegen, die die Verfasser erlebten. Schier unüberwindliche Probleme trieben sie in die Zuflucht zu Gott und lehrten sie, dem Herrn die Ehre zu geben.

Literarische Merkmale der Psalmen

A. *LYRIK*
Die Psalmen sind nicht nur Gedichte, sondern auch lyrische Gedichte. Darunter verstehen wir »ein kurzes, ursprünglich gesungenes Gedicht, das den Gedanken und insbesondere den Gefühlen eines einzelnen Ausdruck verleiht« (Leland Ryken: *The Literature of the Bible*, S. 123). Lyrische Dichtung hat vier wichtige Kennzeichen:
1. Lyrische Dichtung ist zur musikalischen Darbietung mit Begleitung von Saiteninstrumenten gedacht. Darum weisen die Verse ein ganz bestimmtes Betonungsschema auf (Reim gibt es freilich keinen, und die Existenz eines regelrechten Versmaßes ist fraglich; siehe La Sor, Hubbard, und Bush: *Old Testament Survey* S. 312ff).
2. Lyrik ist subjektiv oder persönlich und zeigt die innersten Gefühlen des Dichters. Wie der Prophet das Wort Gottes an den Menschen spricht, gibt der Psalmist den Gedanken und Gefühlen des Menschen Gott gegenüber Ausdruck. Auch bei Verwendung der Mehrzahlform »wir« sind es persönliche Gefühle, die auf eine Gruppe verallgemeinert werden.
3. Eines der Hauptmerkmale lyrischer Dichtung ist die zentrale Rolle des Gefühlslebens. Zur Verdeutlichung intensiven gefühlsmäßigen Erlebens werden Sprachfiguren wie Hyperbel (Überzeichnung) und ausdrucksstarke Wörter eingesetzt. Hauptzweck ist nicht der Vortrag von Geschichte oder Lehre, (welche freilich auch vorkommen), sondern die Darstellung der gefühlsmäßigen Seite des Glaubens. Die Psalmen sind geschrieben, um Emotionen zu wecken.
4. Lyrik ist außerdem kurz. Da tiefgehende Gefühle nicht konserviert werden können, müssen die Psalmen kurz sein. Die geschilderten Gefühle dauern aber lang genug, um zu einem Höhepunkt zu gelangen und einen Abschluß zu finden. Ps 119 freilich ist sehr lang; sein Hauptmerkmal ist allerdings die Form eines Akrostichons (Anordnung nach dem hebräischen Alphabet).

B. *PARALLELISMUS*
Grundmerkmal der hebräischen Dichtung ist der Parallelismus membrorum, dessen Kenntnis zum Verstehen der Psalmen unabdingbar ist. Wer Poesie wie Prosa auslegt und die literarische Besonderheit des Parallelismus nicht gebührend beachtet, wird entweder falsche Bedeutungen in die Parallelismen hineinlesen oder aber endlose Wiederholungen konstatieren. Auf die Arten des Parallelismus sind wir in der Einführung zur Poesie näher eingegangen.

C. *SPRACHBILDER*

Während die Aussagen von Prosatexten in wörtlicher Form getroffen werden, begegnen wir in der Poesie bildhaften Darstellungen. In den meisten Psalmen werden Sprachbilder verwendet, welche zwei Bedeutungsebenen oder Lebensbereiche vereinen. In Ps 1 steht für die Schönheit und Sicherheit eines gottgefälligen Lebens ein Baum, gepflanzt an einem Bach. Der Psalmist verschachtelt zwei oder mehr Bedeutungsebenen ineinander, um die gemeinten Wahrheiten plastisch erstehen zu lassen. Dies geschieht nicht zur Unterhaltung, sondern zur Erweckung von Aufmerksamkeit. Ps 23 verwendet das Bild vom Hirten und den Schafen, um die Beziehung des Gläubigen zum Herrn zu verdeutlichen. Das Bekannte (der Hirte) wird benutzt um das Unbekannte lebendig zu machen. Sprachbilder erhöhen Verständnis und Einsicht, sprechen aber vor allem das Unterbewußte an, die assoziative Gefühlswelt. Dadurch wird die Wahrheit in mehreren Erlebensbereichen aufgenommen. Die häufigsten Sprachbilder in den Psalmen sind die folgenden:

1. Eine *Simile* ist ein Vergleich mit einem oder mehreren Vergleichspunkten, hergestellt durch die Bindewörter »wie« und »gleich«.
   Ps 1,3: »Er ist wie ein Baum...«
2. Eine *Metapher* ist ein verkürzter Vergleich ohne Bindewort, der die Gleichheit einfach feststellt.
   Ps 23,1: »Der HERR ist mein Hirte«.
3. Eine *Allegorie* ist eine Kombination erweiterter Methaper zur Verdeutlichung eines zentralen Themas.
   In Ps 80,8ff wird Israel mit einem »Weinstock aus Ägypten« verglichen.
4. Eine *Metonymie* ist eine Sprachfigur, die welcher ein Wort für einen anderen, inhaltlich angrenzenden Begriff steht.
   Ps 73,9: »Ihre Zunge (Worte) ergeht sich auf der Erde.«
5. Eine *Synekdoche* ist ein Sprachbild, bei dem ein Teil eines Objekts für das Ganze steht oder umgekehrt.
   Ps 52.6: »Du hast alle Worte des Verderbens geliebt, du betrügerische Zunge!« (Die Zunge steht für den gesamten Menschen)
6. Eine *Hyperbel* ist eine Überzeichnung oder Übertreibung zur besonderen Betonung.
   Ps 6,7: »Die ganze Nacht schwemme ich mein Bett.«
7. Eine *Personifizierung* schreibt unbeseelten Gegenständen oder abstrakten Dingen die Eigenschaften eines Lebewesens zu.
   Ps 35,10: »Alle meine Gebeine werden sagen: HERR, wer ist wie du!«
8. Eine *Apostrophe* (ähnlich der Personifizierung) spricht abwesende Personen oder leblose Gegenstände an, als wären sie zugegen oder lebendig.
   Ps 114,5-7: »Was war mit dir, Meer, daß du flohst?«
9. Ein *Antropomorphismus* schreibt Gott einen menschlichen Körper zu.
   Ps 10,12: »Steh auf, HERR! Gott, erhebe deine Hand!«
10. Ein *Anthropopathismus* schreibt Gott menschliche Leidenschaften und Gefühle zu.
    Ps 6,2: »HERR, strafe mich nicht in deinem Zorn, und züchtige mich nicht in deinem Grimm!«

D. *ALPHABETISCHE AKROSTICHEN*

Neun Psalmen zählen zu den »alphabetischen Psalmen«, indem der erste Buchstabe jeder Zeile, jedes Verses oder jeder Strophe in der Reihenfolge des Alphabets angeordnet ist. Diese Technik dient natürlich vordergründig als Lernhilfe, lenkt jedoch besondere Aufmerksamkeit

auf den kunstvoll aufgebauten Psalm. In verschiedenen Abwandlungen kommen solche »Akrostichon« in den Ps 9; 10; 25; 34; 37; 111; 112; 119; 145 vor.
1. Die Psalmen 25 und 34 sind die einzigen, die ein vollständiges Vers-Akrostichon mit 22 Versen für die 22 hebräischen Buchstaben darstellen.
2. Die Psalmen 9 und 10 bilden gemeinsam ein unregelmäßiges Akrostichon.
3. Die Psalmen 111 und 112 haben je zehn Verse mit 22 Zeilen, welche ein Zeilen-Akrostichon bilden.
4. Psalm 145 hat 21 Verse. Ausgelassen ist der Buchstabe »n« (»nun«; zwischen V. 13 und 14).
5. Psalm 119 hat 22 Strophen von je 8 Versen, vobei alle 8 Verse jeder Strophe mit demselben Buchstaben beginnen. Die Strophen sind wiederum nach dem Alphabet geordnet. Diese ausgefeilte Ordnung hebt das Thema hervor: Das Gesetz Gottes.

E. *»SELA« UND »HALLELUJA«*
1. »Sela.« Dieses heftig umstrittene Wort begegnet uns 71mal in den Psalmen und dreimal in Hab 3. Im ersten Buch der Psalmen finden wir es 17mal, im zweiten 30mal, im dritten 20mal, im fünften 4mal. Im vierten Buch (Ps 90-106) kommt es gar nicht vor. Mit nur vier Ausnahmen steht es immer am Ende eines Verses. Nach J. W. Thirtle bezeichnet es den Beginn eines neuen Abschnittes oder einer neuen Strophe. Die Bedeutung ist ungewiß, das Wort könnte von »sala« (aufhören) oder »salal« (heben) oder gar von beiden herrühren. Delitzsch sieht darin einen Hinweis auf »ein Zwischenspiel mit Saiteninstrumenten«; Aquila unterlegt dem Wort die Bedeutung »immer, auf ewig«; Hieronymus stellt es neben Wörter wie »Amen« oder »Friede« (Schalom). Zum erstenmal finden wir es in Ps 3, dem ersten David zugeschriebenen Psalm, in dem es gleich dreimal vorkommt. Nach der gängigen Meinung dürfte es eine Pause oder ein Zwischenspiel für die Musiker bzw. eine Kunstpause für den Vortragenden anordnen.
2. »Halleluja.« Dieser Ausruf setzt sich aus den zwei Wörtern »hallel« und »Jah« (Kurzform für Jahwe) zusammen und bedeutet: »Preist den HERRN.« In dieser Bedeutung finden wir es 35mal in den Psalmen; in Offb 19,1-6 wird es als Hebraismus ins Griechische übernommen. Drei Gruppen von Psalmen bilden gemeinsam die »Hallel-« oder »Halleluja-Psalmen«:
   a. Ps 111-113, die jeweils mit »Halleluja« beginnen.
   b. Ps 115-117, die mit »Halleluja« enden (Ps 117 erhält ein weiteres »Halleluja« am Beginn).
   c. Ps 146-150 beginnen und enden jeweils mit »Halleluja«.
   d. Dasselbe gilt für Ps 105;106, wenn wir das Schlußwort von Ps 104 dem folgenden Psalm zurechnen (was dem ursprünglichen Text entsprechen dürfte).
In den Psalmen Davids oder seiner Sänger fehlt dieser Ausruf völlig. Ginsburg sieht ihn als eine liturgische Anweisung zum Wechselgesang, wobei die Gemeinde nach dem Vortrag jedes einzelnen Verses dessen erste Zeile wiederholte. »Halleluja« ist ein Aufruf zum gemeinsamen Lob des Herrn, als welcher er auch in Offb 19 vorkommt, seiner einzigen Verwendung im Neuen Testament.

Der Zweck der Psalmen

A. Die Psalmisten verfaßten sie als Ausdruck ihrer tiefsten Freude und Not, da sie Gottes Hand in den zahllosen Höhen und Tiefen des Lebens sahen.
B. Zugleich sind sie Träger der gesamten Breite menschlicher Erfahrungen und Gefühle, die das

Volk Gottes in ihren Gebeten zu Gott verwendete, um ihrem eigenen Empfinden lebendigen und tiefen Ausdruck zu verleihen.
C. Sie dienten als Stimme der Sehnsucht nach dem Messias, indem sie durch göttliche Inspiration etliche Details seines Kommens und seiner Wiederkunft vorhersahen.
D. Sie fungierten als Liederbuch Israels bei vielen Ritualen und Festen, im Gottesdienst und bei lokalen und nationalen Versammlungen.

Übersicht über die fünf Bücher der Psalmen

	BUCH 1 1-41	BUCH 2 42-72	BUCH 3 73-89	BUCH 4 90-106	BUCH 5 107-150
VERFASSER	David: 37 (+3)* Anonym: 4	David: 18 Korah: 7 Asaph: 1 Salomo: 1 Anonym: 4	David: 1 Korah: 3 Asaph: 11 Heman: 1 Ethan: 1	David: 2 (+1)* Mose: 1 (+1)** Anonym: 14	David: 15 Salomo: 1 Anonym: 28
GESAMT	41	31	17	17	44
ENTSPRE-CHUNG IM PENTA-TEUCH	1. Mose	2. Mose	3. Mose	4. Mose	5. Mose
THEMA	Der Gerechte und sein Lebensweg	Israels Gericht und Erlösung	Israels Heiligtum und Versammlung	Israels Rückfall und Erneuerung	Gottes Wort und großer Lobpreis
BUCHEIN-FÜHRUNG	Psalm 1: Der Gerechte	Psalm 42,6: Harre auf Gott in der Not	Psalm 73,17: Das Heiligtum Gottes	Psalm 90,7: Wir vergehen durch deinen Zorn	Psalm 107,2: So sollen sagen die Erlösten
ABSCHLIES-SENDER LOBPREIS	Psalm 41,14: Amen, ja Amen	Psalm 72,19: Amen, ja Amen	Psalm 89,53: Amen, ja Amen	Psalm 106,48: Amen! Halleluja	Psalm 150,6: Halleluja
TYPISCHER PSALM	Psalm 8: Die Würde des Menschen	Psalm 68: Die Gegenwart des Herrn am Sinai	Psalm 84: Sehnsucht nach dem Heiligtum	Psalm 90: Lehre uns, die Tage zu zählen	Psalm 119: Dein Wort ist meines Fußes Leuchte
HERR (Jah oder JHWH)	273	29	43	111	262
Herr (Adonai)	14	18	15	3	11
GOTT (El oder Elohim)	67	216	82	27	40

*Die Psalmen 2 und 95 werden in Apg 4,25 bzw. Hebr 4,7 David zugeschrieben; die Psalmen 10 und 33 sind Fortsetzungen von 9 bzw. 32 (9 und zehn sind durch ein Akrostichon, 32 und 33 inhaltlich verbunden).
**Aufgrund vieler Ähnlichkeiten wird oft auch Psalm 91 Mose zugeschrieben.

Psalmengattungen

Beim Psalmenstudium ist man in jüngster Zeit von der fast aussichtslosen Erforschung von Entstehungszeit und Anlaß vieler Psalmen abgekommen, um sich der Einteilung nach ihrer Verwendung in Gottesdienst und Andacht zuzuwenden, die aus ihrem Aufbau abzulesen ist. Die folgende Fünfteilung ist in leicht veränderter Form aus Leopold Sabourin: *The Psalms: Their Origin and Meaning* (S. 124) übernommen.

I. LOBESPSALMEN (31)
   1. *Hymnen:* 8; 19; 29; 33; 100; 103; 104; 111; 113; 114; 117; 135; 136, 145-150. Kennzeichen sind Wechselgesänge, »Amen«, »Halleluja« usw.
   2. *Psalmen der Thronbesteigung oder des Königtums Gottes:* 47; 87; 93; 96-99.
   3. *Zionslieder:* 46; 48; 76; 84; 122; 132 (Lob Zions oder Jerusalems).
   Aufbau:
      a. Einleitung: Ruf zum Gebet, etwa »Halleluja«
      b. Hauptteil: Gottes Wesen oder Werke
      c. Schlußteil: Erneuter Aufruf zu Lob und Gehorsam

II. PERSÖNLICHE KLAGE-, VERTRAUENS- UND DANKESPSALMEN (56)
   1. *Persönliche Klage:* 5-7; 13; 17; 22; 25; 26; 28; 31; 35; 36; 38; 39; 42; 43; 51; 54-57; 59; 61; 63; 64; 69-71; 86; 88; 102; 109; 120; 130; 140-143.
   2. *Persönliches Vertrauen:* 3; 4; 11; 16; 23; 27; 62; 121; 131.
   3. *Persönlicher Dank:* 9; 10; 30; 32; 34; 40; 41; 92; 107; 116; 138.
   Aufbau der Klagepsalmen:
      a. Anrede und Hilferuf an Gott
      b. Oft bildhaft ausgedrückte Klage
      c. Vertrauensbekenntnis
      d. Bitte um Hilfe
      e. Appell an Gottes Fürsorge oder Bundesverheißung
      f. Gelübde von Lob und Dank
      g. Zuversicht der Erhörung

III. KOLLEKTIVE KLAGE-, VERTRAUENS- UND DANKESPSALMEN (27)
   1. *Kollektive Klage:* 12; 44; 58; 60; 74; 77; 79; 80; 82; 83; 85; 90; 94; 106; 108; 123; 126; 137.
   2. *Kollektives Vertrauen:* 115; 125; 129.
   3. *Kollektiver Dank:* 65-68; 118; 124.
   Aufbau ähnlich wie beim persönlichen Klagepsalm.

IV. KÖNIGSPSALMEN (über den weltlichen König Israels, sinnbildlich für den Messias) (10)
   1. *Zur königlichen Hochzeit:* 45.
   2. *Zur Krönung:* 2; 72; 101; 110.
   4. *Schlachtlieder* oder *Lobgebete:* 18; 20; 21; 89; 144.
   Aufbau uneinheitlich.

V. LEHRPSALMEN ODER -GEDICHTE (23)
   1. *Weisheitspsalmen:* 1; 37; 49; 73; 91; 112; 119; 127; 128; 133; 139.

2. *Geschichtspsalmen:* 78; 105.
3. *Prophetische Ermahnung:* 14; 50; 52; 53; 75; 81; 95.
4. *Liturgien:* 15; 24; 134.

Typisch sind lehrhafte Elemente wie Sprichwörter, Mahnungen, Geschichtsbetrachtungen, Gegensätze zwischen Gerechten und Gottlosen und Seligpreisungen.

Gliederung und Inhalt der Psalmen

THEMA: Gebete an Gott und Lob seiner Größe in allen Bereichen menschlichen Erlebens

INHALT DES PSALMS	BESONDERHEIT DES PSALM
BUCH 1	
1 Die zwei Lebenswege	Seligpreisung des Gerechten.
2 Verwerfung und Herrschaft des Gesalbten	*Das Kommen des Messias* als Gottessohn.
3 Davids Zuflucht vor allen Feinden	Ein Morgengebet.
4 Ich ruhe und schlafe in Frieden	Ein Abendhymnus.
5 Mutig und aufrecht unter den Gottlosen	
6 Vertrauen überwindet Niedergeschlagenheit	
7 Gebet bei übler Nachrede	
8 Die göttliche Würde des Menschen	*Der Messias* und seine Herrschaft als Menschensohn (Hebr 2,6ff).
9 Gottes Gericht über die Gottlosen	Die Psalmen 9; 10 bilden gemeinsam ein alphabetisches Akrostichon.
10 Die grundlose Überheblichkeit der Gottlosen	
11 Gottes Gericht ist gewiß	
12 Stolze Lippen müssen büßen	
13 Harre auf die Zeit des Herrn	
14 Das Ende der Gottesleugner	Fast identisch mit Ps 53.
15 Die Größe der Einwohner Zions	
16 Freude vor dem Angesicht Gottes	Die Auferstehung des *Messias* (Apg 2,27; 13,35).
17 Bewahre mich wie deinen Augapfel	
18 Der Herr als Fels, Burg und Erretter	Fast identisch mit 2 Sam 22.
19 Gottes Selbstoffenbarung in Natur und Gesetz	Die Erhabenheit des »Gesetzes des HERRN.«
20 Die Zuflucht des Gerechten am Tage der Drangsal	
21 Die Größe des Königs, der Gott vertraut	
22 Davids prophetischer Kreuzespsalm	*Messianisch:* Christus am Kreuz.
23 Der gute Hirte	*Messianisch:* Christus als der gute Hirte.
24 Der König der Herrlichkeit auf Zion	*Messianisch:* Das Kommen Christi als König der Herrlichkeit.
25 Göttliche Lehre für Zeiten der Not	Ein unregelmäßiges Akrostichon.

INHALT DES PSALMS	BESONDERHEIT DES PSALM
BUCH 1	
26 Das Gebet des Gerechten vermag viel	
27 Die Stärke des Gerechten im Harren auf Gott	
28 Davids Dank für Gebetserhörung	
29 Die Erhabenheit der Stimme des Herrn	
30 Preist den Herrn, denn er schenkt Heilung	
31 Vertrauen aus tiefster Not	Der »Märtyrerpsalm« (31,6).
32 Die Freude des Bekenners an der Vergebung	Davids Freude über die Vergebung (vgl. Ps 51)
33 Ein Lobgesang des Schöpfergottes	
34 Gott ist dem Bußfertigen nahe	*Messianisch:* keine Gebeine zerbrochen (34,21).
35 Bitte um Gottes Hilfe gegen Feinde	
36 Die Güte Gottes und die Bosheit der Menschen	
37 Freue dich am Herrn und nicht an Menschen	
38 Von Freunden verraten, vertraue auf Gott	
39 Der Trost der Hoffnung in Züchtigung	
40 Freuen darf sich, wer Gottes Willen tut	*Messianisch:* Christi Gehorsam dem Vater gegenüber.
41 Gott liebt, die den Armen helfen	*Messianisch:* Der Verrat (41,10).
BUCH 2	
42 Sehnsucht nach Gott in der Fremde	Die Psalmen 42 und 43 sind durch den gemeinamen Kehrvers »Harre auf Gott« verbunden.
43 Harren auf Gott in der Fremde	
44 Die unverständliche Strafe Gottes	
45 Hochzeitslied des Königs	*Messianisch:* Hochzeit des Herrn als Gott, König und Bräutigam.
46 Die Festung und Zuflucht des Gläubigen	
47 Freut euch am Herrn, dem König der Erde	
48 Die Schönheit Zions, der Stadt unseres Gottes	
49 Wie trügerisch ist aller Reichtum	
50 Gott bricht sein Schweigen zum Gericht	
51 Davids Buße und Bitte um Erneuerung	Davids Bußgebet (vgl. Ps 32).
52 Die betrügerische Zunge	
53 Die Schande der Gottesleugner	Fast identisch mit Ps 14.
54 Gottes Name ist mächtig zur Rettung	
55 Gott, die Zuflucht der Hintergangenen	
56 Davids Gebet als Verfolgter	
57 Davids Sicherheit unter Gottes Schutz	
58 Gericht über ungerechte Richter	

INHALT DES PSALMS	BESONDERHEIT DES PSALM
BUCH 2	
59 Gottes Macht gibt Sicherheit in Not	
60 Gottes erneuerte Gnade für die Zerschlagenen	
61 Leite mich auf den Felsen, der mir zu hoch ist	
62 Vertrauen will ich Gott allein	
63 Ewige Genüge finde ich in Gott	
64 Weise ist, wer die Rache Gott anheimstellt	
65 Gottes Kinder leben in der Fülle	
66 Ein Loblied auf Gottes mächtiges Wirken	
67 Preist den Herrn, alle Völker	
68 Triumphzug des allmächtigen Gottes	*Messianisch:* Christi Himmelfahrt.
69 Gott freut sich über Dankbarkeit in Züchtigung	*Messianisch:* Christi Eifer um Gottes Haus.
70 Davids eiliger Hilfeschrei	
71 Gebet um Gnade im Alter	
72 Salomos Gebet um Weisheit im Gericht	*Messianisch:* Salomos Königtum als Sinnbild auf Christi herrliches Reich.
BUCH 3	
73 Wie töricht, die Frevler zu beneiden	
74 Warum zögerst du zu retten, Herr?	
75 Gott, der höchste Richter	
76 Die Königsmacht des Gottes Israels	
77 Rückblick auf Gottes kraftvolles Wirken in der Not	
78 Das Wunder der Gnade Gottes trotz Israels Untreue	*Messianisch:* Die Gleichnisse Jesu.
79 Asaphs Gebet um die Erneuerung Jerusalems	
80 Hirte Israels, rette uns!	Israel, Gottes eigener Weinstock.
81 Die Sehnsucht des Herrn, Israel zu segnen	
82 Gottes strenges Urteil über ungerechte Richter	
83 Ein Gebet um Gottes Rache an den Unterdrückern	
84 Wie herrlich ist es, im Haus Gottes zu wohnen	Der große Psalm des Heilgtums.
85 Israels Bitte um völlige Wiederherstellung	
86 Gottes Güte zu den Armen und Elenden	
87 Die Herrlichkeit Zions, der Gottesstadt	
88 Warum erhörst du nicht, o Gott?	
89 Gott steht treu zu seinem Bund	Bestätigung des Davidbundes.
BUCH 4	
90 Moses Gebet um Gottes Zuwendung zu Israel	Der älteste Psalm, von Mose.

INHALT DES PSALMS	BESONDERHEIT DES PSALM
BUCH 4	
91 Sicher und sorglos ruhe ich in Gott	Ps 90; 91 beziehen sich auf 5Mo 33,27.
92 Schön ist es, dem Herrn zu danken	Der »Sabbatpsalm.«
93 Die Erhabenheit von Gottes ewigem Thron	
94 Die Rache Gottes ist gewiß	
95 Einladung zu Dank, Anbetung und Gehorsam	Ruf zum Gesang: Ps 95-100.
96 Lobpreis Gottes, denn er kommt	
97 Die Majestät des ewigen Gottes	
98 Der Siegergott bringt Rettung und Gericht	
99 Betet den Herr an, denn er ist heilig	
100 »Zieht ein in seine Tore mit Dank«	Der klassische Dankespsalm.
101 Davids Gelübde, gerecht zu regieren	
102 Vertrauen zu Gott in schwerer Bedrängnis	
103 Alle Menschen sollen den Herrn preisen	Ps 103; 104 beginnen und enden mit »Preise den HERRN.«
104 Glanz und Ruhm des Schöpfergottes	
105 Gottes Bundestreue zum Samen Abrahams	Ps 105; 106 handeln beide von Israels Geschichte: 105; Gottes Zuwendung; 106; Israels Abwendung.
106 Israels Auflehnung und Gottes Gnade	
BUCH 5	
107 Dankt dem Herrn für seine Befreiungen	Einleitung zu Buch 5, dem Dankesbuch.
108 Bitte Davids um Sieg im Kampf	PS 108 wiederholt 57,7-11; 60,5-12.
109 Gottes Gericht gegen Verleumdung ist gewiß	Der »Judaspalm« (109,8).
110 Der Herr wird Priester und König in Zion	*Messianisch:* Im NT am häufigsten zitiert.
111 Halleluja für die Wunderwerke Gottes	Ps 111; 112 sind mit je 10 Versen und 22 Zeilen akrostisch aufgebaut.
112 Halleluja für den Segen der Gottesfurcht	
113 Gott hat Freude, die Armen zu erhöhen	Der erste der »Hallel-Psalmen« (113-118).
114 Beteiligung der Natur am Auszug aus Ägypten	Der »Kronpsalm« der Geschichte Israels.
115 Ohnmacht der Götzen und Allmacht Gottes	Ps 115-118 bilden die zweite Gruppe der »Hallel-Psalmen« und wurden nach dem Passahmahl gesungen (Mt 26,30).
116 Die Macht des Herrn zur Errettung vom Tod	
117 Lobt Gottes Gnade und Treue, alle Völker	Der kürzeste Psalm und statistisch gesehen, das zentrale Kapitel der Bibel.
119 Großes Loblied auf Gottes Wort	Ein kunstvolles alphabetisches Akrostichon.

INHALT DES PSALMS	BESONDERHEIT DES PSALM
BUCH 5	
120 Die Gewalttat der Verleumder	Das erste der Wallfahrtslieder (102-134); die anonymen stammen vielleicht von Hiskia.
121 Der Herr beschützt den Wanderer	
122 Davids Gebet um Heil für Jerusalem	
123 Ein Psalm geduldiger Zuversicht in Widrigkeit	
124 Davids Dank für seine große Errettung	
125 Der Herr beschirmt die Aufrichtigen	
126 »Die mit Tränen säen, werden mit Jubel ernten«	
127 Ohne den Herrn ist alles vergebens	Das zentrale Wallfahrtslied von Salomo. Beachte die Rolle der Familie in Ps 127; 128.
128 Der Segen einer gläubigen Familie	
129 Das sichere Ende der Feinde Israels	
130 Des Herrn Vergebung ist Israels Hoffnung	Der letzte Psalm Hiskias (Jes 38,20) nach LXX
131 Geborgen und ruhig im Vertrauen zu Gott	
132 Davids Bemühen um Gottes Haus, vom Herrn belohnt	
133 Eintracht unter Brüdern bringt ewigen Segen	
134 Der Herr belohnt, die ihn zur Nacht anrufen	
135 Preist den Herrn, den lebendigen Gott	Ein Mosaik aus 113,1; 136,17ff; 115,4ff.
136 Israels Nationalhymne: Gottes ewige Gnade	Von den Juden »Das große Hallel« genannt.
137 Sehnsucht nach Zion in der Verschleppung	Ein Psalm aus dem Exil.
138 Davids Lobpreis über die Zuverlässigkeit des Wortes Gottes	Erster Psalm der letzten Davidgruppe (138-145).
139 Gottes grenzenlose Macht und Weisheit	Einzigartig in seiner tiefen Gottessicht, durchströmt von Allgegenwart und Allwissenheit.
140 Davids Gebet um Vernichtung der Gottlosen	
141 Davids Gebet um Zucht und Zügelung der Lippen	
142 Davids Gebet in Gefangenschaft	
143 Davids Bitte um Befreiung als Gottes Knecht	
144 »Glücklich das Volk, dessen Gott der HERR ist!«	
145 Davids Schlußpsalm der Größe Gottes	Der letzte Davidpsalm. »Ein Lobgesang.«

INHALT DES PSALMS	BESONDERHEIT DES PSALM
BUCH 5	
146 Halleluja dem Herrn, der den Hilflosen heilt	Der erste Psalm der »Halleluja«-Gruppe (146-150), genannt »Te Deum Laudamus.« Statt Furcht, Not und Klage finden wir darin nur Freude, Frieden usw.
147 Halleluja dem Herrn, der die Erde regiert	
148 Die ganze Schöpfung lobe den Herrn	
149 Preist den Herrn mit Gesang und Gericht	
150 Das große Halleluja von allem, was lebt	Der Schlußpsalm enthält eine umfassende Lobestheologie. Das Wen? Wo? Warum? Wie? und Wer? des Lobes.

Besonderheiten der Psalmen

1. **DIE SPRACHE DES HERZENS.** Die Psalmen sprechen weniger den Verstand als das Herz an. Sie bieten keine lückenlose Geschichtsdarstellung und lehrhafte Theologie, sondern blitzlichtartige Gedanken mit vielen Wiederholungen, Gegensätzen und Vergleichen. Sie entstammen der Hand des Künstlers, dessen feine Nuancen und vielschichtige Farbgebung dem reinen Handwerker unnützer Wortballast wären. Dem Dichter ist es nicht genug, das bloße Skelett der Informationen zu vermitteln; seine Aufgabe sieht er darin, bestimmten Wahrheiten Fleisch und Blut zu geben, denkwürdige oder vertraute Bilder einzufügen, die unmittelbar ins Herz gehen, die Gefühle und ästhetisches Empfinden statt nur den Verstand ergreifen. Die Psalmen verleihen der biblischen Wahrheit Leben. Das muß dem Psalmenleser beständig vor Augen sein. Die zahlreichen Sprachbilder sind sorgfältig gewählt und ausgewogen, um die Wahrheit von allen Seiten zu beleuchten. Die Psalmen sind nicht nur göttlich inspiriert, sondern zugleich das wertvollste Erbe der Weltliteratur, zu dessen Studium und Weitergabe der Einsatz des ganzen Menschen erforderlich ist.

2. **ISRAELS PENTATEUCH AN GOTT.** Wie die fünf Mosebücher Gottes Pentateuch an Israel sind, könnte man die Psalmen als »Israels Pentateuch« an Gott betrachten. Sie zeigen die Antwort des Gläubigen an Gott in Lebenslagen, die denen der fünf Bücher Mose analog sind. Ihre Ausrichtung auf Gott statt Menschen ist eines der wichtigsten Merkmale der Psalmen und findet sich in anderen Bibelbüchern nur vereinzelt. Fast die Hälfte aller Psalmen beginnen als Gebet, häufig aus tiefer Not gesprochen. Davids Psalmen wurden »die Gebete Davids« genannt (72,20), den Psalter insgesamt hat man als das »Gebetbuch« Israels bezeichnet. Die Psalmen sind Anleitung zu Gebet und Gottesdienst, vor allem im Sinn der Anbetung. Großen Gewinn bringt das Studium der Psalmen, um den Geist der Anbetung, der die Gebete der Klage, des Zorn, der Freude und Gewißheit durchzieht und alle menschlichen Erlebensbereiche tränkt, in sich aufzunehmen.

3. **DAS HALLELUJABUCH DES ALTEN TESTAMENTS.** Fast alle Sprachen der Welt kennen das Wort »halleluja« in seiner Transliteration aus dem Hebräischen. Es setzt sich ursprünglich aus zwei Wörtern zusammen und bedeutet »Preist den HERRN.« In Off 19 finden wir es viermal als Hebraismus vor. Dieser Aufruf ist das Lobesgebot an Israel und steht außer in den Psalmen nur noch in der Chronik sowie in Esra und Nehemia. Von den 82 Stellen, an denen wir ihm begegnen, befinden sich 61 in den Psalmen. Wie bereits erwähnt, gibt es drei Halleluja- oder Hallel-Gruppen, deren letzte die fünf Schlußpsalmen umfaßt (146-150). Diese führen den Psalter zum Höhepunkt und bieten umfassende Anleitung in der Kunst des Gotteslobs. Jedes Kapitel beginnt und endet mit »Halleluja«, welches im letzten Psalm zu einem vielstimmigen Fortissimo anschwillt. Jedes Kapitel trägt einen Aspekt zum Gesamtthema bei, das im Schlußpsalm zusammengebunden wird:

146 — Wann soll ich den Herrn preisen? »Mein Leben lang«
147 — Warum? Er ist gut, ein Lobgesang ist schön, wegen des Wesens und Wirkens Gottes
148 — Wer? Die ganze Schöpfung; alle Menschen.
149 — Wo? Im Heiligtum, bei Festen, auf dem Lager, im Kampf usw.
150 — Zusammenfassung: Das Wen? Wo? Warum? Wie? und Wer? des Preises.

4. **DIE DANKESPSALMEN.** Obwohl nur Ps 100 mit »Zum Dankopfer« überschrieben ist, kommt Dank in den Psalmen häufiger vor als im übrigen Alten Testament (50mal von 75 insgesamt). Ps 105; 106; 107; 118 beginnen mit dem Aufruf an Gottes Volk, dem Herrn zu danken. In Ps 136 wird dieses Dankesthema zu einer großen antiphonen Hymne ausgebaut, in der die »Gnade« des Herrn hochgepriesen wird. Dieser Psalm, der zu einer Art »Nationalhymne« für Israel wurde, stellt die Gnade Gottes in den Mittelpunkt und ruft zu entsprechendem Dank auf.

5. **PSALMENZITATE IM NEUEN TESTAMENT.** Von den 360 neutestamentlichen Zitaten oder Anspielungen auf das Alte Testament stammt fast ein Drittel (112) aus den Psalmen. Nach W. Graham Scroggie (*The Psalms*) sind sie 97 der 150 Psalmen entnommen und kommen in 23 der 27 N.T.-Bücher vor. Im folgenden die 77 wichtigsten der 112 von Leopold Sabourin angeführten Psalmenzitate:

PSALM	NT ZITAT		PSALM	NT ZITAT	
2,1.2	Apg 4,25.26	Die Völker gegen den Gesalbten	19,19	Offb 16,7	Gerechte Gerichte
2,7	Hebr 1,5	Du bist mein Sohn	22,2	Mt 27,46	Mein Gott, mein Gott
2,8.9	Offb 2,26ff	Mit eisernem Stab	22,8.9	Mt 27,39	Kopfschütteln
4,5	Eph 4,26	Zürnet und sündigt nicht	22,19	Joh 19,24	Kleider verlost
			22,23	Hebr 2,12	Meinen Brüdern kundtun
5,10	Röm 3,13	Schlund offenes Grab	23,1	Joh 10,11	Der gute Hirte
6,9	Mt 7,23	Weicht von mir	24,3.4	Mt 5,8	Glückselig die Reinen
7,10	Röm 8,27	Der die Herzen prüft	31,6	Lk 23,46	In deine Hände
8,3	Mt 21,16	Lob der Unmündigen	32,1.2	Röm 4,7.8	Übertretungen vergeben
8,5-7	Hebr 2,6.7	Niedriger als die Engel			
10,7	Röm 3,14	Mund voll Fluchens	33,6	Joh 1,2	Durch sein Wort Gemacht
14,1-3	Röm 3,10ff	Keiner, der Gutes tut			
16,8-11	Apg 2,25ff	Heiliger nicht verwesen	34,9	1Petr 2,3	Schmecket und sehet
18,3	Lk 1,69	Horn des Heils	34,13-17	1Petr 3,10ff	Wer das Leben liebt
19,5	Röm 10,18	Schall zur ganzen Erde	34,15	Hebr 12,14	Jagt Frieden nach

PSALM	NT ZITAT		PSALM	NT ZITAT	
34,21	Joh 19,36	Kein Bein zerbrochen	94,14	Röm 11,1	Sein Volk verstoßen?
35,19	Joh 15,25	Ohne Ursache gehaßt	95,7-11	Hebr 3,8ff	Verhärtet euch nicht
36,2	Röm 3,18	Keine Gottesfurcht	97,7	Hebr 1,6	Anbetung durch Engel
37,11	Mt 5,5	Sanftmütige erben das Land	98,2.3	Apg 28,28	Heil den Heiden
38,12	Lk 23,49	Standen von fern	102,26-28	Hebr 1,10-12	Himmel werden vergehen
40,7-9	Hebr 10,5ff	Leib bereitet	104,4	Hebr 1,7	Diener zu Feuerflammen
41,10	Joh 13,18	Verrat	105,8	Lk 1,72	Seines Bundes gedenken
44,23	Röm 8,36	Um deinetwillen getötet	105,21	Apg 7,10	Setzte Joseph zum Herrn
45,7.8	Hebr 1,8.9	Dein Thron, o Gott			
51,6	Röm 3,4	Damit du gerechtfertigt wirst	106,20	Röm 1,23	Herrlichkeit vertauscht
55,23	1Petr 5,7	Werft eure Sorgen	107,9	Lk 1,53	Hungrige gefüllt
62,13	Röm 2,6	Jedem nach seinen Werken	109,8	Apg 1,20	Amt empfange anderer
			110,1	Mt 22,44	Sitze zu meiner Rechten
68,19	Eph 4,8	Hinaufgestiegen in die Höhe	110,4	Hebr 5,6	Priester in Ewigkeit
			111,9	Lk 1,49	Heilig ist sein Name
69,10	Joh 2,17	Eifer um dein Haus	118,6	Hebr 13,6	Der Herr ist mein Helfer
69,10	Röm 15,3	Schmähungen auf mich	118,22	Mt 21,42	Von Bauleuten verworfen
69,22	Mt 27,34	Wein mit Galle			
69,23.24	Röm 11,9.10	Tisch zur Schlinge	118,26	Mt 21,9	Gesegnet, der da kommt
69,26	Apg 1,20	Wohnung werde öde	130,8	Mt 1,21	Wird das Volk erretten
69,29	Offb 3,5	Aus Buch auslöschen	135,14	Hebr 10,30	Herr wird richten
72,10ff	Mt 2,11	Gaben von Gold	140,4	Röm 3,13	Otterngift unter Lippen
78,2	Mt 13,35	Gleichnisse	141,2	Offb 5,8	Gebete als Räucherwerk
78,24	Joh 6,31	Brot zum Himmel	143,2	Röm 3,10	Kein Gerechter
82,6	Joh 10,34	Ihr seid Götter	146,6	Apg 4,24	Himmel und Erde gemacht
89,4.5	Apg 2,30	Bund mit David			
89,21	Apg 13,22	David gefunden			
91,11.12	Mt 4,6	Auf Händen tragen			

Etwa die Hälfte dieser Zitate bezieht sich auf den Messias. Die große Zahl von Zitaten und Anspielungen beweist die besondere Bedeutung, welche die Schreiber des Neuen Testaments den Psalmen beimaßen.

6. **KLAGEPSALMEN.** Bereits beim flüchtigen Durchlesen der Psalmen springt ein starkes Element der Klage und des Hilferufs ins Auge. Die Klagepsalmen bilden die größte Psalmengruppe (etwa ein Drittel) und sind in allen fünf Büchern vertreten. Trotz ihrer Bezeichnung als »persönliche oder kollektive Klagepsalmen« sind sie alles andere als hoffnungsloses Jammergeschrei. Sie zeigen einen Menschen in tiefer Not, oft angesichts des Todes, dem in der Gegenwart des Herrn seine Sünde bewußt wird, der sich ganz auf Gottes Gnade wirft und dem Herrn in der Gewißheit der kommenden Errettung Dienst und Dank gelobt. Die Anlässe für diese Psalmen sind sehr unterschiedlich: nationale Katastrophen, persönliche Bedrohung durch Feinde, Verleumdung und Krankheit oder Todesgefahr. Viele Klagepsalmen stammen von David, der

durch etliche Abgrunderlebnisse ganz auf Gott geworfen wurde. Von menschlichen Klagen unterscheiden sich diese Psalmen dadurch, daß sie sich auf die höhere Ebene des Vertrauens zu Gott begeben, sich auf sein Wort und Wesen berufen, um die Errettung voll Zuversicht vorwegzunehmen. Sie verdeutlichen den Kampf des Gläubigen in einer Welt voller Widersacher, in der Trost und Heil im einfachen Vertrauen zu Gott liegen.

7. **PSALMEN MIT STRAFENDEN VERGELTUNGSWORTEN.** Eine ganze Anzahl von Psalmen erschrecken durch ihre erbarmungslosen Gerichtsandrohungen, die Gottes strafende Vergeltung herabbeschwören. Die längsten »Fluchabschnitte« finden sich in Ps 35; 69; 109. »Rachegedanken« treten jedoch auch in vielen anderen auf: 31, 18.19; 40,15.16; 54,7; 55,16; 58,7.8; 59,10-14; 83,10-18; 137,8.9; 139,19; 140,12. Beim Studium dieser Abschnitte ist zu beachten:
   a. Sie drücken die Sehnsucht des Gläubigen nach der Vernichtung des Gottlosen und dem Sieg der Gerechtigkeit aus. Für das hebräische Denken ist Gottlosigkeit etwas Personengebundenes, wodurch der Sünder mit der Sünde und der Mensch mit seiner Familie gleichgestellt werden.
   b. Die Befehlsform, z.B. »sie sollen vernichtet werden«, läßt sich oft prophetisch als »sie werden vernichtet werden« wiedergeben.
   c. Die Vernichtung der Gottlosen steht jedoch voll und ganz in Einklang mit dem Auftrag Israels, das Gelobte Land zu reinigen. Mose, Josua, Samuel, David und viele andere waren an dieser Aufgabe beteiligt; Elia rief Feuer vom Himmel auf die Gottlosen herab.
   d. Die Gerichtsworte Jesu über die Halsstarrigen (Mt 23) sind nicht minder ausdrucksstark, weil sie doch auf der Ablehnung seiner Gnade fußen.

8. **DIE MESSIANISCHEN PSALMEN.** Die Psalmen enthalten viele Bezugnahmen auf Person und Werk des Messias. Zum Teil gehen sie weiter ins Detail als die Evangelien, indem sie beispielsweise nicht nur seinen Tod, sondern gar seine Gedanken am Kreuz festhalten. Diese Bezugnahmen waren deutlich genug, um die Zurechtweisung der Jünger des Herrn Jesu wegen ihres Unverständnisses zu rechtfertigen (Lk 24,25.44). Folgende Übersicht enthält die wichtigsten Bezugnahmen auf Christi Person und Werk:

   a. *Die Person des Messias*
Als Mensch	Ps 8,5-7; Hebr 2,6-8
Als Gott	Ps 45,7.12; Hebr 1,8
Als Ewiger	Ps 102.26-28; Hebr 1,10-12
Als Sohn Gottes	Ps 2,7.12; Mt 22,45; Hebr 1,5

   b. *Das Wesen des Messias*
Gnädig	Ps 72,4.12-14; Mt 11,5; 12,20
Gerecht	Ps 45,8; Hebr 1,9
Heilig	Ps 89,19.20

   c. *Das Werk des Messias*
Im Leben	Ps 40,7-9; Hebr 10,5-7
Im Tod	Ps 22; die Evangelien
In der Auferstehung	Ps 16,10; Apg 13,33-36
In der Himmelfahrt	Ps 68,19; Eph 4,8
Im Gericht	Ps 72,2-14; 86,13; 98,9; 2Thes 1,7-9; Offb 19
In der Herrschaft	Ps 72,8; 96,10; 103,19; Offb 19,6

d. *Das Amt des Messias*
   Als Prophet   Ps 22,23; 40,10.11; Hebr 2,12
   Als Priester   Ps 110,4; Hebr 5,6
   Als Richter   Ps 72,2; 96,10-13; Mt 25,32; Offb 19,11; 20,11
   Als König   Ps 2,6; 89,28; Mt 25,31-34; 27,11; Offb 19,16

Das Buch der Sprüche

Einleitung

TITEL UND AUTOR

A. BEZEICHNUNG
  1. Der hebräische Titel *Mischlej Schelomo* bedeutet soviel wie »Vergleiche« oder »Sprichwörter Salomos.« Das Wort »Mischlej« leitet sich wahrscheinlich vom Zeitwort »maschal« (herrschen) ab. Der Grundgedanke ist also ein Prinzip, das unser Leben beherrscht, ausgedrückt durch einen Vergleich.
  2. Die deutsche Bezeichnung »Sprüche« (moderne Bibeln: Sprichwörter) legt eine knappe und treffende Aussage nahe. Man könnte die Sprüche als »kurze Sätze aus langer Erfahrung« nennen. Nach den Worten William Arnots sind sie »himmlische Gesetze für das irdische Leben«. (So ein Buchtitel.)

B. DIE VERFASSER
  1. Die Kaiptel 1-24 sind von Salomo verfaßt oder gesammelt (1,1; 10,1); außerdem ist er Autor der Sprüche von Kapitel 25-29 (25,1), welche die »Männer Hiskias« zusammengestellt haben.
  2. Das 30. Kapitel stammt von einem gewissen »Agur«, von dem wir nichts wissen.
  3. In Kapitel 31 faßt ein gewisser König Lemuel den Rat seiner Mutter zusammen. Manche halten ihn für einen arabischen Fürsten, andere für einen Decknamen für Salomo, der den Rat seiner Mutter Batseba niederschreibt.
  4. Vor der Zeit Hiskias endete das Buch offenbar mit Kapitel 24. Hiskias und seine Schreiber (vielleicht Jesaja und Micha) sammelten die weiteren Sprüche Salomos in den Kapiteln 25-29.

Das geschichtliche Umfeld

A. DATIERUNG — 970-700 v. Chr.
  Zwar datieren liberale Kritiker die Sprüche erst nach dem Exil und schreiben sie anderen Autoren zu, doch besteht kein triftiger Grund zur Verwerfung der traditionellen Ansicht, die Sprüche der Kapitel 1-24 seien von Salomo gesammelt oder geschrieben worden. Eine plausible Datierung wäre somit um 950 v. Chr., in der Mitte seiner Regierungszeit. Die Kapitel 25-31 würden um 725-700 entstanden sein.

B. WEISHEITSLITERATUR
  Siehe die Einführung zur Weisheitsliteratur. Diese Schriften erfreuen sich in den meisten alten Völkern großer Beliebtheit. Wir wissen von Weisheitsbüchern in Babylon, Ägypten, Edom

und Phönizien. Alle diese Völker hatten ihre »Weisen«. Salomo jedoch war der weiseste von allen, wie die Königin von Saba bestätigte (1 Kö 5,14; 10,6.7); er zog Schüler aus allen Völkerschaften an. Man schreibt ihm 3000 Sprichwörter in vielen Wissensgebieten zu, von denen in den Sprüchen 800 festgehalten sind.

C. DAS RELIGIÖSE UMFELD

Der Hintergrund der beiden Bearbeiter Salomo und Hsikia weist auf Zeiten geistlicher Aufbruchsstimmung und Erneuerung hin. Die frühe Regierungszeit Salomos war geprägt von großer Hingabe, unter Hiskia kam es in Juda zur Neubesinnung nach schwerem Götzendienst. Die Sprüche sind mehr als praktische Ratschläge für ein angenehmes Dasein: Sie sind Weisheit für ein Leben in der Gottesfurcht. Über vierzigmal kommen die Wörter »gerecht« und »Gerechtigkeit« vor, die nur in den Psalmen noch häufiger zu finden sind. Hiskias Lieblingsspruch könnte gelautet haben: »Gerechtigkeit erhört eine Nation, aber Sünde ist die Schande der Völker« (14,34).

Literarische Merkmale der Sprüche

A. LITERARISCHE FORMEN IN DEN SPRÜCHEN

Mit verschiedenen literarischen Techniken versuchen die Sprüche praktische Lebensregeln durch kreative Sprachbilder, überraschende Vergleiche und krasse Gegensätze anzubieten. Folgende poetische Formen sind anzutreffen:

1. *Einzelsprüche.* Hier unterscheiden wir zwei Unterarten:
   a. Ein Zweizeiler, dessen erste Zeile einen Gedanken vorstellt, welchen die zweite aufgreift und erläutert.
      Beispiel: »Die Frucht des Gerechten ist ein Baum des Lebens,
      und der Weise gewinnt Menschen für sich« (Spr 11,30).
   b. Ein Zweizeiler, bei dem beide Zeilen in Form eines Parallelismus denselben Gedanken enthalten.
      Beispiel: »Haß erregt Zänkereien, aber Liebe deckt alle Vergehen zu« (Spr 10,12).
2. *Themengruppen.* Eine Sammlung mehrerer Sprüche zum gleichen Thema, etwa der König (25,2-7), der Tor (26,1-12) und der Faulpelz (26,13-16).
3. *Epigramme.* Ein Epigramm ist ein erweiterter Spruch. Seine Hauptaussage liegt in zwei nicht unbedingt aufeinanderfolgenden Zeilen, welche den Kerngedanken programmatisch vorbringen. Der Rest des Epigramms ist ergänzend oder erweiternd. Beispiel: Gehorsam (1,8.9). Oft wird eine Aussage humorvoll, satirisch oder pointiert formuliert.
4. *Sonette.* Während das europäische Sonett eigentlich ein Vierzehnzeiler (aus zwei Vier- und zwei Dreizeilern) ist, hebt sich das hebräische Sonett nicht durch die genaue Zeilenzahl ab, sondern durch seinen gedanklichen Aufbau. Ein einleitender Zweizeiler gibt das Thema vor, gefolgt von zwei gedanklichen Blöcken oder Absätzen, von denen einer die erste und einer die zweite Zeile erläutert. Dadurch wird das gesamte Stück gedichtartig zusammengebunden. Beispiel: Schlechte Gesellschaft (1,10-19).
5. *Dramatischer Monolog.* Diese Technik gibt unbelebten Gegenständen oder abstrakten Ideen eine Stimme, um eine Mahnung auszusprechen oder sich selbst vorzustellen. Beispiel: Der Ruf der Weisheit (1,20-33).
6. *Akrostichon.* Den Abschluß des Buches bildet ein alphabetisches Akrostichon (31,10-31).

B. LITERARISCHER AUFBAU DER SPRÜCHE
1. Kapitel 1-9: fünfzehn Themengruppen, Epigramme, Sonette und Monologe

2. Kapitel 10 - 22,16: 375 Aussagen meist in Einzelsprüchen
3. Kapitel 22,17 - 24,34: sechzehn Epigramme unterschiedlicher Zeilenzahl
4. Kapitel 25-29: Meist Themengruppen, Epigramme und Einzelsprüche
5. Kapitel 30: dreizehn Epigramme oder Themengruppen (»endbetont«!)
6. Kapitel 31: Ein alphabetisches Aktrostichon, das durch die Schönheit seiner poetischen Form die Anmut der Weisheit in Form einer tüchtigen Frau hervorhebt.

Der Zweck der Sprüche

Der zweifache Zweck der Sprüche wird in 1,2-4 positv ausgedrückt und negativ angedeutet, um
1. den großen Nutzen eines zuchtvollen Denkens und gottgeleiteten Lebensstils in allen Seinsbereichen hervorzuheben,
2. vor den großen Gefahren einer gedankenlosen Lebensweise nach Lüsten und Leidenschaften zu warnen.

Gliederung der Sprüche

THEMA: Der Nutzen von Weisheit und göttlicher Zucht zur persönlichen Reife

I. GELEBTE WEISHEIT — VORGESTELLT VON SALOMO..........................1-9
   A. *Zweck und Ziel wahrer Weisheit (Vorwort)*..........................1,1-4
   B. *Positive Prinzipien wahrer Weisheit*..........................1,5-33
   C. *Natürlicher Nutzen wahrer Weisheit*..........................2; 3
   D. *Großer Gewinn wahrer Weisheit*..........................4-7
   E. *Auge in Auge mit Weisheit und Torheit*..........................8; 9

II. GELEHRTE WEISHEIT — VON SALOMO..........................10-24
   A. *Der Weg der Weisheit zur persönlichen Reife*..........................10-15 (22,17-19)
      1. Der Sinn der Gerechtigkeit..........................(10)
      2. Das Tun der Gerechtigkeit..........................(11)
      3. Das Denken der Gerechtigkeit..........................(12)
      4. Die Anwendung der Gerechtigkeit..........................(13)
      5. Die Unvernunft der Toren..........................(14)
      6. Das Anliegen Gottes für Gerechtigkeit..........................(15)
   B. *Gute Grundsätze für persönliche Reife*..........................16-22,16
      1. Vertraue dich der Führung Gottes an..........................(16)
      2. Laß dir genügen an göttlicher Weisheit..........................(17)
      3. Strebe nach tiefen Freundschaften..........................(18; 19)
      4. Gib der Gerechtigkeit Vorrang im Leben..........................(20; 21)
      5. Nimm die Aufgabe wahr, an dir selbst zu arbeiten..........................(22)
   C. *Die Worte der Weisen über persönliche Reife*..........................22,17-24,34
      1. Der Weise lernt durch Belehrung statt Bestrafung..........................(22,17-19)
      2. Der Weise lebt in Zucht statt Zügellosigkeit..........................(23)
      3. Der Weise lehrt und leitet andere..........................(24)

III. GESAMMELTE WEISHEIT SALOMOS — VON DEN
MÄNNERN HISKIAS 25-29
   A. Weiser Umgang mit Wahrheit 25
   B. Woran erkenne ich den Toren 26
   C. Wie wachse ich in der Weisheit 27
   D. Welchen Nutzen hat Gerechtigkeit 28
   E. Welche Gefahr liegt in der Torheit 29

IV. GEGRÜNDET IN WEISHEIT — ANHÄNGE 30; 31
   A. Der väterliche Rat Agurs: Strebe nach Gottes Weisheit 30
   B. Der mütterliche Rat an Lemuel: Herrsche in Weisheit 31,1-9
   C. Die eheliche Tat der tüchtigen Hausfrau 31,10-31

Besonderheiten der Sprüche

1. **DIE SPRÜCHE UND DIE PSALMEN.** Wie es den Psalmen um die Anbetung Gottes und die Beziehung des Menschen zu Gott geht, stellen die Sprüche die Lebensweise des Menschen und seine Beziehung zum Nächsten in den Mittelpunkt. Die Psalmen sind an Gott gerichtet, die Sprüche an die Menschen. Die Sprüche sind in besonderer Weise das ethische Buch des Alten Testaments, indem sie biblische Prinzipien der Lebensführung anbieten. Wer weise sein will, muß sein Handeln am geschriebenen Gesetzeswort Gottes und seinem gesprochenen Gewissenswort, der »Leuchte des HERRN« (20,27) ausrichten. Die Reihenfolge im Kanon zeigt auf fazinierende Weise, wie die Beziehung zu Gott immer an erster Stelle stehen muß; doch kann die rechte Beziehung zu Menschen nicht ausbleiben. Beide sind von entscheidender Bedeutung füreinander.

2. **WAS IST WEISHEIT?** Weisheit nimmt die verschiedensten Formen an. In den Sprüchen gibt es drei Ausdrücke, die die einzelnen Aspekte dieses Begriffes verdeutlichen:
   a. »Weisheit« (*Chochma*) wird 47mal verwendet: 1,2.7.20 usw. (vgl. 1 Kö 5,26). Dieser Ausdruck meint die Unterscheidungsgabe zwischen gut und böse sowie richtig und falsch, bezeichnet aber auch Klugheit in geschäftlichen Dingen.
   b. »Verständnis« (*Bina*) begegnet uns 53mal in verschiedenen Abwandlungen: 1,2.5; 2,2.3 usw. Verständnis bedeutet die Verstandesfähigkeit zur Unterscheidung von Täuschung und Wahrheit oder Trug und Wirklichkeit. Es ist die Fähigkeit zur objektiven Erkennung langfristiger Werte im Gegensatz zu vergänglichen Verlockungen.
   c. »Einsicht« (*Tuschijja*) kommt nur dreimal vor: 2,7; 3,21; 8,14. Das Wort kommt von der Wurzel »erheben« und bedeutet ein göttliches oder geistliches Verstehen der Wahrheit, wie es aus dem intensiven Studium des Wortes kommt. Einsicht ist die Fähigkeit, das Leben aus göttlicher Sicht zu betrachten oder göttliche Prinzipien im Alltagsleben umzusetzen.

Diese Ausdrücke zeigen vor allem die praktische Ausrichtung des Weisheitsbegriffes im Gegensatz zur intellektuellen oder mystischen Weisheit. Grundlagen der Weisheit sind harte Arbeit, verständige Rede, gutes Betragen und maßvolles Leben. Durchzogen ist der Begriff jedoch von einem religiösen Unterton, indem alle Handlungen auf Gott und sein Gesetz zurückgeführt werden. Weisheit ist verwandt mit Wahrheit und Sittlichkeit, Dienst an Gott und aneinander.

3. **KENNZEICHEN DES TOREN.** Als Gegenbegriff zur Weisheit werden verschiedene Ausdrücke für den Toren eingeführt, welche auf die fortschreitenden Stadien der Torheit aufmerksam machen:
    a. Der »Einfältige« *(Pethi)* begegnet uns 14mal: 1,4.22.32; 7,7; 8,5 usw. Er ist naiv und unerfahren, ohne Böswilligkeit, aber leichtgläubig, unschwer zu verführen und ohne Unterscheidungsgabe. Er ist moralisch haltlos, ein williges Opfer des Schwätzers und hat Unterweisung bitter nötig, um der Verführung zu entgehen.
    b. Der »Tor« oder »Narr« *(Kesil* oder *Äwil)* wird 58mal erwähnt: 1,7.22.32; 3,35; 7,22; 10,8.18.21.23; 12,15 usw. Er lehnt die Wahrheit ab, verachtet die Weisheit, haßt Wissen und Verständnis und betreibt Bosheit aus purer Lust (10,23).
    c. Der »Spötter« *(Lez)*: Spr 1,22; 9,7.8; 13,1. Der Spötter steht im bewußten Kampf gegen die Wahrheit, er verlästert Gerechtigkeit und lacht über Zurechtweisung. Seine Verkommenheit ist weiter fortgeschritten als die der Toren.

Diese drei Arten von Toren, eingeführt und charakterisiert in 1,22, vertreten drei Stadien der Gottlosigkeit, doch für sie alle gibt es noch Hoffnung, solange die »Weisheit« ruft (1,20). Auch Psalm 1,1 warnt vor drei Stufen der Ungerechtigkeit.

4. **EINE REIFE PERSÖNLICHKEIT.** Dieses Buch ist eine Fundgrube für praktische Klugheit und Lebenskunst. Doch bei allen guten Prinzipien dürfen wir den Hauptzweck des Buches nicht aus den Augen verlieren, nämlich reife Persönlichkeiten für die Ewigkeit zu werden. Allen Maximen und Grundsätzen ist diese Stoßrichtung gemein, welche sie mit der gesamten Bibel teilen. Eine heile, geheilte und geheiligte Persönlichkeit, verfeinert durch göttliche Lebensgrundsätze, ist der höchste Schöpfungsakt Gottes. Die Sprüche sind ein Handbuch, um »Mitarbeiter« Gottes zu werden (2 Kor 6,1); 2 Petr 1,3-11 beschreibt die Wachstumsspirale aus neutestamentlicher Sicht.

5. **DAS KLASSISCHE PORTRÄT DER TÜCHTIGEN HAUSFRAU.** Das letzte Gedicht zum »Lob der tüchtigen Hausfrau« (31,10-31) sticht sowohl durch seine literarische Struktur als auch durch seinen Inhalt heraus. Es ist ein alphabetisches Akrostichon von 22 Versen, welches als Lernhilfe dienen soll, aber auch die Schönheit und Haltung dieser besten aller Ehefrauen hervorhebt. In gewissem Sinn ist die tüchtige Frau die personifizierte Weisheit, die im gesamten Buch zu Wort kommt, vor allem aber in 9,1-12. Die vielen Verse, in denen von einer »törichten Frau«, einer »bösen Frau«, einer »zänkischen Frau« und einer »sittenlosen Frau« die Rede ist, sind eine Warnung an die Jugend, sich nicht den haltlosen Begierden der niedrigen Triebe hinzugeben. Um aber nicht den Eindruck zu erwecken, alle Frauen wären den Männern moralisch unterlegen, sind etliche Verse voll des Lobes einer tüchtigen und züchtigen Frau (5,15-20; 12,4; 18,22; 19,14). Der Endbearbeiter krönt dieses Buch der Belehrung mit dem edlen Porträt einer Frau und Mutter, die ihr Leben und Heim nach weisen Grundsätzen geordnet hat. Sie macht ihren Mann und ihre Familie glücklich durch innere Anmut, welche auf ihre Gottesfurcht zurückgeführt wird (31,30). Damit ist das Thema des Buches nach 1,7

und 9,10 zu einem wundervollen Höhepunkt gelangt: »Die Frucht des HERRN ist der Weisheit Anfang.« Diese Weisheit ist nicht Verstandessache, sondern eine praktische Weisheit, die sich vor allem in Heim und Familie niederschlägt.

6. ***DIE SPRÜCHE ALS ALLGEMEINE LEBENSREGEL.*** Die Aussagen der Sprüche sind allgemeine Lebensregeln, nicht mechanische »Lebenshebel«. Sie zeigen das zu erwartende Handeln Gottes, die gewöhnlichen Auswirkungen der Torheit, den Lohn der Weisheit und Gerechtigkeit, wie er im Regelfall eintritt. Diese Grundsätze sind jedoch nicht unbeugsam und ausnahmslos. Wird dem Weisen und Gerechten ein langes Leben, Friede, gefüllte Scheunen und fester Schlaf versprochen (Spr 3), so ist das nicht eine automatische Belohnung, wie wir bei Hiob sehen. Um ein höheres Ziel zu erreichen, mag der Herr seinen Segen zurückhalten. Dieser »Investitionsrückfluß« bewirkt jedoch unweigerlich größeren, ewigen Segen, wie die Märtyrer in Hebr 11 beweisen. Der Wahrheitsgehalt der Verheißungen in den Sprüchen darf nicht an den unmittelbaren Folgen bemessen werden. Die Sprüche sind allgemeine Lebensregeln und zeigen das normale Wirken Gottes und die zu erwartenden ursächlichen Beziehungen im menschlichen Zusammenleben.

7. ***CHRISTUS IN DEN SPRÜCHEN.*** Bezugnahmen auf Christus finden wir in den Sprüchen vor allem in den Kennzeichen der »Weisheit« in Kap 8, allerdings sind sie nicht sehr deutlich. Der Zweck des Buches ist die Darstellung der Weisheit und ihres Gewinns, und die Einführung dazu gipfelt in den Kap 8; 9. In einem Monolog behauptet die »Weisheit« ihr ewiges Zusammensein mit Gott und ihr Wirken vor allem in der Schöpfung. Das ist nicht unbedingt als christologische Aussage zu werten. Es wird vielmehr gezeigt, das die hier behandelte Weisheit sogar ein Wirkensprinzip Gottes ist. Wer diese Weisheit erwirbt und einsetzt, den kann Gott in seinem kosmischen Werk gebrauchen. Das Neue Testament führt uns Christus als »Gottes Weisheit« vor Augen (1 Kor 1,24.30; Kol 2,3), in dem »alle Schätze der Weisheit und Erkenntnis verborgen sind.« Viele Kennzeichen der Weisheit in Spr 8,22-31 erinnern auffallend an Christus.

8. ***ETHISCHE THEMEN DER SPRÜCHE.*** Das Buch der Sprüche behandelt eine Vielzahl ethischer Themen. Viele davon sind aus den Geschichtsbüchern beider Testamente belegbar, wie Harry Ironsides in seinem Buch *Notes on the Book of Proverbs* nachgewiesen hat. Im folgenden eine alphabetische Liste einiger Themen der Sprüche:
   a. Charakterbildung: 22,1; 24,21.22.
   b. Elterlicher Gehorsam: 1,8.9; 6,20.21; 13,1; 15,20; 19,26; 30,17.
   c. Faulheit: 6,6-11; 10,4.5; 13,4; 18,9; 20,4; 21,25; 24,30-34.
   d. Freigebigkeit: 3,9.10; 11,24.25; 13,7; 19,6.17; 22,9; 28,27.
   e. Freizügigkeit (Sittenlosigkeit): 2,16-19; 5,3-20; 6,23-35; 7,4-27; 22,14.
   f. Furcht des Herrn: 1,7; 9,10; 15,33; 16,6; 23,17; 24,21.22.
   g. Gottes Allwissenheit: 15,3.11; 22,12.
   h. Heuchelei: 15,8.29; 21,27.
   i. Lug und Betrug: 6,16.17; 12,13.14,19-22; 19,5-9; 26-28.
   j. Schlechte Gesellschaft und ihre Folgen: 1,10-19; 4,14-19; 13,20; 24,1.2; 29,24.
   k. Stolz und seine Gefahren: 6,16; 8,13; 11,2; 13,10; 16,18; 20,6; 27,2; 29,23.
   l. Streit: 10,12; 13,10; 15,1-4; 16,27.28; 18,6-8.
   m. Torheit erkennen: 1,7; 12,15.16.23; 13,20; 14,9; 17,24; 18,2-7; 19,1; 20,3; 23,9.
   n. Unmäßigkeit und ihre Gefahren: 20,1; 23,1-3.20-35; 31,4-6.
   o. Zucht und ihr Nutzen: 1,8; 6,20; 10,13; 13,24; 15,10; 22,15; 23,13; 29,15.

Das Buch Prediger

Einleitung

TITEL UND AUTOR

A. BEZEICHNUNG
1. Der hebräische Titel *Kohelet* bedeutet »Prediger« oder »öffentlicher Redner«. Der Ausdruck kommt in diesem Buch siebenmal, im übrigen Alten Testament nirgends vor. Die Bezeichnung »Prediger« trifft den Charakter des Buches gut, nur geht diese Predigt nicht von einem Bibeltext aus.
2. In der griechischen Übersetzung trägt das Buch den Titel »Ekklesiastes« (Predigeramt).

B. VERFASSER
Zwar ist außer Salomo kein glaubwürdiger Autor bekannt, doch ist seine Urheberschaft selbst unter konservativen Gelehrten heftig umstritten.
1. Zweifel an Salomos Urheberschaft. Seit Luther dieses Buch Salomo abgestritten hat, sind ihm die meisten Bibelgelehrten darin gefolgt. Hauptgründe sind:
   a. Die historischen Bedingungen scheinen nicht auf Salomo zu passen.
   b. Salomos Name wird im Gegensatz zu den Sprüchen und dem Hohelied nicht genannt.
   c. Sprache, Ausdrucksweise und Stil sind angeblich nachexilisch und beinhalten viele Aramäismen.
   d. Die Einleitung bezieht sich auf Salomo als den Helden der Schilderung, nicht jedoch als ihren Autor (so Richard Moulton: *The Literary Story of the Bible*). Nach den meisten Komentatoren ist jedenfalls die Suche nach dem Lebenssinn salomonisch bzw. wird sie zur größeren Glaubhaftigkeit ihm zugeschrieben.
2. Bestätigung von Salomos Urheberschaft. Aus folgenden Gründen halten viele konservative Gelehrte dennoch an Salomo als Autor fest:
   a. Die Selbstdarstellung des Autors weist deutlich auf Salomo hin (1,1.12; 2,7.9; 12,9). Hätte jemand sich in dieser zentralen Lebensfrage fälschlicherweise als der größte der Weisen Israels ausgegeben, wäre dies längst aufgedeckt worden, wodurch das Buch gar nicht in den Kanon der Bibel aufgenommen worden wäre.
   b. Nach eigener Aussage hat der Autor viele Sprüche gesammelt und zusammengestellt (12,9; vgl. 1 Kö 5,12). Aus dem Alten Testament kennen wir sonst niemanden, der dies von sich behaupten könnte.
   c. Die jüdische Tradition nennt Salomo als Autor, obwohl manche spätere Rabbis eine nachträgliche Überarbeitung etwa durch die »Männer Hiskias« nahelegten.
   d. Keiner eignete sich wie Salomo zur Abfassung dieses Werkes. Die Experimente, Argumente und Folgerungen des Buches verlangen nach einem Salomo mit seiner Weisheit, seinem Reichtum, Ruhm, geschäftlichen Erfolg und seiner Frauenliebe.

Das geschichtliche Umfeld

A. DATIERUNG — um 935 v. Chr.
Hat Salomo dieses Buch verfaßt, dann in seinen späteren Jahren. Die Tradition schreibt ihm drei Bücher zu: Das Hohelied in seiner Jugend, die Sprüche in mittleren Jahren und den Prediger als Alterswerk. Nach Inhalt und Aussage paßt das Buch ausgezeichnet in Salomos Spätzeit. Es überliefert der Nachwelt seine reichhaltigen Erfahrungen und sein tiefes Denken über

den Sinn des Lebens. Da Salomo von 970-930 regierte, wäre eine Datierung um 935 am wahrscheinlichsten.

B. *POLITISCHES UND RELIGIÖSES UMFELD*
 1. Politisch fällt Salomos Herrschaft in eine Oase von Frieden und Wohlstand zwischen den Siegen Davids und der Erstarkung Ägyptens um 926. Salomos viele Bündnisse mit den Nachbarvölkern förderten den Handel und Ideenfluß im gesamten Orient. Angezogen von der Weisheit, dem Wohlstand, Glanz und Kunstwirken Salomos suchten viele Staatsmänner seinen Rat. Das politische Umfeld eignete sich sehr gut für angeregte Tätigkeit auf den Gebieten Bauwesen, Handel, Literatur und Kunst. Es war eine seltene Zeit weltweiten Friedens.
 2. Religiös zeichnete sich die salomonische Epoche durch die Einheit des israelitischen Gottesdienstes aus. David und Salomo legten besonderes Gewicht auf Musik und Literatur, während der Tempelbau zentralisierend auf den Gottesdienst wirkte. Vielleicht eignete sich keine andere Epoche der israelischen Geschichte so gut zum Ideenaustausch und Thorastudium sowie zur religiösen Bewußtseinsbildung. Zur Mitte seiner Herrschaft hin scheint Salomo jedoch einen ökumenischen Geist der religiösen Kompromißbereitschaft angenommen zu haben, indem er seinen vielen ausländischen Frauen Genüge tun wollte. Dieser Einfluß auf ihn selbst und seine Beziehung zu Gott war groß genug, um die Teilung seines Reiches unmittelbar nach seinem Tod zu bewirken. Salomo hatte für alle seine ausländischen Frauen »Höhen« (Kultstätten) errichtet (1 Kö 11,7.8). Vermutlich brachte er die Beziehung zu Gott nach seiner Zurechtweisung wieder ins Reine. In jener Zeit des Nachdenkens dürfte das vorliegende philosophische Buch über den Endsinn des Lebens entstanden sein.

C. *DIE BEDEUTUNG DER WEISHEITSLITERATUR*
 1. In der hebräischen Kultur setzte sich die intellektuelle Führungsschicht aus drei Gruppen zusammen: den Priestern, den Propheten und den Weisen (vgl. Jer 18,18). Salomo war natürlich der größte der Weisen und vielleicht Leiter einer Schule von Weisen. Der Prophet sprach das Wort Gottes, der Weise betrachtete Menschen und Ereignisse und sprach aus der Autorität der Erfahrungen. Oft war er eine ältere Vaterfigur, welche die Weisheit der Alten gesammelt und ihre Erkenntnisse in Sprichwortform gefaßt hatte. Er war ein »Haus- und Hof-Philosoph«, der jede Lebensfrage mit einer Beobachtung aus der Erfahrung beantwortete.
 2. Salomo markierte den Beginn des goldenen Zeitalters der Weisheitsliteratur. Zwar stützten anfangs der Priester Zadok und der Prophet Nathan seinen Thron, doch hatten während seiner Herrschaft weder Priester noch Propheten viel zu sagen. Sie standen ganz im Schatten jenes großen »Weisen«, der nicht nur als König, sondern als Berater, Richter und Prediger Israels fungierte (1 Kö 3,28; 5,9-14; 8,14ff). Während mehrere Propheten David zu Rate standen, lesen wir von keinem, der Salomo beriet oder zurechtwies. Ihm wird größere Weisheit nachgesagt als allen Weisen Mesopotamiens oder Ägyptens; ganz gewiß brauchte er selbst keinen Rat. Die Folgerung aus dieser Weisheit lesen wir im praktischen Buch der Sprüche und im philosophischen Buch des Predigers.

Der Zweck des Predigers

Abfassungszweck war ein wissenschaftlich-philosophischer Nachweis der Sinnlosigkeit eines Lebens ohne Gott und im Gegensatz dazu der Freude und Erfüllung eines Lebens im Wissen um Gottes Allmacht. Dieses Buch weist jede Diesseitigkeit folgerichtig in ihre Schranken.

Gliederung des Predigers

THEMA: Die Sinnlosigkeit eines Lebens ohne Gott
(Dazu: Das Glück eines Lebens mit Gott)

I. DIE SINNLOSIGKEIT EINES LEBENS OHNE GOTT..................1-6
   (Die Mühe der Gottesleugner)
   A. Die Sinnlosigkeit weltlicher Weisheit..................1
   B. Die Sinnlosigkeit von Geld und Genuß..................2
   C. Die Sinnlosigkeit eines Daseins ohne Dauer..................3
   D. Die Sinnlosigkeit von Eifer und Erfolg..................4
   E. Die Sinnlosigkeit von Religiosität und Reichtum..................5
   F. Die Sinnlosigkeit irdischer Errungenschaften..................6

II. DAS GLÜCK EINES LEBENS MIT GOTT..................7-12
    (Die Ruhe der Gotteskinder)
    A. Der Wert eines reifen Wesens..................7
    B. Die Verantwortung eines Staatsbürgers..................8
    C. Das Leben im Schatten des Todes..................9
    D. Das wahre Wesen der Toren..................10
    E. Die weise Aussaat für die kommende Ernte..................11
    F. Denke an Gott, solange du jung bist..................12

Besonderheiten des Predigers

1. **DER PREDIGER UND DIE SPRÜCHE** Während die Sprüche Weisheit zum praktischen Nutzen eines von Gott geleiteten Lebens enthalten, wendet der Prediger Weisheit auf das philosophische Ziel des Lebenssinns an. Salomo nimmt das Leben in seiner Gesamtheit ins Blickfeld, statt sich auf die einzelnen Daseinsprobleme zu beschränken. Er tritt als Philosoph einen Schritt zurück, um dem Leben die Warumfrage zu unterstellen. Ohne Antwort auf die Warumfrage werden die Was-, Wie- und Wannfragen sinnleer. Somit ist der Prediger das erste Bibelbuch, das sich philosophisch mit der Sinnfrage selbst beschäftigt und hinter die scheinbare Leere des Daseins an sich blickt. Salomo war zu dieser Aufgabe mit besonderer göttlicher Weisheit ausgestattet.

2. **VERWERFUNG DES DIESSEITSDENKENS.** Kein Buch der Bibel wendet sich konkreter gegen jede Diesseitigkeit als der Prediger. Die Wendung „unter der Sonne", die 29mal vorkommt, bezieht sich auf das irdisch-begrenzte Denken des Menschen, das jede göttliche Of-

fenbarung außer acht läßt. Schonungslos entblößt der Autor die Mängel einer Lebensphilosophie, die sich allein auf menschliche Klugheit stützt. Selbst höchste Weisheit, größter Reichtum und tiefste Lebenslust, verfolgt um ihrer selbst willen, werden zur Ernüchterung führen. Das Streben nach ihnen ist „Haschen nach Wind" (1,14.17). Als letzte Ermahnung wird vor dem Diesseitigkeitsdenken in den Büchern der Menschheit gewarnt (12,12), bei deren Lektüre man sich von „Worten der Wahrheit" leiten lassen muß (12,10-11).

3. **FREUDE AM LEBEN.** Viele halten den Prediger für das „traurigste Buch der Bibel", aus dem ein tiefer Verzweiflungsschrei dringt. Doch ist das Gegenteil der Fall. Kein anderes alttestamentliches Buch ruft so deutlich zur Freude auf wie dieses. Wer das Leben aus göttlicher Sicht betrachtet, soll jeden Lebensbereich zum Anlaß der Freude nehmen. Mehrere Schlüsselstellen enthalten einen klaren Aufruf zur Freude.

2,1-10   Freude an irdischen Vorhaben und Vergnügen ist Torheit.
2,24-26 Aus Gottes Sicht ist sogar das Wohlergehen der Gottlosen Anlaß zur Freude, denn ihr Reichtum fällt schließlich dem Gläubigen zu.
3,12.13 Freude an der Mühsal des Alltags ist eine Gabe Gottes und darf sich nicht an der scheinbaren Ungerechtigkeit des Lebens stoßen. Gott wird zu seiner Zeit Recht schaffen.
5,17-19 Reichtum allein ist zwar kein Grund zur Freude, doch auch nicht zu verachten. Er ist als Geschenk Gottes anzunehmen und zu verwenden, denn der Herr selbst gibt Kraft und Gelegenheit zu seinem rechten Einsatz.
7,3.14   Auch in der Trauer (bei einem Begräbnis) soll der Gläubige ein fröhliches Gemüt bewahren. Gott in seiner Weisheit kann das Herz erquicken, wenn das Gesicht traurig ist. Wohlstand wie Unbill sind als Gaben Gottes zu unserem Besten gedacht.
8,13-17 Wenn der Frevler die Oberhand behält, muß der Gerechte den Blick voll Freude auf Gottes Allmacht richten. Nur selten vollstreckt Gott sein Urteil sofort, doch zu seiner Zeit wird die Vollstreckung erfolgen.
9,7-10   Da alle echte Freude von Gott stammt, ist es unser Auftrag, das Leben in vollen Zügen zu genießen. Die Segnungen des Ehelebens sind als Gaben Gottes dankbar anzunehmen.
11,8-10 Alte wie Junge sollen sich alle Tage ihres Lebens freuen. Doch denke daran: Am Gerichtstag Gottes werden wir Rechenschaft ablegen. Das soll die Freude nicht dämpfen, sondern vertiefen und anleiten.

Dieser Ruf zur Freude ähnelt Philipper 4,4 »Freut euch im Herrn allezeit«. Gott ehrt nicht ein trauriges Gesicht, sondern ein Lächeln des Vertrauens. Seine Gegenwart ist Freude die Fülle.

4. *EIN AGNOSTISCHES BUCH?* (2,14-16; 19.20; 9,2 usw.). Keinem Buch der Bibel wurde seine göttliche Inspiration so vehement abgesprochen wie dem Prediger, und zwar vor allem aufgrund seiner scheinbar agnostischen Aussagen, als bestünde kein Unterschied zwischen Mensch und Tier, Gerechten und Ungerechten. Diese Vorbehalte fußen auf einem Fehlverständnis von Zweck und Ziel des Buches. Es ist eine Predigt, mit Text, Einleitung, These, Erklärung, Veranschaulichung, Schluß und Anwendung. Es darf keinesfalls zerpflückt werden. Der Prediger lehrt nach der dialektischen Methode. Zwei gegensätzliche Anschauungen mit entsprechenden Bestätigungen und Entgegnungen sind ineinander verflochten. Im Zug der verschiedenen Experimente wird das Diesseitsdenken (»unter der Sonne«) rückhaltlos formuliert, um durch die Folgerung der völligen Sinnleere ad absurdum geführt zu werden. Wie in einer Diskus-

sionsrunde führt der Autor seine Schüler durch den Irrgarten des menschlichen Daseins, um gemeinsam zum eigentlichen Lebenssinn zu finden. Die unumwundene Formulierung der pessimistischen Schlüsse diesseitsbezogenen Denkens ist unabdingbare Voraussetzung für die Endfolgerung: Der wahre Lebenssinn läßt sich nur in Gottesfurcht und Gehorsam kennenlernen.

5. **GOTTES ERHABENHEIT AUF PERSÖNLICHER EBENE.** Viele Bibelbücher befassen sich mit der Erhabenheit Gottes in verschiedenen Bereichen, unter ihnen der Prediger im persönlichen Bereich. Er läßt alle Menschentypen Revue passieren, um ihren Stolz und ihre Weisheit zunichte zu machen und selbst die Gottlosen seinem Gesamtziel unterzuordnen; denn der Wohlstand der Frevler wird für die Gerechten gesammelt (2,26). So weit geht Gottes Erhabenheit, daß sogar der Zorn des Menschen zu seiner Ehre dienst (Ps 76,11). Darum kommt in diesem Buch auch 40mal der Gottesname »Elohim« vor, der die Schöpfermacht und Erhabenheit Gottes betont.

6. **GERICHT UND EWIGKEIT** (3,11.17; 11,9; 12,13.14). Der Prediger ist eines der wenigen alttestamentlichen Bücher, das von Ewigkeit und Gericht nach diesem Leben spricht. Gott hat dem Menschen »die Ewigkeit ins Herz gelegt«, er ist auf dem Weg zu seinem »ewigen Haus« (12,5). Die »Tage der Finsternis« werden viele sein. Darum muß man das Leben in vollen Zügen als Geschenk Gottes genießen, jedoch immer im Bewußtsein des kommenden Gerichts. Im Gegensatz zum Tier ist der Mensch für die Ewigkeit gemacht und steht vor der großen Aufgabe, sich in diesem Leben auf sein ewiges Haus vorzubereiten, ehe Staub und Geist sich trennen (12,7).

7. **ERSTMALS GOTT ALS SCHÖPFER** (12,1). »Denke an deinen Schöpfer« (12,1) ist die erste Erwähnung Gottes als Schöpfer, die wir in der Bibel vorfinden (vgl. Jes 40,28; 43,15; Röm 1,25; 1Petr 4,19). Und zwar ist Gott hier nicht nur Schöpfer des Universums, sondern auch Schöpfer erlöster und gerechter Personen. Der Gläubige wird gemahnt, das Schöpfungswerk Gottes in seinem Herzen und Leben zum Ziel zu führen, ihn bereits in der Jugend wirken zu lassen. Als Bild dafür wird der alte Mann mit einem verfallenen Haus verglichen, bei dem es je später, desto schwerer wird, einen Neuanfang zu schaffen. Darum muß dieser Neuanfang geschehen, bevor »die silberne Schnur zerreißt« (12,6). Einer neutestamentlichen Parallele dazu begegnen wir in 1Petr 4,19, wo Gott als »treuer Schöpfer« gesehen wird, dessen Schöpfungswerk in unserer Seele sogar durch Widrigkeit und Unbill vorankommt.

8. **DER ANSPRUCH AUF INSPIRATION UND IRRTUMSLOSIGKEIT** (12,10-12). Obwohl dieses Buch schärfsten Angriffen ausgesetzt und seine Inspiration vehement umstritten worden ist, schließt es mit einem der deutlichsten Ansprüche auf Wahrheit von dem »einen Hirten« in der Bibel. Vielleicht ahnte der Prediger den heftigen Widerspruch, den seine Bloßstellung des Diesseitsdenkens erwecken würde. Diese Wahrheiten zu verstehen, so behauptet er, ist wahre Stärke angesichts der Rätsel des Lebens und der Behauptungen des Rationalismus.

9. **CHRISTUS IM PREDIGER.** Dieses Buch ohne Messiasverheißungen und Typen enthält doch einige verhüllte Andeutungen. Seine Botschaft sind »Worte der Wahrheit« von dem »einen Hirten« (12,11). Christus selbst ist »die Wahrheit« und »der gute Hirte« (Joh 10,14), »mehr als Salomo« (Lk 11,31); er ist gekommen, um den wahren Lebenssinn zu zeigen. Wie Salomo uns stellvertretend an allen Nichtigkeiten des Lebens teilnehmen läßt, ohne daß wir sie selbst miterlebt hätten, so hat Christus noch viel mehr erlebt, ja die Verwerfung durch Gott selbst, damit wir an seinem Erlösungswerk und seiner Weisheit teilhaben mögen.

Das Buch Hohelied

Einleitung

TITEL UND AUTOR

A. BEZEICHNUNG
1. Auf hebräisch heißt das Buch »Lied der Lieder« (*Schir Haschschirim*) nach den Anfangsworten »Das Lied der Lieder von Salomo«. Dies ist eine Umschreibung für den Superlativ »das schönste Lied« Salomos. Davon leitet sich auch der deutsche Titel »Hohelied« ab.
2. Von der griechischen Übersetzung *Asma Asmaton* stammt der lateinische Titel »Canticum Canticorum«.

B. VERFASSER
1. Ablehnung der salomonischen Urheberschaft. Nach Meinung vieler moderner Gelehrter ist das Hohelied über Salomo, nicht jedoch von Salomo geschrieben. Aus verschiedenen Aramäismen sowie persischen und griechischen Lehnwörtern datiert man das Buch einige Jahrhunterte nach Salomo. Salomos weltweite Beziehungen durch Handel und ausländische Frauen sowie internationale Staatsbesuche reichen zur Erklärung dieser sprachlichen Erscheinungen jedoch bei weitem aus.
2. Bestätigung der salomonischen Urheberschaft. Mehrere innere und äußere Beweise bezeugen dennoch Salomo als Autor:
   a. Der Eingangsvers schreibt das Lied eindeutig Salomo zu, wobei die übliche hebräische Vorsilbe für Urheberschaft verwendet wird (der Buchstabe Lamed). Weiter kommt Salomo fünfmal vor, beim letzten Mal in direkter Anrede (8,12).
   b. Salomo schrieb 1005 Lieder, von denen uns nur dieses eine erhalten ist (1 Kö 5,12).
   c. Die vielen Erwähnungen von Blumen und Bäumen (21 Arten) sowie Tieren (15 Arten) weisen auf Salomo hin, einen Fachmann der Naturkunde (1 Kö 5,13).
   d. Die geographische Erstreckung über Nord- und Südisrael legt eine Entstehungszeit vor der Reichsteilung im Jahre 931 v. Chr. nahe, als die Nation noch geeint war.
   e. Die jüdische Tradition schreibt das Buch einhellig Salomo zu. Das Hohelied ist jährlich Lektüre zum Passahfest.
   f. Das Buch weist große terminologische Ähnlichkeiten zu den Sprüchen und dem Prediger auf. (Weder im Prediger noch im Hohelied kommt der Gottesname Jahwe vor.)
   g. Wer die Urheberschaft Salomos aufgrund seiner Vielweiberei abstreitet, müßte folgerichtig auch die Sprüche ablehnen, weil Salomo selbst so viele dieser Prinzipien verletzt hat. Im Hohelied ist von sechzig Königinnen und achzig Nebenfrauen sowie Mädchen ohne Zahl die Rede, von denen der Geliebte sich abwendet, um Sulamith zu begegnen (6,8.9).

Das geschichtliche Umfeld

A. DATIERUNG — 960 v. Chr.
1. Hat Salomo das Buch geschrieben, so ist es vermutlich nach seinem Herrschaftsantritt entstanden, als er viele Pferdewagen aus Ägypten gekauft und Weingärten selbst hoch im Norden, im Jesreeltal erworben hatte. Die Zahl seiner Frauen und Nebenfrauen war noch relativ gering (60 und 80; später waren es 700 und 300).
2. Wie bereits angedeutet, ist dies wohl das erste kanonische Buch Salomos. Er fügt sich

gut in seine Anfangszeit ein, wie die Sprüche in seine mittleren Jahre und der Prediger in sein Alter passen. Zugleich zeigen diese drei Bücher seine Persönlichkeit als Frauenverehrer, Weiser und Prediger.

B. *DAS GESCHICHTLICHE UMFELD*
1. Salomos Interesse an Musik und Liedern ist ein Erbe von seinem Vater David, dem »Liebling in den Gesängen Israels« (2 Sam 23,1). Zu den vielen Davidspsalmen verfaßte Salomo 1005 Lieder (1 Kö 5,12). Vielleicht läßt sich auch seine Liebe zu Frauen auf das Verhalten seines Vaters zurückführen. Gewiß waren viele Heiraten Salomos Vernunftehen oder politische Bündnisehen zur Förderung friedlicher Beziehungen zu den Nachbarvölkern. Die meisten dieser Frauen waren wohl adeliger oder königlicher Abstammung, nicht ärmliche Mädchen vom Land. Das macht die Liebe und Heirat mit Sulamith im Hohelied so einzigartig und beweist eine echte Zuneigung zu ihr aufgrund ihrer angeborenen Anmut und ihres aufrichtigen Wesens, nicht wegen politischer Beziehungen.
2. Der Hintergrund des Hoheliedes ist das Hirtenleben: nur vereinzelt leuchten Bilder aus dem Jerusalemer Hofleben auf. Die Reden und Kehrreime strotzen von ländlichen Bildern, von Gärten, Bäumen, Blumen, bewaldeten Bergen, wilden Tieren, Weingärten, Tälern, Brunnen und Bächen — was immer zu einer ländlichen Darstellung romantischer Liebe gehört. Die Ortsnamen reichen von En-Gedi und Jerusalem im Süden bis zum Gebirge Gilead, dem Hermon und dem Libanon im Norden. Die Mehrzahl der Bilder entstammt dem Norden. Eine Hochzeit war im alten Israel für Familie und Gesellschaft ein wesentliches Ereignis. Gewöhnlich wurde ein siebentägiges Hochzeitsfest gehalten, bei dem Braut und Bräutigam als König und Königin behandelt wurden.

C. *DAS RELIGIÖSE UMFELD*
1. Es fragt sich, welche Rolle Religion im Hohelied spielt. Ganz offenbar ist es ein erotisches Liebeslied ohne echten Bezug zu Religion oder Glauben. Der Name Gottes kommt nur einmal beiläufig vor, und das in der Kurzform »Jah« (8,6). Und doch hält Rabbi Akiba (um 135 v. Chr.) das Buch für die heiligste der Heiligen Schriften (Hagiographa) Israels. Heilig gehalten wurde es als Allegorie auf die Liebe zwischen Israel und seinem Bundesgott, als welches es jährlich beim Passahfest gelesen wurde zur Erinnerung an die Erlösung aus Ägypten und die Bundesbeziehung zum Jahwegott. Wann und wo dieses Verständnis seinen Ursprung fand, bleibt ungewiß, doch war dies sicher einer der Hauptgründe für die Aufnahme in den biblischen Kanon.
2. Freilich wurde dieses Liebeslied zugleich aufgrund seiner herrlich bildhaften, aber offenen Darstellung ehelicher Liebe geschätzt und heilig gehalten. Es erhebt die Ehebeziehung auf die Ebene einer heiligen Pflicht und geistlichen Erfahrung, in Erfüllung des Gottesbefehls zur ehelichen Intimität (1 Mo 2,24). Zugleich spricht es vom Warten auf diese Intimität, die Liebe nicht zu wecken noch aufzustören (8,4), bis der Tag gekommen ist, das Brautgemach zu betreten.

Auslegungsvarianten des **Hohelieds**

A. LITERARISCHE ZUORDNUNG
Nur wenige Bibelbücher sind so mißverstanden wie das Hohelied. Die einen sehen es als unverhohlene Erotik, die anderen als verhüllte Allegorie. Die einzelnen Reden fließen ineinander, der Fortlauf der Handlung ist kaum nachvollziehbar. Die vielen Bilder lassen sich unmöglich von den wörtlichen Beschreibungen trennen. Um Ordnung in dieses Wirrwarr zu bringen, ist

die literarische Zuordnung des Hohelieds von entscheidender Bedeutung. Wer das Buch als Drama auffaßt, wird zu einer anderen Auffassung kommen als wer darin eine Serie lyrischer »Idyllen« sieht. Darum müssen wir diese beiden Literaturgattungen definieren und auseinanderhalten.

1. Drama. Ein Drama ist eine zur Aufführung bestimmte Darstellung einer Handlungskette, die auf einen Höhepunkt hinführt. Es stellt somit Handlung und Geschichte in den Mittelpunkt, nicht Schilderung und Reflexion. Während bei Epik und Lyrik parenthetische Einschübe möglich sind, um vorausgegangene Ereignisse oder Hintergründe aufzuklären, ist das Drama streng an den zeitlichen Ablauf gebunden. Es ist somit eine zeitlich geordnete Darstellung einer Handlung. Zudem fehlt beim Drama zumeist die Unterteilung durch einen personlosen Kehrreim (Chor), sofern dieser Kehrreim nicht Teil der tatsächlichen Szene ist. Alle Sprecher oder Darsteller in einem Drama tragen zum Fortlauf der Geschichte bei. Ein Beispiel für ein religiöses Drama wäre das Buch Hiob.

2. Lyrische Idylle. Diese seltene Form der Lyrik ist streng von Epik und Dramatik zu unterscheiden. Der Ausdruck »Idylle« kommt aus Sizilien und bedeutet eine »Hirtenszene«, welche der Stadtbevölkerung Alexandriens geschildert wird. Eine Idylle ist somit eine Aneinanderreihung ländlicher Bilder, die eine Geschichte mit ihrem Hintergrund erzählen. Im Unterschied zum Drama mag eine Idylle in der Mitte oder am Ende der Geschichte einsetzen und Vorgeschichte wie Hintergrund parenthetisch einblenden. Oft finden wir Kehrreime, die die einzelnen Szenen unterbrechen und keinen unmittelbaren Situationsbezug aufweisen, vielmehr zur Betonung des Gesamtthemas dienen. Diese Kehrreime fungieren zugleich als Gliederungselemente der einzelnen Dialoge oder Bilder. (Siehe Richard Moulton: *The Literary Study of the Bible,* S. 78, 297ff.)

3. Die Bedeutung obiger Zuordnung für die Auslegung. Die Unterscheidung dieser beiden Arten der Posie hilft uns bei der Zuordnung des Hohelieds, wodurch wir seiner richtigen Auslegung einen Schritt näherkommen. Je nach Zuordnung gelangen wir nämlich zu einer anderen Auslegung:

   a. Die Hirtenhypothese. »Wer im Hohelied ein Drama sieht, gelangt etwa zu folgendem Handlungsablauf: König Salomo wirbt mit königlichem Prunk um Sulamith. die jedoch ihrem Geliebten, einem armen Hirten, treu bleibt. Salomo gibt schließlich nach, worauf das treue Liebespaar zusammenfindet« (Moulton, a.a.O. S. 217). Salomo wäre somit der abgewiesene Nebenbuhler. Doch, so Leland Ryken: »Ein Drama lebt von einer Konfliktsituation und enthält eine klarverständliche Handung. Im Hohelied finden wir keines von beiden. Es ist ein Gedicht über eine glückliche Liebe ohne den Schatten eines Konfliktes; und sein zerrissener Aufbau würde bei einer Aufführung nur Verwirrung stiften. Wäre dieses Gedicht ein Drama, sollten wir zumindest Hinweise auf die jeweiligen Sprecher vorfinden. Um dieses Werk zu einem Drama umzugestalten, müßte es fast völlig neu erarbeitet werden« (Ryken: *The Literature of the Bible,* S. 217).

   b. Die Liebe und Heirat Salomos mit Sulamith. Wer dieses Gedicht als eine Idylle betrachtet, wird neben Salomo keinen Nebenbuhler orten. Die Geschichte: »König Salomo stößt bei einem Besuch in seinem Weingarten auf dem Libanon überraschend auf die anmutige Sulamith; sie flieht von ihm, doch er besucht sie inkognito als Hirte und gewinnt ihre Liebe; später kehrt er im königlichem Glanz zurück, um sie als seine Braut zu sich zu holen. Das Gedicht stellt die Hochzeitsszene am Hofe an den Anfang« (Ryken a.a.O. S. 207). Einschubartig folgen Rückblicke auf die Zeit der Werbung und Freundschaft sowie Meditationen des Paares und Kehrreime zur Gliederung der einzelnen Bilder.

Letztere Ansicht erscheint aus mehreren Gründen wahrscheinlicher:
a. Das Lied heißt: »Das Lied der Lieder, von Salomo«, das heißt: Salomos liebstes Liebeslied, nicht sein schlimmster Korb. Nur schwer kann man sich die ungeheure Wertschätzung eines Liedes vorstellen, welches das schlimmste Versagen des berühmtesten Frauenhelden des Volkes darstellt.
b. Die Literaturform des reinen Dramas ist im Hebräischen äußerst selten. Zudem erfüllt das Hohelied nicht die literarischen Voraussetzungen für ein Drama.
c. Mit seinen sieben Bildern, rückblickenden Einschüben und parenthetischen Kehrreimen paßt das Hohelied genau auf eine Idylle.
d. Salomo als einziger Liebhaber im gesamten Buch trifft auch die religiöse Bedeutung viel besser — als Sinnbild für des Herrn Liebe zu Israel und Christi Liebe zur Gemeinde, Vorausbild auf den Triumph der göttlichen Liebe.

B. *AUSLEGUNGSMETHODE*

In bezug auf Zweck und Anwendung des Hohelieds bestehen mehrere Grundansichten. Das Buch handelt von der idealen Liebesbeziehung Salomos zu seiner Braut. Doch warum wurde es erhalten, oder welchem Zweck diente es in Israel und der Gemeinde?

1. Die wörtliche (naturalistische) Auslegung. Nach dieser Ansicht ist das Hohelied ein Gedicht über eine reine, eheliche Liebesbeziehung ohne geistliche Hintergedanken. Theodor von Mopsuestia (533 n. Chr.) hält das Hohelied für ein Liebesgedicht, das Salomo anläßlich seiner Hochzeit mit der Tochter des Pharao schrieb. Zwar wurde es wegen seiner einseitig menschlichen Auslegung von der Kirche abgelehnt, doch liegt in der Würde und Reinheit ehelicher Liebe ein hohes moralisches Anliegen. Sollte es sich freilich um nichts weiter als eine menschliche Liebesgeschichte mit moralischem Hintergrund handeln, ist seine Einbeziehung in den biblischen Kanon schwer zu erklären.

2. Die allegorische Auslegung. In der frühen jüdischen Tradition wird das Gedicht als Allegorie auf Gottes Liebe zu Israel ausgelegt, was die Urchristen auf Christi Liebe zur Gemeinde ummünzten. Diese Auslegung war in der gesamte Kirchengeschichte vorherrschend und stimmt gut mit anderen Bibelstellen überein. Allerdings ist das Hohelied keine Allegorie, sondern eine ausdrückliche und wohlbelegte Episode im Leben Salomos. Ihre geschichtliche Wahrheit abzuleugnen um eine auch anderswo gelehrte geistliche Wahrheit unterzuschieben, ist über das Ziel geschossen. Die allegorische Auslegung führt überdies zu krassen Extravaganzen und peinlichen Deutungen, welche offenbar zu weit hergeholt sind.

3. Die typische Auslegung. Im Grunde handelt es sich hier um eine Kombination der vorangegangenen Ansichten, welche die Vorteile vereint und die Nachteile ausklammert. Diese Ansicht anerkennt die Historizität der Geschichte und ihre Grundfunktion als Lied über die Reinheit einer ehelichen Liebesbeziehung; zugleich leugnet sie nicht die geistliche Anwendung auf die Beziehung des Herrn zu seinem Volk. Damit umgeht sie die bloße Weltlichkeit der wörtlichen Auslegung und die kühne Extravaganz der allegorischen. Ein Typus ist nur in einigen wenigen Vergleichspunkten auszulegen, nicht alle Einzelheiten haben eine »tiefe Bedeutung«. Damit werden einige Aussagen über eheliche Liebe unterstrichen, welche in der Gemeinde nur allzu lange brachlagen, während zugleich die Große Wahrheit von Gottes tiefer Liebe zu Israel und der Gemeinde herausgestellt wird.

DER ZWECK DES HOHELIEDS

A. *Der historische Zweck* des Buches besingt die Heirat Salomos mit der schönen Sulamith, um die reine Freude der menschlichen Ehebeziehung, der intimsten Gemeinschaft auf Erden, als Geschenk Gottes auszudrücken. Mit dieser positiven Betonung verbindet sich die ständige Mahnung an die Jugend, ihre geschlechtliche Reinheit und Unantastbarkeit für die Zeit der ehelichen Gemeinschaft zu bewahren.

B. Der *religiöse Zweck* ist, aufbauend auf der geschichtlichen Wahrheit einer reinen Liebesbeziehung, in der Liebe Gottes zu seinem Volk zu sehen: Israel und Jahwe im Alten und die Gemeinde und Christus im Neuen Testament. Kein Buch der Bibel verleiht der Intimität ehelicher Liebe so offen Ausdruck wie das Hohelied. Somit ergänzen diese beiden Ziele einander in vollendeter Weise.

Gliederung des Hohelieds

THEMA: Die Schönheit reiner, ehelicher Liebe als Bild für Gottes Liebe zu seinem Volk

I. VOLLENDUNG DER LIEBE IN DER EHELICHEN GEMEINSCHAFT........1-4
    A. *SZENE 1: Salomo und seine Braut vollziehen den Ehebund* 1,1-2,7
        1. Die Liebe der Braut beim Einzug in den Palast ....(1,1-4)
        2. Die Erklärung der Braut wegen ihrer dunklen Haut ....(1,5.6)
        3. Liebesgespräch auf dem Weg zum Festsaal ....(1,7-2,6)
        (KEHRREIM: Mahnung an die Mädchen, die Liebe nicht
        vorschnell zu wecken) ....(2,7)
    B. *SZENE 2: Salomos Braut denkt zurück an die erste Begegnung* 2,8-3,5
        1. Sein plötzliches Auftauchen als Hirte im Libanon ....(2,8-17)
        (Seine Werbung und die Verlobung im Frühjahr) ....(2,10-17)
        2. Ihre Träume, den Geliebten zu finden ....(3,1-4)
        (KEHRREIM: Mahnung an die Mädchen, die Liebe nicht
        vorschnell zu wecken) ....(3,5)
    C. *SZENE 3: Salomos Rückkehr, um die Braut zu sich zu holen — die*
       Hochzeitsnacht 3,6-5,1
        1. Seine hoheitsvolle Wiederkunft als König ....(3,6-10)
        2. Seine eheliche Liebe als »Garten« ....(4,1-5,1a)
       (Der Liebe Vollendung)
       (KEHRREIM: Trinkt und berauscht euch an der Liebe —
       Rede Gottes?) ....(5,1b)

II. FORTFÜHRUNG DER LIEBE IN DER EHELICHEN GEMEINSCHAFT......5-8
    A. *SZENE 4: Salomos Braut träumt, den Geliebten zu verlieren* 5,2-6,3
        1. Sein nächtliches Kommen und ihr Zögern ....(5,2-8)
        2. Ihre Liebesbezeugung, obwohl er weg ist ....(5,9-6,2)
       (KEHRREIM: Ich gehöre meinem Geliebten, und mein Geliebter
       gehört mir) ....(6,3)
    B. *SZENE 5: Salomos Liebesbezeugung zu Sulamith* 6,4-7,10
        1. Lohn ihrer überragenden Schönheit ....(6,4-10)

          Sie geht verlegen in den »Nußgarten« ....(11.12)
      2. Lob ihrer erotischen Schönheit ....(7,1-10)
          (KEHRREIM: Ich gehöre meinem Geliebten, und nach mir
          ist sein Verlangen) ....(7,11)
  C. *SZENE 6: Salomos Braut sehnt sich heim in den Libanon* 7,12-8,4
      1. Sie wünscht sich einen Arbeits- und Liebesurlaub ....(7,12-14)
      2. Sie will ihrer Familie ihre glückliche Liebe zeigen ....(8,1-3)
          (KEHRREIM: Mahnung an die Mädchen, die Liebe nicht
          vorschnell zu wecken) ....(8,4)
  D. *Salomo und Sulamith erneuern ihre Liebe im Libanon* 8,5-14
      1. Sie erzählt ihren Brüdern begeistert von seiner Liebe ....(8,5-7)
      2. Sie erinnert sich an den Schutz ihrer Brüder ....(8,8.9)
          Sie war ein »Weingarten«, bewahrt für Salomo ....(10-12)
      3. Ermunterung zur liebevollen Umarmung ....(8,13.14)

Besonderheiten des Hohelieds

1. **DAS LIEBESLIED DER BIBEL.** Unübertroffen in seiner poetischen Erhabenheit, der Zartheit seiner Bilder und seiner tiefen Lebenswahrheiten, hat man das Hohelied als das »größte Liebeslied der Weltliteratur« bezeichnet (Moulton a.a.O. S. 221). Geschrieben vom erfahrensten Liebhaber Israels, hat es vor und über allem die eheliche Liebe zum Inhalt. Von den 46 Stellen, an denen wir im Alten Testament das Wort »Geliebter« (dod) finden, stehen 33 im Hohelied. Die ausschließliche Hervorhebung der körperlichen Seite von Liebe und Schönheit hat viele dazu verleitet, diesem Buch wegen seiner unverhohlenen Erotik die Aufnahme in den biblischen Kanon abzustreiten. Hauptzweck ist jedoch die Beschreibung der ehelichen Einheit, welche Gott im Garten Eden einsetzte. Denn wie oft wird der Glanz und die Freude jenes hohen Standes von den Asketikern verleugnet und von den Erotikern entwürdigt. Diese Botschaft bildet vielleicht (zusammen mit 1 Mo 2,24) die Grundlage für die neutestamentliche Mahnung, das Ehebett unbefleckt zu bewahren (1 Kor 7,2; 1 Tim 4,3; Hebr 13,4). Der Name »Sulamith (Hl 7,1) wird als weibliche Form von »Salomo« (hebr. »Schulammit« und »Schelomo«) ausgelegt, womit die wesentliche Rolle der Frau hervorgehoben wird, die Salomo seiner Braut zuschrieb.

2. **EIN WORT AN DIE JUGEND.** Obwohl die jüdischen Rabbis der zwischentestamentlichen Zeit dieses Buch für alle unter dreißig verboten haben sollen, ist es besonders an die Jugend gerichtet. Am häufigsten werden die jungen Mädchen angesprochen (»Töchter Jerusalems« in 2,7; 3,5.10; 5,8.16; 8,4). Diese thematischen Kehrreime fordern sie auf, ihre Leidenschaft zu bezwingen und ihre Jungfräulichkeit auf jenen Tag zu bewahren, wo die Liebe zu ihrem Bundespartner zur Vollendung gelangt — der Traum jedes Mädchens. Zugleich enthält das Buch erstaunlich offene, doch diskrete und bildhafte Aussagen über Geschlechtlichkeit, gerahmt in zarte Bilder und poetische Formen, um Wahrheit ohne Derbheit vorzubringen. Als jährliche Lektüre zum Passahfest bildete das Hohelied einen festen Bestandteil des Kulturlebens. Seine geschlechtliche Botschaft mußte der Jugend langsam ins Bewußtsein dringen, als sie die

Bedeutung dieses herrlichen Gedichts zu verstehen begann. Somit wird die Entdeckerfreude genützt, um verborgene Wahrheiten von höchster Bedeutung dem Gewissen nahezubringen. Bewahre geschlechtliche Reinheit, solange die reifenden Leidenschaften im Inneren toben, und warte auf den Tag der Erfüllung in der ehelichen Vereinigung.

3. **DAS LIED DES PASSAH.** Warum wurde ausgerechnet dieses romantische Liebeslied über körperliche Schönheit und Zuneigung am Passahfest gelesen? Dieses war das erste Fest des heiligen Jahres, ein feierliches Ereignis. Dazu wurde ein Buch ohne Erwähnung Gottes (nur »Jah« als Wortendung in 8,6), ohne Hinweis auf Gottesdienst und Religion gelesen! Doch das Passah diente dem Gedenken an Israels Erlösung und Befreiung aus der Knechtschaft, der Erinnerung an den Bundesschluß des Volkes mit Gott, womit das Thema des Hohelieds schon passender erscheint. Oft wird Israels Bund mit dem Herrn als Ehebund dargestellt (Jes 50,1; 54,4 usw.) In diesem Sinn war das Passah ein Hochzeitstag. Die tiefsinnige Darstellung des Gottesbundes hinter dem Schleier der Liebesgeschichte Salomos und seiner Braut erklärt auch das Fehlen direkter Gotteserwähnungen. Er wird in der Gestalt Salomos zur Hauptperson des Buches. Wie Jesu Gleichnisse Gott oft als »König«, »Richter«, »Vater« usw. versinnbildlichen, steht die eheliche Vereinigung im Hohelied für die Beziehung Gottes zu seinem Volk. Die Erinnerung an Gottes Gnade machte seine Gegenwart beim Passah ringsum spürbar, und die Lesung des Hohelieds brachte die geistliche Bundesbeziehung noch stärker ins Spiel. Kein Wunder, daß die Juden dieses Buch als das »Allerheiligste« der Heiligen Schriften betrachteten.

4. **DIE ZWEI SEITEN DER LIEBE.** Im Hohelied treten zwei wesentliche Seiten der Liebe zutage: ihre Zartheit und ihre Macht. Sie ist unendlich zart in ihrer sorgenden Zuneigung und voll vernichtender Kraft in ihrem eifersüchtigen Schutz. Sie ist sanft wie der Umgang mit einer Lilie unter den Dornen (2,2-4) und zugleich wild wie »Feuergluten« (8,6). Diese Macht, diese Heftigkeit und der gewaltige Wert echter Liebe kommen in 8,7 ans Licht: »Mächtige Wasser sind nicht in der Lage, die Liebe auszulöschen, und Ströme schwemmen sie nicht fort. Wenn einer den ganzen Besitz seines Hauses für die Liebe geben wollte, man würde ihn nur verachten.« Diese zwei Wesenszüge wahrer Liebe sind wie ein Siegel am Herzen und am Arm, zärtliche Zuneigung und heftige Selbstbehauptung (8,6). Beide Eigenschaften müssen, jeder ehelichen Liebe, und vor allem der Liebe Gottes, innewohnen (2 Mo 34,14; 5 Mo 5,9; Lk 1,78).

5. **EIN MISSVERSTANDENES UND MISSACHTETES BUCH.** Richtig verstanden ist die Lehre dieses Buches entscheidend für jede Generation, vor allem für die unsere mit ihrer Freizügigkeit und Entfesselung der Leidenschaften. Doch ist das Hohelied wie der Prediger eines der mißverstandensten und mißachtetsten Bibelbücher. Diese beiden Bücher wenden sich gegen die größten philosophischen und moralischen Übel unserer Zeit: eine materialistische Weltanschauung, nach der mit dem Tod alles aus ist; und eine freizügige Sicht unehelichen Geschlechtsverkehrs. Doch gerade jene, die das Hohelied als Bestätigung und Stütze willkommen heißen sollten, weil es die biblische Wahrheit über Sexualität außerhalb der Ehe lehrt, schieben es verschämt beiseite. Dies begründet sich auf ein Fehlverständnis der bildhaften Mahnungen an die Unverheirateten und einer Konzentration auf die schockierende Offenheit, mit der die körperliche Seite ehelicher Liebe dargestellt wird. Nach Ansicht wohlmeinender puritanischer Asketiker ist die menschliche Geschlechtlichkeit ein notwendiges Übel, über das höchstens geflüstert werden darf. Für sie grenzt die Offenheit Salomos an Unsittlichkeit. Doch eine genaue Untersuchung der Abläufe und Bilder offenbart einen äußerst einfühlsamen Umgang mit diesem heiklen Thema, ganz ähnlich wie ihn die Propheten und der Herr selbst pflegten (Hes 23,3.21; Lk 23,29).

6. **CHRISTUS IM HOHELIED.** Wie das Hohelied in Israel für die Liebesbeziehung zwischen dem Herrn und seinem Bundesvolk stand, versinnbildlicht es die Liebe zwischen Christus und seiner Gemeinde. Christus ist »mehr als Salomo«, ihm ist die Gemeinde als »keusche Jungfrau« angelobt (Mt 12,42; 2 Kor 11,2; Eph 5,27). Es gibt wohl kein größeres Porträt dieser intimen Ehebeziehung als das Hohelied Salomos. Er kam zuerst als Hirte, um sich eine Braut zu erwerben, dann jedoch wird er sie in königlichem Prunk zu sich in das Brautgemach führen. Inzwischen steht seine Liebe als »Zeichen« (schützende Fürsorge) über ihr (Hl 2,4).

Einleitung in die prophetischen Bücher

Die prophetischen Bücher stellen eine eigene Literaturgattung dar, die gegen Ende der Geschichte Israels auftaucht. Die siebzehn Prophetenbücher ergänzen die siebzehn Geschichtsbücher in mancherlei Hinsicht. Sie sind nicht Geschichtswerke, sondern Ideen- und Mahnschriften. Ihr Unterton ist ernst und dringlich, wie ein Herold in Zeiten nationaler Krise und Not Rat und Mahnung ausspricht. Doch die Propheten führen ihren Zeitgenossen nicht nur vergangene Sünden und gegenwärtige Gefahren vor, sie weisen auch in die Zukunft. Sie sprechen vom kommenden Gericht und dem messianischen Zeitalter, um die Menschen zur Buße zu führen und sie Gerechtigkeit zu lehren. Zur rechten Einschätzung der Propheten ist ein Grundwissen über ihre besondere Mission, ihre Wirkungszeit und ihre wichtigsten Themen erforderlich.

I. *Die Mission der Propheten*

Die Propheten Israels wurden in »Notfällen« von Gott berufen und gesalbt, während die Priester, Ältesten und Könige einen konstanten Dienst versahen. Sie heißen »Propheten« (hebr. *Nabi*), »Seher« (*Ro'äh* oder *Chosäh*), »Wächter« (*Zafah*) und »Hirten« (*Ra'ah*). Diese Ausdrücke zeigen ihre Bedeutung als gottberufene Sprecher, welche sein Wort den Menschen weitergaben. Ihre Funktion ist dreifach:

A. *Sprecher Gottes.* Das Wort »Prophet« (hebr. *Nabi,* griech. *Prophetes*) bedeutet »für jemanden sprechen«, jemanden vertreten. Die Propheten waren somit Botschafter Gottes, die vor allem in Notzeiten seinen Willen kundzutun hatten. Sie waren Prediger der Gerechtigkeit in Zeiten moralischen und geistlichen Verfalls und standen als solche oft allein.

B. *Vorhersagen der Zukunft.* Ein wahrer Prophet Gottes hatte sich durch zutreffende Vorhersagen auszuweisen (5 Mo 18,21.22). Diese seine Fähigkeit bezeugte seine Sendung von Gott, denn nur Gott kennt die Zukunft. Ausgehend von den bereits offenbarten Bundesverheißungen brachte Gott durch die Propheten seine weiteren Pläne mit Israel und der Völkerwelt ans Licht.

C. *Gesetzeslehrer.* Diese Aufgabe fiel zwar eigentlich den Priestern und Leviten zu, doch wegen der Verkommenheit des Priesterstandes übernahmen die Propheten auch sie (3 Mo 10,11; 5 Mo 33,10; Hes 22,26). Ihren Lehrdienst verrichteten sie gewöhnlich im Zusammenhang mit Gericht (Jes 6,8-10; 28,9.10).

II. Die Beziehung der Propheten zu den Priestern

Zwar wurden sowohl Priester als auch Propheten von Gott zu ihrem Dienst berufen, doch unterschieden sie sich in einigen wichtigen Punkten:

A. Nach ihrer *Berufung*. Die Propheten waren einzeln gerufen und ernannt, die Priester aufgrund ihrer Abstammung von Aaron.

B. Nach ihrem *Amt*. Die Propheten vertraten Gott vor dem Volk; die Priester hingegen vertraten das Volk vor Gott. Darum wirkten die Priester am Heiligtum, in der Gegenwart Gottes, die Propheten jedoch in den Städten und Dörfern. (Wenn Priester segneten, vertraten sie auch Gott vor dem Volk; 5 Mo 10,8).

C. Nach ihrem *Dienst*. Die Propheten waren mit geistlicher Gerechtigkeit und innerer Reinheit befaßt, während es den Priestern um religiöse Riten und äußere Reinheit ging. Beide Funktionen ergänzten einander im Bundessystem Israels.

D. Nach ihrem *Lehrauftrag*. Beide hatten das Gesetz zu lehren. Wie oben angedeutet oblag die Auslegung des Gesetzes den Priestern, die Erweckungspredigt jedoch den Propheten. Die Priester »informierten«, die Propheten »reformierten«. Die Priester unterwiesen den Verstand der Menschen, die Propheten rüttelten ihren Willen wach. So traten die Propheten mit großer Dringlichkeit auf, als das Gesetz von den Führern und vom Volk vernachlässigt wurde.

III. Arten von Propheten

Die ersten Propheten, die als solche bezeichnet werden, waren Abraham, Mose und Samuel (1 Mo 20,7; 5 Mo 18,15; 1 Sam 3,20). Durch sie sprach Gott zu den Menschen und richtete seinen Bund mit dem Volk auf. Mose war das Urbild des Propheten und zugleich Vorausbild auf den großen Endpropheten, den Messias, der mächtige Worte durch mächtige Taten und eindeutige Erfüllungen belegen würde (5 Mo 18,15-22). Während das Priester- und Königsamt auf bestimmte Stämme beschränkt blieb und Männern vorbehalten war, gab es Propheten aus mehreren Stämmen, sogar Prophetinnen: Mirjam, Debora und Hulda (2 Mo 15,20; Ri 4,4; 2 Kö 22,14).

Allgemein gilt Samuel als der erste einer Reihe von Propheten, die während der gesamten Königszeit auftraten (1 Sam 3,1; Apg 3,24). Natürlich war diese Reihe nicht ungebrochen, sondern pflanzte sich sporadisch fort, sooft der Herr jemanden besonders in seinen Dienst rief. Dabei kann man die »sprechenden« und die »schreibenden« Propheten unterscheiden:

A. DIE SPRECHENDEN PROPHETEN

1. Gad	beriet David in der Wüste		(1Sam 22,5)
2. Nathan	beriet David über den Bund und bei seinem Ehebruch		(2Sam 12,1)
3. Jedo	schrieb die Geschichte Salomos		(2Chr 9,29)
4. Ahija	sagte Jerobeam sein Königtum im Nordreich an		(1Kö 11,29)
5. Schemaja	warnte Rehabeam, Jerobeam keinen Widerstand zu leisten		(1Kö 12,22)
6. »Mann Gottes«	wies Jerobeam wegen seines Kälberkults zurecht		(1Kö 13,1)
7. »Alter Prophet«	prüfte das Wort des »Mann Gottes«		(1Kö 13,11)
8. Asarja	ermutigte Asa in den Reformen seiner Frühzeit		(2Chr 15,1)
9. Hanani	wies Asa wegen der Hilfe für Aram zurecht und wurde verhaftet		(2Chr 16,7)

10. Jehu, der Sohn Hananis	wies Bascha von Israel zurecht: »Wer von Bascha in der Stadt stirbt, den werden die Hunde fressen«	(1Kö 16,1)
	wies Joschafat wegen des Bündnisses mit Ahab zurecht	(2Chr 19,2)
11. Jahasiel	riet Joschafat, den Sieg vom Herrn zu erwarten	(2Chr 20,14)
12. Elia	wies Ahab und Isebel wegen ihres Baalskultes zurecht	(1Kö 17,1ff)
13. Unbekannter Prophet	beriet Ahab im Kampf gegen Aram	(1Kö 20,13)
14. Micha	offenbarte Ahab seinen baldigen Tod	(1Kö 22,14)
15. Elisa	kämpfte durch viele Wunder gegen den Baalskult in Israel	(2Kö 2,1ff)
16. Junger Prophet	salbte Jehu zum König und Richter des Hauses Ahab	(2Kö 9,1ff)
17. Secharja, der Sohn Jojadas	wies Joasch wegen seines Abfalls zurecht und wurde getötet	(2Chr 24,20)
18. Obed	mahnte Pekach von Israel, die jüdischen Gefangenen freizulassen	(2Chr 28,9)

B. *DIE SCHREIBENDEN PROPHETEN*

Fast alle »schreibenden Propheten« traten nach den »sprechenden Propheten« auf, wie aus er Tabelle ersichtlich ist. Die meisten von ihnen wirkten nach der Säuberung durch Jehu, kurz vor der Vernichtung des Nordreiches und wieder unmittelbar vor dem Untergang des Südreiches. Generell tadelten sie wegen verbreiteten Niedergangs und kündigten Gericht an. Sie waren das nagende Gewissen der Nation. Daraus ergaben sich zwangsläufig ihre Hauptthemen:

1. *Die ethischen Themen:*
   a. Verurteilung von Götzendienst, Sittenverfall und Ungerechtigkeit; Aufruf zu Buße und Recht.
   b. Gottes Wesen bedingt Gnade und Recht und bringt den Unbußfertigen Gericht.
   c. Wahre Gottesfurcht beginnt im Herzen und beschränkt sich nicht auf die Hände.
2. *Die endzeitlichen Themen:*
   a. Der kommende Tag des Herrn in Israel und den Nationen.
   b. Das Kommen des Messias in Gericht, Heil und Herrlichkeit.
   c. Das messianische Zeitalter mit seinen Segnungen für Israel und die Nationen.
   d. Die Errettung des treuen Überrests in Israel.

Übersicht über die Wirkungszeit der Schriftpropheten*

	JUDAH			ISRAEL	
DATUM v.Chr.	KÖNIG	PROPHET	DATUM v.Chr.	KÖNIG	PROPHET

KRISE: Beim Tod Salomos im Jahre 931 v.Chr. wude das Reich in das Nordreich Israel und das Südreich Juda geteilt.

931	Rehabeam		931	Jerobeam I	
913	Abija				
911	Asa		910	Nadab	
			909	Bascha	
			886	Ela	
			885	Simri	
			885	Omri	
873	Joschafat		874	Ahab	Elia (870-845)
			853	Ahasja	
853	Joram	OBADJA (845)	852	Joram	Elisa (845-798)
841	Ahasja				

KRISE: 841 v.Chr. tötete Jehu die Könige beider Reiche, riß den Thron Israels an sich und rottete den Baalsdienst im Nordreich aus.

841	Königin Atalja		841	Jehu	
835	Joasch	JOEL (830-825)			
			814	Joahas	
796	Amazja		798	Joasch	
			793	Jerobeam II	JONA (785-760)
792	Usija (Asarja)				AMOS (760)
			753	Secharja	HOSEA (755-725)
750	Jotam		752	Schallum	
		JESAJA (740-680)	752	Menahem	
		MICHA (730-720)	742	Pekachja	
			752*	Pekach	
743	Ahas				
728	Hiskia		732	Hoschea	

KRISE: 722 nahmen die Assyrer Samaria ein und verschleppten die Bewohner des Nordreichs Israel, Juda blieb aufgrund der Reformen Hiskias und der Säuberung vom Götzendienst verschont.

	Hiskia	NAHUM (um 710)			
697	Manasse				
642	Amon				
640	Josia	JEREMIA (627-585) ZEPHANJA (625)			
609	Joahas				

DATUM v.Chr.	KÖNIG	PROPHET	DATUM v.Chr.	KÖNIG	PROPHET
609	Jojakim	HABAKUK (607)			
597	Jojachin				
597	Zedekia	DANIEL (603–536); HESEKIEL (592–570)			

KRISE: 586 vernichtete Babylon Jerusalem und verschleppte die Juden.
538 befreite Persien die Verschleppten und sandte sie zum Wiederaufbau des Tempels nach Jerusalem zurück.

| 536 | Serubbabel (Statthalter) | HAGGAI (520); SACHARJA (520–420) | | | |

KRISE: 444 sandte der Perserkönig den Juden Nehemia zum Wiederaufbau der Mauern als Statthalter nach Jerusalem.

| 444 | Nehemia | MALEACHI (430) | | | |

*Die überlappenden Regierungszeiten sind in der »Zeittafel: Die Könige des geteilten Reiches« erklärt.

Der Prophet Jesaja

Einleitung

TITEL UND AUTOR

A. *BEZEICHNUNG*
  1. Der Name des ersten prophetischen Buches, »Jesaja«, bedeutet »Der Herr (JHWH) ist Heil«, was das Thema des Buches sowie die Gesamtaussage der Propheten gut wiedergibt. Wie alle Prophetenbücher ist Jesaja nach dem Autor benannt.
  2. Die Titel der Prophetenbücher passen auffallend gut zu ihrer Aussage. Dasselbe gilt für die Namen vieler alttestamentlicher Gestalten, die etwas von ihrer Persönlichkeit preisgeben, z.B. Abraham (Vater von Völkern), Jakob (Fersenhalter) usw. Gottes Bundesname Jahwe bedeutet »Ich bin« — der sein Wort für immer hält.

B. *VERFASSER*
  1. Der Prophet Jesaja gilt als der »Prophetenfürst«. Grund dafür ist seine Themenvielfalt, sein majestätischer Stil, seine theologischen Einsichten und der messianische Inhalt seiner Vorhersagen. Im Text wird er schlicht als der »Sohn des Amoz« vorgestellt, der Mann einer Prophetin und Vater zweier Söhne, die als »Zeichen« für Israel gedacht waren (1,1;

8,3.18). Die jüdische Tradition bezeichnet ihn als Vetter König Usijas. Er soll von König Manasse entzweigesägt worden sein.
2. Als Mitglied der königlichen Familie war dieser tiefgläubige und hochgebildete Mann, der während etwa fünfzig Jahren unter vier jüdischen Königen an deren Hof wirkte, eine der herausragenden Gestalten in den mittleren Jahrhunderten der israelitischen Geschichte.

C. *DER STREIT UM DIE VERFASSERSCHAFT*
1. Obwohl die einheitliche Urheberschaft des gesamten Buches bis 1775 praktisch unbestritten war, lehnt sie die kritische Theologie heute fast völlig ab. Grund dafür sind die exakten Vorhersagen des Buches, von denen sich einige 150 Jahre später mit nicht zu überbietender Genauigkeit erfüllten, darunter der Name des Perserkönigs Kyrus, der die Verschleppten heimführte (44,28; 45,1). Heute werden zumeist zwei oder mehr Autoren konstruiert, wobei Jesaja die Kapitel 40-66 abgesprochen werden.
2. Argumente gegen die einheitliche Urheberschaft Jesajas:
   a. Der Hintergrund von Jesaja 1-39 unterscheidet sich völlig von Kapitel 40-66. In 40-66 sei Jerusalem bereits zerstört und sein Volk durch Babylon geknechtet, was eine Datierung nach der Einnahme Jerusalems im Jahre 586 v. Chr. erfordere. Dieser Schluß ergibt sich aus der gewöhnlich zutreffenden Beobachtung, nach der die Propheten zu ihrer eigenen Generation über zeitgenössische Fragen sprachen. Wer diesen Grundsatz durchgehend anwendet, müßte jedoch bald jede langfristige Vorhersage ablehnen.
   b. Der literarische Stil von 1-39 unterscheide sich von 40-66. (Danach darf ein Autor in 40 bis 60 Jahren seinen Stil nicht ändern, selbst wo er über verschiedene Themen schreibt. Somit müßte man Shakespeares Werk nach seinen vier Schaffenperioden vierteilen, wie Gleason Archer in seinem Buch *In the Shadow of the Cross* aufzeigt. Doch ziehen sich viele stilistische Eigenheiten durch beide Teile des Buches.
   c. Angeblich ist auch der theologische Gesichtspunkt unterschiedlich. Die Kapitel 40-66 stellten die Unendlichkeit Gottes in den Mittelpunkt, 1-39 hingegen seine Majestät. Doch wer die Einheit eines Schriftstückes ablehnt, weil am Ende eine weiterentwickelte Sicht geboten wird, macht sich einer geradezu absurden Vereinfachung schuldig. Diese Unterschiede sind durch eine Fortentwicklung leicht erklärbar.
3. Argumente für die einheitliche Urheberschaft Jesajas:
   a. Die Überschrift in 1,1 weist unzweideutig Jesaja als Autor aus, und keines der alten Manuskripte enthält irgendeinen Bruch oder Übergang zwischen den behaupteten Unterteilungen. (Dies bestätigen auch die Qumranfunde und die L«). Alle anderen Propheten nennen ihren Namen in der Buchüberschrift außer Daniel, der sich mehrmals ausweist.
   b. Das historische Umfeld von 40-66 paßt nach den Bäumen, Felsen, Bergen usw. besser nach Palästina als nach Babylon. Auch der vom Götzendienst geprägte religiöse Hintergrund und die Erwähnungen jüdischer Städte erfordern eine vorexilische Datierung. Die schärfsten Argumente gegen den Götzendienst werden in den Kapiteln 41; 44; 57; 65; 66 vorgebracht. Doch nach der Verschleppung war Götzendienst in Israel kein Problem mehr.
   c. Die beiden Abschnitte sind in ihrem Gottes- und Messiasbild symmetrisch aufgebaut. Die Wendung »der Heilige Israels« kommt im gesamten Buch 25mal vor, 12mal in 1-39 und 13mal in 40-66, bei anderen Autoren jedoch nur selten. Die einheitliche Gottessicht Jesajas ist unzweifelhaft.
   d. Mehrere vorexilische Prophetem zitieren aus Jesaja 40-66 (Nah 2,1 und Jes 52,7;

Zeph 2,15 und Jes 47,8; Jer 31,35 und Jes 51,15 usw.). Mit größter Wahrscheinlichkeit ist Jesaja die ursprüngliche Quelle.
- e. Die jüdische Tradition schreibt das ganze Buch einhellig Jesaja zu.
- f. Im Neuen Testament wird Jesaja häufiger zitiert als alle anderen Propheten zusammen, wobei beide Teile gleichermaßen Jesaja zugeschrieben werden: Johannes der Täufer in Mt 3,3 (Jes 40,3); Johannes in Joh 12,38-41 (Jes 6,9.10; 53,1); und Paulus in Röm 9,27-33; 10,20 (Jes 10,22; 65,1).
- g. Gerade seine erfüllten Verheißungen weisen Jesaja als Propheten Gottes aus (41,21-23.26). Wer erfüllte Prophetie sogleich in die Zeit nach ihrer Erfüllung umdatiert, hat die Propheten nicht verstanden.

Das geschichtliche Umfeld

A. *DATIERUNG* — um 740-680 v. Chr.
 1. Jesaja war über sechzig Jahre lang aktiv, beginnend vor dem Tod Usijas (740) bis nach dem Tod Sanheribs (681). Siehe Jesaja 1,1; 6,1; 37,38.
 2. Der Großteil der Kapitel 1-39 dürfte während der Herrschaft der Könige Usija, Jotam, Ahas und Hiskias, die Kapitel 40-66 während der Gewaltherrschaft Manasses, also etwa von 697 bis 680, entstanden sein. Sein Leiden unter Manasse mag den Hintergrund zur Verheißung des »leidenden Knechts« abgegeben haben (52,13-15).

B. *DAS POLITISCHE UMFELD*
 1. International begegnen wir in dieser Zeitspanne dem Aufstieg Assyriens zur Großmacht. Tiglat-Pileser nahm auf seinen Eroberungszügen in den Jahren 745 und 734 Nordisrael und Transjordanien ein. Sargon und Salmanassar belagerten und eroberten von 724-722 Samaria. Sanherib und Sargon fielen in einem langen Feldzug von 714 bis 701 in Juda und Westpalästina ein; der Feldzug endete jedoch am Höhepunkt des Erfolges im Verlust des gesamten Heeres vor Jerusalem. Die Assyrer kamen nie wieder.
 2. In Israel war es eine Zeit voll Unterdrückung und Chaos. Nach dem »goldenen Zeitalter« unter Jerobeam II schritt der Niedergang des Nordreiches durch sechs chaotische Regierungsperioden in Riesenschritten voran. Unter dem götzendienerischen Ahas ging es auch mit Juda bergab. Durch viele ausländische Bündnisse wurde versucht, die völlige Unterwerfung unter die erdrückende Großmacht Assyrien, die ihre Krakenarme nach Westen streckte, abzuwehren.

C. *DAS GEISTLICHE UMFELD*
 1. Judas geistlicher Zustand um die Mitte des achten Jahrhunderts ging Hand in Hand mit der politischen Lage; beide verfielen durch Ahas rasch (743-728). Die innere Kraft, die die gottesfürchtigen Könige Asarja und Jotam aufgebaut hatten, verlief unter Ahas (von den Assyrern Joahas genannt) fast augenblicklich im Sand, da dieser sich auf ausländische Unterstützung statt auf den Herrn verließ (Jes 7,12). Anläßlich eines Angriffes von Aram und Israel suchte Ahas vergeblich die Gunst der Götter, indem er seinen Ältesten auf dem Altar opferte. Verzweifelt bat er die Assyrer um Hilfe und wurde Tiglat-Pileser tributpflichtig. Dabei gingen Elat und damit der Zugang zum Roten Meer an Edom und ein Großteil des westlichen Negev an die Philister verloren. Den Tempelgottesdienst für Jahwe ersetzte er durch ausländische Kulte.

2. Die Herrschaft Hiskias brachte eine augenblickliche Reform in Juda. Diese begann im ersten Monat seiner Regierung und umfaßte ein Nachpassah, das seinesgleichen noch nie gesehen hatte und das der Herr als ehrlich und aufrichtig anerkannte. Damit konnte Hiskia das Unheil noch einmal abwenden (2 Chr 30,1-13). Die Blitzreform durch den Erweckungseifer Hiskias dürfte Juda von einem Schicksal gerettet haben, wie es Israel im Jahre 722 v. Chr. ereilte. Hiskias spätere Bündnisse mit Ägypten und Babylon führten jedoch zu erneuten Angriffen seitens Assyriens, in denen Jerusalem schließlich hoffnungslos umstellt wurde, bis der König auf Jesajas Rat ganz dem Herrn vertraute. Die Befreiung kam im Jahre 701, als der Engel des Herrn Sanheribs gesamte Streitmacht von 185.000 Mann erschlug und seinem Feldzug ein jähes Ende setzte. Der Bericht über diese Ereignisse nimmt eine zentrale Position ein und bringt die Aussage der Kapitel 1-39 zu einem krönenden Abschluß: Die beste Verteidigung ist Vertrauen zum Herrn und bedingungsloser Gehorsam.

D. ZEITGENÖSSISCHE PROPHETEN

1. Der Prophet Micha wirkte zur selben Zeit wie Jesaja in Juda, allerdings auf dem Land. Während Jesajas Dienst dem Königshof und der Führungsschicht in Jerusalem galt, predigte Micha der Landbevölkerung im westlichen Juda und verurteilte mit besonderer Schärfe die soziale Ungleichheit seiner Zeit. Wie Jesaja sprach er von dem kommenden Messias, der in Bethlehem zur Welt kommen und im Endkampf beide Reiche erretten würde.

2. Im nördlichen Israel wirkte vor allem zu Anfang von Jesajas Dienst der Prophet Hosea. Dieser stand in der Nachfolge des wortgewaltigen Amos, der die Führungsschicht in Samaria verurteilt hatte. Hosea war der Gerichtsbote Gottes über das Nordreich, appellierte jedoch auch an den Bund Israels mit dem Herrn unter dem auf Umkehr immer noch Gnade folgen würde.

Der Zweck von Jesaja

Die vielen Einzelaussagen Jesajas könnte man unter zwei großen Rubriken zusammenfassen, die mit den Messiasbezeichnungen überschrieben sind: »der Heilige Israels« und »der leidende Knecht«.

1. Warnung der Nation vor dem bevorstehenden Gericht wegen ihres Götzendienstes und ihrer weltlichen Bündnisse. Der historische Einschub (36-39) beschreibt die Erfüllung dieser Verheißung im Einfall Assyriens sowie die Vorhersage einer späteren Gefangenschaft in Babylon. Der »Heilige Israels« fordert Heiligkeit von seinem Volk.

2. Erinnerung der Nation an Gottes Heilsplan, vor allem die Errettung durch den Messias der zuerst als leidender Knecht, dann jedoch als König der Könige kommen würde (52,13 - 53,12). Dieser zweifache Zweck kommt im Thema des Buches zum Ausdruck: »Die Rettung kommt vom Herrn« — nicht von den Götzen oder weltlichen Bündnissen.

Gliederung von Jesaja

THEMA: Die Rettung kommt vom Herrn — national wie auch persönlich

- I. VORHERSAGE DES GERICHTS..1-35
  - A. *Gericht und endliche Errettung Zions* 1-12
    1. Die Auflehnung von heute und die Errettung von morgen...............(1-5)
    2. Die Ablehnung der Zurechtweisung ....(6)
    3. Die Erlösung durch den Messias ....(7-12)
  - B. *Gericht über die Völker wegen ihrer stolzen Überhebung* 13-23
    1. Babylon ....(13; 14)
    2. Assur......................(14,24-27)
    3. Philistäa..................(14,28-32)
    4. Moab ....(15; 16)
    5. Aram, Israel ....(17)
    6. Kusch ....(18)
    7. Ägypten ....(19; 20)
    8. Babylon ....(21,1-10)
    9. Edom ....(21,11.12)
    10. Arabien ....(21,13-17)
    11. Jerusalem ....(22)
    12. Tyrus ....(23)
  - C. *Gericht über die ganze Erde, bis der Herr kommt* 24-27
    1. Verheerung der Erde bis zur Herrschaft Gottes ....(24)
    2. Aufrichtung der Erde vor der Herrschaft Gottes...................(25-27)
  - D. *Gericht über Israel wegen weltlicher Bündnisse*................28-33
    1. Das Bündnis mit Assur — Erster Fehler ....(28; 29)
    2. Das Bündnis mit Ägypten — Zweiter Fehler ....(30; 31)
    3. Das Vertrauen zum Herrn — Friede und Freude ....(32; 33)
  - E. *Gericht und Segen am Tag des Herrn* 34; 35
    1. Des Herrn großer Grimm an jenem Tag ....(34)
    2. Des Herrn große Güte an jenem Tag.................................(35)
- II. VORHERSAGEN BESTÄRKT DURCH ERFÜLLUNG 36-39
  - A. *Abwendung der assyrischen Gefahr durch Vertrauen auf den Herrn*.......36; 37
  - B. *Ankündigung der babylonischen Gefahr wegen Vertrauen auf Menschen*.38; 39
- III. VORHERSAGE DES TROSTES 40-66
  - A. *Trost an Gottes Größe* 40-48
    1. Seine Größe als Schöpfer und Hirte ....(40-42)
    2. Seine Größe als Schöpfer und Heiland ....(43-45)
    3. Seine Größe als Schöpfer und Herrscher ....(46-48)
  - B. *Trost an Gottes Gnade* 49-57
    1. Verheißung des Heils durch den Knecht des Herrn...................(49-51)
    2. Vollbringung des Heils durch den Knecht des Herrn ....(52; 53)
    3. Verkündigung des Heils durch den Knecht des Herrn ....(54-57)
  - C. *Trost an Gottes Glanz*..58-66
    1. Der Glanz der Neuerrichtung statt Trostlosigkeit ....(58-60)
    2. Der Glanz der Neuheirat statt Trennung ....(61-63)
    3. Der Glanz der Neugeburt statt Tod.................................(64-66)

Besonderheiten von Jesaja

1. ***JESAJA, EINE BIBEL IM KLEINFORMAT.*** Wegen seines Aufbaus und Inhalts wird dieses Buch als »Miniaturbibel« bezeichnet. Es hat 66 Kapitel in zwei Hauptteilen zu 39 und 27 Kapitel. Der erste Hauptteil betont Gottes Gerichte, der zweite seine Gnade als »leidender Knecht«, gefolgt vom Endgericht. Da Jesaja in der Mitte zwischen Mose und Christus liegt (um 710 v. Chr.). betont er gleichermaßen das Gesetz, das durch Mose gekommen ist, und die Gnade, die durch Jesus Christus kommen werde. Der zweite Hauptteil (40-66) beginnt mit einer »Stimme« in der Wüste, die eine Botschaft des Heils verkündet, so wie Johannes der Täufer erstmals im Neuen Testament dieselbe Botschaft hinausruft. Die Brücke zwischen beiden Hauptteilen stellt ein historischer Einschub her (36-39), in dem Israel von zwei Weltreichen bedroht ist. Die Analogien dieses Buches zum Alten und Neuen Testament sind kaum zu übersehen.

2. ***JESAJAS UMFASSENDE GOTTESSICHT.*** Das Buch Jesaja ist in seiner theologischen Reichweite das umfassendste aller Prophetenbücher. Seine Vorhersagen reichen von Israels unmittelbarer Situation über den Untergang des Nord- und Südreiches, die Verschleppung nach Babylon und Heimführung durch die Perser, das Kommen des Messias in Niedrigkeit, sein Leben und seinen stellvertretenden Tod für sein Volk, die zweite Zerstreuung des Volkes über die ganze Erde und die Zusammenführung in Buße bis hin zum messianischen Segen im tausendjährigen Friedensreich. Jesajas Verheißungen über das messianische Reich umfassen alle Lebensbereiche: den geistlichen, nationalen, internationalen, wirtschaftlichen, geographischen, kosmischen und zoologischen. Jesajas Gottessicht ist die umfassendste und gründlichste des gesamten Alten Testaments.

3. ***DER »HEILIGE ISRAELS«*** (1,4; 5,19 usw.). An 25 Stellen im gesamten Buch nennt Jesaja den Herrn den »Heiligen Israels«, eine sonst seltene Bezeichnung. Sie ergibt sich aus seiner Beauftragung in 6,3, wo die Seraphim den Herrn der Heerscharen als »heilig, heilig, heilig« vorstellen. Inmitten eines unreinen Volkes wurde Jesaja die kompromißlose Heiligkeit Gottes vorgeführt. Infolge dieser Heiligkeit ist Gott auch der »Mächtige Israels« (1,24) und der »HERR der Heerscharen« (54mal in Jesaja 1-39 und nur 6mal in 40-66). Gottes Heiligkeit und Macht ergänzen einander. Alle folgenden Gerichts- und Heilsbotschaften knüpfen an diesen Merkmalen Gottes an, der mächtig ist zu retten, der jedoch keinen Kompromiß mit dem Bösen eingeht. Die Schau des dreimal heiligen Gottes kehrt erst in Offb 4,8 wieder, wo ebenfalls sechsflügelige Wesen sie zum Beginn der Trübsalsgerichte aussprechen. Im Kern dieser Heiligkeit und Macht steht jedoch sein Heilswirken, denn »der HERR hat seinen heiligen Arm entblößt vor den Augen aller Nationen« (52,10).

4. ***DER »ERLÖSER« ISRAELS*** (41,14-63,16). Dieser Gottesname ist ebenfalls für Jesaja typisch (13mal, jedoch nur in der zweiten Hälfte). Im übrigen Alten Testament begegnen wir ihm nur fünfmal. Das Neue Testament wendet ihn nie auf den Herrn an, indirekt jedoch wird an siebzehn Stellen über das Erlösungswerk Christi darauf angespielt. Der Ausdruck leitet sich vom Zeitwort »ga'al« (lösen) ab. Ein »Erlöser« (*go'el*) löst oder kauft auf dem Markt einen Menschen oder einen Besitz (z.B. 3 Mo 25; 27). In Jesaja bezieht sich die »Erlösung« vor allem auf die nationale Errettung Israels als ein Volk von blinden und tauben Flüchtlingen, unterjocht von fremden Mächten (41,14ff; 44,24ff; 54,5ff). Jesaja spricht aber auch von geistlicher Erlösung für alle, die »vom Treubruch umkehren« (59,20). Den Ausdruck »Retter« (Jascha) verwendet Jesaja 8mal (43,3.11 usw). Er wird im Neuen Testament oft auf Christus übertragen.

5. ***JESAJAS ERSTAUNLICHE ERFÜLLUNGEN.*** Obwohl die schreibenden Propheten nicht nach Art von Mose, Elia und Elias Wunder wirkten, stoßen wir in Jesaja auf mehrere übernatürliche Eingriffe, z.B. das Zeichenangebot an Ahas in 7,11; die Vernichtung des assyrischen Heeres über Nacht in 37,36; die zehn Stufen zurückgehende Sonnenuhr in 38,8; die Heilung Hiskias in 38,21. Diese Zeichen bewiesen Gottes Hoheit über alle Götter. Zudem fallen in Jesajas langer Wirkungszeit die vielen Erfüllungen auf, die sich zu seinen Lebzeiten oder in den Jahrhunderten danach zutrugen. Beispiele: die Verschleppung des Nordreiches durch Assyrien (7,8); der Untergang Assyriens (10,12.25); Babylons Vernichtung durch die Meder (13,17ff); das Gericht über Philistäa, Moab, Damaskus, Kusch (Äthiopien), Ägypten und Tyrus (14-23). Diese detaillierten Erfüllungen waren für alle sichtbar. Sogar den Namen des Perserkönigs Kyrus sagte Jesaja 150 Jahre vor seiner Geburt voraus. Ihn würde der Herr dazu gebrauchen, Völker zu unterwerfen und den Rest Israels heimzuführen, um den Tempel aufzubauen. Darin zeigt sich die Erhabenheit Gottes über die Zeit und alle Völker (44,28-45,6). Viele dieser Erfüllungen wirken sich bis heute aus, z.B. wurde Babel gemäß der Vorhersage Gottes nicht wiedererbaut (13,20).

Diese Wunder und erfüllten Verheißungen verleihen den langfristigen, noch unerfüllten Vorhersagen desto größeres Gewicht. Kurzfristige Prophetien waren als Beglaubigung gedacht, wie Mose festgelegt hat (5 Mo 18,21.22). Mit derselben Genauigkeit und Gewißheit werden sich die langfristigen Vorhersagen erfüllen (34), die vollständige Erneuerung Palästinas zu Heiligkeit, Frieden und Wohlstand (35; 60-62) und die Neuschaffung von Himmel und Erde in ewigem Frieden und Wohlstand (65). Die genaue Erfüllung kurz- und langfristiger Vorhersagen ist bei Jesaja einzigartiges Vorrecht und Erkennungszeichen des Bundesgottes Jahwe.

6. ***DIE GROSSE ENTTÄUSCHUNG DES HERRN ÜBER ISRAEL*** (1; 5; 54). Der Abfall Israels vom Herrn ist für Jesaja eine »Familientragödie Gottes«:
   a. In der allerersten Jesajavision klagt der Herr über das Verbrechertum seiner »Kinder« trotz ihrer vortrefflichen Erziehung (1,2ff). Wegen ihrer abgrundtiefen Verdorbenheit spricht er sie gar als »Sodom« und »Gomorra« an (1,10).
   b. In Kap 5 singt der Herr ein Klagelied auf Israel, den unfruchtbaren Weinberg. Obwohl er seine Weinstöcke voll Liebe gehegt und gepflegt hatte und ihnen den besten Schutz hatte angedeihen lassen, fand er nur »schlechte Beeren«. Statt der Frucht der Gerechtigkeit erntete Gott Schlechtigkeit.
   c. Nach Kap 54 hat Israel als Gottes »Frau« ihm die Treue gebrochen und ihn verlassen, worauf er sie der Schande ihrer Witwenschaft überließ (54,4-8).

Diese drei Familientragödien: eheliche Untreue und Scheidung, Gottes Kinder als Jugendkriminelle und Unfruchtbarkeit von Gottes liebstem Weinberg, werden jedoch eines Tages zu einem guten Ende kommen. Israel als treulose Frau wird »wie eine Entlassene« wieder aufgenommen werden (54,4-8), »wie der junge Mann die Jungfrau heiratet« (62,5); seine Kinder werden den Herrn als »Vater« und »Erlöser« anbeten (63,16); und das Volk Israel wird zum »prächtigen Weinberg«, dessen Frucht die ganze Erde erfüllt (27,2-6). Die Aufhebung dieser Familientragödien durch Gottes Gnade und Geduld hat nicht nur endzeitliche Bedeutung, sondern ist offenbar als persönliche Ermutigung für alle gedacht, die ähnliche Situationen erleben und durch geduldiges Vertrauen und die Gnade Gottes Wiederherstellung in Herrlichkeit finden können (64,3).

7. ***JESAJAS PLÄDOYER FÜR RECHT UND GERECHTIGKEIT.*** Wie sein Zeitgenosse Micha legt Jesaja großes Gewicht auf persönliche und soziale Gerechtigkeit (Mi 6,6-8). Die Ausdrücke »Gerechtigkeit« (*Zädäk* und *Zedaka*) sowie »Recht« (*Mischpat*) kommen nur in den

Psalmen häufiger vor als bei Jesaja (80mal). Hatte Israel doch Gerechtigkeit durch Schlechtigkeit, Gewalt, Mord und Raub ersetzt (1,16-23)! Zweimal verurteilt der Herr äußerliche Fasten- und Opferriten, welche zur Vertuschung von Geiz und Unterdrückung herhalten mußten (1,11-15; 58,4-5). Ein »Fasten«, wie der Herr es will, besteht in Befreiung der Unterdrückten und Speisung der Hungrigen (58,6ff). Hätte Jesus für seine Bergpredigt einen Text gebraucht, hätte er wahre und falsche Gerechtigkeit gut aus Jes 58 belegen können.

8. **DIE JUNGFRAUENGEBURT DES IMMANUEL** (7,14). Diese Vorhersage der Jungfrauengeburt ist die erste der »Immanuelverheißungen« (7-12), in denen Einzelheiten über den Messias angekündigt werden. Über die ursprüngliche Bedeutung dieser Verheißung hat es hitzige Debatten gegeben, doch im neutestamentlichen Text von Mat 1,23 ist die Tatsache der göttlichen Empfängnis und Jungfrauengeburt des Messias in Sprache wie Zusammenhang unleugbar. Das neutestamentliche Wort »Jungfrau« (griech. *Parthenos*) kann keine andere Bedeutung als »Jungfrau« haben. Doch da diese Verheißung als »Zeichen« für Ahas gegeben wurde, hat man verschiedentlich versucht, eine zeitgenössische Erfüllung zu finden. Manche Gelehrten sehen die Erfüllung in der Geburt von Jesajas Sohn (8,3) oder eines Sohnes von Ahas. Andere konstruieren eine unmittelbare Erfüllung (Jesajas Sohn) und eine messianische. Wieder andere erblicken darin zwei verschiedene Vorhersagen mit zwei getrennten Erfüllungen in der nahen bzw. fernen Zukunft. Zur Erlangung einer zutreffenden Sicht sind einige Anmerkungen zu Sprache und Zusammenhang am Platz:

a. Der Zusammenhang erfordert eine unmittelbare Erfüllung als »Zeichen« (oder Zurechtweisung) für das »Haus David«, weil Ahas die gottgeschenkte Rettung ablehnte.

b. Das Wort »Jungfrau« *(Alma)* bezeichnet wie das neutestamentliche *Parthenos* an keiner Stelle eine verheiratete Frau (1 Mo 24,43; Jes 7,14). Dementsprechend übersetzt auch die LXX.

c. Da die Verheißungen nicht als »Typus«, sondern als echte Prophetie gegeben wurde, müßte eine doppelte Erfüllung eine echte Jungfrauengeburt sowohl in der nahen als auch fernen Zukunft umfassen. Sollte Jesajas Frau zur Zeit der Verheißung noch Jungfrau gewesen sein, war sie es bei der Empfängnis nicht mehr.

d. In der gesamten Bibel wird der Name »Immanuel« nur auf den Messias angewandt. Seine Bedeutung ist »Gott mit uns«, was man von keinem anderen behaupten kann.

e. Zur Verkündigung dieser Botschaft mußte Jesaja seinen Sohn Schear-Jaschub mitnehmen (7,3), wohl aufgrund seines Namens (»Ein Rest kehrt um«), der als »Zeichen« oder Botschaft für Israel diente (8,18). In seinem ersten Teil sagt der Name ein Gericht vorher, das nur wenige Überlebende zurücklassen würde (»Schear«, ein Rest); dieser würde jedoch Buße tun (»Jaschub«). (Siehe C. W. E. Nagelsbach: *Langes Commentary of the Bible, Isaiah.*) Dieses Gericht würde stattfinden, ehe der »Junge« das 12. Lebensjahr vollendet (Gutes und Böses unterscheiden kann). Das Essen von »Rahm und Honig« bezieht sich nach Vers 22 auf den »Rest«.

Nach diesen Überlegungen dürften in Jesaja 7,14-16 zwei Vorhersagen vorliegen, eine auf die Jungfrauengeburt des Immanuel, die in 9,5 wieder aufgegriffen wird, und eine zweite auf die Niederlage des nördlichen Bündnisses gegen die Assyrer, noch ehe Jesajas Sohn Schear-Jaschub das rechenschaftspflichtige Alter erreicht hat. Doch weil Ahas die Rettung des Herrn abgelehnt hatte, würde auch er und sein Volk Juda in das Gericht durch die Assyrer einbezogen werden, welche später fast ganz Juda zerstörten (7,16-25).

Damit erhält das Zeichen für Ahas eine nahe Erfüllung, während die einzigartige Vorhersage der Jungfrauengeburt unangetastet bleibt; sie hat in der gesamten Geschichte nicht ihresgleichen. Eine ähnliche zweifache Prophetie mit doppelter Erfüllung ist die Verheißung an Jerobeam I, die sich langfristig in König Josia und kurzfristig im »Zerbersten« des Altars erfüllte, als Wunderzeichen an den ungläubigen König (1 Kö 13,1-5).

9. ***DER STURZ LUZIFERS*** (14,4-20). Zwar ist in der Bibel oft vom Satan die Rede (»Satan« wird er 18mal im Alten und 35mal im Neuen Testament genannt, »Teufel« — »diabolos« — 35mal im Neuen), doch erfahren wir nur aus Jes 14 und Hes 28 von seiner Erschaffung und Vollkommenheit sowie seinem Sturz. In Jes 14,4 verbirgt er sich hinter dem »König von Babel«, in Hes 28,12 hinter dem »König von Tyrus«, wohl aufgrund ihrer teuflischen Macht. Durch Daniel wissen wir überdies vom »Fürsten von Persien« und dem »Fürsten von Griechenland« (Dan 10,20), die gegen den Erzengel Michael kämpften und offenbar für die bösen Geister hinter diesen heidnischen Nationen stehen. Die Darstellung des »Königs von Babel«, der dem Höchsten gleich sein wollte, doch vom Himmel fiel und in die tiefste Grube geworfen wurde, geht weit über einen Menschen wie Nebukadnezar hinaus, der in Daniel nach der Bestrafung wegen seines Stolzes sogar den Höchsten pries, 4,31. Ähnlich verhält es sich mit dem Spottlied über den »König von Tyrus« in Hes 28,12ff, der mit übermenschlichen Zügen ausgestattet wird. Gemeint ist Luzifer, der »alle Reiche der Welt« für sich beanspruchte (Mt 4,8), als er dem Herrn Jesus in der Wüste begegnete. Für Jesaja ist er das Urbild des Geschöpfes, das sich selbst gegen den Schöpfer erhebt.

10. ***JESAJAS SPOTT AUF DEN GÖTZENDIENST*** (44-46). Die brillante Satire Jesajas über die Torheit des Götzendienstes in den Kapiteln 44-46 ist in der gesamten Bibel unübertroffen. Die zentralen Kapitel sind 44 und 46, wo die Allmacht und Allwissenheit des Herrn dem leblosen Holzklotz gegenübergestellt wird, der weder gehen noch reden, geschweige denn erretten oder weissagen kann (44,19). Wie Elia den Baalskult verhöhnte, als er im Nordreich eingeführt wurde, verlacht Jesaja diese neue Generation von Götzenanbetern, denen Manasse in Juda Rückhalt bot. Weder Elia nach Jesaja gelang es freilich, in ihrer eigenen Generation eine Erweckung zu entfachen. Der Götzendienst zuckte mit keiner Wimper angesichts der Wunder Elias oder der Argumente Jesajas; dieses Problem ist keine Verstandes-, sondern eines Geistes- und Willenssache.

11. ***DER LEIDENDE KNECHT*** (53). Jesaja 41-53 enthält mehrere Passagen über den »Gottesknecht«, die im leidenden Knecht von 52,13-53,12 ihren krönenden Abschluß finden. Darin finden wir die beste Darstellung von Person und Werk Jesu bei seinem ersten Kommen (vgl. Mk 10,45). Manche dieser Details erfahren wir nicht einmal in den Evangelien. Schon Jesaja wußte, niemand würde seiner Verkündigung glauben (53,1). Der Gottesknecht ist ohne menschliche Schönheit, verachtet und gemieden (53,2.3); man hielt ihn für von Gott verstoßen und geschlagen (53,4). Durch Menschenhand wurde er bis zur Unkenntlichkeit entstellt (52,14). Doch nicht die Wunden von Menschenhand wirkten Heil, sondern Gott legte unser aller Schuld auf ihn (53,6.10). Und das Erstaunliche geschieht: Gott findet Gefallen an diesem Opfer, das somit für alle Sünden Sühnung wirkt. So kann der »Knecht« Fürbitte für die Sünder leisten (53,10.12).
Doch hat man mancherlei Zweifel an der Identität des »Knechtes« geäußert, denn viele ähnliche Aussagen werden über Israel getroffen. Es handelt sich vorderhand um fünf Stellen: 42,1-9; 44,1-5; 49,1-6; 50,4-9 und 52,13-53,12. Die beste Erklärung dazu stammt von Franz Delitzsch *(The Pentateuch)*, der drei Ebenen der »Knecht«schaft in Form einer Pyramide unterscheidet:
   a. Die erste Ebene ist Israel (Basis der Pyramide), das als Gottesknecht bezeichnet wird, jedoch kläglich versagt hat (41,14; 42,19; 44,21).

    b. Der gläubige Rest Israels verkörpert die zweite Ebene (schmälerer Mittelteil der Pyramide) und dient dem Herrn als Zeuge vor dem treulosen Volk (48,20; 49,3.5 und 50,10).
    c. Die Spitze der Pyramide ist der Messias, der als vollkommener Knecht des Herrn gekommen ist, um in Erfüllung des Gotteswillen der Welt und Israel das Heil zu bieten (42,1-4; 49,1-7; 52,13; vgl. Mk 10,45). Als solcher ist er das endgültige Sündopfer und der ewige Priester, der sowohl Sühne als auch Fürbitte wirkt (53,12).

12. **CHRISTUS IN JESAJA.** Kein Buch des Alten Testaments hat mehr über den Messias zu sagen als Jesaja. Sein Werk wird auch als das »fünfte Evangelium« bezeichnet. Messiasaussagen finden wir in mehreren Sparten:
    a. Die Person des Messias
        1) Er wird ganz Mensch sein, geboren von einer Frau (7,14; 9,5; 53,2)
        2) Er wird übernatürlich empfangen und von einer Jungfrau geboren sein (7,14)
        3) Er wird als Mensch ganz Gott sein (9,5)
        4) Er wird der Sohn Davids sein (9,6; 11,1.10)
        5) Er wird Jahwe sein (JHWH), der Schöpfer aller Dinge (44,24; 45,11.12)
    b. Das Wesen des Messias
        1) Er wird demütig und unansehnlich sein (7,14.15; 53,2.3)
        2) Er wird sanft und nicht laut noch grob sein (40,11; 42,2.3)
        3) Er wird gerecht sein in allem (9,6; 11,5; 32,1)
        4) Er wird den Schwachen und Elenden gnädig sein (61,1)
        5) Er wird den unbußfertigen Übeltätern Zorn und Grimm erweisen (11,4; 63,1-4)
    c. Das Werk des Messias
        1) Er wird von einer Stimme in der Wüste angekümdigt (40,3)
        2) Er wird mit der Macht des Heiligen Geistes gesalbt sein (11,2-4; 61,1)
        3) Er wird predigen und prophetischen Rat geben (11,2-4)
        4) Er wird viele Wunder wirken, vor allem bei seinem zweiten Kommen (35,4-6).
        5) Seine Landsleute werden ihm keinen Glauben schenken (53,1)
        6) Er wird mit Verbrechern sterben und bei Reichen sein Grab finden (53,9)
        7) Er wird für unsere Sünden durchbohrt und zerschlagen werden (53,5)
        8) Gott wird alle unsere Vergehen auf ihn legen (53,6)
        9) Er wird den Tod besiegen (25,8)
        10) Bei seiner Wiederkunft wird er die Gottlosen zertreten (34,2-9; 63,1-6)
        11) Er wird König über Israel sein (9,6; 44,6)
        12) Er wird als »HERR der Heerscharen« auf dem Zionsberg in Jerusalem herrschen (24,23)

Der symmetrische Aufbau von Jesaja 40-66

Die Erhabenheit von Jesaja 40-66 ergibt sich sowohl aus dem Inhalt dieser Kapitel als auch aus ihrem Aufbau. Letzterer ist erkenntlich am Kehrreim nach jedem der drei Abschnitte von je neun Kapiteln: »Kein Friede den Gottlosen.« Diese erschreckende Wahrheit, dreimal verdeutlicht, wird beim letztenmal in der Vernichtung des Gottlosen erfüllt (48,22; 57,21; 66,24). Die Symmetrie dieser Kapitel kann man als Pyramide darstellen, deren Spitze in Kap 53 liegt.

I. *DIE GRÖSSE GOTTES IN SEINEM SCHÖPFUNGSWIRKEN. 40-48*
    40. *Seine Größe als souveräner Hirte*
    41. *Seine Größe zur Erlösung Israels*
   42. *Seine Größe zum Heilen und Richten*
   43. *Seine Größe zur Rettung aus Gande*
  44. *Seine Größe gegen Israels Götzen*
   45. *Seine Größe zur Erneuerung Israels durch Kyrus*
    46. *Seine Größe gegen Babylons Götter*
     47. *Seine Größe im Gericht gegen Babylon*
      48. *Seine Größe zur Reinigung Israels vom Götzendienst*

II. *DIE GNADE GOTTES IN SEINEM HEILSWIRKEN 49-57*
    49. *Der Gottesknecht als Welterlöser*
    50. *Der Gottesknecht klagt über Israels Scheidung*
    51. *Der Gottesknecht rettet in Gerechtigkeit*
    52. *Der leidende Knecht verheißt das künftige Heil*
ALS »LAMM« 53. *Der leidende Knecht wirkt Sühnung durch seinen Tod*
    54. *Sein Heil für das unfruchtbare Israel: Neuheirat*
    55. *Sein Heil für die ganze Welt*
    56. *Sein Heil für alle Gehorsamen*
    57. *Sein Heil selbst für den schlimmsten Sünder*

III. *DER GLANZ GOTTES IN SEINEM ERNEUERUNGSWIRKEN. 58-66*
    58. *Israels religiöse Verkommenheit*
    59. *Israels soziale Verkommenheit*
    60. *Israels künftige Gerechtigkeit und Freude*
   61. *Israels Bräutigam kommt mit reichem Schmuck*
  62. *Israels königliche Neuheirat in Gerechtigkeit*
   63. *Israels große Erneuerung bei seiner Wiederkunft*
    64. *Israels Buße in großem Leid*
     65. *Israels Reinigung zur messianischen Herrlichkeit*
    66. *Israels Neugeburt in Demut und Freude*

Das zentrale Kapitel jedes Abschnittes (Kap. 44, 53 und 62) enthält jeweils dessen Hauptaussage; das Zentrum von Jes 40-66 bildet die unglaubliche Aussage in Kap 53. Die ersten 13 Kapitel steuern durch die Not Israels und die Verheißung Gottes darauf zu, die letzten 13 wenden das 53. Kapitel auf Israel und die gesamte Welt an. Kap 53 bildet den Mittelpunkt der gesamten Trostverheißung. Überdies enthalten die zentralen vier Verse von Kapitel 53 (5-8) die Grundwahrheit des Evangeliums, die Durchbohrung des Messias und seine Sühnung für die Sünden aller Welt. Im hebräischen und griechischen Text der LXX ist das Wort »Lamm« (53,7) fast genau das statistisch zentrale Wort dieses zentralen Kapitels. Hier finden wir die einzige direkte Bezugnahme auf den Messias als »Lamm« im Alten Testament (obwohl ausgehend von 2Mo 12,3 viele Typen vorliegen). Mit diesem Wort stellt Johannes der Täufer Jesus vor (Joh 1,29), in Offenbarung 21-22 wird es zum Hauptnamen Christi. Das Werk des Messias als Lamm Gottes ist nicht nur für die Botschaft Jesajas, sondern für die gesamte Bibel von zentraler Bedeutung.

Der Prophet Jeremia

Einleitung

TITEL UND AUTOR

A. BEZEICHNUNG

Die Prophetie Jeremias läßt sich gut durch seinen Namen umreißen: »Der Herr (JHWH) ernennt/festigt.« Die unglaublichen Vorhersagen dieses Mannes erregten unter seinen Zeitgenossen erbitterten Widerspruch, waren jedoch gefestigtes Wort Gottes, wie sich herausstellen sollte. Die Gewißheit der Vorhersagen kommt in seinem Namen zum Ausdruck.

B. VERFASSER
1. Die Verfasserschaft durch Jeremia ist ausgezeichnet belegt und wird nicht ernsthaft in Zweifel gezogen. Sie zeigt sich in folgenden Fakten:
   a. Inneres Zeugnis. Das Buch enthält zahlreiche biographische und autobiographische Daten über den Autor Jeremia und den Schreiber oder Sekretär Baruch. Kein anderer Prophet nennt seinen Namen so ausgiebig wie Jeremia (131mal). Baruch wird 23mal genannt.
   b. Äußeres Zeugnis. Daniel 9,2 und Esra 1,1 sowie eine lückenlose jüdische Tradition schreiben das Buch Jeremia zu.
2. Die persönlichen Erlebnisse Jeremias stehen in enger Verbindung mit seiner Prophetie. Darum wissen wir über ihn mehr als über jeden anderen schreibenden Propheten. Oft werden Handlungen Teil der Botschaft. Seine Biographie:
   a. Geboren um 647 in Anatot, einer Priesterstadt etwa 5 Kilometer nordöstlich von Jerusalem, war er der Sohn Hilkijas, der während der Reformen Josias Hoherpriester gewesen sein dürfte und zum Urgroßvater Esras wurde (Esr 7,1).
   b. Er wurde schon vor seiner Geburt zum Propheten gesetzt (1,5) und als etwa Zwanzigjähriger im dreizehnten Regierungsjahr Josias berufen (1,2).
   c. Er blieb auf Geheiß des Herrn ledig, um das nahe Gericht über Jerusalem zu verdeutlichen (16,2ff).
   d. Jeremia wirkte etwa vierzig Jahre lang in Jerusalem (627-586 v. Chr.) und fünf Jahre in Ägypten (Jer 43; 44), wobei er fünf Könige und einen Statthalter in Juda beriet sowie dem untreuen Überrest, der nach Ägypten geflohen war, predigte.
   e. Trotz seiner sensiblen und mitfühlenden Natur war Jeremia eine gnadenlose Gerichtsbotschaft übertragen. Seine Zeitgenossen hielten ihn wegen dieser Gerichtsdrohungen für einen Verräter, und in den vierzig Jahren seines Dienstes scheint sich kaum jemand bekehrt zu haben.
   f. Unter seinen Landsleuten verachtet und verfolgt, weil er die Unterwerfung unter Babel empfahl, wurde er später zum Volkshelden der Verschleppten nachdem seine Gerichtsankündigung sich bewahrheitet hatte und seine Vorhersagen auf kommende Befreiung und Heimführung verstanden wurden.

Das geschichtliche Umfeld

A. DATIERUNG — 627-580 v. Chr.
1. Jeremias Wirken in Jerusalem begann unter Josia und erstreckte sich über 18 Jahre der Reform und 22 Jahre des nationalen Niedergangs

2. Nachdem er vom untreuen Überrest 586 nach Ägypten entführt wurde, predigte er etwa fünf Jahre dort, verurteilte ihren Götzendienst (44,8) und sagte die baldige Eroberung Ägyptens durch Nebukadnezar voraus. (Diese fand 586 statt.)

B. *DAS POLITISCHE UMFELD*
1. International war seine Zeit geprägt vom Ringen der Völker um die Weltmacht. Daran beteiligten sich vor allem Assyrien, Babylon und Ägypten. Im Jahre 626 nahm Nabopolassar mit Hilfe der Meder die vormals assyrische Stadt Babylon ein, womit die fast zweihundertjährige Vormachtstellung Assyriens durch das Neubabylonische Reich abgelöst wurde. 612 zerstörten die Babylonier Ninive, 610 folgte Haran. Die Nachlese war im Jahre 605, als Babylon in Karkemisch das äygptische Heer schlug und Palästina in seine Hand bekam. Damit gelangte Nebukadnezar beim Tod seines Vaters im Jahr 605 an den Gipfel der Macht, obwohl Ägypten erst 568 eingenommen wurde. Der gesamte Nahe Osten befand sich in Aufruhr, während Jeremia den Söhnen Josias vergeblich anriet, sich Babylon zu unterwerfen.
2. National war die Zeit Jeremias eine der dunkelsten Stunden der jüdischen Geschichte, da das Gericht über die Sünden der Väter (Götzendienst) unmittelbar bevorstand. Dieses Gericht setzte sich aus vier nationalen Tragödien zusammen:
    a. *Im Jahre 609* kam Josia bei Megiddo ums Leben, als er sich Pharao Necho entgegenstellte, der den Assyrern in der Schlacht von Karkemisch gegen die Babylonier zur Hilfe eilen wollte. Sein plötzlicher Tod nach den tiefgreifenden Reformen und der politischen Expansion unter seiner Regierung war eine der größten Tragödien in Juda und wurde vom gesamten Volk tief betrauert.
    b. *Im Jahre 606* entriss Nebukadnezar den Ägyptern Jerusalem und begann die Verschleppung Judas, indem er etliche Königssöhne nach Babylon gefangenführte, unter ihnen Daniel, um sie zum Dienst in seiner Regierung auszubilden.
    c. *Im Jahre 597* mußte Nebukadnezar sein Heer zweimal nach Jerusalem entsenden, um einen Aufruhr Judas im Bündnis mit Ägypten niederzuschlagen. Beim ersten Mal wurde König Jojakim getötet und »hingeworfen der Hitze bei Tag und der Kälte bei Nacht« (36,30). Beim zweiten Mal wurde Jojachin nach nur dreimonatiger Herrschaft nach Babylon verschleppt. Zugleich plünderte Nebukadnezar die Stadt und den Tempel mit seinen heiligen Schätzen und führte die Oberschicht der Bevölkerung in die Babylonische Gefangenschaft (2 Kö 24,11-16).
    d. *Im Jahre 586* wurden Jerusalem und der Tempel nach einem weiteren Aufstand und zweijähriger Belagerung durch Nebukadnezar zerstört. Dieses Ereignis ist ein Wendepunkt der Weltgeschichte und war für die Juden unvorstellbar; für sie war das nationale Geschick unauflösbar mit Jerusalem verbunden.

C. *DAS RELIGIÖSE UMFELD*
1. Jeremia wurde während der letzten Jahre König Manasses geboren, als dieser vergeblich versuchte, Reformen im Volk durchzusetzen, das er selbst in Götzendienst, Mord und moralische Verderbtheit geführt hatte. Obwohl er im Gefängnis in Babylon Buße tat und wieder eingesetzt wurde, war während seiner langen Regierungszeit die Geduld Gottes zu Ende gekommen, womit das Gericht vorgezeichnet war.
2. Nach nur zweijähriger Regierungszeit von Manasses gottlosem Sohn Amon kam Josia im zarten Alter von 8 Jahren auf den Thron (640 v. Chr.). Mit ihm begann eine glorreiche Zeit der Reform, Erweckung und politischen Expansion. Dieser Aufstieg vollzog sich in mehreren Phasen:

a. *Im Jahre 632* begann der 15jährige Josia den Herrn zu suchen (2 Chr 34,3).
  b. *Im Jahre 628* leitete der 19jährige König eine gründliche Säuberung vom Götzendienst in Jerusalem und Juda ein, die sich bis nach Naftali in Galiläa auswirkte (2 Chr 34,3ff).
  c. *Im Jahre 622* fand der Hohepriester Hilkija im Tempelgebäude das »Buch des Gesetzes«, dessen Gerichtsanordnung die Prophetie Hulda verkündigte. Darauf berief der 25jährige Josia die Ältesten des Volkes zusammen, um die Reform zu vertiefen und das gesamte Volk zur Säuberung zu verpflichten.
  d. *Im Jahre 622* feierte Josia das größte Passahfest, das es seit der Zeit Samuels in Israel gegeben hatte, wobei jedes Detail genau beachtet wurde.
3. Josias Erweckung war zwar sichtlich ernst gemeint, wurde jedoch vom Volk und von seinen Führern nur halbherzig mitgemacht. Nach der langen gottlosen Regierungszeit Manasses war der Niedergang im Volk bereits zu weit gediehen, um das Gericht aufzuhalten. Nach dem frühzeitigen Tod Josias in der Schlacht von Megiddo stürzte das Land wieder in Götzendienst und Sittenlosigkeit.

Der Zweck von Jeremia

Der Zweck der langen Tätigkeit Jeremias (länger noch als die des Jesaja) war die letzte Verwarnung des Volkes durch Gott, während der geistliche Verfall und der nationale Niedergang unaufhaltsam fortschritten. Jeremia verdeutlicht nicht nur die Ablehnung des Gottesgesetzes, sondern zugleich die Weigerung, sich durch die Propheten des Herrn zurechtweisen zu lassen. Während Jesaja in der nationalen Krise unbedingtes Vertrauen zu Gott predigte, empfahl Jeremia die Unterwerfung unter das Gericht Gottes in Form der Babylonischen Gefangenschaft, wodurch Stadt und Volk von der völligen Vernichtung verschont bleiben würden. Doch der einsame Ruf Jeremias verhallte fast ungehört. Sein Text mag Spr 29,1 gewesen sein: »Ein Mann, der trotz Ermahnung halsstarrig bleibt, wird plötzlich zerschmettert werden ohne Heilung.«

Gliederung von Jeremia

THEMA: Judas Rebellion und Wegführung aus dem Gelobten Land

  I. ERSTES GERICHT ÜBER DAS REBELLISCHE JUDA
     — ZUR ZEIT DES KÖNIGS JOSIA 1-20
     A. *Jeremias Berufung und das kommende Gericht*..1
     B. *Judas Untreue als Ehefrau des Herrn*...2-6
        1. Rückblick auf die Liebe des Herrn ....(2,1 - 3,5)
        2. Ausblick auf Scheidung wegen Treulosigkeit ....(3,6 - 6,30)
     C. *Judas Heuchelei und Götzendienst* 7-10
     D. *Judas Verwerfung des Bundes* 11; 12
     E. *Judas Aufruhr und Gericht in Bildern*..13-20
        1. Die sechs Gerichtsgleichnisse Jeremias ....(13-19)
        2. Die Trauer Jeremias über seine Verheißungen ....(20)

II. ZWEITES GERICHT ÜBER REBELLISCHE FÜHRER
— JOJAKIM UND ZEDEKIA 21-39
   A. *Empfehlung an Zedekia: Unterwerfung unter Babel* 21-24
      1. Die Bestrafung seiner Vorgänger ....(21; 22)
      2. Die Erneuerung Judas durch einen »gerechten Sproß« ....(23)
      3. Die Verwerfung Zedekias als »schlechte Feige« ....(24)
   B. *Warnung an Jojakim: Die Wegführung nach Babel* 25; 26
      1. Jeremias Wort der siebzig Jahre ....(25)
      2. Jeremias Wort wird abgelehnt ....(26)
   C. *Warnung vor dem Optimismus der falschen Propheten* 27-29
      1. Der falsche Prophet Hananja stirbt in Jerusalem ....(27; 28)
      2. Der falsche Prophet Schemaja wird in Babel sterben ....(29)
   D. *Verheißung der Erneuerung Judas* 30-33
      1. Der Zorn des Alten Bundes bringt Bestrafung ....(30)
      2. Die Gnade des Neuen Bundes bürgt für Befreiung ....(31-33)
   E. *Begründung des Gerichts durch Babel* 34-39
      1. Zedekias Verwerfung, die Sklaven freizulassen ....(34; 35)
      2. Jojakims Verwerfung der Worte Gottes ....(36)
      3. Jeremias Verhaftung und letzte Warnung ....(37-38)
      4. Jerusalems Vernichtung und Plünderung durch Babel ....(39)

III. WEITERES GERICHT ÜBER DEN REBELLISCHEN ÜBERREST —
NACH DER EINNAHME JERUSALEMS 40-45
   A. *Gericht über den rebellischen Rest in Juda* 40-42
   B. *Gericht über den rebellischen Rest in Ägypten* 43; 44
   C. *Nachricht an Baruch, den treuen Schreiber* 45

IV. STRAFGERICHT ÜBER DIE REBELLISCHEN NACHBARVÖLKER
JUDAS 46-51
   A. *Gericht über Ägypten und die Völker Palästinas* 46-49
   B. *Gericht über Babylon, den Vollstrecker der Gerichte über die Völker* 50; 51

V. ERNEUTES GERICHTSWORT ÜBER DEN REBELLISCHEN
KÖNIG UND SEINE STADT 52
   A. *Zedekias Familie in Babel getötet* 52,1-30
   B. *Jojachin später in Babel erhöht* 52, 31-34

Besonderheiten von Jeremia

1. **DER WEINENDE PROPHET** (8,23). Jeremia war wie Jesaja eine Vorauserfüllung des »Mannes der Schmerzen« von Jesaja 53,3. Er sah sich selbst als ein »zutrauliches Lamm, das zum Schlachten geführt wird« (11,19). Zwar hatten die meisten Propheten Gericht zu verkünden, doch tat dies keiner mit so tiefem persönlichem Schmerz wie Jeremia. Sein Herz schüttet er

in 8,23 aus: »O daß mein Haupt Wasser wäre und mein Auge eine Tränenquelle, dann wollte ich Tag und Nacht die Erschlagenen ... beweinen!« Auch der Herr Jesus weinte über Jerusalem, als er eine zweite Zerstörung der Stadt ankündigte (Lk 19,41).

2. **DER VOLKSVERRÄTER** (26,9ff). Weil Jeremia die Kapitulation vor Babel forderte, beschuldigten ihn seine Landsleute des Hochverrats. Daran fällt vor allem der Gegensatz zu Jesaja auf, der für Widerstand zu Felde zog in siegessicherem Gottvertrauen. Jeremia trat in der dunkelsten Stunde der jüdischen Geschichte auf, als alle Hoffnung auf das Überleben der Nation verloren war. Juda hatte durch die Sünden Manasses den »Punkt ohne Wiederkehr« überschritten, und einzig die Kapitulation vor Babel konnte die völlige Vernichtung Jerusalems verhindern. Nachdem seine Ankündigungen erfüllt waren, gedachte der Überrest in Babel mit Hochachtung des Propheten Jeremia. Sie schätzen vor allem seine Vorhersagen über eine Heimführung nach siebzig Jahren der Babylonischen Gefangenschaft (25,11; 29,10).

3. **JEREMIAS BOTSCHAFT DER HOFFNUNG.** Neben Gerichtsandrohungen hatte Jeremia dem Volk auch eine Frohbotschaft der Hoffnung zu überbringen. Diese optimistische Note ist in drei kurzen Abschnitten und vier Kapiteln enthalten (3,16-18; 12,14.15; 23,3-8; Kap 30-33). Diese Stellen berufen sich auf die Bundesschließungen des Herrn mit den Vätern, die für den Fortbestand des Hauses Jakob und der Königslinie Davids bürgten (33,26). Selbst als die Gerechtigkeit im Volk den absoluten Nullpunkt erreicht hatte, der Segensbund gebrochen war und eine große heidnische Macht in Kürze das Bundesvolk verschlingen würde, sicherte der Herr ihnen die Unumstößlichkeit seines Bundes zu, wie auf die Nacht unweigerlich der Tag folgt (31,36.37; 33,20-26). Nicht einmal die schlimmsten Sünden seines Volkes können an den Verheißungen Gottes rütteln. Diese Zusicherungen konnten zu keinem anderen Zeitpunkt der jüdischen Geschichte größere theologische Bedeutungen haben.

4. **DER NEUE BUND** (31,31-34). Neben den bedingungslosen Verheißungen an die Väter, würde der Herr den Mosebund vom Sinai durch einen neuen Bund ersetzen (31,32). Denn der Sinaibund war gebrochen, und in Kürze würde das Volk aus dem Gelobten Land verstoßen werden (11,3-10). Dieser Bund war ein bedingter Vertrag, der das Vorrecht des Landbesitzes regelte; er würde jedoch eines Tages durch einen neuen Bund abgelöst werden, der »mit dem Haus Israel und mit dem Haus Juda« geschlossen werden würde (31,31). Der genaue Inhalt des Neuen Bundes wird nicht offenbart, doch gilt er für den gläubigen Überrest des Volkes, der den Herrn erkennt (V. 34). Er wird auf innerer und persönlicher Führung statt auf einem äußeren Gesetzestext beruhen. In Hebr 8,7-13 und 10,16.17 wird diese Verheißung als Beweis für die Vergänglichkeit des Mosebundes angeführt, der am Kreuz endete (Hebr 7,12). Statt dessen würde ein neuer, ewiger Segensbund »mit dem Haus Israel und mit dem Haus Juda« geschlossen werden. Nach dem Zusammenhang von Jer 31,31 beinhaltet dieser Neue Bund auch die Heimführung ins Gelobte Land, wie die Nichteinhaltung des Mosebundes zur Verschleppung geführt hatte.

5. **DER »KONJAFLUCH«** (22,24-30). Jeremias Erwähnung Konjas an dieser Stelle wird gemeinhin als Fluch über ihn und seine Nachkommen gedeutet, die ihr Anrecht auf den Thron Davids verlieren würden (»Konja« ist Kurzform für Jechonja oder Jojachin). Da jedoch Joseph, der rechtliche Vater Jesu, von Konja abstammt, würde ein solcher Fluch den Anspruch Jesu auf das Königtum in Israel ausschließen (Lk 1,32). Um den sogenannten Fluch zu umgehen, haben etliche Ausleger eine »Umleitung« des Stammbaumes Jesu über eine Leviratsehe von

Konjas Sohn Schealtiel gesucht oder aber Jesu Stammbaum über Maria als Begründung des Thronanspruchs herangezogen (Lk 3,23ff). Damit ergeben sich jedoch unüberwindliche Probleme: 1) Marias Linie hat kein Thronrecht, da sie über Davids Sohn Nathan verläuft statt über Salomo, dem nach 1 Chr 22,9.10 das alleinige Thronrecht zufiel. 2) Matthäus wies Jesu Thronrecht durch den Stammbaum seines rechtlichen Vaters Joseph nach, der über Konja und Salomo auf David zurückgeht (Mt 1,1-16). Weder Matthäus noch die Fachwelt seiner Zeit sahen einen Konjafluch. Zwar wurde ein derartiger Fluch von fast allen Kommentatoren aller Zeiten behauptet, nicht jedoch von den Bibelautoren. In den zehn Jeremiastellen, wo dieser junge König erwähnt wird, dem nur eine dreimonatige Regierungszeit vergönnt war, wird kein Grund für einen derartigen Fluch angeführt. Von der Bosheit Jojakims und Zedekias lesen wir viel, von Konja jedoch fast nichts.

Nach genauer Untersuchung der Gerichtsandrohung von 22,30 dürfte sich der Fluch auf Zedekias statt Konja beziehen. Das zeigt der weitere Kontext der Kap 21; 22. Sie enthalten Jeremias Antwort auf die Zeichenforderung Zedekias, der die Errettung vor den babylonischen Angreifern bestätigt haben will. Statt Errettung anzukündigen, kündigt Jeremia die sichere Vernichtung an und erinnert an die Bestrafung der gottlosen Brüder des Königs, Schallum und Jojakim (21,9; 22,11-19). Weil der junge Konja neun Jahre zuvor nach Babylon verschleppt worden war, richtete Jeremia an Zedekia die Frage, ob er diesen Prinzen für endgültig verworfen hielt. Dann wendete er sich an die ganze Erde mit der Abkündigung: »Schreibt diesen Mann auf als kinderlos... von seinen Nachkommen wird es nicht einem gelingen auf dem Thron Davids zu sitzen« (22,30). »Dieser Mann« ist jedoch nicht Konja, der sich bereits in Babylon befand, sondern der selbstherrliche König, an den Jeremia diese Botschaft richtete (vgl. 21,7). Kurz darauf nahm Nebukadnezar die Stadt ein, die Söhne Zedekias wurden vor seinen Augen getötet, er selbst geblendet und nach Babel verschleppt. Konja (Jojachin) hingegen wurde später in Babel freigelassen und erhöht (damit endet Jeremias Buch), sein Enkel Serubbabel kehrt schließlich als Statthalter nach Juda zurück (Hag 2,21). Die Schwierigkeit von 22,24: »wenn auch Konja ... ein Siegelring ... wäre« läßt sich leicht durch die abweichende Lesart auflösen: »Da (ki) Konja ein Siegelring ... ist, werde ich dich (Zedekia) wegreißen.« Außer Konja wird im Alten Testament nur eine Person als »Siegelring« bezeichnet: Serubbabel, der Enkel Konjas, der als Statthalter über Juda heimkehrte (Hag 2,21-23). Die Schreiber des Alten und Neuen Testaments sahen offenbar keinen »Fluch« auf dem Stammbaum Jesu durch Konja, vielmehr war seine Linie durch den unaufheblichen Eid Gottes bestätigt (Ps 89,29-37).

6. ***CHRISTUS IN JEREMIA.*** Der Prophet Jeremia ist von allen großen Propheten am wenigsten messianisch. Nur zwei Stellen sprechen direkt vom Messias: 23,5.6 und 33,14-17. In beiden Fällen ist von einem »Sproß der Gerechtigkeit« die Rede, der auf dem Thron Davids regieren und Recht und Gerechtigkeit üben wird. Die Betonung liegt auf der »Gerechtigkeit« seines Volkes und seiner Herrschaft, ganz im Gegensatz zu dem Volk und seinen Führern zur Zeit Jeremias. Der Name »Der HERR, unsere Gerechtigkeit« wird in Kap 23 auf den Messias und in Kap 33 auf sein Volk angewandt: Seine Gerechtigkeit ist auch die seiner Gläubigen.

Übersicht über das Wirken Jeremias

KÖNIG	JAHR v.Chr.*	KAP.	VORHERSAGE ODER EREIGNIS
Josia	627-609	1-20	Selbst während der Reformen Josias kündigte Jeremia das Gericht über Juda wegen der Sünden Manasses an (15,4). Eingestreut sind undatierte, kurze Vignetten aus späteren Prophetien.

Mit dem Tod Josias endete die letzte Reform und begann die Regierung der gottlosen Söhne Josias.

KÖNIG	JAHR v.Chr.*	KAP.	VORHERSAGE ODER EREIGNIS
Jojakim	609	26	In seinem ersten Jahr versuchte Jojakim Jeremia hinrichten zu lassen.
	605	35,14	Judas Ungehorsam wird dem Gehorsam der Rechabiter gegenübergestellt.
	605	25	Judas Unbußfertigkeit bringt siebzigjährige Verwüstung durch Babel.
	605	36	Jojakim verachtet und verbrennt Jeremias Wort vom Herrn.
	605	45	Jeremia tröstet seinen treuen Schreiber Baruch mit der Aussage über seine persönliche Sicherheit während des kommenden Gerichts.
	605	46-49	Beim Sieg Babylons über Ägypten in der Schlacht von Karkemisch kündigt Jeremia Gottes Gericht über Ägypten und ganz Palästina an (49,34ff im Jahre 597).

Der Aufruhr Jojakims und Jechonjas führt zur Verschleppung nach Babel im Jahre 597.

KÖNIG	JAHR v.Chr.*	KAP.	VORHERSAGE ODER EREIGNIS
Zedekia	597	24	Der Herr sieht Zedekias Regierung als »schlechte Feigen«, wohingegen die Verschleppten unter Jechonja »gute Feigen« sind.
	597	27	Jeremia empfiehlt Zedekia und allen Völkern, sich Babel zu unterwerfen, während die falschen Propheten Optimismus verbreiten.
	594	28	Der falsche Prophet Hananja widerspricht Jeremia und stirbt.
	594	29	Der falsche Prophet Schemaja wird verflucht, weil er Jeremias Vorhersage der siebzigjährigen Verschleppung widerspricht.
	594	50-51	Jeremia unterrichtet die Juden in Babel von der bevorstehenden Vernichtung Babels wegen seines Stolzes und seiner Bosheit.

Nebukadnezar nimmt am 10. Januar 588 die Belagerung Jerusalems auf (39,1; 52,4);

KÖNIG	JAHR v.Chr.*	KAP.	VORHERSAGE ODER EREIGNIS
	Undatiert	30	Jeremia verheißt die kommende Erneuerung Israels und Judas nach der »Zeit der Bedrängnis« (30,3-9).
	Undatiert	31	Jeremia verheißt einen »Neuen Bund« mit Israel und Juda nach der Heimführung als Ersatz für den Mosebund (31,31-34).
	588	21-33	Während der Belagerung Jerusalems durch die Babylonier fordert Zedekia ein Heilswunder von Jeremia, erhält jedoch einen Geschichtsunterricht über die Bestrafung seiner gottlosen Brüder.

KÖNIG	JAHR v.Chr.*	KAP.	VORHERSAGE ODER EREIGNIS
	588	32; 33	Jeremia kauft ein Feld nahe bei Jerusalem als Symbol für die kommende Erneuerung. Diese Erneuerung würde ein »Sproß« Davids vollbringen, der für Israels Fortbestand bürgt.
	587	37	Jeremia wird zum weiten Mal vehaftet. Während sich die Babylonier zum Kampf gegen Ägypten einstweilen zurückziehen, bekräftigt er vor Zedekia die Gewißheit der Verschleppung.
	587	34	Jeremia verurteilt die Volksführer, weil sie vertragsbrüchig geworden waren und die Sklaven nicht befreit hatten, wodurch das Gericht umso sicherer wird.
	587	38	Jeremia (in Haft) wiederholt seine Aufforderung zur Unterwerfung unter Babel, die das Gericht über Zedekia und seine Familie sowie die Zerstörung Jerusalems abwenden könnte.
	586	39; 52	Jerusalem fällt, Zedekias Söhne und »Edle« werden getötet, Zedekia selbst geblendet und verschleppt, während Jeremia freikommt.

Die Zerstörung Jerusalems fand am 10. August 586 statt (56,12).**

| Gedalja | 586 | 40-44 | Der Statthalter Gedalja wird von streunenden Rebellen, die Jeremia mit sich nach Ägypten entführen, ermordet. Dort verurteilt er ihren Götzendienst und weissagt die kommende Vernichtung durch Babel. |

*Die meisten Kapitel oder größeren Einheiten werden im einleitenden Vers datiert.
**Nach 2Kö 25,8 der »Siebte« des fünften Monats. Da die Zerstörung des zweiten Tempels auf den 9.August 70 fällt, erklärten die Rabbis den 9. für den Gedenktag an beide Zerstörungen Jerusalems.

Das Buch der Klagelieder

Einleitung

TITEL UND AUTOR

A. *BEZEICHNUNG*
   1. Die Juden nannten das Buch »*Echa*« (Wie) nach dem Anfangswort der Kapitel 1,2 und 4, einem typischen Klagewort. Unter den späteren Rabbis taucht auch die Bezeichnung »*Kinot*« auf (vgl. Jer 7,29), ein »lauter Schrei« oder Klageruf, Totenklage.
   2. Der Titel »Klagelieder« ist die Übersetzung des griechischen »*Threnoi*«, »laute Schreie.«

B. *VERFASSER*
   1. Obwohl unbenannt, schreibt die jüdische wie christliche Tradition dieses Buch Jeremia zu. Er erhob laute Klage über den Tod Josias; und in Jer 7,29 befiehlt der Herr, den Trauergesang anzustimmen. Obwohl sich der literarische Stil etwas von Jeremia unterscheidet, sind viele Themen und Ausdrücke ähnlich. Edward Young sind die folgenden

erstaunlichen Entsprechungen aufgefallen: »Jungfrau, Tochter Juda« (Kla 1,15; Jer 14,17); »Augen fließen von Tränen« (Kla 1,16; 2,11; Jer 8,23; 9,17b; 13,17b); »Schrecken ringsum« (Kla 2,22; Jer 6,25; 20,10); »Übe Vergeltung, Herr« (Kla 3,64-66; Jer 11,20 u.v.a.).

2. Aufgrund seiner empfindsamen Natur, geistlichen Haltung und literarischen Gewandtheit war wohl niemand besser für diese Aufgabe geeignet als Jeremia. Und niemand hat dieses tragische Ereignis so hautnah miterlebt wie er. Wie beim Buch Jeremia mag Baruch als Schreiber fungiert haben (vgl. Jer 36,4).

Das geschichtliche Umfeld

A. *DATIERUNG* — 586 v. Chr.
Bei der Datierung dieses Buches stoßen wir auf ein Problem, nämlich einerseits die Gefühlstiefe im Ausdruck und andererseits der künstlerische Aufbau des Werkes. Die schier untröstlichen Klagen weisen auf einen Zeitpunkt kurz nach dem Fall der heiligen Stadt hin, als die Ereignisse noch frisch im Gedächtnis hafteten; die kunstvolle Anordnung in alphabetischen Akrostichen weist andererseits auf eine lange Zeit des Nachdenkens und der literarischen Verarbeitung hin. Vielleicht schrieb der Prophet unmittelbar nach den Verwüstungen seine Eindrücke nieder und überarbeitete sie später mit den Akrostichen, die als Gedächtnishilfe dienten. Die Erstfassung fiele somit in den Sommer des Jahres 586 v. Chr., in die Mitte des Monats August.

B. *DER ZEITPUNKT DER ZERSTÖRUNG JERUSALEMS*
Der neunte Ab (5. Monat) ist der allgemein anerkannte Gedenktag an die Verwüstung Jerusalems, anknüpfend an die zweite Zerstörung im Jahre 70 n. Chr. Doch der Bibeltext erwähnt mehrere Zeitangaben, die wir folgendermaßen zusammenfügen können:

9. Juli 586: Die Stadtmauer wird gebrochen, der König flieht und wird verfolgt (Jer 52,6-11)
7. August 586: Tempel, Stadt und Häuser brennen (2 Kö 25,8.9)
10. August 586: Die Stadt ist ausgebrannt (Jer 52,12-16)
Oktober 586: Mord an Gedalja durch Ismael und seine Anhänger (Jer 41,1.2)

Da die Zerstörung des Tempels im Jahre 70 auf den 9. August fiel, dient dieser Tag dem Gedenken an beide Ereignisse.

C. *DAS POLITISCHE UMFELD*
1. Internationales und nationales Umfeld: Siehe Einleitung zum Buch Jeremia.
2. Die Flucht und Festnahme Zedekias bedeutete das Ende der Davidsdynastie. Dieser schändliche Abgang ging auf die selbstherrliche Verwerfung der Mahnungen Jeremias durch Zedekia und dessen undankbaren Verrat an Nebukadnezar zurück, der das Königtum Zedekia, dem Onkel Jojachins, übertragen hatte. Die Strafe war grausam: Sein letzter Anblick, ehe ihm die Augen ausgestochen wurden, war die Hinrichtung seiner Söhne und Edlen. Er wurde in Ketten nach Babel verschleppt (Jer 39,6.7).
3. Die Einnahme Jerusalems im Hochsommer des Jahres 586 folgte auf eine 19monatige Belagerung, die Hungersnot und Seuche brachte. Zwar war Jerusalem bereits mehrmals belagert und geplündert worden; diese Verwüstung war für die Juden jedoch ein unbegreifliches Ereignis, da Zion doch als ewige Stadt galt (1 Chr 17,12; 22,10). In den Flammen Jerusalems gingen alle eitlen Hoffnungen auf ihre Unzerstörbarkeit in Rauch auf. Der Untergang der Nation, wenn nicht der Rasse, schien endgültig besiegelt.

D. *DAS RELIGIÖSE UMFELD*
1. Ohne Frage wurden die fünf Gedichte dieses Buches in der schwersten Stunde der jüdischen Geschichte geschrieben. Alle Stützen des Glaubens waren gebrochen. Die auserwählte Stadt war dem Erdboden gleichgemacht; der von Gott geplante Tempel, seine Wohnstatt auf Erden, war zu Asche geworden, und das Volk wurde in sein heidnisches Ursprungsland Babylon zurückgebracht. Der Herr selbst hörte nicht auf seine Gebete und war zu seinem Feind geworden (Jer 14,11.12). Der vierzigjährige Prophetendienst Jeremias schien spurlos vorübergegangen zu sein.
2. Die Zerstörung des Tempels leitete eine neue Epoche in der jüdischen Geschichte ein: die Ära der Zerstreuung und der Synagoge. Durch die Tempelzerstörung waren viele religiöse Riten nicht mehr möglich, denn die Opfer bei Festen und heiligen Anlässen durften nur auf dem Tempelaltar dargebracht werden. In Babel lernten die Juden Gottesdienst und Thorastudium in Kleingruppen, welche die Rabbis »Heiligtümer« oder »Synagogen« nannten (Hes 11,16). Dort mußten die Gläubigen ihre Religion pflegen und neu durchdenken, um ihr Überleben in einer heidnischen Kultur zu sichern.
3. Für Gottesdienste waren nur die heiligen Schriften mit den Bundesverheißungen an die Väter geblieben; sie wurden mehr denn je studiert und befolgt.

Der Zweck der Klagelieder

Dieses »Meer von Tränen« bezweckt die literarische Bekundung der tiefen Trauer der Gläubigen in Israel über den Verlust der heiligen Stadt und des Tempels. Diese Trauergesänge zeigen den unendlichen Schmerz der Einsamkeit, nachdem die Herrlichkeit des Herrn sie in Schmach und Schande verlassen hatte. Auch die vollständige und wörtliche Erfüllung aller Gerichtsdrohungen über diese ehrwürdige Stadt und ihr Heiligtum soll bezeugt werden. Die Klagelieder bekräftigen auf brillante Art und Weise die Erhabenheit Gottes, dem diese Verwüstung zugeschrieben wird (2,17; 3,37.38). Der helle Hoffnungsschimmer liegt in der Treue Gottes, in seinen Verheißungen der Gnade. »Groß ist deine Treue«, in Gericht wie Gnade (3,22.23). Denn Gottes Bund birgt auch Verheißungen für Erneuerung bei Buße.

Gliederung der Klagelieder

THEMA: Menschliche Klage und göttliche Plage im Gericht über Jerusalem

```
  I. DIE VERNICHTETE STADT DES HERRN ...................................................1
     A. Der einsame Schrei einer Stadt................................................1,1-11
     B. Der bohrende Schmerz eines Volkes ...................................1,12-22

 II. DIE VERBORGENE SCHULD JERUSALEMS.............................................2
     A. Das Wissen um Gottes Zorn ...................................................2,1-9
     B. Die Trauer um Gottes Zorn ...................................................2,10-17
     C. Die Antwort auf Gottes Zorn ................................................2,18-22

III. DER VERHÜLLTE SINN DER STRAFE ...................................................3
     A. Der Prophet teilt Israels Trauer ............................................3,1-18
     B. Der Prophet traut Gottes Treue ..........................................3,19-38
     C. Der Prophet trennt sich von allem Trug ...........................3,39-54
     D. Der Prophet tastet nach Rettung und Trost .....................3,56-66
```

>   IV. DIE VOLLKOMMENE SCHANDE DES VOLKES 4
>   A. Ihr Leid — Erinnerung an Sodom 4,1-10
>   B. Ihr Sturz — Eingreifen Gottes 4,11-20
>   C. Ihr Fall — Ermahnung an Edom 4,21-22
>
>   V. DER VERZWEIFELTE SCHREI DES ÜBERRESTS 5
>   A. Seine Bedürftigkeit als Waisen 5,1-10
>   B. Seine Betroffenheit als Sünder 5,11-18
>   C. Seine Bekehrung als Büßer 5,19-22

Besonderheiten der Klagelieder

1. **DIE KLAGEMAUER DER JUDEN.** Jerusalem hat in seiner Geschichte mehrere einschneidende Verwüstungen erlebt, von denen drei auf den »Neunten Ab« fallen (9. August, siehe H. H. Ben-Sasson: *History of the Jewish People*, S.333). Es sind dies die Einnahme durch Babylon 586 v. Chr., die Zerstörung durch Rom 70 n. Chr. und die Niederschlagung der Messiasbewegung Bar Kochbas durch die Römer 135 n. Chr. bei Betar nahe Jerusalem. Jedes dieser Ereignisse war zu seiner Zeit eine Katastrophe für die Nation und der »Neunte Ab« wurde zum weltweiten Gedenktag an diese Judenvernichtung. An diesem Tag wird in den Synagogen rund um die Welt das Buch der Klagelieder gelesen; manche lesen auch jeden Freitag daraus. Während ihrer langen Leidensgeschichte in der Zerstreuung haben diese Klagegedichte dem Sorgen und Bangen des auserwählten Volkes ihre Stimme geliehen, doch auch ihrer Hoffnung auf Heimführung in die »heilige Stadt«. Nur eines erkannten sie nicht, worauf sowohl Daniel als auch Jesus aufmerksam machten: den Zusammenhang zwischen Jesu Kreuzigung und der Zerstörung Jerusalems 70 n. Chr. (Dan 9,26; Lk 19,43.44). Jene Verwüstung war eine Folge der Ablehnung des Messias. Der jährliche Gedenktag des Neunten Ab dient als göttliches Mahnmal.

2. **DER KUNSTVOLLE AUFBAU DES BUCHES.** Kein anderes Bibelbuch ist so kunstreich komponiert wie die Klagelieder. Deren fünf Gedichte erheben ihre Stimme zu einem »Pentateuch der Trauer«, dessen symmetrische Anordnung den Inhalt hervorheben und wohl als Gedächtnishilfe für den liturgischen Gottesdienst dienen soll. Diese Symmetrie zeigt sich in der Verszahl pro Kapitel und der konstanten Zeilenzahl pro Vers in jedem Kapitel. Jedes Kapitel hat 22 Verse (nach den 22 Buchstaben des hebräischen Alphabets), nur Kapitel 3 hat 66 Verse in 22 Versgruppen:

Kapitel	1	2	3	4	5
Verse pro Kapitel	22	22	66	22	22
Zeilen pro Vers	3	3	2	2	1

Ein in der Übersetzung unkenntliches Merkmal sind die alphabetischen Akrostichen in Kap 1-4. In Kap 1; 2; 4 beginnt jeder Vers mit dem jeweils folgenden Buchstaben. Kap 3 enthält ein noch ausgefeilteres Akrostichon, indem 66 Verse insgesamt 22 Gruppen zu je drei Versen bilden. Jeder Vers einer Gruppe beginnt mit demselben Buchstaben, wobei die Gruppen wieder alphabetisch gereiht sind. In Kap 5 wird kein Akrostichon verwendet, vielleicht um den Eindruck der Spontaneität dieses Buß- und Vertrauensgebetes nicht zu verwischen.

Die unglaubliche Denkarbeit hinter dieser künstlerischen Symmetrie weist auf die immense Bedeutung hin, die Jeremia und Baruch, wenn man ihnen dieses Buch zuschreibt, der Botschaft des Gerichts und der Unverbrüchlichkeit des Gotteswortes beimaßen.

3. **DAS GÖTTLICHE GERICHT.** Wiederholt schreiben die Klagelieder die Zerstörung Jerusalems dem Zorn des Herrn zu statt dem Zorn Babels. Während wir im Buch Jeremia 161mal von Babel lesen, werden weder Babel noch Nebukadnezar in den Klageliedern erwähnt. Die Einnahme Jerusalems als göttliches Gericht legt überdies den Finger auf die Sünden des Volkes, welche die Vernichtung brachten, nicht ein politisches Mißgeschick. Darum hängt auch die Erneuerung voll und ganz von Buße und Umkehr zu Gott ab. Die Weltmächte sind nur Werkzeug Gottes in seinem Handeln am auserwählten Volk.

4. **»GROSS IST DEINE TREUE«** (3,23). Diese klassische Vertrauensbezeugung würden wir kaum in einem Buch des Gerichtes und der fast untröstlichen Trauer erwarten. Und doch steht sie im Herzen der Klagelieder. Dieser Aufruf ist hier nicht jubelnder Freudenschrei aus segensreicher Erfahrung, sondern ein Seufzer aus schwerem Gericht und kaum erträglicher Züchtigung. Im Angesicht der verkohlten Überreste des größten Heiligtums Israels ruft der Prophet: »Ja, sein Erbarmen hört nicht auf; es ist jeden Morgen neu. Groß ist deine Treue« (3,22.23). Gott steht zu seinem Wort, ob im Gericht über Sünde oder in der Gnade für Buße und Vertrauen. In jeder Situation kann der Gläubige sagen: »Mein Anteil ist der HERR« (3,24).

5. **DER LEIDENDE PROPHET.** Kein anderer Prophet hat die Leiden und Gerichte seines Volkes so tief mitgefühlt und geteilt wie Jeremia, der wahrscheinliche Autor dieses Buches. Fast fünfzig Jahre lang flehte Jeremia das halsstarrige Volk in seiner tiefsten Not an, während sein Leid ihm selbst das Herz zernagte. Statt Achtung erntete er Demütigung, Hohn, Verhaftung und den Ruf eines Verräters. Dann mußte er die Belagerung und Hungersnot miterleben, die Einnahme der Stadt, ihre Plünderung und Verbrennung und die Verwüstung des Tempels. In Rama (nördlich von Jerusalem) wurde er selbst freigelassen, um mit eigenen Augen die Ermordung eines Großteils der Bevölkerung Jerusalems und die Verschleppung der übrigen 4600 Menschen nach Babel zu beobachten. Er selbst blieb aus freien Stücken in Mizpa bei dem Statthalter Gedalja, der jedoch bald darauf im Aufruhr Ismaels und Johanans ermordet wurde. Jeremia selbst wurde nach Ägypten entführt, wo er wieder schweren Angriffen ausgesetzt war (Jer 41-44). Dort soll er von seinem eigenen Volk gesteinigt worden sein, weil er ihren fortgesetzten Götzendienst und ihre Unbußfertigkeit verurteilt hatte. Nur wenige Propheten hatten mehr Grund zum Weinen als Jeremia (Kla 3,48.49).

6. **CHRISTUS IN DEN KLAGELIEDERN.** Als Hinweis auf Christus in diesem Buch sehen wir Jesu Weinen über Jerusalem, als er dessen zweite Zerstörung vorhersagte (Lk 19,41-43). In vieler Hinsicht zeigen die Klagelieder auch die Trauer und Klage Gottes um sein Bundesvolk in tiefster Not. Jesaja wie Johannes sehen vorher, wie Gott oder Christus »die Tränen abwischen« wird (Jes 25,8; Offb 7,17; 21,4).

Der Prophet Hesekiel

Einleitung

TITEL UND AUTOR

A.   BEZEICHNUNG

Der Name »Hesekiel« (hebr. »Ezechiel«) bedeutet »Gott stärkt«, ein passender Name für das Buch und den Propheten, der die verschleppten Juden in Babel zu ermahnen hatte.

B.   DER VERFASSER
1. Hesekiels Urheberschaft ist allgemein anerkannt. Zwar erscheint sein Name in keinem anderen Bibelbuch, doch wird er durch zahlreiche innere Zeugnisse ausgewiesen:
   a. Hesekiel nennt sich in 1,3 und 24,24 selbst und schreibt in der ersten Person.
   b. Er bedient sich durchgehend desselben einzigartigen, bildhaften Stils mit Visionen, Gleichnissen, Allegorien und symbolischen Handlungen.
   c. Auch die priesterliche Sicht von Opfern, Tempel, Altar und Priestern weist auf den Priester Hesekiel hin.
2. Über Hesekiels Hintergrund erfahren wir:
   a. Er entstammt der Priesterfamilie des Busi, als dessen Sohn er 622 v. Chr., am Höhepunkt der Reformen Josias, in Jerusalem geboren wurde. Das »dreißigste Jahr« in Hes 1,1 dürfte sich auf Hesekiels Alter im Jahre 592 beziehen, im fünften Jahr nach der Wegführung Jojachins. Ein Priester trat seinen Dienst gewöhnlich mit dreißig Jahren an (1,1.2).
   b. Er wurde im Jahre 597 mit Jojachin nach Babel gebracht, als Nebukadnezar die führende Schicht verschleppte. Dort wohnte er in seinem eigenen Haus in einer jüdischen Kolonie namens Tel-Abib am Fluß Kebar (einem zum Euphrat führenden Kanal), wohl in der Nähe von Nippur (1,1; 3,15; Louis Finkelstein: *The Jews: Their History, Culture and Religion*, Bd. I, S.48).
   c. Hesekiel war verheiratet, doch seine Frau starb am 10. Januar 588, als die Belagerung Jerusalems begann (24,1.15-18).
   d. In seinem Haus versammelten sich die Ältesten, um seinen Rat zu suchen, vielleicht eine Urform der Synagoge. Er wirkte mindestens 23 Jahre lang; 570 ist die letzte Datierung seiner Vorhersagen (29,17).

Das geschichtliche Umfeld

A.   DATIERUNG — 592-570 v. Chr.*

Hesekiel datiert viele seiner Vorhersagen mit größter Gewissenhaftigkeit. Sein »Jahr 0« ist die Wegführung Jojachins im Jahre 597 v. Chr.**

Wir finden im Verlauf des Buches die folgenden Datierungen vor:

1,1	5. Juli 592	(5. Jahr)	Hesekiels erste Vision der »Herrlichkeit«
8,1	5. Sept. 591	(6. Jahr)	Seine Entrückung nach Jerusalem
20,1	10. Aug. 590	(7. Jahr)	Seine Anweisung an die Ältesten
24,1	10. Jan. 588	(9. Jahr)	Beginn der Belagerung Jerusalems
26,1	1. April 586	(11. Jahr)	Die Vorhersage der Einnahme von Tyrus
29,1	12. Jan 587	(10. Jahr)	Erste Weissagung gegen den Pharao
29,17	1. Apirl 570	(27. Jahr)	Sechste Weissagung gegen den Pharao

30,20	7. April 586	(11. Jahr)	Zweite Weissagung gegen den Pharao
31,1	1. Juni 586	(11. Jahr)	Dritte Weissagung gegen den Pharao
32,1	1. März 585	(12. Jahr)	Vierte Weissagung gegen den Pharao
32,17	15. April 585	(12. Jahr)	Fünfte Weissagung gegen den Pharao
33,21	5. Jan 585	(12. Jahr)	Benachrichtigung vom Fall Jerusalems, der fünf Monate vorher eingetreten war
40,1	10. April 572	(25. Jahr)	Die Vision vom neuen Tempel

*Zur Umrechnung von hebräischem und gregorianischen Kalender siehe »Kalender und Zeitrechnung im Alten Testament«.

**Manche Fachleute verlegen die Jahresangaben um ein Jahr nach vorne, da sich die königliche Zeitrechnung in Juda nach dem ersten vollen Herrschaftsjahr dort nach dem Neujahrstag am 1. Tischri richtete (siehe Edwin R. Thiele: *The Mysterious Numbers of the Hebrew Kings*, S. 16ff.).

B. *GEOGRAPHISCHE LAGE HESEKIELS*

1. Hesekiel und Daniel heben sich insofern von den anderen Propheten ab, als sie außerhalb von Palästina wirkten. Daniel, ein jüdischer Königssohn war am heidnischen Hof in Babel tätig, während der Priester Hesekiel den verschleppten Juden predigte. Sie waren etwa gleich alt; Daniel wurde 605 weggeführt, Hesekiel 597.

2. Hesekiels Wohnort befand sich in der jüdischen Kolonie Tel-Abib bei Nippur, etwa 80 km südöstlich von Babylon am großen Kanal Kebar. Dieser Kanal verband Euphrat und Tigris bei Babylon und verlief etwa 240 km südlich des heutigen Bagdad und 200 km nördlich von Ur, der Heimatstadt Abrahams. Der Name Tel-Abib bedeutet »Getreidehügel«, was auf die Fruchtbarkeit der künstlich bewässerten Ebene hinweist. Die Niederlassung der Juden in diesem fruchtbaren Gebiet dürfte auf den Einfluß Daniels zurückzuführen sein, der ab 603 v. Chr. unter Nebukadnezar über die Provinz Babel regierte (Dan 2,48).

C. *DAS POLITISCHE UMFELD*

1. Das Buch reicht von der Unterjochung Judas unter Babylon bis zur Babylonischen Gefangenschaft. Durch göttlicher Vorsehung war Daniel »Herrscher über die ganze Provinz Babel« und Vorsteher aller »Weisen« oder Berater Nebukadnezars geworden. Da dies fünf Jahre vor der Verschleppung Hesekiels und 16 Jahre vor der endgültigen Wegführung im Jahre 586 geschah, war für die Juden in Babylon gut vorgesorgt. Das babylonische Weltreich befand sich damals auf dem Höhepunkt seiner Macht und Ausdehung.

2. Hesekiel hat wenig über die jüdische Politik zu sagen und erwähnt nicht einmal Zedekia, den zeitgenössischen Marionettenkönig in Juda. Als einziger König von Juda und Israel wird David namentlich genannt. Jojachin kommt in 1,2 nur zur Datierung vor. Viele der heidnischen Nachbarvölker verurteilt Hesekiel wegen ihrer Gewalttat gegen das jüdische Volk und das Heiligtum Gottes (Kap 25-32). Im Gegensatz zu Jeremia befaßt sich Hesekiel kaum mit Zeitgeschichte. Die Endzeitreden von 38;39 beziehen sich auf Israels Wiederherstellung, doch die große Schlacht ist ein weltgeschichtliches Ereignis der Heidenvölker, das einem geistlichen Zweck dient.

D. *DAS RELIGIÖSE UMFELD*

1. In diesem Buch ist Israel nicht nur ohne König und Land, sondern auch ohne Tempel und ohne alle Möglichkeiten, um die von Mose gebotenen Riten durchzuführen. Im Buch Hesekiel finden religiöse Versammlungen nur in seinem Haus statt, wo er die Ältesten

berät. Diese Ältesten waren offenbar Vorläufer der Synagogenvorsteher, die später Leiter der Synagogen und örtlichen Gemeinschaften wurden. Ohne den Tempel waren natürlich alle Riten mit Tieropfern, Festen und Priesterfunktionen ausgeschaltet.
2. Der geistliche Zustand der Verschleppten um Hesekiel war kaum besser als der der Bewohner Jerusalems um Jeremia. Meist nennt er sie ein »widerspenstiges Haus« (16mal in Hes). Die veränderte Umgebung hatte ihr Herz und ihre Haltung zu Gott noch nicht beeinflußt.
3. Hesekiels Blickpunkt ist vordergründig religiös oder geistlich. Alle politischen und materiellen Angelegenheiten werden aus dieser Sicht beurteilt. Besonders deutlich tritt das in seinen »Herrlichkeits«-Visionen zutage (1,28; Kap 8-11) sowie an den sechs »Vollstreckern« Jerusalems (9,1.2), in der übernatürlichen Entführung der »Fürsten« Judas nach Babylon (12,12.13), in der Darstellung des übermenschlichen »Königs von Tyrus« (28,12-19) usw. Hesekiels Schau ist priesterlich, nicht so sehr politisch.

Der Zweck von Hesekiel

Hesekiels Zweck ist ein zweifacher, wie aus den zwei Hauptteilen des Buches hervorgeht:
A. *Eintreten für Buße und Glauben* durch die Androhung von Gottes baldigem Gericht über Jerusalem und die Nationen.
B. *Förderung von Hoffnung und Vertrauen* durch die Zusicherung der späteren Heimführung des Volkes, des Wiederaufbaus der Stadt und der Neuerrichtung des Tempels und Tempeldienstes.

Die erste Botschaft stand während der ersten sechs Jahre seines Wirkens im Vordergrund (592-586). Sie bezieht sich vorerst auf die Zerstörung Jerusalems und des Tempels, den Fortbestand Babels, dessen baldigen Sturz die falschen Propheten vorhersagten, und die Einnahme Ägyptens durch Babel. Viele Juden hatten Hoffnung auf diese Großmacht gesetzt.

Nach der Einnahme Jerusalems wurde Hesekiel ein Prophet der Hoffnung und Zuversicht, indem er die schließliche Erneuerung Israels vorhersah. Bis ins letzte Detail beschreibt er Israels künftigen Ruhm und Glanz, damit niemand sich in den Wohlstand Babels schicke und Jerusalem vergäße.

Gliederung von Hesekiel

THEMA: Jerusalems Geschick hängt von der Herrlichkeit des Herrn ab

```
I.  DER AUSZUG DER HERRLICHKEIT: EROBERUNG JERUSALEMS........1-32
    A. Die Sendung Hesekiels .................................................1-3
       1. Die Vision von der Herrlichkeit des Herrn.......................(1)
       2. Die Mission an ein widerspenstiges Volk........................(2;3)
    B. Die Sicht der Einnahme Jerusalems.................................. 4-7
       1. Zwei Gleichnisse der Vernichtung...............................(4;5)
       2. Die Vorhersage der Vernichtung................................(6;7)
    C. Die Schau des Auszugs der Herrlichkeit............................8-11
       1. Die Auswüchse des Götzendienstes..............................(8)
       2. Die Verschonung der Gerechten.................................(9)
       3. Der Auszug der Herrlichkeit................................(10-11)
```

    D. *Der Sachverhalt der Auflehnung Judas* 12-24
        1. Die blinden und gottlosen Führer ....(12-14)
        2. Der unnutze Weinstock ....(15)
        3. Die zuchtlose Vergangenheit ....(16;17)
        4. Die frevelhaften Sünden ....(18;19)
        5. Der Greuel des Götzendienstes ....(20;21)
        6. Die nationale Gewalttat ....(22)
        7. Die Verhärtung gegen Zucht ....(23;24)
    E. *Die Schreckensgerichte gegen Judas Nachbarn* 25-32
        1. Gericht im Osten: Ammon, Moab und Edom ....(25)
        2. Gericht im Westen: Philistäa und Tyrus ....(26-28)
        3. Gericht im Süden: Ägypten und Kusch 29-32

II. **DIE RÜCKKEHR DER HERRLICHKEIT: ERNEUERUNG JERUSALEMS** 33-48
    A. *Der prophetische Prozeß der Erneuerung Israels* 33-39
        1. Sammlung erst nach seiner Buße ....(33)
        2. Sammlung durch den Gotteshirten ....(34;35)
        3. Sammlung zur göttlichen Reinigung .... (35)
        4. Sammlung zu Leben und Einheit ....(37)
        5. Sammlung nach dem letzten Gericht ....(38;39)
            a. Die Einigung der Völker zum Kampf ....(38)
            b. Die Reinigung der Erde durch Gott ....(39)
    B. *Die priesterliche Pracht des erneuerten Israel* 40-48
        1. Einzug der Herrlichkeit in den Tempel ....(40-43)
        2. Aufnahme des Gottesdienstes im Tempel ....(44-46)
        3. Aufteilung des Landes um den Tempel ....(47;48)

Besonderheiten von Hesekiel

1. **DER »MULTIMEDIA-PROPHET.«** Kein anderer Prophet macht so reichen Gebrauch bildhafter Sprache oder visueller Hilfsmittel wie Hesekiel. Sein Buch enthält Sprichwörter, Allegorien, symbolische Handlungen, Miniaturporträts und apokalyptische Visionen. Diese dienten vor allem zur Erweckung von Aufmerksamkeit und zur Klarstellung der Wahrheit für den verhärteten und widerspenstigen Überrest in Babel: Die wichtigsten Bilder:

1,4-28	Vision der Herrlichkeit des Herrn in Form von »vier lebenden Wesen«
2,9-3,3	Hesekiel ißt die Buchrolle mit den Klagen über Jerusalem
3,16-27	Hesekiel wird stumm bis auf besondere Botschaften vom Herrn
4,1-17	Hesekiel zeigt durch sein Verhalten die Belagerung Jerusalems und die kommende Hungersnot an
5,1-17	Hesekiel rasiert sich mit einem scharfen Schwert und teilt das Haar zum Zeichen für das Gericht durch das Schwert.
6,1ff	Hesekiel wahrsagt in Richtung auf die Berge Jerusalems.

8,2ff	Hesekiel wird im Geist in den Tempel entrückt und beobachtet den dortigen Götzendienst
9,1.2	Sechs Vollstrecker machen sich zum Gericht bereit, während der gerechte Überrest zur Verschonung gekennzeichnet wird
10,2ff	Die Cherubim streuen Kohlen aus über Jerusalem als Sinnbild der Zerstreuung
10,4-22	Die Herrlichkeit verläßt die Stadt und den Tempel
12,3ff	Hesekiel zeigt die Einnahme Jerusalem an, indem er Gepäck nimmt und durch die Stadtmauer auswandert
13,10-16	Jerusalem gleicht einer getünchten Wand, die weggeschwemmt werden wird
14,13-23	Das Gericht ist unabwendbar, selbst wenn Noah, Daniel und Hiob beten würden
15,2-6	Jerusalem als versengter Weinstock
16,2-63	Jerusalem als treulose Ehefrau
17,2-10	Israel als Zeder und Babylon und Ägypten als zwei Adler
17,22-24	Allegorie eines neuen Zederntriebes, der in Israel gepflanzt wird
18,2.3	Sprichwort von den Vätern, die unreife Trauben essen
19,1-9	Israel als Löwin, die der Jungen beraubt ist
19,10-14	Israel als entwurzelter Weinstock
21,3-22	Gleichnis vom gezückten Schwert des Herrn
22,18-22	Israel als Schlacke im Schmelzofen
23,2-49	Jerusalem und Samaria sind wie zwei zuchtlose Schwestern
24,2-14	Allegorie vom Kochtopf und der verschütteten Brühe
24,16-27	Hesekiel darf als Zeichen für Israel seine verstorbene Frau nicht betrauern
27,1-36	Allegorie von der Selbstüberhebung und Versenkung des »Schiffes Tyrus«
28,12-20	Portrait der Erschaffung und Verstoßung des cherubischen »Königs von Tyrus«
29,2ff	Ägypten als Seeungeheuer am Nil (gefangen in 32,2-10)
31,2-18	Allegorie der zwei gefällten Zedern: Assyrien und Ägypten
34,2-10	Israels Führer als Mörderhirten; der Herr als wahrer Hirte
37,1-14	Gleichnis der vertrockneten Gebeine, die sich sammeln, doch ohne Leben
37,16-22	Gleichnis der »zwei Hölzer« (Juda und Israel), die eins werden
40; 42	Vision des Vermessers Jerusalems und des Tempels
43,2-7	Einzug der Herrlichkeit in den neuen Tempel

Diese Vorhersagen verkündigen und erklären das kommende Gottesgericht über Israel und die Völker durch Babel und die künftige Erneuerung Israels nach der Vernichtung der Vernichter. Die Sprachbilder sind nicht verhüllt, sondern im Zusammenhang erklärt. Viele von ihnen werden von Johannes in der Offenbarung weitergeführt.

2. **DER AUSZUG DER »HERRLICHKEIT«** (10,18). Die in den Psalmen und Jesaja oftmals erwähnte »Herrlichkeit« stellt Hesekiel als sichtbare Gegenwart Gottes dar; (das wird im späthebräischen Begriff »*Schechina*« deutlich): Die Wolke der »Herrlichkeit« schwebt über dem Gnadenthron im Tempel, zwischen den Cherubim. Für den Priester Hesekiel geht das Gericht über Jerusalem auf den Auszug der Herrlichkeit zurück. In 9-11 zieht sich die Herrlichkeit Schritt für Schritt zurück: zuerst von der Stadt (ausgehend vom Osttor) und schließlich vom Ölberg, als schriebe sie »Ikabod« über den Tempel und die Stadt (8,3; 10,4.18.19; 11,22-24). Sie kehrt erst in 43,2-7 nach dem Neubau des Tempels zurück. Der Einzug der Herrlichkeit in den neuen Tempel des Tausendjährigen Reiches knüpft an 2 Mo 40,34 und 2 Chr 5,13.14

an, wo sich die Wolke über der Stiftshütte und über dem neuerbauten Tempel Salomos niederläßt. Diese sichtbare Herrlichkeit fehlte völlig im Tempel von Serubbabel und Herodes. Die größere Herrlichkeit des künftigen Tempels wird die persönliche Gegenwart des Herrn, des Messias sein (Sach 2,9; Hes 48,35).

3. *»UND IHR WERDET ERKENNEN, DASS ICH DER HERR BIN«* (6,7 usw). Diese Wendung finden wir in Hesekiel mehr als 60mal, vor allem in Verbindung mit Götzendienern. Sie paßt auch zu Elias Aussage, als er den wahren Gott Israels beweisen wollte (1 Kö 18,36-39). »Den Herrn erkennen« bedeutet hier nicht »das Heil erfahren, sondern die Erkenntnis des Herrn (JHWH) als Gott, der sein Wort ausrichten kann (vgl. 6,14). Er ist ein bundestreuer Gott, ob im Gericht oder im Segen. Seine angedrohten Gerichte über Sünde werden nicht ausbleiben, aber auch seine Verheißungen für künftige Erneuerung werden erfüllt.

4. *DER GÖTZENDIENST ISRAELS IN ÄGYPTEN* (20,5-9). Hesekiel bereichert unser Wissen über das Verhalten Israels in Ägypten um ein wesentliches Detail, das im zweiten Buch Mose keine Erwähnung findet. In seiner Ermahnung an die götzendienerischen Ältesten (Hes 20) erinnert der Prophet an die vergangene Götzenverehrung Israels bis in die Zeit des Aufenthalts in Ägypten. Die Unterdrückung der Kinder Israel durch den Pharao und die Aufseher hat nach Hesekiel ebenfalls geistliche Ursachen in ihrem hartnäckigen Götzendienst, um dessentwillen der Herr sie verwerfen wollte. »Um seines Namens willen« rettete er sie dennoch aus der Knechtschaft. Dieser Hang zum Götzendienst wurde erst durch die Babylonische Gefangenschaft endgültig überwunden; darum spricht ihn Hesekiel hier an.

5. *HESEKIEL DER »MENSCHENSOHN«* (2,1 usw). An 93 Stellen spricht der Herr Hesekiel als »Menschensohn« an, ein sonst nur für Daniel (Dan 8,17) und (über 80mal) für den Herrn Jesus verwendeter Titel. Er betont die Einheit des Propheten mit seinem Volk vor allem in Verbindung mit Gerichtsandrohungen. Mehr als jede andere Bezeichnung verwendet Jesus für sich selbst den Titel »Menschensohn«, der ihn zum Gericht über die Menschheit ermächtigt (Joh 5,27).

6. *ISRAELS ZUSAMMENFÜHRUNG UND DIE SCHLACHT DES GOG UND MAGOG* (36-39). Dies ist eine klassische Stelle über die endliche Heimführung Israels und die große Schlacht gegen den Nordbund. Der Prophet offenbart mehrere bedeutsame Wahrheiten über die Sammlung Israels:
    a. Der Herr selbst wird sie trotz aller Feinde ins Land zurückführen, sie reinigen und ihnen ein »neues Herz« geben (36,26).
    b. Das Volk wird sich erheben als »vertrocknete Gebeine« (seit langem tot und immer noch leblos), wird aber später geistliches Leben empfangen (37,1-14) und vereinigt werden (37,16-23).
    c. Nach einer teilweisen Heimführung wird eine große nördliche Macht (Gog und Magog) in Israel einfallen, wo sich ihr ein südlicher und westlicher Staatenbund entgegenstellt (38).
    d. Auf übernatürliche und natürliche Weise wird »Gog und Magog« vernichtet, wodurch die Welt die Macht des Herrn erkennt (39,1-8; 21,29).
    e. Das endzeitliche Israel wird eine geistliche Neugeburt erleben, da der Heilige Geist nach dieser Schlacht über das Volk ausgegossen wird (39,25-29).

7. *DER NEUE TEMPEL HESEKIELS* (40-46). Dieser Tempel weist nur wenig Ähnlichkeit mit den neuerbauten Tempeln von Serubbabel oder Herodes auf. Er könnte daher zwei Bedeu-

tungen haben: 1) eine symbolische Sicht der neutestamentlichen Gemeinde; 2) eine wörtliche Beschreibung des Tempels im Tausendjährigen Reich. In der Kirchengeschichte war erstere Auslegung favorisiert, da man die Juden für ein verfluchtes Volk hielt und ihre Verheißungen auf die Kirche ummünzte. Aus exegetischen Gründen ist die zweite Deutung unstreitig vorzuziehen:

- a. Im Zusammenhang schließt der Neubau des Tempels unmittelbar an die Heimführung Israels und die Vernichtung der Feinde an (36-39).
- b. Da die meisten bereits erfüllten Vorhersagen Hesekiels (die Zerstörung Jerusalems; die Auslöschung von Tyrus usw. 6,3-5; 14,21; 26,4.12) im wortwörtlichen Sinn eintraten, entbehrt eine allegorische Auslegung dieser letzten Kapitel jeder echten Grundlage. Die ersten 33 Kapitel bezeugen die wörtlichen Intentionen Hesekiels.
- c. Sollte sich die Tempelverheißung, als Ermutigung für Israel gedacht, in der Gemeinde erfüllt haben, ist sie eine Irreführung und Vorspiegelung falscher Hoffnungen für die Menschen, an die sie gerichtet war (43,7.10).
- d. Die genauen Abmessungen des Tempels verlieren bei einer bildhaften Bedeutung jeden Sinn. Wörtlich genommen, stimmen sie gut mit den Maßen für die Arche Noahs, die Stiftshütte Moses und den Tempel Salomos überein (1 Mo 6,14-17; 2 Mo 25-28; 1 Kö 6,1-7,51). Die eindeutigen Angaben machen diesen Tempel zukünftig so wirklich wie die anderen auch.
- e. Hesekiels Tempel zeichnet sich durch etliche Auslassungen aus, die nur durch das messianische Zeitalter erklärbar scheinen: 1) keine Bundeslade, 2) kein Gnadenthron, 3) kein Cherubim; 4) kein Rauchopferaltar, 5) kein Leuchter, 6) kein Schaubrottisch, 7) kein Vorhang und 8) kein Hoherpriester. Diese Auslassungen heben sich deutlich vor den genauen Beschreibungen und Maßen der übrigen Gegenstände ab, vor allem des hölzernen Altars. War die Beschreibung des Tempels als symbolische Darstellung der Gemeinde gedacht, hätten die genannten Geräte unmöglich weggelassen werden dürfen; sie sind doch entscheidend für das Tempelritual. Deuten wir diese Beschreibung jedoch in der nächstliegenden Weise wörtlich auf einen wirklichen Tempel im Tausendjährigen Reich, so löst sich das Problem.

8. ***DIE NEUEINRICHTUNG DES OPFERSYSTEMS*** (40,39; 45; 46). Umso überraschender erscheint dann die Wiedereinführung der alttestamentlichen Blutopfer im neuen Tempel. Jesu einmaliges Opfer hat nach Hebr 8-10 alle weiteren Tieropfer überflüssig gemacht (Hebr 9,26; 10,18). Doch bedenken wir: Nach Hebr 8-10 haben Tieropfer nie Sünden wegnehmen können. Sie waren Hinweise auf das einmalige Opfer Christi. So ist für die Gemeinde das Abendmahl Hinweis auf das zurückliegende Opfer des Herrn Jesus; es erinnert an sein Werk und gilt bis zum Kommen des Herrn (1 Kor 11,26). Es hat deshalb im messianischen Zeitalter keinen Platz. In dieser Zeit werden wieder Tieropfer dargebracht, die zum Gedächtnis, nicht aber zur Erlösung dienen.

9. ***CHRISTUS IN HESEKIEL.*** Konkrete messianische Aussagen finden wir in Hesekiel nur einzelne. Doch begegnen wir etlichen verhüllten Andeutungen über den Messias als Hirte, König und Priester.
- a. Sein Werk als »Hirte« wird in 34,11-16 angedeutet, unmittelbar nach der Verurteilung der eigensüchtigen Hirten Israels. In V 11 kündigt der Herr an: »Ich will nach meinen Schafen fragen und mich ihrer annehmen.« Die nächsten Verse erläutern sein Werk als »guter Hirte«, der für seine Schafe sorgt, sie rettet, sammelt, weidet, zur Ruhe führt,

den Verlorenen nachgeht, die Kranken heilt und stärkt. Zweifellos spielt der Herr Jesus in der Stelle vom guten Hirten (Joh 10,11.14) auf diese Stelle an und grenzt sich somit von den falschen Hirten seiner Zeit ab.

b. Vom Königtum Christi erfahren wir in 21,32 und 37,22. Nach der Sammlung Israels aus allen Nationen sagt der Herr vorher: »Ich mache sie zu einer Nation... und ein einziger König wird für sie alle zum König sein« (37,22). Das ist natürlich messianisch gemeint und ähnelt Jes 9,6 und Lk 1,32. Die folgende Aussage in 37,24: »Mein Knecht David wird König über sie sein« könnte den Messias als »Sohn Davids« oder den auferstandenen David meinen; denn der Messias wird König der Könige sein (Hes 34,24; Hos 3,5; Offb 19,16).

c. Das Priestertum des Messias wird in diesem Buch zwar nicht ausdrücklich erwähnt, ist jedoch im Fehlen eines Hohenpriesters im neuen Tempel nahegelegt. Ein Tempel ohne Hohepriester ist undenkbar, darum wird wohl die Priesterschaft nach der Weise Melchisedeks als selbstverständlich vorausgesetzt, der »ein Priester auf seinem Thron« sein wird (Ps 110,4; Sach 6,13; Hebr 5,6).

Der Prophet Daniel

Einleitung

TITEL UND AUTOR

A. *BEZEICHNUNG*
Der Name »Daniel« bedeutet »Gott ist Richter« (oder »mein Richter«), was die Botschaft des Buches ausdrückt: Gottes Erhabenheit über die Völkerwelt.

B. *VERFASSER*
1. Daniel wurde offenbar als Mitglied der Königsfamilie um 623 v. Chr. in Jerusalem während der Reformen Josias und des beginnenden Wirkens Jeremias geboren.
2. Er wurde in der ersten Verschleppung (605) nach Babylon gebracht, um nach dreijähriger Spezialausbildung in königlichen Dienst zu treten. Dort erhielt er den neuen Namen »Beltschazar« nach einer babylonischen Gottheit.
3. Im Jahre 603, als etwa Zwanzigjähriger, wurde Daniel Herrscher über die Provinz Babel und Vorsteher des Weisenrates Nebukadnezars, als der er während der Zerstörung Jerusalems und Verschleppung nach Babel tätig war. Ohne Zweifel übte Daniel großen Einfluß zugunsten der Juden aus.
4. Fast siebzig Jahre lang diente Daniel unter sechs babylonischen und zwei persischen Königen. Drei von ihnen (Nebukadnezar, Belsazar und Darius) machten ihn zum Premierminister. Dieses Amt bekleidete er sowohl während der endgültigen Verschleppung Judas als auch während der Heimführung durch die Perser.

C. *DIE FRAGE DER VERFASSERSCHAFT*
Wie bei Jesaja sind Autor und Datierung dieses Buches heftig umstritten. Die Urheberschaft durch Daniel wurde erstmals durch Porphyrius im Jahre 275 n. Chr. bezweifelt und wird von der modernen Kritik durchweg geleugnet. Im folgenden eine kurze Zusammenfassung der Argumente auf beiden Seiten:

1. Argumente gegen die Urheberschaft durch Daniel:
   a. Die Plazierung Daniels unter den »Schriften« der hebräischen Bibel weist auf ein späteres Datum hin. Angeblich wurde der prophetische Kanon um 425 v. Chr., der Schriftenkanon erst um 165 n. Chr, abgeschlossen. Diese Annahme ist jedoch irreführend, denn etliche Bücher unter den Schriften sind älter als Daniel (Psalmen, Sprüche, Hiob usw.).
   b. Die historischen »Unstimmigkeiten« würden auf eine späte Abfassung hinweisen. Diese behaupteten Irrtümer sind jedoch durch eingehendere Forschungen und archäologische Entdeckungen zum großen Teil zurückgewiesen worden (siehe J. C. Whitcomb: *Darius the Mede;* E. J. Young: *An Introduction to the Old Testament,* S. 380ff; Gleason Archer: *In the Shadow of the Cross,* S. 367ff.).
   c. Literarische Besonderheiten, vor allem der Gebrauch persischer und griechischer Ausdrücke, werden einem späteren Autor zugeschrieben. Doch Daniel lebte bis in die Perserzeit hinein, und ein schwungvoller Handel mit Griechenland hatte schon lange vor ihm eingesetzt (Joe 4,6).
   d. Die fortschrittliche Gottessicht Daniels (Messias, Engel, Auferstehung und Gericht) wird als anachronistisch gewertet und füge sich besser in die apokryphe Literatur des zweiten und dritten Jahrhunderts v. Chr. ein. Dieses Argument mißachtet die Einführung vieler dieser Themen schon in 1 Mo und Anspielungen darauf im gesamten Alten Testament (1 Mo 3,15; 18,1ff; Ri 13,17.18; Hi 1; 2; Ps 16,10; Pred 12,14; Jes 2,4-22)
   e. Die genauen Vorhersagen über die Makkabäerzeit (Kap 11) könnten nicht vor 165 v. Chr. entstanden sein, als sich viele von ihnen erfüllten. Das ist das Grundproblem der Humanisten bei Daniel: erfüllte Prophetie. Wer echte Prophetie leugnet, verneint Gottes Erhabenheit über das Weltgeschehen, zu deren Bekräftigung das Buch Daniel geschrieben wurde.
2. Argumente für die Urheberschaft durch Daniel:
   a. Wie Mose, Samuel, Esra und andere anerkannte Autoren des Alten Testaments schreibt Daniel die historischen Kapitel seines Buches (1-6) in der dritten Person. Bei den vier nachfolgenden Visionen (Kap 7-12) verwendet er durchgehend die erste Person »Ich, Daniel«.
   b. Hesekiel bestätigt die Historizität seines Zeitgenossen Daniel, dessen Weisheit und Gerechtigkeit bereits zu seinen Lebzeiten legendär geworden waren wie die Noahs und Hiobs (Hes 14,14.20; 28,3).
   c. Der Autor beweist eine außerordentliche Kenntnis der Sitten, Gebräuche, Ereignisse und Religionen des sechsten vorchristlichen Jahrhunderts (1,5.10; 2,2; 3,3.10).
   d. Der Herr Jesus selbst anerkennt Daniel als den Autor der Visionen in Kap 9,27; 11,31 und 12,11 im letzten Abschnitt des Buches (Mt 24,15).
   e. Laut Josephus (um 75 n. Chr.) wurde Alexander dem Großen das Buch Daniel gezeigt, das den Aufstieg Griechenlands und die Eroberung Persiens durch dessen ersten König vorhersagt (8,21; 11,3). Das war lange vor der Makkabäerzeit, in welche die Kritik das Buch Daniel verlegt (Josephus: *Antiquitates Judaicae,* Buch XI, VIII, Abs. 5).
   f. Die ungebrochene jüdische und christliche Tradition schreibt das Buch Daniel zu. (Heutige Rationalisten und Deisten brachten die Ansicht des Neoplatonikers Porphyrius zu neuem Leben, nach der ein namenloser palästinischer Jude das Buch in der Makkabäerzeit, nach 165 v. Chr. schrieb.)

Das geschichtliche Umfeld

A. *DATIERUNG* — um 535 v. Chr.
1. Zeitangaben für die Ereignisse und Visionen (entweder ausdrücklich datiert oder abgeleitet):

Dan 1,1	606 v.Chr.	Daniels Verschleppung und dreijährige Ausbildung
2,1	603	Daniels Auslegung der Träume und seine Beförderung
5,30	539	Daniel deutet Belsazar die Schrift an der Wand
6,1	538	Daniel in der Löwengrube, zu Beginn der Herrschaft Darius I (hebr. Gobryas)
7,1	553	Daniels frühere Vision von den vier Tieren
8,1	551	Daniels frühere Vision vom Widder und vom Ziegenbock
9,1	539	Daniels Vision von den siebzig Jahrwochen für Israel
10; 12	536	Daniels Vision über Persien, Griechenland und die Endzeit

2. Das Buch dürfte kurz nach der letzten Vision, um 535 v. Chr., beendet worden sein.

B. *DAS POLITISCHE UMFELD*
1. Weltpolitik, Aufstieg und Niedergang der Großmächte und die Beziehung der Weltreiche zu Israel; hier liegt das Augenmerk dieses Buches. Zu Lebzeiten Daniels wurde dem Assyrerreich beim Fall Ninives im Jahre 612 und in der Schlacht von Karkemisch 605 der Todesstoß versetzt; 586 folgte der Untergang der jüdischen Nation; 568 wurde Ägypten von Babylon erobert; um 550 fiel das Mederreich an Kyrus, und schließlich nahm der Perserkönig im Jahre 539 Babylon ein. Einen Großteil dieser Ereignisse erlebt Daniel als Staatsmann mit, wodurch er Gottes Wirken in den Wirren des Weltgeschehens beobachten konnte.
2. Die Tabelle »Bedeutende Herrscher während der Gefangenschaft und Heimkehr« enthält Angaben über die Könige Babylons und Persiens.
3. Das bedeutendste Weltereignis im Buch Daniel ist der Beginn der Viermächte-Ära, der »Zeiten der Nationen« (Dan 2,36-45; 7,2-18; Lk 21,24). Diese Ära begann mit Nebukadnezar, dem »Haupt aus Gold«; ihr Merkmal ist die heidnische Herrschaft über Jerusalem. Sie wird erst zu Ende kommen, wenn »der Gott des Himmels ein Königreich aufrichten wird, das ewig nicht zerstört werden wird« (2,44), das messianische Reich (Mt 25,31-34).

C. *DAS RELIGIÖSE UMFELD*
1. Das religiöse Umfeld in Juda haben wir in der Einführung zu Jeremia, das der Verschleppten in Babylon in der Einführung zu Hesekiel behandelt.
2. Die Religion Babylons bestand damals in der Hauptsache in der Verehrung von Bel-Merodach oder Marduk (Jer 50,2) im zentralen Tempel Esagila mit seinem gewaltigen Turm. Diese Religion entwickelte sich aus der alten mesopotamischen Tradition von Stadtgöttern, aus denen schließlich Enlil, der Schutzgott Nippurs (65 km südöstlich von Babylon) als »Herr der Welt« hervorging (Charles Boutflower: *In and Around the Book of Daniel*, S. 92ff.) Mit dem Aufstieg Babylons jedoch wurde dessen Gottheit Merodach die Herrschaft über Enlil zugesprochen, wodurch er zum »Herrn« oder »Bel« (verwandt mit »Baal«) des babylonischen Götterhimmels aufstieg. Jedes Jahr zum Nisanfest wurden alle Götter und Statuen in seinen Tempel gebracht, um das Schicksal der Menschen im kommenden Jahr festzulegen. Für die Neubabylonier war Merodach der höchste Gott.
3. König Nebukadnezar war ein seltenes militärisches Genie, liebte Pracht und Luxus, erbaut Denkmäler, Gärten und Kanäle, erwies sich als weiser Volksherrscher und war nicht zuletzt ein tiefreligiöser Mann. Er war versessen darauf, den Tempek Merodachs in Ba-

bylon mit Gold, Juwelen und Edelsteinen zu bereichern (Boutflower a.a.O. S. 24ff.). Im Zuge der Religionsentwicklung neigte er zudem zum Glauben an einen Gott. Die Babylonier glaubten an mehrere Götter: Enlil, den Sturmgott von Nippur; Schamasch, den Sonnengott von Sippar; Sin, den Mondgott von Ur und Haran; Nebo, den Gott der Weisheit und Literatur (sowie der Astrologie) von Borsippa (Jes 46,1). Doch weit über ihnen stand Merodach, dem fast monotheistische Ehren zuteil wurden. »Wenn nun«, so Boutflower, »Nabopolassar Schamasch ebenso wie Merodach die Enlilschaft zuspricht und Nabonidus den Titel Enlils einmal auf Merodach, ein andermal auf Sin anwendet, so überrascht es nicht mehr, daß Nebukadnezar den Gott der Juden als den 'höchsten Gott' und den 'Höchsten' bezeichnen kann« (ebd. S. 101). Das geht besonders aus Dan 2-4 hervor, wo Nebukadnezar den Gott Daniels verherrlicht, weil er Weisheit zur Auslegung von Träumen gibt (2), Kraft zum Schutz im Feuerofen hat (3) und irdische Herrscher einsetzt oder verwirft (4).

4. Daniel und seine drei Freunde erhielten neue Namen nach babylonischen Gottheiten. Nach Friedrich Felitzsch bedeuten sie:
Daniel hieß Beltschazar (»Bel schütze sein Leben«)
Hananha hieß Schadrach (»Knecht Akus«, des Mondgottes Sin)
Mischael hieß Meschach («Wer ist wie Aku«; nach Mischael = »Wer ist wie Gott«)
Asarja hieß Abed-Nego(»Knecht Nebos«)

Der Zweck von Daniel

Hauptzweck dieses Buches ist die Darstellung der Erhabenheit Gottes über alle Völker, wie sie Daniel und seine Freunde zwei babylonischen und zwei persischen Herrschern bezeugen. Dabei wird Daniel die Folge von vier heidnischen Reichen offenbart und die Zeitdauer von »siebzig Wochen« für Israel, bis Gott selbst ein ewiges Reich auf der Erde errichten wird. Im ganzen Buch geht es nicht um Gottes Heilsplan, sondern um seinen Reichsplan, bis die ewige Herrschaft des Messias beginnt.

Gliederung von Daniel

THEMA: Gott sorgt für Israel in den Zeiten der Nationen

```
I.  GOTTES HILFE GEGEN HEIDNISCHE WIDERSACHER ....................... 1-6
    A. Daniels Verschleppung und Ausbildung ..................................... 1
       1. Daniels Erziehung ................................................... (1,1-7)
       2. Daniels Erprobung ................................................. (8-21)
    B. Daniels Deutung des Standbildes ............................................ 2
       1. Der Traum des Königs und seine verstiegene Forderung ........... (2,1-13)
       2. Der Glaube Daniels und Deutung des Traumes ..................... (14-15)
       3. Die Ehrung Daniels und seine Beförderung ....................... (46-49)
    C. Daniels Freunde im Feuerofen ................................................ 3
       1. Glaubensprobe durch heidnischen Götzendienst .................. (3,1-18)
       2. Glaubenssieg durch Gottesmacht ................................... (19-30)
    D. Daniels Deutung des Traumes vom Baum .................................... 4
       1. Erklärung des Traumes zur Warnung des Königs .............. (3,31-4,24)
       2. Erfüllung des Traumes zur Belehrung des Königs ............. (4,25-34)
```

E. *Daniels Deutung der Schrift an der Wand* 5
   1. Die Schrift Gottes beendet das greuliche Mahl ....(5,1-9)
   2. Das Gericht Gottes beendet das Babylonische Reich ....(10-30)
F. *Daniels Rettung aus der Löwengrube* 6
   1. Erneute Prüfung durch die Perser ....(6,1-18)
   2. Erneutes Zeugnis an die Perser ....(19-29)

II. *GOTTES OFFENBARUNGEN ÜBER DIE HEIDNISCHEN WIDERSACHER ISRAELS* 7-12
   A. *Das Gesicht von den vier Tieren und dem Menschensohn* 7
      1. Die Schau: vier Tiere ....(7,1-14)
      2. Die Deutung: vier Reiche ....(15-28)
   B. *Das Gesicht vom Widder und vom Ziegenbock* 8
      1. Die Schau: Widder, Ziegenbock und kleines Horn ....(8,1-17)
      2. Die Deutung: Persien, Griechenland und »Antichrist« ....(18-27)
   C. *Das Gesicht von den siebzig Wochen für Israel* 9
      1. Daniels Studium des Propheten und sein Gebet ....(9,1-19)
      2. Gabriels Offenbarung der siebzig Wochen für Israel ....(20-27)
   D. *Das Gesicht von den Feinden Israels und dem Endkampf* 10-12
      1. Die dämonische Verschwörung gegen Israel ....(10)
      2. Die Feinde Griechenland, Ägypten und Syrien ....(11,1-35)
      3. Der befristete Sieg des Antichristen in der Endzeit ....(36-45)
      4. Der dauerhafte Sieg Israels nach der großen Drangsal ....(12)

Besonderheiten von Daniel

1. **DIE ROLLE DER HEIDEN.** Von den Propheten konzentriert sich Daniel vor allem auf die Zukunft der Heidenvölker. Israel und Juda kommen insgesamt nur zwölfmal am Rande vor (bei Hesekiel 201mal und bei Hosea 59mal). Als Mitglied des jüdischen Adelsstandes war Daniel für seinen Dienst am heidnischen Hof gerüstet (Dan 1,3.6). Sogar sein Name paßt zum Wirken unter den Heiden, trägt er doch als Nachsilbe den Gottesnamen »El«, mit dem Gott sich vor den Heiden bezeichnet (1 Mo 14,18; Dan 2,18). Dasselbe gilt für den zweiten Propheten in Babel, für Hesekiel. Die beiden anderen großen Propheten, die in Juda wirkten, Jesaja und Jeremia, tragen den Bundesnamen »Jah«
Mehr als die Hälfte des Danielbuches ist aramäisch geschrieben, in der damaligen »Weltsprache« des Nahen Osten (vom 7. Jahrhundert v. Chr. bis ins 7. Jahrhundert n. Chr.). In diesem Abschnitt (2,4-7,28) werden die »Zeiten der Nationen« durch die beiden Träume oder Visionen in Kap 2; 7 eingeführt. Das Zusammenspiel der Weltreiche ist ein Hauptthema des Buches.

2. **DANIELS PROPHETISCHE BESONDERHEITEN.** Daniels wichtigster Beitrag ist ein Zeitplan für Gottes Programm. Während der Inhalt des Reichsplanes Gottes bereits in den Bundesschließungen und früheren Propheten erläutert ist, stammen von Daniel die heidnische

Zeitrechung der Bibel, die »Zeiten der Nationen«, und die jüdische Zeitrechung der »siebzig Wochen für Israel« (2,37-44; 7,3ff; 9,24-27). Damit wissen wir von mehreren Wendepunkten des Weltgeschehens sowie der jüdischen Geschichte, an denen wir den Fortlauf des Planes Gottes ablesen können. Bestimmte Nationen und Weltereignisse sind eindeutig definiert (8,20-22; 9,24-27; 12,1.7-13). Diese werden natürlich aus dem Blickwinkel Israels gesehen und beleuchten die Zukunft des Volkes Gottes im Auf und Ab der Reiche, um Gottes Erhabenheit in der Geschichte zu beweisen.

3. ***ÜBERNATÜRLICHE EREIGNISSE UND APOKALYPTISCHE SPRACHE.*** Während die übrigen Propheten (außer Jesaja und Jona) keine Wunder berichten, ist das Buch Daniel voll wunderbarer und übernatürlicher Dinge. In jedem der ersten sechs Kapitel lesen wir von Fällen übernatürlicher Weisheit oder Kraft (1,17-20; 2,28; 3,25-27; 4,33.34; 5,5; 6,22). Bei den vier Visionen der Kap 7-12 begegnen wir übernatürlichen Ereignissen in Form des Thrones Gottes (7,9ff); der Offenbarung durch Gabriel (8,16; 9,21); des Kampfes Michaels für Israel (10,13.20) und der bildhaften Beschreibung des Herrn selbst (10). Damit wird Gottes Erhabenheit in allen Bereichen anschaulich gemacht.

Daniel wird oft in die »apokalyptische Literatur« eingereiht, einem von etwa 200 v. Chr. bis 140 n. Chr. florierenden Genre prophetischen Schrifttums, in dem Visionen von symbolischer Bildhaftigkeit sowie verschiedene Tier- und Menschengestalten mit unscharfer Bedeutung eine wichtige Rolle spielten. Zugleich dominieren Erwartungen einer bevorstehenden kosmischen Katastrophe, in der die guten Mächte die bösen besiegen und eine messianische Weltherrschaft aufrichten werden. Ganz sicher beschreiben die Propheten Jesaja, Hesekiel, Daniel und Sacharja übernatürliche Ereignisse kosmischen Ausmaßes, die in das messianische Zeitalter einmünden; denn solche Vorhersagen sind Bestandteil der Prophetie. Doch sind sie klar gegen die »Apokalypsen« der Pseudoautoren späterer Zeit abzugrenzen. Die meisten späteren Schriften sind »Pseudepigraphen«, also geschrieben im Namen heroischer Gestalten, um Aufmerksamkeit zu erwecken. Meist sind die deterministisch geprägt (Glaube an unabwendbare Vorherbestimmung). Die apokalyptischen Elemente in Daniel sind jedoch nicht vage Phantasiegebilde, sondern weisen einen konkreten Bezug zur Wirklichkeit auf. Sie sind auch in keiner Weise deterministisch, sondern bekräftigen Gottes Verheißungen, um die Gläubigen zu gottgefälligem Leben und zuversichtlichem Vertrauen anzureizen. »Apokalyptisch« ist diese Literatur im Sinne von »Apokalypse« = Offenbarung von Gott.

4. ***DER PRAKTISCHE ZWECK DANIELS.*** Trotz seines zum großen Teil zukunftsweisenden Inhalts ist dieses Buch voll von Aufforderungen zur Heiligung. Daniels Vorhersagen sind nicht mystische Träume, sondern gelebter Glaube, wollen nicht Wißbegier stillen, sondern Lebensmut wecken. Mit größter Sorgfalt zeigt der Autor, wie geheiligtes Leben, Bibelstudium und geduldiges Beten den Ausgangspunkt für die Visionen des Herrn bilden (1,8.9; 9,2-20). In der großen Prophezeiung der »siebzig Wochen für Israel« in 9,24-27 werden zuerst die praktischen Grundlagen hervorgehoben. Vor dieser Offenbarung, die nur vier Verse umfaßt, lesen wir einen langen Bericht über Daniels Jeremiastudium, Gebet und Sündenbekenntnis, in dem er sich aufgrund des Bundes und der Barmherzigkeit Gottes an ihn wendet. Zudem erhielt Daniel diese weitreichende Vorhersage kurz nach seinem Erlebnis in der Löwengrube (6,1; 9,1). Ein Grundmotiv der Prophetie ist geheiligtes Leben. In der schwierigen Zeit der Makkabäer war das Danielbuch zweifellos ein starker Antrieb für den Glaubensmut jener Männer, die Großes in Angriff nahmen (11,32).

5. ***DER ANTICHRIST.*** Zwar hat Daniel vergleichsweise wenig über den Messias zu sagen, dafür spricht er viel vom Antichristen. Diese unheilvolle Gestalt tritt im Verlauf des Buches immer deutlicher hervor, vom »kleinen Horn« (Symbol für Macht) bis zur konkreten Bezeichnung als »König« und »Verwüster« in späteren Visionen. Der Fortlauf dieser Offenbarung ist aus den folgenden Stellen erkennbar:
   a. Daniel 7,8-11: Der Antichrist als »kleines Horn«, dessen Prahlreden durch den »Alten an Tagen« gerichtet werden, indem er dem »Brand des Feuers übergeben« wird.
   b. Daniel 8,9-25: Wiederum ein »kleines Horn«, das sich sogar dem »Obersten des Heeres« entgegenstellt und am Ende von Israels Verfluchung (8,19) ohne Zutun von Menschenhand vernichtet wird.
   c. Daniel 11,36-45: Hier ist er »der König« (zur »Zeit des Endes«), der sich über alle Götter erhebt, im »Land der Zierde« einen entscheidenden Sieg erringt und sein »Königszelt« auf dem »Berg der heiligen Zierde« errichtet (V. 45).
   d. Daniel 12,1.11: Er darf 1260 Tage oder dreieinhalb Jahre lang das Heiligtum und die »Kraft des heiligen Volkes« entweihen (12,7.11; vgl. Offb. 11,2; 13,5).

   Diese Enthüllung des Antichristen steht in unmittelbarer Verbindung mit den Zeiten der Nationen, die in Kap 2 eingeführt werden. Der erste König ist Nebukadnezar, der letzte der Antichrist, der Jerusalem zertreten wird (Lk 21,24). Nebukadnezar freilich pries den »König des Himmels«, der Antichrist wird sich in steigendem Maße selbst verherrlichen (4,34; 11,36).

6. ***CHRISTUS IN DANIEL.*** Als Verkünder der heidnischen Weltreiche schreibt Daniel nur wenig über den Messias:
   a. In 2,34.35.44.45 steht der Stein, der »nicht durch Hände« abbricht und das Standbild der Weltmächte zerschmettert, für Christi Wiederkunft, um das widergöttliche Weltsystem zu zermalmen und ein ewiges Reich aufzurichten.
   b. In 7,13.14 versinnbildlicht der »Sohn eines Menschen«, der »mit den Wolken des Himmels« kommt und die »Tiere« (Reiche) vernichtet, um eine »ewige Herrschaft« zu erlangen, Jesu Kommen als Gottmensch, der endlich seine rechtmäßige Stellung als von Gott genannter König der Erde einnimmt.
   c. In 9,25.26 finden wir die konkreteste Bezugnahme auf Christus. In der Verheißung der siebzig Wochen tritt er auf und wird ausgerottet, ohne sein rechtmäßiges Erbe anzutreten. Damit geht jedoch eine zweite Zerstörung der Stadt und des Heiligtums einher; (erfüllt 70 n. Chr.).
   d. In 10,5.6 wird das ehrfurchtgebietende Bild des Herrn als »ein Mann« gezeichnet, dessen Erscheinungsbild dem »Menschen« über der Herrlichkeit in Hes 1,26 und dem »Menschensohn« in Offb 1,13-17 ähnelt. Alle diese Darstellungen gehen unmittelbar einer Gerichtsankündigung voraus. In allen Danielstellen wird Christus als Gottes Richter über die Völker präsentiert.

7. ***DIE »SIEBZIG WOCHEN FÜR ISRAEL«*** (9,24-27). Neben der Schau der heidnischen vier Reiche erhielt Daniel auch eine jüdische Zeitrechnung der prophetischen Ereignisse. Diese ist nach Jahren und Tagen wesentlich genauer angegeben und datiert konkrete Wendepunkte in der Erlösungs- und Erneuerungsgeschichte Israels. Am Ende würde die Schuld Jerusalems getilgt und Sühnung geschaffen sein, »ewige Gerechtigkeit« würde einsetzen und alle Verheißungen ihre Erfüllung finden (9,24). Die Zeittafel der »siebzig Wochen« bietet vier Anhaltspunkte:
   a. Sieben »Siebener« (49 Jahre): Wiederaufbau Jerusalems in großer Bedrängnis
   b. 62 »Siebener« (434 Jahre): Danach wird der Gesalbte ausgerottet und Jerusalem zerstört.

c. Ein »Siebener« (7 Jahre): Endzeitlicher Bund zwischen dem römischen »Fürsten« und Israel.
d. Ein halber »Siebener« (3 1/2 Jahre): Verwüstung und Greuel in Jerusalem.

Aufgrund mehrerer Auslegungschwierigkeiten hat man diese Vorhersage verschieden gedeutet:
a. Was sind die »Wochen«?
Der hebräische Ausdruck ist hier »*Schabua*« (griech. *Heptade*), eine »Siebenerperiode.« Hierbei kann es sich um Tage oder Jahre handeln (vgl. 1 Mo 29,28.29). Daniel geht in Kapitel 9 von Jerusalems Verheißung der siebzig Jahre aus, die als Strafe für die Nichteinhaltung des Sabbatjahrs während 490 Jahren gedacht waren (2 Chr 36,21). Die zusätzliche Zeit von 490 Jahren der Prüfung unter heidnischer Herrschaft ist symmetrisch zu jener Epoche.
b. Wann begannen die »siebzig Wochen«?
Zwar erließen die Perserkönige mehrer Heimkehrdekrete zur Rückführung nach Palästina, doch gab es nur einen Erlaß zum Neuaufbau Jerusalems (Neh 2,1-8). Die früheren Erlässe von 538, 520 und 457 bezogen sich auf den Neubau des Tempels und die Wiedereinsetzung des Gottesdienstes (Esr 1,1.2; 6,3; 7,11-28). Das Dekret zum Bau der Stadtmauer übergab Artaxerxes Nehemia am 1. Nisan 444 v. Chr. im zwanzigsten Jahr von Artaxerxes. (Nach jüdischem Gebrauch ist bei fehlender Tagesangabe automatisch der Monatserste gemeint; Neh 2,1-8.) Diese sorgfältige Datierung versieht uns mit einem klaren und leicht überprüfbaren Startpunkt für die »siebzig Wochen«.
c. Wann endeten die »69 Wochen«? Folgendes mag interessieren:
Tage insgesamt: 69 x 7 = 483 Jahre, also 173.880 Tage (das biblische Jahr hat nach 1 Mo 7,11.24; 8,4; Offb 11,3; 12,6; 13,5 nur 360 Tage).
Zeitspanne: 1. Nisan 444 v. Chr. (5. März) + 173.880 Tage = 30. März 33 n. Chr.
Zum Nachrechnen: 444 v. Chr. + 33 n. Chr. (ohne Jahr 0) = 476 Jahre. 476 x 365,2421 (Tage des Sonnenjahrs) = 173.855 Tage bis zum 5. März 33 n. Chr. Wir addieren die auf 173.880 fehlenden 25 Tage und kommen somit auf den 30. März 33 n. Chr.
Der 30. März 33 n. Chr. war der »Palmsonntag« an dem Jesus in Jerusalem einzog und über die Stadt weinte, die »diesen Tag« der Heimsuchung nicht erkannte (Lk 19,41-44). (Siehe Harold Hoehner: *Chronological Aspects of the Life of Christ*, S. 138) — Mehr als das Zählen von Tagen kann der nächste Abschnitt lehren als Antwort auf die Frage:
d. Folge die »70. Woche« direkt der 69. oder klafft eine Lücke? Vieles weist auf eine lange Lücke zwischen der 69. und der 70. Woche hin:
1) Zwischen der Ausrottung des Gesalbten und der Zerstörung Jerusalems müssen wir unweigerlich eine Lücke annehmen (33-70 n. Chr.) Wenn schon eine kurze, warum nicht eine lange Zeit?
2) Nach Jesu eigener Aussage liegt die siebzigste Woche in der Zukunft, denn der »Greuel der Verwüstung« (in der Mitte der 70. Woche Daniels) geht unmittelbar seiner Wiederkunft voraus (Mt 24,15.21).
3) Da unmittelbar nach der 69. Woche die »ewige Gerechtigkeit« und andere Inhalte dieser Verheißung nicht ihre Erfüllung fanden, muß die 70. Woche noch in der Zukunft liegen. Sie wird in Offb 4-19, kurz vor Christi Wiederkunft, näher bestimmt.

8. *DIE ZWEI PROPHETISCHEN ZEITRECHNUNGEN.*
a. Die erste »Zeitrechnung«, die Zeiten der Nationen, finden wir in Dan 2 als ein großes Standbild eines Menschen und in Kap 7 in der Gestalt vor vier wilden Tieren. Die erste Vision (der Traum Nebukadnezars) ist die menschliche Sicht und zeigt die Abwertung

der Weltreiche Babel, Persien, Griechenland und Rom, von Gold über Silber und Bronze zu Eisen und Ton. Die zweite Vision (der Traum Daniels) ist die göttliche Sicht, die der vier vernichtenden, wilden Tiere.

Mit Nebukadnezar und seiner Herrschaft, dem Haupt aus Gold (2,38) beginnen die Zeiten der Nationen, jene Epoche, in der Israel von heidnischen Mächten bis zum messianischen Weltreich, dem Stein, der sich losreißt ohne Hände (2,34) beherrscht wird.

Dem ersten Weltreich Babel wird der Löwe zugeordnet, dem zweiten, Persien als Brust

DIE ZEITEN DER HEIDEN

606 v.Chr.   538   332   63   33 n.Chr.

KAP.	BABYLON	PERSIEN	GRIECHENLAND	ROM	GEMEINDE	ZEHNSTAATENBUND	MESSIASREICH
Dan 2	Haupt aus Gold	Brust aus Silber	Bauch aus Bronze	Schenkel aus Eisen	(Undatierte Zeit zwischen Jesu Einzug und Wiederkunft)	Füße und Zehen aus Eisen und Ton	Stein und Berg
Dan 7	Löwe	Bär	Leopard	Schreckliches Tier		Zehn Hörner und kleines Horn	Herrschaft der Heiligen
Dan 8		Widder	Ziegenbock; großes Horn; vier Hörner			Kleines Horn	
Dan 10-12		Persien	Geteiltes griechisches Reich; Syrien und Ägypten			Großer König (Antichrist)	Gericht und Auferstehung

DIE SIEBZIG WOCHEN FÜR ISRAEL

444 v.Chr.   33 n.Chr.

Dan 9,24-27			69 Siebener (483 Jahre)		Gesalbter ausgerottet Jerusalem zerstört	Ein Siebener in zwei Hälften zu 3 1/2 Jahren	Ewige Gerechtigkeit

aus Silber, der Bär, dem dritten, Griechenland als Bauch aus Bronze, der Leopard und dem vierten, Rom als Schenkel aus Eisen, das Schreckliche Tier.

Die Tiere charakterisieren die Reiche deutlich, vielleicht am auffallendsten der Leopard mit vier Flügeln und vier Köpfen als Symbol für das Reich Alexanders des Großen, das in vier Teile zerfiel.

Das vierte Tier bedeutet das Römische Reich in der geschichtlichen Form und dürfte zugleich den zukünftigen, endzeitlichen Zehnstaatenbund darstellen, dessen Herrscher, das kleine Horn (der Antichrist) getötet wird (7,11). Seine Herrschaft wird wie die der anderen Reiche, symbolisiert im großen Standbild, durch den großen Stein zerstört und vom Reich des Messias abgelöst. Dazu siehe die Tabelle: Die Zeiten der Heiden.

b. *Die zweite Zeitrechnung*, die »siebzig Wochen für Israel«, haben wir oben besprochen. Ihre Beziehung zur heidnischen Zeitrechnung ist aus folgender Tabelle ersichtlich:

Einleitung in die kleinen Propheten

I. Bezeichnungen der kleinen Propheten

A. DIE BEDEUTUNG DES NAMENS »KLEINE PROPHETEN«. Die Bezeichnung »große« und »kleine« Propheten hat Augustinus im frühen 5. Jahrhundert n. Chr. geprägt. »Klein« bezieht sich auf die Kürze ihrer Schriften, nicht auf ihre Bedeutung. Auf hebräisch heißen sie das »Buch der Zwölf« (Zwölfprophetenbuch). Ihre heutige Zusammenstellung stammt wahrscheinlich von Esra und der »Großen Synagoge« um 425 v. Chr. Das Zwölfprophetenbuch ist insgesamt kürzer als jedes einzelne der Bücher Jesaja, Jeremia und Hesekiel.

B. BEDEUTUNG DER EINZELNEN PROPHETENNAMEN. Fast in jedem Fall paßt die Bedeutung des Namens eines Propheten zum Inhalt seiner Botschaft. Dieser von Gott geplante »Zufall« hat große Bedeutung für den jüdischen Geist, für den Namen mehr als »Schall und Rauch« sind. Oft predigt Gott eine Botschaft durch einen Namen.

II. Die Anordnung der kleinen Propheten

A. CHRONOLOGISCHE ORDNUNG. Während die großen Propheten ungefähr chronologisch gereiht sind, ist das bei den kleinen nicht der Fall. Unter den verschiedenen Auslegern (im Talmud und anderswo) besteht kein Konsens über den Zweck der Ordnung im Kanon. Die ersten sechs Bücher kommen chronologisch vor den letzten sechs, welche wiederum zeitlich gereiht sind. Vor ein Rätsel stellt uns jedoch die Ordnung der ersten sechs Bücher, außer daß sie alle vor der Verschleppung des Nordreichs entstanden. Hosea mag aufgrund seiner Länge am Anfang stehen, dieses Prinzip läßt sich jedoch nicht durchhalten.

B. DIE THEMATISCHE ORDNUNG. Oft hat die Thematik Vorrang vor der Chronologie (siehe die neutestamentlichen Briefe), vor allem für die Juden, die mit ihrer Vergangenheit aus den Geschichtsbüchern vertraut waren. Sie waren ein Bundesvolk, und das Thema des Bundes durchzieht ihre gesamte Literatur. So läßt sich die Anordnung ihrer Bücher nach ihrem Inhalt erklären, vor allem nach dem Wesen Gottes und der Bundesbotschaft. Thematisch können wir drei Gruppen unterscheiden, die in drei Krisensituationen entstanden:

1. *Vor der Verschleppung der Bevölkerung des Nordreichs (722 v.Chr.)*

Prophet	Datierung	Wesen Gottes	Bundesbotschaft
Hosea	740	Gottes Liebe	Israels gebrochene Bundesbeziehung
Joel	835	Gottes Gericht	Gerichtsdrohung an Israel wegen Sünde
Amos	760	Gottes Gerechtigkeit	Warnung Israels wegen Gerichtsreife
Obadja	845	Gottes Vergeltung	Judas Erinnerung an den Schutz des Bundes
Jona	765	Gottes weltweite Gnade	Israels Zurechtweisung wegen Eigensucht
Micha	735	Gottes Vergebung	Judas Zurechtweisung wegen sozialer Ungerechtigkeit

2. *Vor der Verschleppung der Bevölkerung des Südreichs (606-586)*

Prophet	Datierung	Wesen Gottes	Bundesbotschaft
Nahum	um 710	Gottes Eifersucht	Gottes Bestrafung der Zerstörer Judas
Habakuk	608	Gottes Heiligkeit	Gottes Verwendung fremder Mächte zur Zucht
Zephanja	625	Gottes Grimm	Bundeserfüllung am Tag des Herrn

3. *Nach der Heimkehr aus der Verschleppung (536-425)*

Prophet	Datierung	Wesen Gottes	Bundesbotschaft
Haggai	520	Gottes Herrlichkeit	Die wahre Herrlichkeit der Gegenwart Gottes
Sacharja	520	Gottes Erlösung	Bundeserfüllung durch den Messias
Maleachi	430	Gottes Größe	Bundesverpflichtung vor dem Kommen des Messias

Der Prophet Hosea

Einleitung

TITEL UND AUTOR

A. *BEZEICHNUNG*

Hosea bedeutet »Heil« oder »Erlösung«. Im Hebräischen ist der Name identisch mit Hoschea, dem letzten König Israels. Von derselben Wurzel kommt »Josua«, wo als Vorsilbe der Buchstabe Jod (für »Jah« »Herr«) angefügt ist (»Jahwe ist Heil«).

B. *VERFASSER*

1. Über Hosea wissen wir wenig. Er wird als »Sohn des Beeri« vorgestellt und wirkte in den letzten dreißig Jahren vor der Einnahme Samarias im Nordreich Israel. Vor dem Fall der Stadt im Jahre 722 dürfte er nach Juda geflohen sein.

2. Wie bei Jesaja, seinem Zeitgenossen in Juda, verwendete der Herr die Familie Hoseas als »Zeichen« für das Volk, um auf das kommende Gericht und die spätere Erneuerung hinzuweisen. Hoseas zerbrochene Ehe wurde zur letzten Botschaft des Herrn an das Nordreich.

Das geschichtliche Umfeld

A. *DATIERUNG* — um 740 v. Chr.
1. Während der Regierung von vier jüdischen Königen (Usija bis Hiskia, ca. 767-697) und Jerobeam II von Israel (793-752).
2. Mindestspanne: Jerobeam starb 752; Hiskia bestieg den Thron 728. Als wahrscheinliche Wirkenszeit können wir somit 755-725 annehmen.

B. *ADRESSATEN*
Obwohl zur Datierung die Könige von Juda verwendet werden, richtet sich Hosea an das Nordreich Israel (1,4.6; 2,1; 3,1; 4,1.15 usw.). 37mal redet er Israel als »Ephraim« an, nach dem mächtigen und gesegneten Josephsstamm, dessen Namen »fruchtbar« bedeutet.

C. *DAS POLITISCHE UMFELD*
1. Seit 200 Jahren war das Reich Davids und Salomos geteilt. Beide Teilreiche hatten die Zeit ihres größten Wohlstandes, das »goldene Zeitalter« überschritten. Unter Jerobeam II hatte sich Israel bis nach Damaskus ausgebreitet, ein besonderes Gnadengeschenk des Herrn (2 Kö 14,25-28). Er wollte es durch Güte zur Umkehr leiten.
2. Doch am östlichen Horizont zog als drohende Gewitterwolke die assyrische Großmacht auf, die mehrmals Raubzüge nach Westen unternahm.

D. *DAS RELIGIÖSE UMFELD*
1. Religiös wie moralisch hatte Israel seinen Tiefstand erreicht. Die Priester hatten sich den Räubern und Mördern an den Landstraßen angeschlossen (6,9). Der Niedergang war bis zu Kinderopfern und Tempelprostitution fortgeschritten.
2. Kurt zuvor hatten Jona und Amos dem Volk gepredigt. Amos war aus Juda gesandt worden, um Israel wegen seiner moralischen Verderbtheit, religiösen Gleichgültigkeit und Harthörigkeit in scharfen Worten anzuklagen. Während das Wirken von Amos kurz und explosiv war, diente Hosea seinem Volk lange Zeit mit großer Geduld als Hirte, der seine der Vernichtung preisgegebene Herde beweinte und zur Umkehr rief.

Der Zweck von Hosea

Der Zweck dieses Buches ist die Aufzeichnung der letzten Mahnungen Gottes an das gleichgültige Nordreich Israel, das der Katastrophe entgegeneilte. Der Prophet beschreibt den erbärmlichen Zustand des Volkes, das sich wie seine Frau der Hurerei verschrieben hatte. Doch die Liebe des Herrn ist unaufhörlich. Er weinte über den Abfall Israels und wartete sehnsüchtig auf die Erneuerung der Bundesbeziehung durch Buße.

Gliederung von Hosea

THEMA: Gottes grenzenlose Liebe zu Israel bringt Gericht und am Ende Erneuerung

- I. DIE PERSÖNLICHE TRAGÖDIE EINER TREULOSEN FRAU 1-3
  - A. *Hoseas Heirat mit Gomer* 1
    1. Seine Frau als Bild des hurerischen Volkes .... (1,1-3)
    2. Seine Kinder als Bilder für Gericht und Gnade ..... (1,4-2,3)
  - B. *Hoseas Scheidung von Gomer* 2,4-15
    1. Die Schande des Ehebruchs .... (2,4-10)
    2. Die Strafe für Ehebruch .... (11-15)
  - C. *Hoseas Wiederverheiratung mit Gomer* 2,16-3,5
    1. Des Herrn Plan zur erneuten Heirat mit Israel ..... (2,16-25)
    2. Des Herrn Befehl zur erneuten Heirat mit Gomer . (3,1-5)
- II. DIE NATIONALE TRAGÖDIE EINES TREULOSEN VOLKES 4-13
  - A. *Klage gegen Israel auf Scheidung* 4,1-6,3
    1. Verlorenheit des Volkes .... (4)
    2. Verdorbenheit der Führer .... (5,1-13)
    3. Verlassenheit vom Herrn, der auf Umkehr wartet . (5,14-6,3)
  - D. *Klage wegen Israels Verderbnis* 6,4-13,16
    1. Mangel an Güte .... (6,4-11)
    2. Verwilderung und Bundesbruch .... (7)
    3. Verlaß auf falsche Götter .... (8)
    4. Verschleppung als Strafe .... (9; 10)
    5. Vertrauen zur wahren Zuflucht .... (11; 12)
    6. Vernichtung wegen Götzendienstes .... (13)
- III. DER TRIUMPH EINES TREUEN GOTTES 14
  - A. *Des Herrn Verlangen nach Wiederherstellung* 14,2-4
  - B. *Des Herrn Verheißung der Erneuerung* 5-9
  - C. *Des Herrn Vorhersage der Erfüllung seiner Liebe* 10

Besonderheiten von Hosea

1. **DIE EHELIEBE GOTTES.** Hosea verdanken wir eines der stärksten Bilder für Gottes Liebe im Alten Testament. Obwohl der Herr seine Frau Israel wegen ihrer Hurerei verwerfen und richten mußte (2,4-7), bekräftigte er seine Liebe zu ihr und sein Verlangen, nochmals um sie zu werben und sie als treu zu gewinnen (2,16-18.22). Die Bundesbeziehung des Herrn zu Israel

ist wie eine tiefe, intime Ehegemeinschaft. Kyle Yates (*Preaching from the Prophets*) sagt über diese unermeßliche göttliche Liebe: »Nichts in dieser Literatur kommt ihr gleich. Der unendliche Strom dieser Liebe reißt uns mit sich fort, bis uns beim Lesen die Tränen kommen und wir wie gebannt dem Drama folgen, in dem die Liebe schließlich den Sieg behält.« Die kleinen Propheten beginnen mit einem Buch über die tiefe Eheliebe Gottes.

2. ***DIE VERBORGENE MACHT GÖTTLICHER LIEBE*** (14,9). Der Schlußvers Hoseas ist ein Aufruf an die Weisen und Verständigen, die gewaltige Macht göttlicher Liebe auszuloten. Zwar scheint diese Liebe zur Zeit Hoseas vergeblich zu sein, doch auf lange Sicht würde sie Erfolg haben, denn »die Wege des HERRN sind gerade« (14,10). Seine Liebe zu Israel wird trotz aller Abtrünnigkeit nicht aufhören, bis sie in der Ernte der Gerechtigkeit ihre Erfüllung findet. Gott macht keine Fehlinvestitionen (2,21).

3. ***DIE ZERBROCHENE EHE HOSEAS*** (1,2, 3,1-3). Der Befehl des Herrn an den Propheten Hosea, eine Hure zu heiraten, konfrontiert uns gleich zu Beginn des Buches mit einem echten Problem (1,2). Nach dem mosaischen Gesetz hätte Gomer gesteinigt werden müssen (3 Mo 20,10, 5 Mo 22,21-24). Dabei fragt sich natürlich, ob sie vor oder nach ihrer Heirat zur Hure wurde. In jedem Fall lebte Hosea in einer sittenlosen Zeit, denn das Land war voll des Lasters, sogar die Priester waren zur Mörderbande geworden (4,12-14; 6,9). Doch Gomers Ehebruch machte sie gar zu einer Prostituierten (3,1.2). Das Handeln Hoseas, sie auf dem Sklavenmarkt als Dirne zurückzukaufen, war zwar Gesetzesbruch, doch er handelte auf Befehl des Herrn als ein besonderer Gnadenerweis. Der Herr setzte das Gericht aus, um seine eigene Gnade an Israel zu bekunden, das durch seinen hurerischen Götzendienst die vollständige Vernichtung verdient hatte (3,1-4).

Die Analogie der Liebe Gottes zur menschlichen Ehe wird von Gott selbst gegeben und darf nicht mißachtet werden. Geschlechtliche Untreue zerstört eine Ehe, beschwört das Gericht Gottes herauf und erfordert wahre Buße und eine grundlegende Erneuerung des Ehebundes. Obwohl der Buchstabe des Gesetzes in diesem Fall die Todesstrafe oder das Verbot der Wiederheirat verhängte (5 Mo 24,1-4; Mt 19,8.9), bietet die Gnade Versöhnung und eine echte Erneuerung der Beziehung an.

4. ***HOSEA UND JEREMIA*** (11,7-9; Jer 8,23-9,1). Was Jeremia für Juda war, war Hosea 140 Jahre zuvor für Israel. Beide trauerten um ihr der Vernichtung anheimgestelltes Volk, flehten es an aufgrund der Liebe Gottes. Beide predigten nach einer Zeit großen nationalen Wohlstands, der geistliche Gleichgültigkeit und moralische Verderbtheit nach sich zog. Beide sprachen von der Trauer des Herrn, der sich wegen des Ehebruchs seines Volkes von ihm trennen und die Bestrafung durch eine östliche Großmacht veranlassen mußte (Jer 3,8; Hos 2,4-9). Und beide sprachen von einer erneuerten Bundesbeziehung zwischen dem Herrn und seinem Volk im kommenden messianischen Zeitalter (Jer 31,31ff; Hos 2,2; 14,2ff).

5. ***ISRAELS ENTARTETE RELIGION*** (6,6-10; 9,15-10,2). Hosea lebte z.Zt. des Tiefpunktes des religiösen Lebens Israels. Die gottesdienstlichen Riten wurden zwar befolgt, doch das Herz des Volkes war bei den Götzen. Banditentum war weit verbreitet, und sogar die Priester rotteten sich zusammen, um die Pilger auf dem Weg nach Sichem zu überfallen und zu ermorden (4,11-13.18; 6,9). Das ganze Land war der Hurerei verfallen (4,11-14.18; 6,10). Die Heuchelei der Israeliten war offenkundig. Darum würde der Herr wie ein Löwe, wie ein Leopard, eine Bärin, ein wildes Tier, über sie kommen, um sie zu zerreißen und zu verschlingen (5,14; 13,7.8).

Das Nordreich war an dem Punkt angelangt, wo Juda 150 Jahre später stand, als der Herr durch Daniel angekündigte, er werde das Volk durch vier »wilde Tiere« (Weltreiche) züchtigen (Dan 7). Amos, der jüdische Prophet, war kurz vorher in Samaria gewesen, um die Herrscher wegen ihrer stolzen Überheblichkeit und Mißachtung von Gnade und Recht zu verurteilen. Wie Amos ihr entartetes System schonungslos anprangerte, flehte Hosea sie auf Grund der Bundesliebe Gottes an. Doch alle Zurechtweisung wurde abgelehnt; darum war die Strafe »aus Mangel an Erkenntnis« unabwendbar (4,6). Sie erfüllte sich weniger als 20 Jahre später.

6.   *CHRISTUS IN HOSEA.* Hoseas Anspielungen auf den Messias sind spärlich und verschwommen. 1) Die Liebe Gottes zu Israel umfaßt natürlich auch Christi Liebe zu Israel (und der Gemeinde Joh 13,1). Der JHWH (Herr) des Alten Testaments ist der dreieine Gott. Die Ehebeziehung Hoseas versinnbildlicht den Bund zwischen dem Herrn und seinem Volk. Die neutestamentliche Beziehung zwischen Christus und seiner Gemeinde ist ebenfalls Ausdruck dieser Liebe, jedoch außerhalb des Altens Bundes (Eph 2,11-14). 2) Messianisch ist wohl auch die Stelle in 3,5: »Danach werden die Söhne Israel umkehren und den HERRN, ihren Gott aufsuchen und David, ihren König«. Damit könnte der auferstandene David gemeint sein, der dann unter Christus, dem König der Könige, herrschen wird (siehe Hes 34,23.24), oder aber der Messias selbst, der »Sohn Davids« (Mk 12,35), zu dem die Söhne Israel am »Ende der Tage« (3,5) bebend kommen werden. 3) »Aus Ägypten habe ich meinen Sohn gerufen« (11,1) zitiert Matthäus (Mt 2,15) als Vorhersage auf die Flucht nach Ägypten, von wo ein Engel sie zurückrufen würde. Matthäus sieht im Volk Israel in Ägypten einen Typus auf Christus, da der Messias oft mit Israel gleichgestellt wird und ähnlich wie dieses Volk von den Heiden verfolgt und vor blutgierigen Herrschern gerettet wurde.

Der Prophet Joel

Einleitung

TITEL UND AUTOR

A.   BEZEICHNUNG
»Joel« bedeutet »Jahwe ist Gott«, eine Kombination von JHWH und El. Wieder paßt der Prophetenname vortrefflich zu seiner Botschaft. »Und ihr werdet erkennen, daß ich, der HERR, euer Gott bin« (2,27; 4,17).

B.   VERFASSER
Wie bei Hosea kennen wir von Joel nur den Namen des Vaters, Petuel. Nach dem Inhalt seiner Predigt dürfte er in Juda und Jerusalem gelebt und gewirkt haben und war vielleicht Priester, wie aus den zahlreichen Bezugnahmen auf das Priestertum hervorzugehen scheint. In der Bibel kommen vierzehn weitere Männer mit dem Namen Joel vor.

Das geschichtliche Umfeld

A.   *DATIERUNG* — um 825 v. Chr.
  1.   Joel ist einer der sechs kleinen Propheten, die im Text nicht datiert sind (neben Obadja, Jona, Nahum, Habakuk und Maleachi).

2. Joel wird allgemein relativ früh angesetzt, um 825, obwohl manche Bibelkritiker das Jahr 350 vorschlagen. Mehrere Überlegungen erfordern entweder eine frühe oder eine sehr späte Datierung (nach der Gefangenschaft):
   a. Die vorwiegende Rolle von Priestern und Ältesten, ohne Erwähnung der Könige Judas.
   b. Das Fehlen jeglicher Bezugnahme auf Götzendienst in den Sündenkatalogen.
   c. Die Drohreden gegen regionale Feinde unter Auslassung der Großmächte Assyrien, Babel und Persien.
3. Am besten läßt sich eine Datierung um 825 belegen, als König Joasch sechzehn Jahre alt war und der Priester Jojada großen Einfluß hatte:
   a. Zu Beginn der Herrschaft von Joasch führte der Hohepriester Jojada die Regierungsgeschäfte, er hatte Joasch im Alter von sechs Jahren eingesetzt.
   b. Damals waren nur regionale Feinde zu fürchten (2 Kö 12).
   c. Die Plazierung Joels vor Amos weist auf ein frühes Datum hin
   d. Joel wird häufig von anderen vorexilischen Propheten zitiert (Amos, Jesaja und Micha). Eine umgekehrte Zitatfolge ist höchst unwahrscheinlich. (Vergleiche Jo 4,10 mit Jes 2,4 und Mi 4,3; Jo 4,16 mit Am 1,2; Jo 4,18 mit Am 9,13.)
   e. Sprache und Gedankengut erinnern an Amos, die Erwähnung Griechenlands (4,6) ist mit archäologischen Funden durchaus vereinbar.
   f. Die Erwähnung des Tales Joschafat (4,2.12), das sonst nirgends vorkommt, paßt am besten in jene Zeit, als Joschafat, der letzte gottesfürchtige König im Namen des Herrn große Siege in der Umgebung Jerusalems errungen hatte.

B. *DAS POLITISCHE UMFELD*
1. Juda befand sich in einer Phase des Wiederaufbaus nach der gottlosen Herrschaft der Königin Atalja (841-835). Hauptträger der Erneuerung war der alte Hohepriester Jojada, der die Königin töten und den Thronfolger Joasch als Sechsjährigen zum König einsetzen ließ (2 Kö 11.12).
2. Auf internationaler Ebene konnte keine Macht die Weltherrschaft beanspruchen. Doch stellten sich Juda mehrere regionale Feinde wie Tyrus, Sidon, Philistäa, Edom und Ägypten entgegen (4,4.19).

C. *DER RELIGIÖSE UMFELD*
1. Jehu hatte 841 den Baalsdienst ausgerottet, Jojada hielt 835 Nachlese. Dennoch kehrte das Volk nicht zum wahren Gottesdienst zurück, sondern verfiel in Gleichgültigkeit. Bis 813, dem 23. Jahr Joaschs, wurde nicht einmal der Tempel gründlich ausgebessert (2 Kö 12,7).
2. Vielleicht hatten diese Versäumnisse seitens des Volkes die Plage durch Heuschrecken, Dürre und Übergriffe regionaler Feinde heraufbeschworen.

D. *EINBINDUNG IN DEN KANON*
Joel predigte etwa 20 Jahre nach dem Auftreten Obadjas, der den Untergang Edoms vorhergesagt hatte. Erst sechzig Jahre später weissagten Jona und Amos im Nordreich Israel. Während Joel in Juda lebte, wirkte Elisa in Israel von etwa 850 bis 798.
Joel folgt im Kanon auf Hosea, weil Gottes Gericht auf die Verwerfung seiner Liebe folgt. Der Name Joel (»Jahwe ist Gott«) paßt auch vorzüglich an den Anfang des Prophetenkanons, wo historisch der Kampf gegen den Baalskult noch nicht gewonnen war. Jahwe ist Gott und Herrscher über Natur und im Gericht.

Der Zweck von Joel

Das Buch Joel hat ein zweifaches Ziel: ein historisches und ein prophetisches. Der historische Zweck besteht im Aufruf Judas zu nationaler Buße als Reaktion auf die Heuschrecken- und Dürregerichte, um nicht Opfer einer größeren Plage zu werden. Prophetisch verkündigt Joel den Tag des Herrn, an dem die Heiden unterworfen sind, Gottes Volk erlöst ist und der Herr in ihrer Mitte wohnt. Die ungeheure Heuschreckenplage jener Zeit war nur ein Vorgeschmack auf den kommenden Tag des Herrn.

Gliederung von Joel

THEMA: Gottes Gericht und Gnade am Tag des Herrn

```
  I.  ZIONS BEDRÜCKUNG AM TAG DES HERRN ..................................1,1-2,17
      A. Zions Drangsal zur Zeit Joels.................................................1
         1. Bedrängnis durch Heuschrecken ...................................(1,1-15)
            a. Einfall durch die Heuschrecken
            b. Aufruf wegen der Heuschrecken
         2. Bedrängnis durch Dürrre .............................................(16-20)
      B. Zions Drangsal am Tag des Herrn.........................................2,1-17
         1. Der Herr befehligt sein Heer der Vernichtung ..................(2,1-11)
         2. Der Herr bewahrt sein Volk in der Umkehr....................(12-17)

 II.  ZIONS ERRETTUNG AM TAG DES HERRN............................2,18-3,21
      A. Errettung durch die Bekehrung seines Volkes .....................2,18-27
         1. Der Herr wird zum Verbündeten..................................(2,18.19)
         2. Gericht wird zu Segen ...................................................(10-27)
      B. Errettung durch die Ausgießung seines Geistes.........................3
         1. Umfassende Verkündigung naht......................................(3,1.2)
         2. Unglaubliche Zeichen geschehen ......................................(3.4)
         3. Unendliches Heil wird möglich .............................................(5)
            a. »Jeder, der anruft« — menschliche Reaktion
            b. »Die der HERR berufen wird« — göttliche Erwählung
      C. Errettung durch die Sendung seines Gesalbten ........................4
         1. Die Sammlung Israels aus allen Völkern........................(4,1-8)
         2. Der Aufmarsch der Völker ..............................................(9-12)
         3. Die Vernichtung der Frevler durch den Herrn ............(13-16)
         4. Die Wohnung des Herrn auf Zion ................................(17-21)
```

Besonderheiten von Joel

1. **DER TAG DES HERRN.** Joel ist bekannt durch seine Vorhersagen auf den »Tag des Herrn.« Er soll diesen Ausdruck für das große Endgericht Gottes über die Völker geprägt haben. Freilich dürfte schon zwanzig Jahre zuvor Obadja vom »Tag des Herrn« über Edom gespro-

chen haben. Die Bedeutung dieses Ausdrucks ist im Abschnitt »Der prophetische Tag des Herrn« erklärt.

2. **DIE AUSGIESSUNG DES GEISTES ZU PFINGSTEN** (Jo 3). Petrus wie Paulus sehen in dieser Stelle eine Verheißung auf das Zeitalter der Gemeinde (Apg 2,16-21; Röm 10,13). Petrus rechtfertig damit die Zungenrede zu Pfingsten, Paulus bekräftigt damit das Heil für alle Völker durch den Glauben. Doch beanspruchen beide nicht die vollständige »Erfüllung« dieses Wortes im Pfingstgeschehen; es wird nur ein Zusammenhang festgestellt. Der erste Teil hat sich vorläufig erfüllt, als der Heilige Geist ausgegossen wurde. Der zweite Teil über himmlische Zeichen kosmischen Ausmaßes an Sonne, Mond und Sternen ist damals nicht in Erfüllung gegangen. Diese Vorhersage wird unmittelbar vor dem »großen Tag seines Zornes« eintreten, wie Offb 6,12-17 aussagt. Petrus dürfte zu Pfingsten die Stelle zitiert haben, um das allgemeine Heilsangebot am Ende der Tage einzuschließen (Jo 3,5). Wie die Messiasprophetie in Jes 9,5-6 faßt diese Vorhersage das Gnadenwerk des Heiligen Geistes und sein Gerichtswerk zusammen, welche zeitlich aber weit auseinanderliegen.

3. **DIE WOHLSTANDSVERHEISSUNG BEI UMKEHR** (2,18-27). Joel betont den materiellen und leiblichen Segen von Buße und Gehorsam. Die Heuschrecken- und Dürreplagen würden fernbleiben, der Segen reichen Regens, guter Ernten und siegreichen Kampfes würden folgen (2,19.20). Diese Verheißungen galten jedoch Israel und nicht der neutestamenlichen Gemeinde. Israel stand im Segensbund mit dem Herrn und hatte materielle Verheißungen bei Gehorsam (3 Mo 26,14-20; 5 Mo 11,13-17). In dieser Zusage will der Herr seine Macht über die gesamte Natur als Zeugnis für Israel und die Nationen unter Beweis stellen. Einen solchen »Segensbund« hat die Gemeinde nicht. Der Herr hat seine Macht gründlich genug erwiesen und verweist heute auf den Glauben an das geschriebene Wort, auch ohne materiellen Segen (Mt 19,21; Lk 14,33). Das allgemeine Prinzip reicher Ernte für großzügige Aussat gilt jedoch immer, freilich mag die Ernte der Ewigkeit vorbehalten sein (Spr 11,24; Lk 6,38; Gal 6,7-9).

4. **DER HERR ALS VERBÜNDETER** (2,16-19). V. 17 ist der Wendepunkt des Buches. Er beinhaltet das Bußgebet des Volkes und ändert den Tenor der Botschaft Joels von Feindschaft in Segen. Der nächste Vers beginnt: »Und der HERR eiferte für sein Land«, worauf die vielfältigen Segensbezeugungen nach der Buße dargestellt werden. Gott würde vom Feind zum Verbündeten werden; er würde die Not zum Wohlstand wenden. Wahre Buße macht Gott zum Advokaten des Sünders und befähigt den Bußfertigen, den Segen Gottes dankbar aufzunehmen.

5. **CHRISTUS IN JOEL.** Joel, der »Prophet des Heiligen Geistes«, erwähnt den Messias kaum. Doch in vielen Worten des Herrn als »JHWH« (Jahwe) spricht der Messias, der im Tausendjährigen Reich sein Volk erlösen und regieren wird. Es sind dies: »Und ihr werdet erkennen, daß ich in Israels Mitte bin« (2,27). »Und danach wird es geschehen, daß ich meinen Geist ausgießen werde über alles Fleisch« (3,1). »Dann werde ich alle Nationen versammeln... und ich werde mit ihnen ins Gericht gehen« (3,2). »Die Nationen sollen sich aufmachen und hinaufziehen ins Tal Joschafat! Denn dort werde ich sitzen, um ... zu richten« (4,12). »Und ich werde ihr Blut ungestraft lassen, das ich bisher nicht gestraft ließ« (4,21; vgl. Joh 5,22). Diese Bezugnahmen sind zwar verschwommen, im Licht späterer Offenbarungen jedoch klar als messianisch zu erkennen.

Der prophetische Tag des Herrn

Die ältesten der schreibenden Propheten, Obdaja und Joel, führen den Begriff »Tag des HERRN« ein, den Franz Delitzsch *(The Pentateuch)* das »Schlagwort der Prophetie« nennt. Zwar finden wir bereits früher Anspielungen darauf (Ps 9,9; 96,13; 98,9) und Bezugnahmen über beide Testamente verteilt, doch am häufigsten begegnet uns der Begriff bei acht der schreibenden Propheten (also jedem zweiten; siehe unten). Dazu sind mehrere Anmerkungen am Platz:

1. *Definition*. Der Tag des Herrn ist ein biblischer Begriff für einen Zeitabschnitt besonderen göttlichen Eingreifens, um nach gerechten Prinzipien Gericht oder Segen in die Welt zu bringen. Er ist der Tag der göttlichen Weltherrschaft im Gegensatz zum »Tag des Menschen«. In dieser Bedeutung kann die Sintflut (2 Petr 3,5-10), die Dürre zur Zeit Joels (1,15), die Zerstörung Jerusalems (Zeph 1,4.7) oder das Gericht über Palästina und Ägypten durch Nebukadnezar gesehen werden (Hes 30,3ff). Es gibt aber auch einen besonderen Zeitabschnitt, den »Tag des HERRN«, der im Endzeitplan Gottes eine Rolle spielt. Dabei geht es nicht nur um das Gericht über die Menschen am »großen weißen Thron« (Offb 20,11), sondern vornehmlich um die Abrechnung mit den Nationen je nach ihrer Aufnahme des »ewigen Bundes« der Wahrheit und Gerechtigkeit (Jes 24,5; vgl. 1 Mo 9,6-16).

2. *Zeit und Dauer*. Im eschatologischen (endzeitlichen) Sinn ist der Tag des Herrn jene Zeit, da der Messias als König Gottes die Völker richten wird, um die Erde auf sein Friedensreich vorzubereiten. Im Neuen Testament wird der Beginn dieses Zeitabschnitts mit dem großen »Abfall« angesetzt, wonach der Antichrist die Welt im Aufruhr gegen Gott vereinen wird (2 Thes 2,3). Nach der dunklen Nacht des Gottesgerichts wird der Tag des Herrn eine herrliche Segenszeit im Tausendjährigen Reich bringen, bis hin zur Erneuerung der Erde (2 Petr 3,10-12). Das Hauptgewicht liegt in der Bibel auf der Trübsals- und Gerichtszeit nach Offb 4-20.

3. *Der »große und furchtbare Tag des HERRN«*. Dieser doppelt erschreckende Ausdruck wird nur vom ersten und letzten Propheten Judas verwendet (Joe 3,4; Mal 3,23). Hierbei scheint es sich um die zweite Hälfte der »70. Woche« Daniels zu handeln, die Jesus Christus als die große Drangsal« bezeichnet (Mt 24,21; vgl. Offb 7,14). Vor dieser Schreckenszeit müssen nach Joel und Malechi zwei Dinge geschehen: 1) Der Herr wird große Zeichen am Himmel erscheinen lassen, um die Erde zu warnen (Joe 4,14.15; Offb 6,12-17). 2) Der Prophet Elia wird einen Dienst der Wiederherstellung an Israel tun (Mal 3,23.24 vgl. Offb 11,3ff). Auch andere Propheten sprechen von dieser Schreckenszeit des Weltgerichts, die nur wenige überleben werden (z.B. Jes 24,1ff), doch die besondere Kennzeichnung jener Epoche stammt vom ersten und letzten Propheten Judas.

4. *Chronologische Weiterentwicklung durch die Propheten*. Der Tag des Herrn ist bei
   a. Obadja: Eine Zeit des Gerichts und der Strafe für die Nationen.
   b. Joel (1,15; 2,1.11; 3,4; 4,14): Ein Tag der Vernichtung durch den Herrn.
   c. Amos (5,18.20): Ein Tag der Finsternis für die Welt, aber auch für Israel.

> d. Jesaja (2,12; 13,6.9): Ein Tag der Abrechnung mit den Stolzen und der gnadenlosen Vernichtung durch den Allmächtigen.
> e. Zephanja (1,7.14): Ein Tag des großen Zornes des Herrn, der sehr rasch hereinbricht.
> f. Hesekiel (13,5; 30,3): Der Tag, als die Nationen des Westens unter den Schlägen Nebukadnezars mit dem »Schwert des HERRN« erbebten.
> g. Sacharja (14,1): Der künftige Tag des Eintretens des Herrn für Jerusalem, das vor allen Nationen angegriffen wird.
> h. Maleachi (3,23): Der künftige Tag der Vernichtung der Frevler durch den Herrn, an dem er sie nach dem Wiederherstellungsdienst Elias wie Spreu verbrennen wird (vgl. Mt 17,11).

Der Prophet Amos

Einleitung

TITEL UND AUTOR

A. BEZEICHNUNG

»Amos« bedeutet »Last« oder »Lastträger.« Das Buch enthält eine Reihe von Gerichtslasten oder Weherufen des Propheten gegen Israel.

B. VERFASSER
1. Über Amos wissen wir aus seinem Buch folgendes:
   a. Er stammte aus Tekoa, einem kleinen Dorf 8 km südlich von Bethlehem.
   b. Er war Geschäftsmann und Bauer sowie Prediger, wenn auch nicht ein ausgebildeter Prophet aus einer Prophetenschule. Sein Beruf war Schafzüchter und Maulbeerfeigenbauer (1,1; 7,14).
   c. Er war hochintelligent und literarisch begabt. Sein Buch ist nach Inhalt und künstlerischem Aufbau ein Klassiker.
   d. Er war erfüllt mit einem tiefen Gerechtigkeitssinn und auffälliger Kühnheit im Umgang mit Menschen.
   e. Wie Jona kurz vor ihm war er ein missionarischer Prophet.
   f. Er war mit den sozialen und politischen Gegebenheiten im Nordreich bestens vertraut, offenbar aufgrund seiner Geschäftsreisen.
2. Gegen die Urheberschaft des Buches durch Amos und die frühe Abfassungszeit werden selbst in der Bibelkritik kaum Einwände laut. Die Persönlichkeit und literarische Eigenart des Autors durchziehen das gesamte Buch.

Das geschichtliche Umfeld (2Kö 14,23-29)

A. DATIERUNG — um 760 v.Chr.
1. Die Regierungszeiten von Jerobeam II von Israel und Usija von Juda überschneiden sich in den Jahren 767-752.
2. Das große Erdbeben in 1,1, vielleicht von einer Sonnenfinsternis begleitet (siehe 8,8-10), war zwei Jahre vorher angesagt, im Jahr 765; die Abfassung des Buches fand einige Zeit

nach dem Erdbeben statt, also um 760. An dieses heftige Beben erinnerte sich sogar noch Sacharja 270 Jahr später (Sach 14,5).

B. *DAS POLITISCHE UMFELD*
1. Der »Fruchtbare Halbmond« genoß von 800 bis 745 eine Zeit relativen Friedens. Ägypten war schwach, und Assyrien breitete sich erst um 745 unter Tiglat-Pileser III nach Westen hin aus.
2. Die beiden israelitischen Teilreiche hatten einander auf das Härteste bekämpft. Unter Joasch hätte das Nordreich etwa dreißig Jahre zuvor beinahe Jerusalem zerstört. Der jüdische König Amazja wurde gefangengenommen. Jerobeam II und Usija normalisierten die Beziehungen jedoch, und beide Reiche genossen eine Zeit großen Wohlstands und nationaler Ausweitung. Israel besetzte Damaskus im Norden, von dem es früher so schwer unterdrückt worden war. Jerobeam II machte die meisten Nachbarvölker tributpflichtig.
3. Diese Epoche nennen wir das »goldene Zeitalter« Israels und Judas, als die Bewohner Zions »sorglos« lebten (Am 6,1). Der Gedanke an Gericht und Untergang lag fern. Niemand ahnte etwas von dem Chaos politischer Morde und Umstürze, das Israel nur zehn Jahre später in den Ruin treiben würde.

C. *DAS RELIGIÖSE UMFELD*
1. Der Kälberkult in Bethel war zur Zeit von Amos bereits 170 Jahre alt. Zwar hatte Jehu im Jahre 841 den Baalsdienst ausgerottet, doch aus naheliegenden politischen Gründen wurde der Kälberkult fortgesetzt. Hohepriester war Amazja, wohl ein königlich ernannter Laie.
2. Moralisch war die Nation innen wie außen verdorben. Die führende Schicht war reich, aber ruchlos. Propheten und Priester arbeiteten zum eigenen Gewinn. Soziale Ungerechtigkeiten gegen die Armen waren an der Tagesordnung; wer die Macht hatte, hatte das Recht. Reiche Grundbesitzer lebten auf Kosten der verarmten Bevölkerung in Luxus und Laster. Religion war Formsache.
3. Amos machte den König und seinen Hohenpriester für diesen moralischen Niedergang verantwortlich. Darum würden sowohl das Haus Jerobeams II als auch der Priester Amazja vom Schwert erschlagen werden (7,8.17).
4. Das Eintreffen des vorhergesagten Erdbebens (8,8.9) vermochte das gottlose und schwelgerische Leben der Israeliten nicht einzudämmen. Deshalb legte Amos seine Vorhersage hernach schriftlich fest. Vom Beben war wahrscheinlich hauptsächlich Jerusalem betroffen (Sach 14,5), aber Bethel lag nur 19 km nördlich.

D. *DAS GEOGRAPHISCHE UMFELD*
1. Amos lebte 16 km südlich von Jerusalem im Bergland Judas, an der Landstraße von Jerusalem nach Hebron und Beerseba. Dort dürfte auch Johannes der Täufer aufgewachsen sein.
2. Amos wirkte jedoch in Bethel, etwa 35 km nördlich von Tekoa an eben derselben Landstraße. Der Ort war nur etwa 3 km von der jüdischen Grenze entfernt und enthielt das wichtigste Heiligtum Israels. Dort lebte der Hohepriester, obwohl sich die Königsresidenz Jerobeams II in Samaria befand, etwa 40 km weiter nördlich. Amos predigte in seinem religiösen Zentrum.

E. *DIE EINBINDUNG IN DEN KANON*
1. Das Buch Amos folgt auf Joel als Fortführung von Joe 4,16: »Der HERR brüllt aus Zion«, was Amos in 1,2 aufgreift (Keil: *The Pentateuch*). Das nächste Buch stammt von Obadja, der an Am 9,12 ansetzt: »damit sie den Überrest Edoms in Besitz nehmen.«
2. Amos predigte gegen Ende des Wirkens von Jona (785-760) in Israel. Amos führte nur einen kurzen Streifzug durch, eine Gerichtsandrohung mit urplötzlicher Schärfe. Hosea trat etwa 5 bis 10 Jahre später auf (755-525), um auf den verdorbenen Zustand des Volkes hinzuweisen und seinen Niedergang aus Mangel an Erkenntnis zu betrauern.

Der Zweck von Amos

Der Zweck dieser Prophetie war ein Trompetenstoß zur Warnung der Herrschenden in Israel vor dem nahen Gottesgericht. Diese Drohung beruhte nicht so sehr auf religiösen Versäumnissen als auf geistlicher, moralischer und sozialer Verdorbenheit. Die soziale Ungerechtigkeit der führenden Schichten gegen die Armen und Schwachen würde das Volk in Kürze der Vernichtung anheimstellen, denn Gott ist ein Gott der Gerechtigkeit. Während Hosea die Liebe Gottes predigte, war Amos die Botschaft der Gerechtigkeit Gottes anvertraut.

Gliederung von Amos

THEMA: Gericht über Israel wegen Verdorbenheit und sozialem Unrecht

I. ANDROHUNG DES BALDIGEN GERICHTS ÜBER
   PALÄSTINA (»So spricht der der HERR«; 8 Drohreden)..........................1; 2
   A. *Ankündigung des Gerichts*..1,1.2
   B. *Gericht über drei heidnische Nachbarn — wegen Grausamkeit
      an Israel: Aram, Philistäa und Phönizien*....................................1,3-10
   C. *Gericht über drei stammverwandte Nachbarn — wegen Grausamkeit
      an Israel: Edom, Ammon und Moab*...1,11-2,3
   D. *Gericht über das Südreich Juda — wegen Verwerfung
      des Gottesgesetzes*...2,4.5
   E. *Gericht über das Nordreich Israel — wegen Habgier und
      religiöser Gleichgültigkeit*...2,6-16

II. ERLÄUTERUNG DES BALDIGEN GERICHTS ÜBER ISRAEL
    (»Hört dieses Wort«; 3 Predigten) 3-6
    A. *Das Gericht ist gewiß — durch das Wort des Herrn* 3
    B. *Das Gericht ist verdient — durch Gleichgültigkeit* 4
    C. *Das Gericht ist bedingt — durch ihre Reaktion* 5; 6

III. VERANSCHAULICHUNG DES BALDIGEN GERICHTS ÜBER ISRAEL
     (»So ließ der Herr, HERR, mich sehen; 5 Visionen oder Bilder)............7-9,10
     A. *Die Vision von den Heuschrecken — Erste Vergebung ist wirkungslos* ...7,1-3
     B. *Die Vision vom Feuerregen — Zweite Vergebung ist wirkungslos* 7,4-6
     C. *Die Vision vom Senkblei — Das Gericht ist unabwendbar* 7,7-9
        ZWISCHENSTÜCK: Der Einspruch des Hohenpriesters 7,10-17
     D. *Die Vision vom Sommerobst — Das Gericht kommt bald* 8
     E. *Die Vision von der Vollstreckung — Richter ist Gott* 9,1-10

IV. VORSCHAU AUF DIE MESSIANISCHE HERRLICHKEIT ISRAELS......9,11-15

Besonderheiten von Amos

1. **DIE BETONUNG DER SOZIALEN GERECHTIGKEIT.** Kein Prophet wettert mit größerer Schärfe gegen soziales Unrecht als Amos. Der Schlüsselvers des Buches ist ein Klassiker über Gerechtigkeit (5,24): »Aber Recht ergieße sich wie Wasser und Gerechtigkeit wie ein immerfließender Bach!« Obwohl er in Bethel predigte, wandte er sich kaum gegen den israelitischen Kälberkult; seine Drohreden konzentrieren sich auf Menschenrechtsverletzungen und Ausbeutung der Armen (z.B. 5,6-20). Er betont Gottes Anliegen für Moral und Gerechtigkeit; Riten ohne Rechtsspruch sind nicht wahre Religion, sondern Entstellung von Gottes Charakter und seinen Gesetzen für das Zusammenleben. Welche Nation auch immer das moralische und soziale Anliegen Gottes mißachtet und ihre Armen ausbeutet, ist nach den Gerichtsreden dieses Propheten der Vernichtung preisgegeben (1,5.8.10.12.15; 2,3.5.14-16 usw.).

2. **DER PROPHET DES JÜNGSTEN TAGES** (4,12). »Mach dich bereit, deinem Gott zu begegnen, Israel!« ist die klare und unmißverständliche Botschaft von Amos. Im Sonnenschein von Frieden und Wohlstand kündigt er das baldige Gericht an. Seine Predigt bietet nur wenige Lichtblicke. Er spricht zwar allen Bußfertigen Gnade zu (5,4.6,14), das Volk insgesamt hat jedoch den Punkt ohne Wiederkehr überschritten, womit das Gericht unausweichlich geworden ist. Diese Strafandrohung stammt nicht von einem einheimischen Propheten (z.B. Jona, der ebenfalls um diese Zeit wirkte), sondern von einem speziell beauftragten Ausländer, der plötzlich im Zentrum des nationalen Kultes auftaucht, um die Herrschenden zu warnen. Seine Botschaft ist pointiert und unmißverständlich: Nun würde Gott abrechnen, der »Jüngste Tag« ist festgesetzt, der Löwe hat gebrüllt (3,8; 4,12; 5,27).

3. **DER PROPHET VOM LANDE** (7,14). Wie Micha, der zwanzig Jahre später in Juda auftrat, kam Amos von einem Bauernhof. Trotz seines eleganten und lebendigen Stils ist seine Ausdrucksweise durch und durch bäuerlich. Seine Metaphern und Symbole sind dem Landleben entnommen. Pflügen, Jäten, Weinbauen, Ernten, Schädlinge usw. In seiner ländlichen Herkunft gleicht Amos dem ersten großen Propheten Israels, Elia aus dem Bergland Gilead. Er steht damit am Beginn einer langen Reihe von Propheten und Predigern, die als Männer der Scholle von Gott in den Prophetendienst gerufen wurden, um die selbstgefällige und überhebliche Elite Israels aufzurütteln und zur Rechenschaft vor Gott zu rufen. Johannes der Täufer war der letzte dieser ländlichen Propheten.

4. **DER KUNSTVOLLE AUFBAU DES BUCHES.** Kein Prophet hat sein Buch so kunstvoll ausgefeilt wie Amos. Er geht sauber vom Allgemeinen zum Besonderen über und weiter ins Detail. Zuerst verkündigt er das allgemeine Gericht über ganz Palästina, dann verlegt er sich konkreter auf Israel. Die Gliederung wird durch die einleitenden Sätze der einzelnen Abschnitte übersichtlich gehalten. In Kap 1; 2 finden wir ein achtmaliges »So spricht der HERR«; die Kap 3-5 sind durch »Hört dieses Wort« gegliedert, und in Kapitel 7; 8 heißt es: »So ließ der HERR mich sehen.« Obwohl Israel für den Propheten »Sommerobst« war (überreife Früchte, 8,1ff), arbeitete er seine Gerichtsandrohungen sauber aus.

5. **ERKÄRUNGEN ZUM TAG DES HERRN** (5,18). Wie Joel sechzig Jahre zuvor spricht auch Amos vom Tag des Herrn. Für ihn ist er jedoch ein Tag der »Finsternis« und nicht des Lichtes (5,18). Denn diesem Gericht würden nicht nur die Heidenvölker zum Opfer fallen (dem

pflichtete Israel bei), sondern auch die Sünder in Isreal. Das war neu für ein Volk, das aus seiner Bundesbeziehung zum Herrn eine Art Immunität gegen Katastrophen und Gerichte abgeleitet hatte (Joe 4,12-16). Darum kam der Ausländer Amos in die Hochburg des israelitischen Kultes, um den Selbstgefälligen die nackte Wahrheit entgegenzuhalten: Der Herr kennt kein Ansehen der Person. Er prangert Unmenschlichkeit, soziales Unrecht und religiöse Verdorbenheit an, wo immer er ihnen begegnet. Religiöse Sünder werden wegen ihrer höheren Erkenntnis strenger gerichtet als jene, die über weniger Wissen und Offenbarung verfügen (5,21-24).

6. **SYMBOLISCHE VISIONEN** (1,1). Amos verwendete als erster Prophet in seinen Weissagungen symbolische Visionen. Viele spätere Propheten taten es ihm gleich, etwa die großen Propheten oder Sacharja. Wie treffend die Symbolismen sind, sehen wir in 1,2, dem Ausgangsvers für die Gerichte über die Nationen Palästinas in Kap 1; 2. Der Herr brüllt vom Zion her, und das ganze Land von den Weiden Tekoas bis zum Gipfel des Karmel im Norden zittert und klagt. Dieses Symbol vom Herrn, der wie ein Löwe über seiner Beute brüllt, durchzieht einen Großteil des Buches und betont die Nähe des Gerichts. Der Kreis schließt sich in der Vollstreckung des Gerichts am Altar in Bethel, wo das Zerstörungswerk des Herrn beginnen wird, vor dem kein Entrinnen ist, nicht einmal auf dem »Gipfel des Karmel« (9,1-3). Jedes dieser Symbole ist treffend und einprägsam, allgemein verständlich und flößt Ehrfurcht ein.

7. **CHRISTUS IN AMOS** (9,11-15). Seine Messiasverheißungen hebt dieses Buch für die letzten vier Verse auf, in denen die künftige Wiederherstellung Israels verheißen ist:
   a. Die verfallene Hütte Davids wird wieder aufgerichtet (11). Hier wird die Zerstörung des Hauses David vorhergesehen, doch auch seine spätere Wiedereinrichtung zur Herrschaft über alle Völker. Die Aufrichtung der »Hütte Davids« bedeutet die Wiedereinsetzung seines Throns zur Förderung von Gerechtigkeit und Güte (Jes 16,5), ein Hinweis auf den Messias.
   b. An jenem Tag wird der Herr (Messias) Israel aus der Verschleppung heimholen. Sein Volk wird die Städte für immer bauen und das Land bearbeiten, dessen Frucht es auch selbst genießen wird. Die Betonung dieser Stelle liegt auf dem »Ich« des Herrn. Wie der Herr selbst das Gericht ausführt (9,1-8), wird er auch persönlich den Wiederaufbau in Angriff nehmen (9-15).

Der Prophet Obadja

Einleitung

TITEL UND AUTOR

A. *BEZEICHNUNG*
»Obadja« bedeutet »Knecht des Herrn.« Dieser Name ist im Alten Testament recht häufig.

B. *VERFASSER*
Über Obadja wissen wir fast nichts. Er wirkte als Prophet in Jerusalem in einer Zeit heftiger Angriffe Edoms gegen die Stadt. Als Knecht tritt er selbst zurück, um seine Botschaft hervorzuheben.

Das geschichtliche Umfeld (1Kö 8,16-22; 2Chr 21)

A. **DATIERUNG** — um 845 v.Chr.
1. Dieses Buch ist extrem schwierig zu datieren. Je nachdem, welche Einnahme Jerusalems in den Versen 10-14 gemeint ist, sind konservative Forscher über den Zeitpunkt der Abfassung geteilter Meinung. Jerusalem wurde während der Königs- und Prophetenzeit fünfmal erobert:
926 von den Ägyptern z.Zt. des Königs Rehabeam (1Kö 14,25.26)
845 von den Philistern und Arabern (nach dem Aufstand Edoms; 2Chr 21)
790 von Israel z.Zt. des Joasch (2Chr 24,23.24)
597 von Nebukadnezar, als Jojachin in die Verbannung geführt wurde (2Kö 24,10-16)
586 von Nebukadnezar bei der Verwüstung von Stadt und Tempel (2Kö 25)
Die Edomiter waren nur 845 und 586 beteiligt.
2. Aus folgenden Gründen erscheint eine Abfassungszeit um 845 wahrscheinlich:
   a. Das Buch steht am Anfang des Prophetenkanons.
   b. Die von Obadja beklagte Einnahme der Stadt war keine vollständige Verwüstung, sondern eine Plünderung.
   c. Obadja wird in Jer 49,7-22, fast 240 Jahre später, praktisch gänzlich zitiert. Die umgekehrte Zitatfolge ist nicht anzunehmen, denn 1) Ein Prophet würde kaum einen anderen gänzlich abschreiben, um dann seinen Namen darunterzusetzen. 2) Jer 49 enthält eine ganze Reihe von Zitaten, die die Gerichte des Herrn über die Nationen belegen. 3) Obadjas Buch wird als »Gesicht« vom Herrn bezeichnet (1,1), nicht als Abschrift früherer Vorhersagen.

B. *DAS GEOGRAPHISCHE UMFELD*
Edoms Gebiet war das Bergland Seir mit seinen Gipfeln und Plateaus südöstlich von Juda, jenseits des Toten Meeres. Es erstreckte sich von Moab am Arnon über etwa 160 km bis zum Golf von Akaba. In seinem Zentrum lag Sela (Petra). Nach der Verschleppung Judas im Jahre 586 fiel Südjuda an die Edomiter, die Hebron zu ihrer Hauptstadt machten.

C. *DAS RELIGIÖSE UMFELD*
1. In Juda regierte 845 der gottlose Joram mit seiner götzendienerischen Frau Atalja, die den Baalskult in Juda einführten, wie es Ahab und Isebel etwa 25 Jahre zuvor im Nordreich getan hatten. Als Strafe dafür erweckte der Herr fremde Mächte.
2. Obadjas Zeitgenossen im Nordreich waren Elia und Elisa. Ein uns erhaltener Brief des Elia ist an Joram gerichtet und kündigt ihm die Strafe des Herrn an.

D. *DAS POLITISCHE UMFELD*
1. Innenpolitik Judas. Nach der segensreichen Regierung des gottesfürchtigen Joschafats wurde sein abtrünniger Sohn Joram im Jahre 848 v.Chr. im Alter von 22 Jahren Alleinherrscher. Zuerst tötete er seine Brüder und regierte acht Jahre zusammen mit seiner Frau Atalja, der Tochter Ahabs und Isebels. Er starb einen schmählichen und qualvollen Tod an einer entsetzlichen inneren Erkrankung, wie der Prophet Elia in seinem Brief angekündigt hatte (2Chr 21,12-18). Wegen der Bosheit des Königs ließ der Herr den Abfall Edoms von Juda und die Plünderung des Königspalastes durch die Philister und Araber zu (2Chr 21,16ff). Dabei kamen alle seine Frauen und Kinder außer Atalja und Ahasja ums Leben. Das Buch Obadja entstand offenbar nach einem solchen Überfall, an dem sich die Edomiter beteiligten, auf ein besonderes Gesicht des Herrn hin.

2. Die Beziehungen zwischen Juda und Edom. Obwohl Israel und Edom von den Zwillingsbrüdern Jakob und Esau abstammen, wurden sie zu erbitterten Feinden. Ihre Beziehungen entwickelten sich zu folgenden Schlüsselereignissen:

1406 v.Chr.	Edom verweigert den Israeliten den Durchzug zum Jordan (4Mo 20,14-21)
992	David erobert Edom und tötet fast alle Männer (2Sam 8,13; 1Kö 11,15ff)
860	Edom (gemeinsam mit Moab und Ammon) greift Juda an, wird jedoch nach Joschafats Gebetsaufruf von den eigenen Verbündeten aufgerieben (2Chr 20)
847	Edom fällt von Juda ab und setzt einen eigenen König ein (2Chr 21,8)
845	Edom beteiligt sich an der Plünderung Judas durch die Philister (2Chr 21,16.17). Kurz danach dürfte das Buch Obadja entstanden sein.
785	Amazja greift Edom an und tötet 20.000 Mann (2Chr 25,11.12)
735	Edom fällt wiederum ab und nimmt viele Gefangene (2Chr 28,17)
586	Die rachsüchtigen Edomiter gehen Babylon bei der Zerstörung Jerusalems zur Hand, wofür sie sich in Südjuda niederlassen dürfen (Ps 137,7; Hes 25,12)
300	Die Nabatäer (ein Araberstamm) nehmen Land und Städte von Edom ein und verdrängen die Einwohner nach Mittel- und Südjuda
165	Judas Makkabäus nimmt ihre neue Hauptstadt Hebron ein
126	Johannes Hyrkanus unterwirft die Edomiter (die nun Idumäer hießen) und zwingt sie zur Beschneidung
40	Der Idumäer Herodes wird nach seinem Vater Antipater König in Palästina und nimmt 37 v.Chr. Jerusalem ein.
70 n.Chr.	Die Edomiter beteiligen sich an der Eroberung und Verwüstung Jerusalems durch die Römer. Damit verschwinden sie als Volk aus den Annalen der Geschichte und gehen in den Nabatäern Südjudas auf.

3. Edoms politische Stärke. Die Edomiter waren ein tapferes, stolzes Volk, bekannt für ihre Weisheit und Macht. Ihre zerklüftete Gebirgsheimat begünstigte sie als natürlicher Schutz, während die fruchtbaren Plateaus fette Weiden abgaben. Das legendäre Sela (griech. *Petra*), ihre Hauptstadt, ist eine der malerischsten Städte der Erde, aus Sandstein geschnitten und fast uneinnehmbar. Sie hat nur wenige Zugänge, von denen der wichtigste »Sik« heißt, ein kilometerlanger, schmaler Taleinschnitt. In der Nabatäerzeit wurde diese Stadt ein Zentrum des Karawanenverkehrs, an dem vier wichtige Routen zusammentrafen. Diese Rolle behielt sie bis 630 n.Chr., als sie von den moslemischen Arabern erobert wurde. Von der westlichen Welt wurde sie erst 1812 wiederentdeckt.

Der Zweck von Obadja

Der Prophet verfolgt ein zweifaches Ziel: 1) Die Ankündigung der Vernichtung Edoms wegen seiner unstillbaren Rachsucht und Gewalttat an Israel, dem Volk Gottes, und 2) die Bekräftigung des Endsieges des Berges Zion am Tag des Herrn, da Israel das Land Edom besitzen wird. Die »uneinnehmbare Stadt« ist nicht das Bergland Seir, sondern der Berg Zion.

Gliederung von Obadja

THEMA: Gottes Gericht über das rachsüchtige Edom und die Wiederherstellung Israels*

- I. EDOMS VERWÜSTUNG AM TAG DES HERRN 1-14
  - A. *Gericht über Edom wegen Selbstüberhebung* 1-9
    - 1. Edoms Vernichtung .... (1-4)
      - a. Vom Herrn veranlaßt
      - b. Trotz aller Wehrhaftigkeit
      - c. Trotz aller Hartnäckigkeit
    - 2. Edoms Verwüstung .... (5-7)
      - a. Plünderung ohne jede Schonung
      - b. Plünderung durch die eigenen Verbündeten
    - 3. Edoms Demütigung .... (8.9)
      - a. Die Weisen werden zunichte
      - b. Die Mächtigen werden zuschanden
  - B. *Gericht über Edom wegen Bruderhaß* 10-14
    - 1. Strafe für vergangene Gewalttat .... (10.11)
      - a. Erbarmungslos bei Israels Not
      - b. Raubgierig bei Israels Niederlage
    - 2. Warnung vor künftiger Rachsucht .... (12-14)
      - a. Begeistere dich nicht über den Sturz Israels
      - b. Bereichere dich nicht an den Schätzen Israels
      - c. Bemächtige dich nicht der Flüchtlinge Israels

- II. ISRAELS ERNEUERUNG AM TAG DES HERRN 15-21
  - A. *Der Tag des Herrn bringt Gericht über die ganze Welt* 15.16
  - B. *Der Tag des Herrn bringt Vernichtung über ganz Edom* 17.18
  - C. *Der Tag des Herrn bringt Israel die Herrschaft über ganz Palästina* 19.20
  - D. *Der Tag des Herrn bringt das Reich Gottes über die ganze Welt* 21

*Oder: Der Endsieg des Berges Zion über das Bergland Seir.

Besonderheiten von Obadja

1. **DAS TRAURIGE SCHICKSAL VON ISAAKS LIEBLINGSSOHN.** Dieses Buch beinhaltet das endgültige Schicksal der Zwillingssöhne von Isaak und Rebekka, die eine der schönsten Ehen in der Bibel geschlossen haben (1Mo 24). Das Hauptgewicht liegt auf jenem Sohn, dem Isaak den Segen zusprechen wollte, obwohl Gott bereits Jakob genannt hatte (1Mo 25,23). Isaaks Vorliebe für Esau war durchaus verständlich, wie das Wesen der beiden Knaben im 1. Buch Mose zeigt. Die nachfolgende Geschichte der Loslösung von Gott, des Götzendien-

stes, der Rachsucht und Gewalttat der Esaukinder zeigt jedoch die Folgen menschlicher Entscheidungen entgegen der göttlichen Erwählung.

2. ***EIN GEFÄHRLICHER BRUDERZWIST*** (10.12). Obwohl sie von Zwillingen abstammen, wurden die Völker Edom und Israel zu unversöhnlichen Feinden. Die »Wurzel der Bitterkeit« wurde früh gesät, bis sie sich zu einem gegenseitigen Nationalhaß ausgeweitet hatte, der Versöhnung unmöglich machte (Hebr. 12,15-17). Das alles begann in einer gläubigen Familie, in der die Eltern aber parteiisch waren und damit Zündstoff für maßlosen Bruderhaß und bitteren Kampf unter ihren Nachkommen lieferten (1Mo 25,28ff; 27,41). Dieser Bruderzwist, der im Nahen Osten bis heute Schlagzeilen macht, erinnert an Jakobus: »Siehe, welch kleines Feuer, welch einen großen Wald zündet es an« (Jak 3,5).

3. ***EIN KURZES BUCH MIT LANGER VORGESCHICHTE*** (1Mo 25,23; Jes 63,1; Mal 1,4). Die Botschaft dieses Buches können wir ohne Grundkenntnis der Vorgeschichte nicht vollständig erfassen. Es ist zwar das kürzeste Buch des Alten Testaments, hat aber wohl die längste Vorgeschichte von allen. Einige Wendepunkte der edomitischen Vergangenheit:
   a. Die Geschichte beginnt mit einem Familienzwist, bei dem Jakob und seine Mutter den Erstgeborenen Esau um seinen Segen betrügen (1Mo 25; 27).
   b. Ihre zwanzigjährige erbitterte Feindschaft läßt ein wenig nach, als Jakob nach der Rückkehr von Paddan-Aram eine Begegnung mit dem Herrn hat (1Mo 32; 33).
   c. Der Bruderzwist wird zum Völkerhaß, als Israel aus Ägypten zurückkehrt; doch der Herr verbot eine Vergeltungsschlacht (4Mo 20,14-21; 5Mo 2,5).
   d. Dieser Haß zwischen Israel und Edom dauert 1000 Jahre an, von Mose bis Maleachi, in vielen Auseinandersetzungen.
   e. Viele Propheten sagen das Gericht über Edom vorher: 4Mo 24,18.19; Jes 11,14; Jer 49,7-22; Hes 25,12-14; Joe 4,19; Am 1,11.12; Mal 1,3.4.
   f. Matthäus beginnt sein Evangelium in Mt 1;2 mit dem unbezähmbaren Haß des Edomiters Herodes, der König von Israel geworden war. Diese Feindschaft erweist sich an mehreren Punkten der Herodesdynastie:
      1) Herodes der Große suchte Jesus zu töten (Mt 2,16)
      2) Herodes Antipas ließ Johannes den Täufer enthaupten, versuchte Jesus hinzurichten und überschüttete ihn bei dem Verhör mit beißendem Spott (Mt 14,10; Lk 13,31; 23,11)
      3) Herodes Agrippa I ließ Jakobus töten und versuchte auch Petrus zu beseitigen (Apg 12,1ff)
   g. Das Volk Edom (die Idumäer) werden nach dem Einfall der Römer und dem Massaker von 70 n.Chr. aufgerieben und in die Provinz Arabia Peträa eingegliedert.
   h. Die Drohreden der Propheten gegen die Edomiter fußen offenbar auf der erneuten Vormachtstellung Edoms in der Endzeit, denn sie dürften zu den Völkern gehören, die der Messias vernichten wird (Jes 34,1-8; 63,1-4; Mal 1,4).
   i. Diese Vernichtung in der Endzeit wird vollständig und endgültig sein, während andere alte Nachbarn Israels wiederhergestellt werden (Jes 19,23-25; Jer 49,13; Hes 35,9; Ob 9; Mal 1,4).

Obadja geht es vor allem um das Letzte in der Geschichte Edoms, als wolle er die Akten über dieses Volk schließen. Die Edomiter hätten ein großes Volk werden können, ausgestattet mit seltener Weisheit und Kraft, doch sie haben »ihr Erstgeburtsrecht« verkauft, indem sie das Wort Gottes und sein auserwähltes Volk verwarfen. Sie ließen eine frühzeitige Eifersucht zu

Bitterkeit und Rachsucht werden und zogen sich damit Gottes ewiges Gericht zu. Nur wenige Edomiter haben im Laufe der Geschichte Berühmtheit erlangt, unter ihnen Doeg, der die Priester von Nob tötete, Hadad, der Feind Salomos, und Herodes, der den Messias zu töten versuchte (1Sam 22,18; 1Kö 11,14ff; Mt 2,16).

Der Prophet Jona

Einleitung

TITEL UND AUTOR

A. *BEZEICHNUNG*
Der Name Jona bedeutet »Taube.« Jona wurde als »Friedensbote« nach Ninive gesandt, doch seine Einstellung war die eines Falken und nicht einer Taube.

B. *VERFASSER*
1. Jona hat das Buch wahrscheinlich selbst verfaßt, obwohl er in der dritten Person schreibt und in keinem guten Licht erscheint. Vielleicht wollte er sich selbst und sein Volk wegen ihrer Unbarmherzigkeit den Heiden gegenüber anklagen, während die Heiden selbst die Gnade Gottes annahmen.
2. Als der »Sohn des Amittai« wird er ausdrücklich mit dem Propheten in 2Kö 14,25 gleichgesetzt. Er stammt aus Gat-Hefer, einem kleinen Dorf in Sebulon, etwa 3 km nördlich von Nazareth (das heutige Maschhad). Nach der jüdischen Tradition ist er der Sohn der Witwe von Zarpad, den Elia auferweckte. Diese Behauptung entbehrt jedoch jedes biblischen Beweises.
3. Jona trat in der Frühzeit König Jerobeams II auf. Er verkündete eine neue Gnadenzeit des Herrn für Israel, in der die Nation sich beträchtlich ausdehnen würde. Diese Gnade sollte trotz der Bosheit des Volkes als Anreiz zur Umkehr dienen (2Kö 14,23-28).

Das geschichtliche Umfeld

A. *DATIERUNG* — um 765 v.Chr.
Nach 2Kö 14,25 wirkte Jona während der Regierungszeit Jerobeams II (793-753). Der Besuch in Ninive ist vermutlich gegen Ende seines langen Dienstes in Israel anzusetzen, also um 765. Nach seiner Rückkehr schrieb er das Buch zum Zeugnis gegen Israel.

B. *DIE FRAGE DER HISTORIZITÄT*
1. Die geschichtliche Wahrheit dieses Buches liegt von der modernen Bibelkritik unter ähnlich starkem Beschuß wie 1Mo 1-11. Jona ist eine Art »Nagelprobe« für den Glauben an die Irrtumslosigkeit der Schrift. Während Jesaja und Daniel wegen ihrer genauen Vorhersagen eine Glaubensprobe darstellen, wird Jona aufgrund seiner »unglaubhaften« Wunder infrage gestellt.
2. Für die Auslegung von Jona gibt es zwei Grundrichtungen, die »allegorische« und die »wörtliche« (historische). Nach der ersteren ist der Jonabericht ein Mythos oder eine fiktive Geschichte, um eine wichtige geistliche Wahrheit zu sagen, nach Art eines Gleich-

nisses. Nach der wörtlichen Auslegung ist Jona ein Tatsachenbericht. Folgendes spricht für die wörtliche Auslegung:
  a. Das Buch Jona ist als Tatsachenbericht verfaßt und erwähnt konkrete Städte und Völker. Nichts deutet auf einen erdichteten Inhalt hin.
  b. Jona wird in 1,1 mit dem »Sohn des Amittai« in 2Kö 14,25 gleichgesetzt.
  c. Die ungebrochene jüdische Tradition bezeugt die Historizität Jonas und seiner Erlebnisse.
  d. Christus bezeugt die Historizität Jonas, und zwar ausdrücklich beide Hauptwunder des Buches (Mt 12,40-42; 16,4; Lk 11,29-32). Die Historizität Jonas wird der Salomos gleichgewertet.
  e. Der große Fisch, der Jona im Meer aufnahm, war ausdrücklich vom Herrn »bestellt« worden. Es könnte sich um einen gewöhnlichen Wal gehandelt haben. Man weiß von ähnlichen Ereignissen geringerer Größenordnung, doch auf derartige Bestätigungen ist das Wort Gottes nicht angewiesen.
  f. Wer die Echtheit dieses Berichts infrage stellt, muß folgerichtig auch die Wunder Moses, Elias und Elisas abstreiten und schließlich die Wunder des Herrn Jesus; ein solcher bezweifelt die Inspiration der ganzen Bibel.

C. *DIE LAGE IN NINIVE*
1. Ninive lag im Osten am Oberlauf des Tigris, fast 1000 km von Israel entfernt, was damals eine dreimonatige Reise bedeutete. Die Stadt war eine der ältesten der Welt, gegründet von Nimrod (1Mo 10,11). Ihre Bevölkerung dürfte etwa 600.000 Einwohner betragen haben, wobei die Hauptstadt Kalah und andere Städte ganz in der Nähe lagen. Obwohl die innere Stadtmauer nur einen Durchmesser von 5 km aufwies, erstreckten sich Dörfer und Vorstädte etwa 30 km weit.
2. Politisch befand sich Assyrien nach dem Tod Adadniraris III (782 v.Chr.) bis zur Thronbesteigung Tiglat-Pilesers III (745) in einer Schwächeperiode. Auf Adadnirari folgten Salmanassar IV (782-773) und Assur-Dan III (773-754). Jonas Besuch fällt vermutlich in die Zeit Assur-Dans III.
3. Adadnirari hatte in Assyrien eine Tendenz zum Glauben an nur einen Gott eingeleitet. Sein Rat lautete: »Verlaß dich auf Nebo, vertraue keinem anderen Gott.« Mehrere Ereignisse dürften die Buße des Volkes vorbereitet haben: In den Jahren 765 und 759 wütete die Pest, am 15. Juni 763 fand eine totale Sonnenfinsternis statt.
4. Moralisch waren die Einwohner Ninives als ein »sinnliches, wildes Volk« bekannt. Sie lebten vom Raub und waren stolz auf die zahllosen Menschenköpfe, die sie von ihren Beutezügen gegen andere Städte mitbrachten. Sie befestigten ihre Stadt mit einem doppelten Mauerring: Die äußere Mauer maß fast 100 km im Umfang, war 30 Meter hoch und breit genug, um drei nebeneinanderfahrenden Wagen Platz zu bieten. Sie war zusätzlich bewehrt mit 50 Türmen von 70 Metern Höhe zur Bewachung der Stadt.

D. *DIE SITUATION IN ISRAEL*
1. Assyrien stellte seit der Zeit Omris (um 880) eine Bedrohung für Israel dar und hatte vor der Thronbesteigung Jerobeams II bereits fünfzig Jahre lang Tribute eingezogen. Doch gelang es Jerobeam um 790, das Joch abzuwerfen und das Reich auf seine größte Ausdehnung seit Salomo zu erweitern. Zur Zeit Jonas lebte Israel in Sicherheit und Wohlstand, während Assyrien politisch dem Niedergang zusteuerte.

2. Doch in geistlicher Hinsicht machten sich in Israel Verhärtung, Loslösung von Gott, Gesetzlosigkeit und Eigennutz breit. Es war das »goldene Zeitalter« der Israeliten, doch ihnen fehlte das Bewußtsein der besonderen Gnade des Herrn, die Buße statt Loslösung bewirken wollte (2Kö 14,26.27).
3. Jonas Gnadendienst an Israel fand wahrscheinlich kurz vor dem Gerichtsdienst von Amos statt, der als Sonderbotschafter Gottes aus Juda gesandt wurde.

Der Zweck von Jona

Der historische und bis heute gültige Zweck Jonas ist die Bezeugung des universellen Gerichts- und Gnadenwirkens Gottes. Er richtet Bosheit in allen Bereichen, doch schenkt er auch die Gnade der Umkehr allen Völkern. Als weitere Botschaft warnt dieses Buch das Volk Gottes davor, sein Anliegen für die Verlorenen zu verlieren, denn das widerspricht dem Plan Gottes und seinem Ziel in der Welt.

Gliederung von Jona

THEMA: Gottes Großherzigkeit und Jonas Engstirnigkeit

I. DIE WUNDERBARE BEWAHRUNG JONAS IM WESTEN 1; 2
   A. *Jonas Abkehr und der große Sturm* 1
      1. Seine Sendung nach Ninive ....(1,1.2)
      2. Seine Fahrt nach Tarsis ....(3-9)
      3. Seine Erlebnisse an Bord ....(10-16)
      4. Seine Bewahrung im Fisch ....(17)
   B. *Jonas Umkehr im großen Fisch* 2
      1. Sein Untergang im Meer ....(2,1-7)
      2. Seine Unterwerfung unter den Herrn ....(8-10)
      3. Seine unversehrte Landung ....(11)

II. DIE WUNDERBARE BEKEHRUNG NINIVES IM OSTEN 3; 4
   A. *Jonas Demut und die große Erweckung* 3
      1. Die Gerichtsbotschaft Jonas ....(3,1-4)
      2. Der Gesinnungswandel Ninives ....(4-9)
      3. Der Gnadenerweis Gottes ....(10)
   B. *Jonas Unmut und Zurechtweisung* 4
      1. Jonas zwei Todeswünsche ....(4,1-8)
         a. Wegen seiner unzutreffenden Vorhersage
         b. Wegen seiner Unannehmlichkeiten
      2. Jonas zwei Denkzettel ....(4,9-11)
         a. Ein Denkzettel für Jona
         b. Ein Denkzettel für Israel

Besonderheiten von Jona

1. **DER ZUSAMMENHANG VON JONA UND OBADJA.** Während Obadja den Zorn Gottes über die Feinde Israels beschwört, gleicht Jona diese Betonung aus, indem er ein klassisches Beispiel für Gottes Gnade an einem alten Erbfeind bietet. Obadja predigt den Heiden Gericht, die alle Erkenntnis verwerfen und in rachsüchtiger Selbstüberhebung verharren. Jona predigt den Heiden die Gnade, so sie Buße tun und dem Gott Israels die Ehre geben. Dazu dienen zwei Extrempunkte: Die Edomiter standen Israel verwandtschaftlich und geographisch am nächsten, wurden jedoch wegen ihres Hochmuts gerichtet. Die Einwohner von Ninive waren weit entfernt und als räuberisches Volk berüchtigt und wurden doch aufgrund ihrer Buße von Gott begnadigt (Ob 3; Jon 3,5-10).

2. **DIE KÜRZE JONAS** (3,4). Kein Prophet predigte so kurz wie Jona. Seine Botschaft besteht aus sieben Worten (im Hebräischen nur fünf): »Noch vierzig Tage und Ninive ist zerstört.« Im Unterschied zu den übrigen schreibenden Propheten liegt die Botschaft Jonas in seinen Erfahrungen statt in seiner Predigt. Nicht einmal diese kurze Predigt ging in Erfüllung, was ihn sehr erboste. Doch sein Erlebnis ist eine wichtige Botschaft an Ninive, Israel und die heutige Gemeinde (Mt 12,39.40).

3. **DIE WUNDER JONAS** (1,15; 2,1.11; 3,5-10; 4,6). Jona enthält als einziger kleiner Prophet Wunderberichte, die eine zentrale Stellung in seinem Buch innehaben. Die Stillung des Sturmes, die Rettung durch den Fisch, die Buße Ninives, das rasche Wachstum des Strauches und der Wurm. Wie Jesaja und Daniel berichtet Jona über historische Wunder, weshalb auch er von der Bibelkritik stark in Zweifel gezogen wird (Jes 37,36; 38,8; Dan 3,25; 6,22). Da Wunder fast immer zur Bekräftigung von Offenbarungen dienen (2Mo 4,5; 1Kö 18,36-39), muß Jonas Gerichtsbotschaft an Ninive und Gnadenbotschaft an Israel für beide von entscheidender Bedeutung gewesen sein. Die zusätzliche Bedeutung des Fischwunders als Typus auf Christi Auferstehung kann kaum hoch genug bewertet werden.

4. **DIE BUSSE NINIVES** (3,5-9). Jona löste die größte Erweckung aus, die in der Bibel festgehalten ist, da sich die ganze Stadt Ninive von ihren bösen Wegen Gott zuwandte. Zudem bewirkte er die Hinwendung der Seeleute zum Herrn, nachdem er ins Meer geworfen wurde und der Sturm aufhörte. Er hat »im Vorübergehen« mehr Erfolg gehabt als die meisten Propheten durch harte Arbeit. (Jesaja, Jeremia und Hesekiel hatten nur wenige Auswirkungen vorzuweisen: Jes 6,9-11; Jer 14,11ff; 15,1ff; Hes 3,7.) Die Echtheit der Buße Ninives wird vielfach infrage gestellt. Gott jedenfalls erkannte sie an, denn er zog das Gericht, vor dem er gewarnt hatte (3,10), zurück. Auch Jesus bezeugt ihre »Buße auf die Predigt Jonas« (Mt 12,41), während Israel sich auf die Predigt des Messias nicht bekehrte.

5. **DIE »REUE« GOTTES** (3,9.10). Auch berichtet dieses Buch, daß Gott sich des Unheils »gereuen ließ«, das er geplant hatte (hebr. *nacham*). Dasselbe Wort wird auch für menschliche Reue verwendet (Hiob 42,6) und ist oft gleichbedeutend mit »umkehren, Buße tun« (*schub*) in 3,8.9: »und sie sollen umkehren.« Es legt einen Gesinnungswandel in bezug auf eine geplante Handlung nahe. Hier steht es anthropomorph für die Bedingtheit des Gottesgerichts je nach der Reaktion der Menschen. Dieses Prinzip wird in Jeremia 18,8 dargelegt. Dagegen lesen wir in 4Mo 23,19 (vgl. 1Sam 15,29): »Nicht ein Mensch ist Gott, daß er ... bereue.« Dort ist die Wahrhaftigkeit und Unwandelbarkeit Gottes gemeint.

6. **DIE BUSSE JONAS** (Kap. 2; 4). Neben der unerwarteten Buße eines der größten »Gewalttäter« der antiken Geschichte stellt dieses Buch die Buße oder Umkehr Jonas heraus. Die Buße Ninives nimmt ein Kapitel in Anspruch, die Vorbereitung und Belehrung Jonas jedoch drei Kapitel (1; 2; 4). Mit seinem störrischen Propheten scheint Gott mehr Schwierigkeiten gehabt zu haben als mit ganz Ninive. Als Jona gehorsam wurde, geschah die Erweckung von selbst. Seine Zurüstung hingegen mußte Schritt für Schritt vorgenommen werden. Das Fischwunder brachte ihn nach Ninive, doch vor seiner Rückkehr nach Israel mußte er noch manches lernen. Die Buße Ninives (Kap. 3) mag überraschend sein, doch der verärgerte Prophet (Kap. 4) ist wie ein Schlag ins Gesicht. Ihm lag mehr an der Erfüllung seiner Vorhersage zur Ehre seines Berufsstandes als an der Verschonung Ninives. Am Ende erfüllt dieses Buch den Leser mit gewisser Abscheu vor dem eigennützigen Propheten. Seine Selbstsucht und Bigotterie hinterläßt einen bitteren Nachgeschmack, bis der Leser sich fragt, warum er die Geschichte der Nachwelt überliefert hat, ohne sein Image zu beschönigen. Das Buch Jona war offenbar dazu gedacht, Abscheu zu erwecken und Israel zu demütigen, denn Jonas Einstellung ist typisch für Israel. Dieses Volk war zu sehr in Wonne und Wollust im goldenen Zeitalter Jerobeams II versunken, um seinen göttlichen Auftrag als Bundesvolk wahrzunehmen.

7. **JONAS VERWENDUNG IM JÜDISCHEN RITUS.** Orthodoxe Juden lesen das Buch Jona traditionsgemäß zum Nachmittagsgottesdienst am Tag der Versöhnung (A. Cohen: *The Twelve Prophets,* S. 137). An diesem nationalen Fasttag der Trauer und gegenseitigen Vergebung hören sie von neuem den Bericht vom alten Ninive, das durch Buße und Sündenerkenntnis Gottes Gnade fand. Zwar scheint diese Reaktion unter den Israeliten zu Jonas Zeit nicht eingetreten zu sein, doch weisen die orthodoxen Juden seit jeher durch die Lesung Jonas an ihrem größten Fasttag auf die Gnade Gottes hin, die er dem Bußfertigen erweist, welcher Rasse er auch angehören mag. So hat Jona einen besonderen Platz im jüdischen Nationalerbe erhalten.

8. **DAS BUCH DER GNADE GOTTES FÜR ALLE** (4,11). Kein Buch des Alten Testaments lehrt die Gnade Gottes für die Nationen so nachdrücklich wie Jona. Diese weltweite Sicht des Auftrags an Israel hatten bereits Josua und Salomo (Jos 4,24; 1Kö 8,43.60). In seiner Untreue hatte das Volk diese Mission jedoch meist vergessen. Hier im Zentrum der jüdischen Geschichte erwählte Gott Jona, um Israel den Gottesplan des Gerichts über alle Übeltäter und der Gnade für alle Bußfertigen ins Gedächtnis zu rufen. Frederick Faber (*Voice of Thanksgiving Hymnal*) hat diese Wahrheit so ausgedrückt: »Denn weit ist Gottes Liebe, viel weiter als der Mensch versteht; und groß das Herz des Ewigen, von grenzenloser Huld beseelt.«

9. **CHRISTUS IN JONA.** Jonas zentrale Botschaft der Gnade Gottes für alle Menschen tritt bei Christus natürlich noch deutlicher hervor. Er rief alle Völker zur Buße, als »Licht zur Erleuchtung der Nationen und zur Herrlichkeit deines Volkes Israel« (Lk 2,32). Nach seiner Auferstehung sandte er die Zwölf aus, um alle Nationen zu Jüngern zu machen (Mt 28,19). Jona ist der einzige Prophet, den Jesus als Vorausbild auf sich selbst sah (Mt 12,40). Wie Jona drei Tage und drei Nächte im Bauch des Fisches (am Ort des Todes) war, wird der Sohn des Menschen im Herzen der Erde sein. »Tag und Nacht« ist ein hebräischer Ausdruck für jeden beliebigen Teil eines Tages. Da jeder Typus nur einen Vergleichspunkt hat (wie ein Gleichnis auch), versinnbildlicht Jona nur an diesem einen Punkt Christus: sein Todeserlebnis für einen Zeitraum, der das Eintreten des Todes hinlänglich beweist (Joh 11,17.39). Mit Jonas Erlebnis belegt Jesus Christus die größte Wahrheit der Bibel: seine Auferstehung von den Toten.

Der Prophet Micha

Einleitung

TITEL UND AUTOR

A. BEZEICHNUNG

Micha ist eine Abkürzung für »Michaja« — »Wer ist wie Jahwe« (JHWH)? Dieser Ausruf paßt vorzüglich zum Buch Micha, das im ersten Kapitel Gottes große Macht und im letzten seine große Vergebung hervorhebt: »Wer ist ein Gott wie du, der die Schuld vergibt?« (7,18).

B. VERFASSER
1. Michas Urheberschaft ist allgemein unbestritten, obwohl manche modernen Bibelkritiker die »Hoffnungs«-Kapitel 4-7 einem späteren Autor zuschreiben. Jer 26,18 zeigt den großen Respekt, der Micha zur Zeit Jeremias (um 600 v.Chr.) entgegengebracht wurde. Der Inhalt des Buches fügt sich in die Zeit und Umstände des Propheten Micha ein.
2. Micha stammte aus dem ländlichen Moreschet-Gat im Westen, an der Grenze Judas zu Philistäa. Jerusalem, Stadt der großen Politik und Wirtschaft, lag etwa 30 km nordöstlich.
3. Der Prophet Micha, offenbar bedeutungsloser Abstammung, wird nach seinem Herkunftsort, nicht nach seinen Vorfahren identifiziert. Seine vielen Anspielungen auf das Hirtenleben könnten ein Hinweis auf seinen Beruf sein.
4. Mit Jesaja rechnet man ihn unter die »Männer Hiskias« (nach Spr 25,1), welche die Sprüche Salomos in Kap 25-29 niedergeschrieben und gesammelt haben. Micha ist nicht zu verwechseln mit dem früheren Propheten desselben Namens (1Kö 22,8).

Das geschichtliche Umfeld

A. DATIERUNG — um 730 v.Chr.

Micha preidgte zur Zeit der Könige Jotam, Ahas und Hiskia, deren Herrschaftszeit von 740 bis 697 reicht. Sein zentrales Wirken dürfte unter Ahas und Hiskia stattgefunden haben, vor dem Fall Samarias im Jahre 722. Somit kommen wir auf eine Datierung von 730-720.

B. DAS POLITISCHE UMFELD
1. Als Zeitgenosse Jesajas sah sich Micha in einer ähnlichen politischen und religiösen Situation wie jener. Micha predigte im Dorf, Jesaja in der Stadt.
2. Er ist der einzige Prophet, dessen Predigt ausdrücklich an Israel und Juda gerichtet ist (1,1). Auch Jesaja sah die Einnahme Samarias vorher, doch galt seine Weissagung »Juda und Jerusalem« (Jes 1,1).

C. ÄHNLICHKEITEN UND UNTERSCHIEDE VON MICHA UND JESAJA

Die enge Zusammenarbeit zwischen Jesaja und Micha wird unter den schreibenden Propheten nur noch von Haggai und Sacharja übertroffen. Abgesehen von der Länge ihrer Bücher finden wir folgende Ähnlichkeiten und Unterschiede:
1. Ähnlichkeiten zwischen Micha und Jesaja:
   a. Beide sagen den baldigen Einfall Assyriens vorher.
   b. Beide sprechen von der Errettung Judas, das jedoch später nach Babel verschleppt wird.
   c. Beide betonen die Nichtigkeit äußerlicher Religionsausübung.

d. Beide enthalten Messiasverheißungen: Jesaja auf die Geburt von einer Jungfrau, Micha auf die Geburt in Bethlehem.
   e. Beide sagen Israels endliche Errettung nach seiner Buße vorher.
2. Unterschiede zwischen Micha und Jesaja:
   a. Jesaja spricht vor allem die Aristokratie der Hauptstadt Jerusalem an; Micha wendet sich an die Landbevölkerung.
   b. Jesaja spricht viel von Weltpolitik und den verfehlten Bündnissen Judas; Micha konzentriert sich auf das persönliche und soziale Unrecht im Volk.
   c. Während Jesaja auch den Nachbarvölkern Gericht spricht, wendet sich Micha nur an Juda und Israel.
   d. Jesajas Messiasbild beinhaltet den leidenden Knecht, die Versöhnung und das persönliche Heil; für Micha hingegen ist der Messias der nationale Erlöser, der aufgrund der Gnade des Abrahambundes Vergebung und Heil bringt.

Der Zweck von Micha

Der historische Zweck des Buches war die Bezeugung des gewaltigen Zorns Gottes wegen der Sünden im Land, seinem sozialen Unrecht und seiner Gewalttat trotz äußerlicher Religiosität. Zudem will Micha auf die Ankunft des Messias verweisen, der aus bescheidenen Verhältnissen kommen und Treue und Recht bringen würde, wie sie Abraham versprochen waren.

Gliederung von Micha

THEMA: Gottes Wesen als gerechter Richter und sorgender Hirte Israels

I. DAS MAJESTÄTISCHE KOMMEN DES HERRN IM GERICHT 1-3
   A. Auftreten Gottes zum Gericht 1
      1. Die Erde soll hören auf den Zorn des Herrn .... (1,1-7)
      2. Palästina soll klagen über die Zerstörung durch den Herrn ..... (8-16)
   B. Aufzählung der Gründe für Gericht 2
      1. Böswilliger Mißbrauch der Macht .... (2,1-5)
      2. Bewußte Mißachtung des Wortes Gottes .... (6-11)
      3. Betrügerische Deutung der Verheißungen Gottes .... (12.13)
   C. Aufmarsch der Gerichteten Gottes 3
      1. Die Häupter Israels, die das Recht verdrehen .... (3,1-4)
      2. Die Propheten Israels, die um Geld weissagen .... (5-8)
      3. Die Sünder Israels, die Frömmigkeit heucheln .... (9-12)

II. DAS MESSIANISCHE KOMMEN DES HERRN ZUR ERRETTUNG 4; 5
   A. *Die Größe seines Reiches* 4
      1. Erhöhung von Zions Tempel .... (4,1-5)
      2. Erhebung von Zions Verstoßenen .... (6-8)
      3. Überwindung von Zions Feinden .... (9-14)
   B. *Die Größe seines Kommens* 5
      1. Er kommt als Israels Hirte .... (5,1-3)
      2. Er kommt als Israels Stärke .... (4-14)

> III. DIE KUNDMACHUNG DER MORALISCHEN ANLIEGEN GOTTES 6; 7
>   A. *Das Wesen wahrer Gottesfurcht* 6
>   1. Gottes Ruf zum Gericht .... (6,1.2)
>   2. Gottes Suche nach wahrer Gerechtigkeit .... (3-8)
>   3. Gottes Sache gegen Israel .... (9-16)
>   B. *Das Fehlen wahrer Gottesfurcht* 7
>   1. Israels volles Versagen .... (7,1-6)
>   2. Israels einziger Retter .... (7-17)
>   3. Israels gnädiger Gott .... (18-20)

Besonderheiten von Micha

1. **DER HERR SCHREITET ÜBER DIE ERDE** (1,3.4). Micha beginnt mit einem der schauerlichsten Bilder des Herrn, der mit tobendem Grimm auf die Erde herabsteigt. Wie Jona verkündet er Gottes Gericht, ehe er von seiner vergebenden Gnade redet. Die nachfolgenden drei Bücher führen dieses Thema fort, indem der Herr als mächtiger Krieger kommt, vor dem die »Berge erbeben« (Nah 1,2-6), die »ewigen Berge bersten« (Hab 3,6) und »das ganze Land verzehrt« wird (Zeph 1,18). Dasselbe erschreckende Gottesbild finden wir bei Jesaja, Kap 24; 63; wo er die Verwüstungen am Tag des Herrn schildert. Sünde ist ernst genug, um die vollständige Vernichtung der Erde im Chaos zu bewirken (Jer 4,23-26). Micha verdeutlicht mit diesem Bild den großen Zorn Gottes, der die Unterdrücker und Rechtsverdreher trifft. Wer die Armen ausbeutet, zieht sich den Zorn des Allmächtigen zu (vgl. 5Mo 15,10; Ps 109,31; 140,13; Spr 14,31; 19,17).

2. **DER PROPHET DES ARMEN MANNES.** Micha ist der Prophet des Mannes auf der Straße. Selbst aus bescheidenen Verhältnissen, kannte er das Los der Armen und nahm sich ihrer Sache gegen die Ausbeuter des Volkes an, gegen die eigennützigen Führer der Nation (3,1-3). Das gesamte Buch ist eine Anklageschrift gegen Unterdrückung der Schwachen, Bestechlichkeit der Regierenden, Vertreibung von Frauen aus ihren Häusern und alle Arten von verschleiertem Diebstahl, häufig unter dem Deckmantel der Religion (2,1.2.8-11; 3,1-3.9-11; 6,10-12; 7,1-6). Zwar spricht er die Armen nicht frei aufgrund ihrer Armut, doch wendet er sich schonungslos gegen die Oberschicht, welche die Schwachen und Hilflosen ausbeutet bis zum letzten Blutstropfen. In seiner Ankündigung der Wiederherstellung überrascht er das Volk mit der Prophezeiung, der »Herrscher über Israel«, der Messias, werde aus der kleinen und unbedeutenden Stadt Behlehem kommen, nicht aus der wohlhabenden Hauptstadt Jerusalem (5,1-3). Er stellt ihn gar als einen »Hirten« wie David dar, doch größer als David, denn er wird »groß sein bis an die Enden der Erde« (5,3). Bei Micha finden wir die letzte Erwähnung Bethlehems im Alten Testament, mit der er über 700 Jahre lang vieler Augen auf diese Stadt richtete.

3. **MICHAS EVANGELIUM DER SOZIALEN GERECHTIGKEIT** (6,6-8). Im gesamten Alten Testament finden wir keine einfachere und tiefgehendere Formulierung des Gesetzes als

in Mi 6,6-8. Die Anforderungen sind leichtverständlich und klar: Recht üben, Güte lieben und demütig gehen mit Gott. Wie Jesus vor den lieblosen Obersten seiner Zeit das gesamte Gesetz unter dem Liebesgebot zusammenfaßt, lesen wir bei Micha von Recht, Güte (Gnade) und Demut, welche im Volk trotz religiöser Aktivität (3,11) fehlten. Ihre »Tausende von Widdern« und »Zehntausende von Bächen Öls« (6,7) konnten Gott nicht bestechen und den Mangel an Recht und Liebe unter den Menschen nicht übersehen lassen.

4. *ISRAELS VOLLSTÄNDIGES VERSAGEN* (7,2-6). Wie in Jes 1,5.6; 57,1 lesen wir auch bei Micha von der vollständigen Sündhaftigkeit Israels: »da ist kein Rechtschaffener unter den Menschen« (7,2). Jene gottlose Gesellschaft war ganz und gar von Bosheit und Selbstsucht durchdrungen. Die Israeliten hatten sich von Gottes Wahrheit losgesagt und ernteten die Ergebnisse im zwischenmenschlichen Bereich, wo »die Feinde eines Mannes seine eigenen Hausgenossen« waren, ja sogar seine Frau, Kinder und Eltern (7,5.6). Jesus zitiert diese Michastelle (Mt 10,21.35), denn die Ablehnung der Wahrheit unter seinen Zeitgenossen würde ähnliche Auswirkungen haben. Auch Paulus spielt auf diesen Vers an (Röm 1,28-32), um den Zusammenhang von Verstößen der Wahrheit und sozialem Zwist zu beweisen.

5. *CHRISTUS IN MICHA* (4,1-8; 5,1-4). Zwei Michastellen sprechen vom Reich des Messias und seinem Kommen. Am »Ende der Tage« wird er auf dem Zionsberg herrschen und der Wahrheit, dem Recht, Wohlstand und Frieden zum Durchbruch verhelfen. Dort werden die Lahmen, Verstoßenen und Leidtragenden versammelt, um den Kern einer »mächtigen Nation« zu bilden (4,1-7).

Nach 5,1 wird dieses Reich nicht in Größe beginnen, denn der Messias stammt aus dem kleinen Bethlehem, einem Dorf von Schafhirten. Der Ewige wird als Israels Hirte aus Gott hervorgehen. Doch ehe er groß wird bis an die Enden der Erde, muß der Herr sein Volk eine Zeitlang dahingeben, bis der Hirte seines Volkes in gewaltiger Majestät aufstehen wird (5,2.3).

Der Prophet Nahum

Einleitung

TITEL UND AUTOR

A. *BEZEICHNUNG*
Der Name Nahum bedeutet »Trost«. Als einziger der Propheten hat Nahum keine Gerichtsbotschaft an Israel, sondern nur Trost in Form der Vernichtung des Erzfeindes im Osten.

B. *VERFASSER*
1. Nur wenige Kritiker bezweifeln Nahums Autorschaft des gesamten Buches, obwohl wir sehr wenig von ihm wissen. Er kommt in der Bibel nur einmal vor (Nah 1,1).
2. Sein Heimatort Elkosch könnte sein:
   a. Alkusch, eine Stadt im Norden von Mosul und Ninive östlich des Tigris
   b. El-Kauze, ein kleines Dorf in Nordgaliläa, von dem wir durch Hieronymus wissen.
   c. Elkesei, eine Kleinstadt in Südpalästina. (Kausch war ein edomitischer Gott.) Die Speptuaginta nennt Nahum den »Elkesiter.«

d. Die Stadt Kapernaum (griech. Kafarnaum) in Nordgaliläa, deren Name sich vom arabischen »Kefr-Nahum« (Stadt Nahums) ableitet.
3. Nahum, dessen Geburtsort in der Nähe von Kapernaum in Nordgaliläa gelegen haben mag, dürfte nach dem Fall des Nordreichs in die südjüdische Stadt Elkosch geflohen oder ausgewandert sein, wo er zur Zeit der härtesten Bedrückung durch die Assyrer seine Trostbotschaft an Juda aussprach.

Das geschichtliche Umfeld

A. *DATIERUNG* — um 710 v.Chr.
1. Nahum ist einer der sechs kleinen Propheten, die im Text nicht datiert sind, weshalb wir auf Vermutungen aus dem Inhalt des Buches angewiesen sind. Konservative Gelehrte sehen zwei Datierungen: 710 v.Chr., während der Herrschaft Hiskias, oder 650 zur Zeit König Manasses.
2. Zur Bestimmung der Abfassungszeit dienen vier Anhaltspunkte:
   a. Ninive wurde 612 gemäß den Voraussagen Nahums zerstört.
   b. Nach 1,11 würde aus Ninive einer kommen, der »Heilloses riet«. Das würde auf den Rabschake passen (701 v.Chr.; 2Kö 18,19-35).
   c. Nahum verweist auf die vorhergehende Zerstörung von No-Amon (Theben), der großen Hauptstadt Unterägyptens. Theben wurde mehrmals eingenommen.

718 v.Chr.	Eroberung durch Äthiopien (Kusch) und Einrichtung der XXV. Dynastie.
714	Einnahme durch Sargon von Assyrien, gefolgt von weiteren Siegen über die mächtige XXV. Dynastie aus Äthiopien.
701	Niederschlagung des ägyptischen Heeres durch Sanherib.
671	Eroberung Ägyptens durch Asarhaddon von Assyrien.
663	Eroberung Ägyptens durch Assurbanipal von Assyrien.
525	Eroberung Ägyptens durch den Perserkönig Kambyses.

   d. Nahum war als Trostbuch für Juda geschrieben.
3. Aus folgenden Gründen erscheint 710 wahrscheinlicher als 650:
   a. Im Jahre 710 waren die Assyrer nach Westen aufgebrochen und stellten eine ungemeine Bedrohung für Juda dar, während sie 650 schon nicht mehr so mächtig waren.
   b. Die Trostbotschaft paßt am besten ins Jahr 710, in die Regierungszeit Hiskias. Unter König Manasse, dem gottlosesten und schlechtesten König Judas, gab es kaum Grund für Trost. Seine Herrschaft brachte das Faß der göttlichen Geduld zum Überlaufen.

B. *DIE GESCHICHTE NINIVES*
1. Ninive ist eine der ältesten Städte der Welt, gegründet von Nimrod (1Mo 10,11).
2. Ninive folgte als assyrische Hauptstadt auf Assur, obwohl zeitweise auch andere, nahegelegene Städte diese Rolle erfüllten.
3. Assyrien war nach seinem Hauptgott Assur benannt, einem Kriegspatron.
4. Assyrien erlangte um 1500 v.Chr. die Unabhängigkeit von Babylon, war jedoch nur zeitweise wirklich groß, und zwar unter Assur-Uballit I (1363-1328), Tukulti-Ninurta I (1243-1207), Tiglat-Pileser I (1112-1074), Adadnirari II (909-889), Salmanassar III (858-824) und Adadnirari III (809-782).
5. Biblische Bedeutung hat vor allem das »Zweite Assyrische Reich«:

Tiglat-Pileser III	(745-727) —	Einfall in Syrien und Nordisrael (734),
Salmanassar V	(727-722) —	Belagerung Samarias, Gefangennahme Hoscheas,
Sargon III	(721-705) —	Zerstörung Samarias; Unterwerfung Babylons,
Sanherib	(704-681) —	Eroberung Palästinas; Zerstörung von Babylon,
Asarhaddon	(681-669) —	Eroberung Ägyptens im Jahre 671,
Assurbanipal	(669-626) —	Übernahme Babylons von seinem Bruder Samas-Sumukin (648); Verschleppung Manasses nach Babylon; Errichtung der größten Bibliothek der Antike.

6. Das Assyrerreich verfiel seit 626; Ninive wurde 612 zerstört und das Heer der Assyrer in der Schlacht von Karkemisch (605) endgültig vernichtet.

7. Nach ihrer vollständigen Ausradierung versank die Stadt Ninive zwei Jahrtausende lang in Vergessenheit, ehe sie 1842 von Layard und Botta wiederentdeckt wurde. Alexander marschierte 331 vorbei, ohne eine Spur der Stadt zu bemerken. Ninive war von der Bildfläche verschwunden.

8. Die Assyrer waren wegen ihrer Gewalttat und Grausamkeit berüchtigt. (Die meisten ihrer Götter waren Kriegspatronen.) Sie waren ein Volk von Jägern und Kriegern, nicht von Gelehrten. Kunst, Kultur und Wissenschaft hatten sie von den Babyloniern übernommen, denen sie sich unterlegen fühlten. Der einzige große Gelehrte Assyriens war der letzte große König Assurbanipal, der in Ninive eine Großbibliothek mit 20.000 Bänden anlegte.

9. Dieses grausame Volk verwendete der Herr, um die Abgötterei und Gewalttat des Nordreichs Israel zu richten, seine Bewohner nach Babel zu verschleppen und durch eine Mischrasse aus babylonischen Völkern zu ersetzen.

C. *DAS POLITISCHE UMFELD IN JUDA*

Aufgrund der Blitzreform Hiskias war Juda vor der Invasion Sargons verschont geblieben. Doch die Assyrer stießen von neuem nach Westen vor, während sie Babylon im Osten unterjochten. Hiskia war in großer Versuchung, seine Stellung durch ein Bündnis mit Ägypten und Babylon zu stärken (2Kö 18,21; 20,12ff). Das Assyrerreich näherte sich dem Höhepunkt seiner Machtentfaltung und drohte Juda und den gesamten Nahen Osten zu verschlingen. In dieser Reformationszeit brauchte Juda göttlichen Trost, um dem Übergriff aus Ninive, dem Hort der Bluttat, im Glauben standzuhalten.

D. *DAS RELIGIÖSE UMFELD* (siehe »Der Prophet Jona«)

Der Zweck von Nahum

Hauptzweck von Nahum war der Trost an Juda durch die Gerichtsansage über seinen Erzfeind Assyrien. Der Prophet kündigte den genauen Plan Gottes an, Ninive zu zerstören und vollständig auszuradieren. Diese Botschaft sollte Juda an die Erhabenheit des Herrn über alle Völker erinnern; Grausamkeit und Gewalttat seitens der Machthaber werde Gott nicht lange tatenlos dulden.

Gliederung von Nahum

THEMA: Gottes großes Gericht über Ninive, den Bedrücker des Ostens

- I. ANKÜNDIGUNG DES GERICHTS ÜBER NINIVE 1
  - A. *Der Richter* 1,1-7
    1. Ein Gott der Vergeltung
    2. Ein Gott der Geduld und Macht
    3. Ein Gott der Zuflucht
  - B. *Das Gericht* 1,8-2,1
    1. Die Belagerung der großen Stadt
    2. Die Beendigung des Plünderns in Israel
    3. Die Beschämung des großen Königs
- II. BESCHREIBUNG DES GERICHTS ÜBER NINIVE 2
  - A. *Ninive belagert* 2,2-5
    1. Vom Herrn geschmäht
    2. Von Feinden gehaßt
  - B. *Ninive erobert* 2,6-9
    1. Die Mauer wird unterwaschen
    2. Die Menschen werden versklavt
  - C. *Ninive gebrandschatzt* 2,10.11
    1. Sein geraubter Schatz geplündert
    2. Sein geängstigtes Herz zertreten
  - D. *Die »Löwengrube« Ninive verwüstet* 2,12-14
- III. BEGRÜNDUNG DES GERICHTS ÜBER NINIVE 3
  - A. *Sein gnadenloses Morden* 3,1-3
  - B. *Seine Unzucht und Zauberei* 3,4-7
  - C. *Sein Schicksal wie No-Amon* 3,8-10
  - D. *Sein Schicksal, die ewige Verwüstung* 3,11-19

Besonderheiten von Nahum

1. ***EIN GOTT DER VERGELTUNG*** (1,2.6). Wie Micha beginnt Nahum mit dem Zorn Gottes gegen Sünde und seinem Gerichtswalten auf der Erde. Hier richtet sich Gottes Grimm jedoch gegen Israels Feinde, nicht gegen Israel selbst. Für Nahum ist Gott eifersüchtig und rächend, erfüllt von brennendem Zorn auf seine Feinde. Diesen eifersüchtigen Gott kennen wir (2.Mo 20,5; 5Mo 32,21ff.). Viele Stellen beschreiben den Herrn als »langsam zum Zorn«, doch mächtig

im Grimm gegen alle, die seine Gnade verwerfen (2Mo 22,23; 32,12; 4Mo 14,18; Jos 7,1; Esr 9,15; Hi 20,23). Das achtmalige Wehe Jesu gegen die heuchlerische Obrigkeit seiner Zeit offenbart denselben feurigen Grimm gegen alle, die Gesetz und Gnade zurückstoßen (Mt 23). Den Höhepunkt des Rachezorns Gottes bildet seine Wiederkunft (Off 14,10.19; 19,15), um seine Feinde zu richten und sein Volk zu erlösen.

2. ***DAS RÜCKHALTLOSE GERICHT.*** Kein Bibelbuch ist in seiner Gerichtsbotschaft so rückhaltlos und unablässig wie Nahum. Die einzige »gute Nachricht« ist die Ankündigung der Vernichtung von Ninive (2,1). So gnadenlos und nachdrücklich ist diese Gerichtsbotschaft; die Sünden Israels und Judas werden nicht einmal beiläufig erwähnt. Der Herr setzte ein eigenes Bibelbuch — Jona — beiseite, um seinen tobenden Zorn gegen ein gewalttätiges, räuberisches und blutgieriges Volk in allen Details zu beschreiben; die Gnade Gottes, die ihm durch Jona zuteil geworden war, hatte es verstoßen.

3. ***DER UNTERGANG DER KÖNIGIN DER STÄDTE.*** Jona hätte nichts sehnlicher gewünscht, als dieses Buch zu schreiben (Jon 4,2); er sah aber nicht die Ernte, die der Herr vorher einzubringen hatte. Seine kurze Gerichtsprophetie über Ninive wird hier ausgebreitet, jedoch ohne die Frist von »vierzig Tagen.« Obwohl die Buße Ninives das Gericht aufschob, machte die folgende Bosheit und Gewalttat die Strafe noch größer, und Verachtung der Gottesgnade kam zu allen Sünden hinzu. Die uralte Stadt Ninive war ein klassisches Symbol für Macht, Gewalttat und Gottesverachtung seit den Tagen Nimrods (1Mo 10,9-11). Als die Ausradierung schließlich Wirklichkeit wurde, war die Königin der Städte jahrhundertelang vergessen, bedeckt vom Wüstensand.

4. ***NAHUMS WARNRUF AN ALLE VÖLKER.*** Nahum enthält auch eine weltgeschichtliche Lektion an alle Völker: Das »Dschungelrecht« ist nicht das Gesetz Gottes, Sünde und Gewalttat mögen zwar im Rahmen des göttlichen Plans eine Zeitlang ungestraft bleiben, können jedoch niemals vergessen werden, nicht nur weil die Erfüllung von Gottes Ratschluß auf dem Spiel steht, sondern vor allem zur Rechtfertigung des Wesens Gottes (2Mo 34,6.7; 4Mo 14,18). Zwar ist Gott »langsam zum Zorn«, um Gnade zu erweisen, doch ist sein Grimm umso gewaltiger, wo sein Gesetz verleumdet und seine Gnade verworfen werden. Nahums Darstellung des rächenden Gottes ist eines der erschreckendsten Bilder der Bibel. Während im Buch Jona Gottes Gnade auch ohne das mosaische Gesetz den Heiden angeboten wird, zeigt Nahum Gottes Grimm und Gericht gegen die Völker, ob sie das Gesetz besitzen oder nicht.

5. ***CHRISTUS IN NAHUM*** (2,1). Obwohl Nahum keine konkreten Messiasverheißungen enthält, stellt die »Freudenbotschaft« in 2,1 eine indirekte Anspielung auf Christus und sein Evangelium dar. Jes 52,7 spielt darauf an, und Paulus bezieht diese Stelle (in Röm 10,15) auf die Verkündigung des Evangeliums. Denn der eigentliche Zweck von Nahum ist der Trost für Israel durch die Bestrafung des Erzfeindes im Osten. Dementsprechend beinhaltet die Frohbotschaft des Evangeliums nicht nur das Heil, sondern auch die Nachricht von Christi Sieg über alle Feinde (Lk 1,71). Der Gott Nahums ist derselbe wie der Christus des Neuen Testaments.

Der Prophet Habakuk

Einleitung

TITEL UND AUTOR

A. BEZEICHNUNG

»Habakuk« bedeutet »umarmen.« Flehentlich wendet sich der Prophet an Gott im Gebet für sein Volk, und voll Liebe und Dankbarkeit preist er Gott für die Antwort auf seine quälenden Fragen über Gottes Heiligkeit.

B. VERFASSER
1. Wie bei den meisten kleinen Propheten wissen wir von Habakuk praktisch nichts. Sein Name findet sich sonst nirgends, er selbst stellt sich freilich zweimal vor (1,1; 3,1).
2. Wegen seines liturgischen Psalms — Kap 3. — halten ihn viele für einen Leviten. Doch der Psalmist David war auch kein Levit.
3. Zwar wird die Einheit des Buches von der Bibelkritik zuweilen bezweifelt, vor allem was den Psalm (Kap. 3) betrifft, doch gibt es dafür keine wirklichen Gründe. Die Echtheit des Buches wird durch den Titel beider Teile bezeugt (1,1; 3,1).

Das geschichtliche Umfeld

A. DATIERUNG — um 607 v.Chr.
1. Das Buch ist zwar nicht datiert, bietet aber einige Anhaltspunkte:
   a. Die Erwähnung eines ungestümen Angriffs der Chaldäer (1,6) deutet auf eine Entstehungszeit vor den ersten Eroberungen dieses Volkes im Jahre 605 hin.
   b. Da Ninive im gesamten Buch nicht erwähnt ist, müssen wir auf eine Datierung nach dem Fall Ninives 612 v.Chr. schließen.
   c. Die Besorgnis des Propheten über die Gewalttat in Juda verweist in die Zeit nach dem Tod Josias (609), während der gottlosen Regierung Jojakims.
2. Als wahrscheinlichstes Datum möge somit 607 v.Chr. gelten, als Jojakims Gewaltherrschaft auf ihrem Höhepunkt angelangt war, kurz vor der Unterwerfung Judas durch Nebukadnezar im Jahre 606.

B. DAS POLITISCHE UMFELD
1. Das Völkerringen um die Weltherrschaft zwischen Assyrien, Babylon und Ägypten wandte sich zugunsten Babylons; 612 wurde Ninive erobert, 605 würde das ägyptische Heer bei Karkemisch vernichtet werden. Nebukadnezars Großmacht zeichnete sich langsam ab.
2. Habakuk war ein Zeitgenosse Jeremias und predigte auch dem Südreich Juda, während dieses dem nationalen Zusammenbruch entgegensteuerte. Mit dem plötzlichen Tod Josias im Jahre 609 waren seine Reformen zu einem vorzeitigen Ende gekommen, und der von Manasse ausgestreute Same der Verderbtheit trug unter Jojakim Früchte.

C. DAS RELIGIÖSE UMFELD

Nach der allzu rasch im Sand verlaufenen Reform Josias durch Unglaube war das Gericht über Juda endgültig besiegelt. Jerusalem weigerte sich, aus dem Schicksal Samarias, No-Amons und Ninives zu lernen, weshalb es ein ähnliches Los treffen würde. Dazu hatte der Herr einen grausamen Gegner erweckt und in seinen Dienst gestellt.

Der Zweck von Habakuk

Habakuk betont Gottes Heiligkeit im Gericht über Juda. Das Werkzeug dazu würde ein noch gottloseres Volk sein, das jedoch später wegen seines Aufruhrs und Götzendienstes betraft werden würde.

Gliederung von Habakuk

THEMA: Die Gerechten werden leben im Glauben an Gottes Heiligkeit und gerechtes Gericht

- I. HABAKUKS VERWIRRUNG ÜBER GOTTES WEGE 1; 2
  - A. *Problem 1: Gottes Gleichmut bei Israels Sünde* 1,1-11
    1. Frage des Propheten ....(1,2-4)
       - a. Warum erhört Gott die Gerechten nicht?
       - b. Warum behalten die Frevler die Oberhand?
    2. Antwort des Herrn ....(1,5-11)
       - a. Ein unglaubliches Gericht kommt
       - b. Ein ungläubiges Volk führt es herbei
  - B. *Problem 2: Gottes Gericht durch das frevlerische Babel* 1,12-2,20
    1. Frage des Propheten ....(1,12-17)
       - a. Wie kann ein heiliger Gott die Frevler gebrauchen?
       - b. Wie können Babylons Götter die Ehre erhalten?
    2. Antwort des Herrn ....(2,1-20)
       - a. Die Gewißheit des Gerichts
       - b. Des Gläubigen Zuflucht im Gericht
       - c. Die Gerechtigkeit des Gerichts
       - d. Die göttliche Heiligkeit im Gericht

- II. HABAKUKS DANKESPSALM AN GOTT 3
  - A. *Lob für Gottes Wesen* 3,1.2
    1. Verwirkliche dein Werk der Züchtigung
    2. Gedenke im Zorn deines Erbarmens
  - B. *Lob für Gottes Macht* 3,3-16
    1. Seine Gerichtstaten zertreten die Frevler ....(3,3-12)
    2. Seine Machttaten erretten die Gerechten ....(13-16)
  - C. *Lob für Gottes Vorsorge* 3,17-19
    1. Vorsorge in überreicher Trostlosigkeit
    2. Vorsorge durch überreiche Heilserweise

Besonderheiten von Habakuk

1. **DAS GOTTESGERICHT ÜBER BABEL** (3,12). Habakuk folgt logisch auf Nahum, indem er Gottes Gericht über den zweiten Erzfeind Israels und Zerstörer aus dem Osten vorhersagt. Obwohl Ninive und Babel vom Herrn berufen waren, das Nordreich Israel und das Südreich Juda zu fällen (Jes 7,18-20; Jer 27,6), werden beide dem Gericht wegen ihrer Grausamkeit nicht entgehen. Beide Bücher prangern Rachsucht und Gewalttat an, die Gott weder aufgetragen noch gutgeheißen hat. Und beide Bücher schildern den schrecklichen Zorn und Grimm, womit der Herr sie vernichten würde.

2. **DIE HEILIGKEIT GOTTES** (1,12; 2,20; 3,3). Habakuks Hauptanliegen ist Gottes Heiligkeit gegenüber dem Frevel Israels und dem noch größeren Frevel Babels. Ihm war es ein Rätsel, wie die Sünde Judas straffrei ausgehen durfte und wie Gott das noch grausamere Babel für seine Zwecke einsetzen konnte. Dieses Problem und die Antwort darauf sind in zwei klassische Aussagen gegossen: »Du hast zu reine Augen, um Böses mitansehen zu können« (1,13); »Der HERR aber ist in seinem heiligen Palast. Schweige vor ihm, ganze Erde« (2,20). Gott hat unendliche Geduld mit dem Sünder und verwendet sogar »Gefäße des Zorns« (Röm 9,22) für seine eigenen Absichten. Doch niemals gibt er seine Heiligkeit auf. Oft läßt er der Sünde freien Lauf, um ihresgleichen zu richten, wie es Gottes Plan entspricht. Damit stellt er seine Erhabenheit sowie die Größe seiner Heiligkeit und Gerechtigkeit unter Beweis.

3. **»DER GERECHTE WIRD DURCH GLAUBEN LEBEN«** (2,4). Man sagt, das Buch Habakuk habe die Reformation ausgelöst. Paulus zitiert Hab 2,4, um seine Lehre von der Rechtfertigung aus Glauben zu belegen (Röm 1,17; Gal 3,11). Damit hat er das Schlagwort Luthers und der Reformation geprägt. Auch in Hebr 10,38 wird dieser Vers zitiert, aber in einer interessanten, anderen Betonung: Röm 1,17 legt das Hauptgewicht auf »*Der Gerechte*«; Gal 3,11 auf »*wird leben*« und Hebr 10,38 »*aus Glauben.*« Habakuk meint alle drei Punkte. Nur wenige Verse der Bibel haben die Entwicklung der Theologie und die Verkündigung des Glaubens so stark beeinflußt wie dieser.

4. **OFT ZITIERTE VERSE.** Bei Habakuk fallen seine vielen Zitatstellen auf:
   a. »Ihr glaubtet es nicht, wenn es erzählt würde« (1,5).
   b. »Du hast zu reine Augen, um Böses mitansehen zu können« (1,13).
   c. »Der Gerechte aber wird durch seinen Glauben leben« (2,4).
   d. »Denn die Erde wird davon erfüllt sein, die Herrlichkeit des HERRN zu erkennen, wie die Wasser den Meeresgrund bedecken« (2,14).
   e. »Weh dem, der anderen zu trinken gibt« (2,15).
   f. »Der HERR aber ist in seinem heiligen Palast. Schweige vor ihm, ganze Erde« (2,20).
   g. »Ich habe, HERR, dein Werk gesehen. Inmitten der Jahre verwirkliche es« (3,2).
   h. »Ich aber, ich will in dem HERRN frohlocken, will jubeln über den Gott meines Heils« (3,18).

5. **HABAKUKS MUTIGES ZWIEGESPRÄCH MIT GOTT.** Im Vergleich mit anderen Propheten ist das Buch Habakuk eher ein Gebet als eine Prophetie. Bestürzt wendet sich der Beter an Gott und stellt ihm bohrende Fragen über seine Heiligkeit und Liebe. Er bringt sein Problem vor und wartet auf die Antwort. Freilich dient das Gebet zugleich als Lehrmethode: Schwieri-

ge Fragen werden aufgeworfen und mit göttlicher Vollmacht beantwortet. Später nannte man das die »rabbinische« oder »sokratische« Methode, doch auch der Herr Jesus setzte sie zielführend ein (z.B. Mt 22,42ff). Habakuks Gottesglaube ist stark und tief genug, um Zweifeln offen Ausdruck zu verleihen und die Antworten Gottes anzunehmen.

6. **CHRISTUS IN HABAKUK** (2,14.20). Direkte Christusaussagen finden wir in diesem Buch keine, doch mehrere Andeutungen über das messianische Reich. Nach 2,14 werden alle Menschen die Herrlichkeit des Herrn erkennen. Habakuk knüpft hier an Jes 11,9 an, geht jedoch darüber hinaus. Die Erkenntnis, die Jesaja vorhersagt, wird nach Habakuk die Herrlichkeit des Herrn zum Inhalt haben. Dagegen hebt sich die vergebliche Mühe und das unermeßliche Blutvergießen für die vergängliche Herrlichkeit weltlicher Reiche ab. Die Erkenntnis seiner Herrlichkeit, heute unscheinbar und schwach, wird dann die Erde erfüllen.

Eine zweite Andeutung klingt in der Anweisung von 2,20 durch: »Schweige vor ihm, ganze Erde«, denn »der HERR ist in seinem heiligen Palast.« Ähnliche Aussagen finden wir in Zeph 1,7 und Sach 2,17, wo vom Tag des Herrn die Rede ist. So spricht auch Offb 8,1 vom Schweigen im Himmel, ehe der Gotteszorn in der zweiten Hälfte der Drangsalszeit entfesselt wird. Jedesmal gehen diese Offenbarungsgerichte vom Herrn von seinem heiligen Tempel aus, wodurch Gottes Heiligkeit und die Gerechtigkeit seines großen Zorns deutlich werden (Offb 8,5; 14,15.17; 15,8; 16,1.17). Das hat auch Habakuk sagen wollen, ehe er seinen Psalm über Gottes Grimm gegen die Völker mit einer majestätischen und drohenden Theophanie beginnt (3,3-16).

Der Prophet Zephanja

Einleitung

TITEL UND AUTOR

A. *BEZEICHNUNG*
Der Name Zephanja bedeutet »Der Herr verbirgt« oder schützt. Der Schutz des Gerechten am Tag des Herrn kommt 2,3; 3,8-12 zum Ausdruck.

B. *VERFASSER*
1. In der Überschrift stellt sich der Prophet als Ururenkel Hiskias vor (sicherlich des Königs, der 75 Jahre zuvor regierte). Zephanja ist somit der einzige kleine Prophet königlicher Abstammung.
2. Als entfernter Vetter Josias hatte er wohl Zugang zum Königshof und kannte das religiöse Klima um Jerusalem.

Das geschichtliche Umfeld

A. *DATIERUNG* — um 630 oder 625 v.Chr.
1. Sein Wirken fand während der Herrschaft Josias (640-609) und vor dem Fall Ninives statt (612 v.Chr.; Zeph 1,1; 2,13).

2. Die Drohreden gegen Götzendienst und Gesetzlosigkeit deuten auf eine Entstehungszeit vor 621 oder gar vor 628 hin, als Josias große Reform anlief. Predigte Zephanja vor der ersten Säuberung, müssen wir mit 630 datieren, wirkte er erst vor der zweiten, ist ca. 625 v.Chr. ein glaubhaftes Datum.

B. *DAS POLITISCHE UMFELD*
Zephanja trat am Anfang des Wirkens Jeremias auf. Sowohl im nationalen als auch im internationalen Bereich kündigten sich entscheidende Umbrüche an. Assyriens Niedergang wurde spürbar, Babylon dehnte sich unter Nabopolassar aus, Ägypten stieß nach Palästina vor, wenn auch nicht sonderlich erfolgreich. Die lange Regierungszeit Manasses hatte Juda entscheidend geschwächt und zum Vasallen Assyriens gemacht. Josia begann seine 31jährige Herrschaft im Alter von 8 Jahren (640 v.Chr.), als das Volk politisch und moralisch tief gesunken war.

C. *DAS RELIGIÖSE UMELD*
1. Josia bestieg den Thron nach 55 Jahren des Blutvergießens und Sittenverfalls unter Manasse und Amon. Nach 2Chr 34 läßt sich Josias Regierungszeit in mehrere Perioden gliedern:
   a. 640-632 — Frühzeit, bis er mit 16 Jahren begann, den Herrn zu suchen.
   b. 632-628 — Persönliches Wachstum vor Beginn der Reformen.
   c. 628-621 — Erste Säuberung vom Götzendienst in Jerusalem und ganz Israel.
   d. 621-609 — Zweite Säuberung nach dem Auffinden des Gesetzbuchs im Tempel und der Sammlung des Volkes zur Erneuerung des Bundes.
2. Vielleicht spielte Zephanja eine wichtige Rolle bei der Bekehrung Josias und zu den Reformen, indem er dem Volk eines der bedrohlichsten Gerichtsbilder der Bibel vorzeichnete.

Der Zweck von Zephanja

Ziel der Botschaft ist eine Mahnung an Juda in letzter Minute. Zephanja warnt vor dem Götzendienst und verweist auf den großen Tag des Gotteszorns. Doch aus diesen Gerichten würde ein gereinigtes und demütiges Volk hervorgehen, in dessen Mitte der Herr selbst wohnen werde.

Gliederung von Zephanja

THEMA: Gottes Zorn und Errettung am Tag des Herrn

```
I.  DER TAG DES HERRN: ENTHÜLLUNG DES ZORNS GOTTES ................. 1
    A. Wem der Zorn Gottes gilt ............................................. 1,1-9
       1. Die Natur durch Gottes Grimm gepeinigt ......................... (1,1-3)
       2. Das Land vom Götzendienst gereinigt ............................ (4-9)
    B. Was der Zorn Gottes bringt ........................................ 1,10-18
       1. Die Vernichtung aller Sünder ................................ (1,10-13)
       2. Die Verschlingung der gesamten Erde .......................... (14-18)

II. DER TAG DES HERRN: ENTSETZEN DER FEINDE GOTTES ............ 2,1-3,7
    A. Gnade für alle, die Gottes Angebot annehmen ...................... 2,1-3
    B. Gericht über die Heiden, die Gottes Volk verhöhnen ............... 2,4-15
```

C.	*Gericht über Jerusalem, das Gottes Wort verwirft*	3,1-7
D.	*Gericht über alle Völker, die Gottes Gnade ablehnen*	3,8
III.	**DER TAG DES HERRN: ERNEUERUNG DES VOLKES GOTTES**	3,9-20
A.	*Israels neue Gerechtigkeit*	9,9-13
1.	Ein Volk mit reinen Lippen	(3,9-13)
2.	Ein Volk mit demütigen Herzen	(3,12)
B.	*Israels neuer Grund zur Freude*	3,14-20
1.	Der Messias gründet Israels Feste	(3,14-18)
2.	Der Messias wendet Israels Geschick	(19.20)

Besonderheiten von Zephanja

1. **DER »GROSSE TAG DES HERRN«** (1,14). Zephanjas unablässiges Hauptthema ist der Zorn Gottes am Tag des Herrn. Drei Propheten sprechen vom »großen« Tag des Herrn: Joel (3,4) (um 835 v.Chr.); Zephanja (1,4) (um 630) und Maleachi (3,23) (um 430). Dazwischen liegen jeweils etwa 200 Jahre. Alle diese Propheten wandten sich in einer Zeit des Abfalls an Juda und warnten vor dem Gericht, boten aber zugleich die Zuflucht des Gerechten im Herrn an.

2. **ZEPHANJAS ERSCHRECKENDES GOTTESBILD** (1,18). Obwohl auch Micha, Nahum und Habakuk den Herrn als Gott des Gerichts sehen, ist die Schau Zephanjas wohl das schrecklichste Zornesbild der Bibel. Zeph 1,18; 3,8 klingen nach Weltuntergang. Der Allmächtige verzehrt die ganze Erde im Feuer seines Zornes, um Sünde und Unmenschlichkeit zu rächen. Nie hat ein Prophet eine ernstere und unnachgiebigere Botschaft ausgesprochen. Nach Rabbi Lehrmann: »Zephanja unterscheidet sich von den anderen Propheten, indem er Drohung und Anklage statt positive Morallehre zu seinem Hauptthema macht« (A. Cohen: *The Twelve Prophets*, Soncino, S. 233). Todernst ist seine Mahnung vor der bevorstehenden Begegnung mit Gott, der mit Rebellen und Götzendienern kurzen Prozeß machen wird. Diese Gotteswahrheit ist nicht beliebt und wird häufig als unwirkliche »Weltuntergangsphilosophie« heruntergespielt, doch lassen die späten Propheten in der Genauigkeit ihrer Vorhersagen nichts zu wünschen übrig. Zephanja betont auch die Gnade Gottes für alle, die ihn suchen, doch wird sein Zorn nicht eher besänftigt, bis die Erde wegen ihres Unglaubens endgültig gerichtet ist.

3. **DIE PROPHETEN AUF EINEN NENNER GEBRACHT.** »Wer den gemeinsamen Nenner aller verborgenen Sprüche der alttestamentlichen Propheten sucht, braucht nur das Buch Zephanja zu lesen.« Sein Hauptthema ist der Tag des Herrn für Israel und die Nationen. Es beschreibt das Gericht aus Gottes Heiligkeit über den Aufruhr und Abfall der Menschen. Wie die meisten Propheten schließt Zephanja mit einer Vorschau auf Israels Erneuerung nach seiner Buße, wenn der Herr als siegreicher Krieger kommen wird, um sein Volk zu sammeln und zum Triumph zu führen. Obgleich Zephanjas Vorhersagen nicht viel Neues enthalten, faßt er die Grundzüge der Prophetie in packenden Worten zusammen. Er ist der nachdrücklichste und unmißverständlichste der Propheten.

4. **ZEPHANJAS RELIGIÖSE LASTERKATALOGE** (1,4-6; 3,1-5). Das Gericht des Herrn gilt allen Arten des Götzendienstes und der unechten Religiosität: 1) Die Verehrung Baals und anderer kanaanitischer Gottheiten; 2) Der Kult an die Natur, an Sonne, Mond und Sterne; 3) Mischreligionen, die den Herrn zu ehren vorgeben, doch zugleich andere Götter anbeten; 4) die willkürliche Vernachlässigung des Gottesdienstes; 5) die Gleichgültigkeit derer, die sich nach Gottes Geboten richten (1,4-6). Dazu kommen die Deisten, für die Gott weit weg ist und sich nicht um das Los der Menschen kümmert (1,12). Doch am schärfsten verurteilt er die korrupten Führer Israels, auf religiösem wie zivilem Gebiet, die gegen die Anweisungen Gottes abgestumpft sind (3,1-5). Aus tiefer Abscheu für jede Selbstüberhebung sieht Zephanja nur noch für die Demütigen Hoffnung, die zwar lahm und verstoßen sind, aber auf den Herrn vertrauen (2,3; 3,12).

5. **CHRISTUS IN ZEPHANJA** (3,15.17). Nach dem Tag des Herrn wird der »König Israels« inmitten seines Volkes sein, der kein anderer als der Herr (JHWH) selbst ist (3,15). Er wird als siegreicher Krieger kommen und die letzten Feinde hinwegfegen. Sein Kommen wird große Freude und Jubel bedeuten, da er die Schande beenden und Israel »zum Lobpreis und zum Namen machen« wird in aller Welt (19). Bis dahin ist er die Zuflucht seines Volkes (2,3).

Der Prophet Haggai

Einleitung

TITEL UND AUTOR

A. *BEZEICHNUNG*
Der Name »Haggai« bedeutet »festlich« oder »mein Fest« (Kurzform von Haggaja). Vielleicht ist der Prophet an einem Festtag geboren. Jedenfalls fügt sich sein Name dem Hauptanliegen seiner Weissagung an, nämlich den Tempel zu vollenden, um die religiösen Feste wieder aufnehmen zu können.

B. *DER VERFASSER*
1. Obwohl Haggai auch in Esr 5,1; 6,14 erwähnt wird, kennen wir von ihm nur den Titel »der Prophet«, der eine besondere Auszeichnung sein wird.
2. Zuweilen wird behauptet, er hätte den ersten Tempel vor seiner Zerstörung gesehen (2,3); nach der jüdischen Tradition ist er jedoch in Babylon geboren und bei Hesekiel in die Schule gegangen. Er kam erst nach der ersten Heimkehr von 537 nach Jerusalem; in der Heimkehrerliste — Esr 2,2ff — finden wir ihn nicht.
3. Ein jüngerer Zeitgenosse Haggais war der Prophet Sacharja. Es ist das besondere Verdienst dieser beiden Männer, den entmutigten Überrest der Juden zur Wiederaufnahme des Tempelbaus bewogen zu haben.

Das geschichtliche Umfeld

A. *DATIERUNG* — 1. September bis 24. Dezember 520 v.Chr.
Kaum ein Prophet hat seine Botschaften so sorgfältig datiert wie Haggai. (Hesekiel und Sacharja kommen ihm hierin am nächsten.) Haggai datiert sein Buch ins zweite Jahr des Perser-

königs Darius Hystaspis (521-486), womit er wie Daniel eine heidnische Zeitrechnung verwendet. Dies ist eine Mahnung an die Leser, denn die »Zeiten der Nationen« waren in ihre zweite Phase getreten.

B. *ZEITGESCHICHTLICHE EREIGNISSE*

538 v.Chr.	Heimkehredikt des Kyrus zum Wiederaufbau des Tempels (Esr 1,1)	
537	Heimkehr der ersten Verschleppten unter Scheschbazar (Esr 2,1)	
537	Errichtung des Altars und Aufnahme der Opfer in Jerusalem (Esr 3,6)	
536	Grundsteinlegung des Tempels (Esr 3,10)	
534	Stockung der Bauarbeiten unter samaritischem Einfluß (Esr 4,4.5)	
530	Offizielle Einstellung der Bauarbeiten durch Artaxerxes (Esr 4,6.21)	
521	Thronfolge des Perserkönigs Darius Hystaspis (Esr 4,5)	
520	Wiederaufnahme des Tempelbaus auf das Drängen von Haggai und Sacharja (Esr 5,1.2; Hag 1,14.15)	
520	Edikt von Darius I zur Wiederaufnahme des Tempelbaus mit Garantien für Subventionen und Ehrenschutz, um die Fertigstellung zu sichern (Esr 4,24; 6,8ff)	
516	Vollendung des Tempels am 3. März (Adar), wodurch die Passahfeier am 14. April möglich wurde (Esr 6,19)	

C. *DAS POLITISCHE UMFELD*
1. Mit der Heimkehr im Jahre 537 begann für die Juden eine neue Epoche ihrer Geschichte. Die Opfer wurden wieder aufgenommen, doch das Verbot der Bauarbeiten versetzte ihrem Eifer einen schweren Schlag, der sie rasch weltlichen Interessen öffnete. Ihr materialistisches Bemühen erwies sich jedoch als erfolglos, offensichtlich als Gericht für das geringe Interesse am Tempelbau (Esr 3,12.13; Hag 2,3).
2. Nachdem der Tempel etwa 14 Jahre lang brachgelegen hatte, sandte der Herr Dürre und Mißernten, um sie auf ihr Versagen aufmerksam zu machen. Dann traten die Propheten Haggai und Sacharja auf und wiesen sie auf die Ursache ihrer Unbill hin: Ihre höchste Pflicht und Verantwortung sei es, den Tempel des Herrn zu bauen.

Der Zweck von Haggai

Haggais oberstes Ziel war es, das Volk und seine Führer zum Ausbau des zerstörten Tempels zu bewegen. Ihr Mißgeschick in anderen Lebensbereichen führt er auf die Vernachlässigung des Werkes des Herrn zurück.

Gliederung von Haggai

THEMA: Der Segen des Herrn hängt vom Tempelbau ab.

I. ISRAELS REICHTUM UND DER TEMPEL DES HERRN 1
  (Dann werde ich Gefallen haben — 1,8)
  A. Ermahnung zum Weiterbau des Tempels 1,1-4
  B. Ergebnisse der Weigerung zum Tempelbau 5-11
  C. Entschluß zur Wiederaufnahme des Tempelbaus 12-15

> II. *ISRAELS RUHE UND DER TEMPEL DES HERRN* 2,1-9
> (An diesem Ort will ich Frieden geben — 2,9)
>> A. *Die dürftige Herrlichkeit des bestehenden Tempels* 2,1-5
>> B. *Die messianische Herrlichkeit des künftigen Tempels* 6-9
>
> III. *ISRAELS REINHEIT UND DER TEMPEL DES HERRN* 2,10-19
> (Was sie darbringen, ist unrein — 2,14)
>> A. *Wirtschaftlicher Abstieg durch Mißachtung des Tempels* 2,10-17
>> B. *Wirtschaftlicher Aufstieg durch Errichtung des Tempels* 18.19
>
> IV. *ISRAELS RECHT DURCH SERUBBABEL ERNEUERT* 2,20-23
> (Ich mache dich zum Siegelring — 2,23)
>> A. *Der künftige Sturz der Reiche der Heiden* 2,20-22
>> B. *Die künftige Stellung Serubbabels* 23

Besonderheiten von Haggai

1. **DER PROPHET DES TEMPELBAUS.** Die Wiederaufnahme und Vollendung des Tempelbaus ist vor allem Haggais Verdienst. Er trat auf bei Beginn des Wiederaufbauens, dessen Feuer jedoch bald ausgebrannt war. Die Verantwortlichen waren eingeschüchtert und entmutigt, die Feinde übermächtig. Dürre und wirtschaftliche Nöte rückten den Gedanken an Tempelbau in weite Ferne. Da rief Haggai das Volk und seine Führer auf, den wichtigsten Dingen Vorrang zu geben, damit Gottes Segen wieder reichlich fließen könne. Haggai wußte offenbar noch nichts von der Haltung des neuen Perserkönigs Darius I, der ihrer Sache große Gunst erwies (Esr 5,1; 6,1). — Der Tempel Serubbabels hatte länger Bestand als alle anderen Tempel Israels, was sowohl dem Statthalter Serubbabel als auch dem Propheten Haggai zugute zu halten ist (Esr 5,1.2).

2. **HAGGAI UND ZEPHANJA.** Haggai folgt auf Zephanja als dessen Teilerfüllung nach der Heimkehr. Zeph 3,18 hatte der Herr verheißen, die Verstoßenen zu sammeln, die über den Abbruch ihrer Feste trauerten, und sie zu Freude und Ehre zurückzuführen. Die Wiederaufnahme der Freudenfeste und die Errichtung einer Wohnstatt für den Herrn erforderte den Tempelbau, der Haggai so sehr am Herzen lag. Doch vor der endgültigen Erfüllung der Vorhersagen Zephanjas wird der Herr noch einmal Himmel und Erde und alle Nationen erschüttern (Hag 2,6.7.22). Denn der große Wohlstand des messianischen Reiches lag in der Zukunft, obwohl Gehorsam unmittelbaren Segen bewirken würde. — Während Zephanja eine Botschaft des Untergangs predigte, um alle Nationen wegen des bevorstehenden Gerichts des Herrn aufzurütteln, war Haggai eine ermutigende Verkündigung anvertraut, um Gottes unmittelbaren Segen allen zu verheißen, die sein Haus bauen und sein Werk tun würden (Zeph 3,8; Hag 2,4.5).

3. ***HAGGAIS VERHEISSUNG FÜR WIRTSCHAFTLICHEN WOHLSTAND*** (1,6.10). Drei Propheten stellen einen besonderen Zusammenhang zwischen geistlichem Gehorsam und wirtschaftlichem Wohlstand her: Joel, Haggai und Maleachi (Joe 2,18ff; Hag 1,6-11; Mal 3,10). Diese Aussagen gelten als allgemein ursächliches Wirkungsprinzip (Spr 11,24), hängen jedoch konkret vom mosaischen Segensbund ab (3Mo 26,14-20). Haggai wendet die Mosesverheißung an, um die Fortführung der Bundesbeziehung Israels zum Herrn auch nach der Heimkehr zu demonstrieren. — Beide Testamente enthalten viele Ausnahmen zu dieser allgemeinen Regel, da Gott Unbill wie Wohlstand verwenden kann, um sein Volk zur Reife zu führen. (Siehe auch Besonderheiten von Joel.)

4. ***IN DER KÜRZE LIEGT DIE WÜRZE.*** Haggai schrieb nicht nur das zweitkürzeste Buch des Alten Testaments (nach Obadja), sondern hielt auch eine der kürzesten Predigten (1,13; im Hebräischen vier Worte). Seine Botschaften waren zwar knapp, aber prägnant und treffend. Das rührt von ihrer Vollmacht her, die beständig durch »spricht der HERR« bekräftigt wird (26mal in 38 Versen). Göttliche Vollmacht wirkte bei Haggai, nicht Redekunst oder Diskussionsfluß. Nach sichtbaren Ergebnissen war Haggai freilich einer der erfolgreichsten Propheten. Er wußte in schwierigsten Umständen um die Macht des Herrn.

5. ***CHRISTUS IN HAGGAI*** (2,7-9). Das Buch enthält zwei Bezugnahmen auf den Messias, eine als Priester und eine als König. »Ich werde dieses Haus mit Herrlichkeit füllen« steht im Zusammenhang mit dem messianischen Reich und bedeutet die Rückkehr der Herrlichkeit in der Person des Messias (nach Hes 43,4-7). Dem Überrest, der die Pracht des salomonischen Tempels gesehen hatte und über die Dürftigkeit des neuen Tempels weinte, sagte der Herr: »Größer wird die Herrlichkeit dieses künftigen Hauses sein als die des früheren« (2,9). Seine Pracht ist nicht Silber und Gold, sondern die persönliche Gegenwart des Herrn. Dort würde der Messias seinen Thron haben, »wo ich mitten unter den Söhnen Israel wohnen werde für ewig« (Hes 43,7). Eine zweite Messiasstelle ist die Auserwählung Serubbabels als »Siegelring« des Herrn, ein Symbol für die königliche Macht des Messias. (Die Bedeutung dieser Aussage im Zusammenhang mit Konja und David ist in den Besonderheiten von Jeremia näher erklärt.)

Der Prophet Sacharja

Einleitung

TITEL UND AUTOR

A. *BEZEICHNUNG*

Sacharja bedeutet »der Herr (Jah) gedenkt«. Auch die Namen seines Vaters und seines Großvaters haben ihre Bedeutung: Iddo bedeutet »seine Zeit« (rechte Zeit) und Berechja »der Herr segnet«. Wieder ist darin die Botschaft des Buches vorgezeichnet. Der Herr wird seine Bundesverheißungen nicht vergessen und Israel zu seiner Zeit segnen.

B. *VERFASSER*
1. Sacharja war ein Priester und war bei der ersten Heimkehr aus Babylon mit seinem Vater und Großvater (Neh 12,4.16) eingewandert. Vielleicht war sein Vater vorher gestorben,

so daß er vom Großvater aufgezogen wurde (C.F. Keil: *The Twelve Minor Prophets*). Iddo war einer der führenden Priester der Heimkehrer.
2. Vielleicht meint der Herr Jesus (Mt 23,35) diesen Sacharja, der somit im Tempel ermordet wurde. Die Stelle könnte sich freilich auf 2Chr 24,21 beziehen, da die Chronik in der hebräischen Bibel das letzte Buch ist. (»Berechja« in Mt 23,35 wäre dann ein Abschreibfehler.)
3. Sacharja ist der einzige kleine Prophet, der als Priester ausgewiesen ist. Zwei große Propheten waren ebenfalls Priester, nämlich Jeremia und Hesekiel.

C. *DIE FRAGE DER URHEBERSCHAFT*
Die Einheit Sacharjas war bis zum Aufkommen der modernen Bibelkritik unumstritten (Joseph Mede, 1653). Seither werden die letzten sechs Kapitel einem oder mehreren Pseudoautoren zuerkannt. Wie Jesaja wird das Buch in einen Proto- und einen Deuterosacharja geteilt. Zuweilen werden die Kapitel 9-14 in die vorexilische Zeit verlegt (Jeremia oder noch früher), zuweilen auch in die hellenistische Zeit Alexanders oder der Makkabäer. Die Argumente dafür sind:
1. Gründe für die Ablehnung der Einheit von Sacharja:
   a. Matthäus 27,9.10 dürfte Sacharja 11,12.13 Jeremia zuschreiben.
   b. Die Erwähnung Assyriens (Sach 10,10.11) deutet auf eine Zeit vor dem Fall Ninives (612 v.Chr.) hin.
   c. Die Erwähnung Griechenlands in 9,13 legt eine Datierung nach Alexander nahe.
   d. Der apokalyptische Inhalt der Kap. 9-14 paßt besser in die Zeit nach dem dritten Jahrhundert.
   e. Die stilistischen Unterschiede erfordern verschiedene Autoren.
2. Argumente für die Einheit von Sacharja:
   a. Die ungebrochene jüdische und christliche Tradition bezeugt seine Einheit.
   b. In Matthäus 27,9.10 werden zwei Vorhersagen kombiniert: Jer 32,6-9 und Sach 11,12.13. Als Zitatquelle wird nur der ältere Prophet Jeremia angeführt, bei dem von einem Feld die Rede ist. Sacharja war ja nur Teil des »Zwölfprophetenbuches.«
   c. Assyrien steht bildhaft für Israels Feinde.
   d. Die Erwähnung Griechenlands (9,13) ist eindeutig prophetisch, war doch Griechenland bereits seit 490 v.Chr. eine Großmacht.
   e. Die Kap 9-14 sind keine Nachzügler des apokalyptischen Schrifttums späterer Zeit, sondern mit Daniel und Hesekiel die göttliche Vorhut jener Literaturgattung. Ähnliche Aussageformen finden wir bei vielen Propheten.
   f. Die stilistischen Unterschiede sind bei weitem nicht so groß wie die Gemeinsamkeiten und können durch einen Zeitraum der Abfassung von etwa 40 Jahren (520-480 v.Chr.) erklärt werden.

Das geschichtliche Umfeld

A. *DATIERUNG* — 520-480 v.Chr.
Drei Abschnitte von Sacharja sind genau datiert, die letzten sechs Kapitel ohne Angabe.
1,1-6   1. November 520 (zwei Monate nach Haggais erster Botschaft; Hag 1,1).
1,7 - 6,15 24. Februar 519 (zwei Monate nach Haggais letzter Botschaft; Hag 2,18).
Kap. 7; 8   4. Dezember 518.

| 9-14 | um 480. Undatiert, aber doch in Sacharjas Spätzeit, nachdem Griechenland durch die Abwehr der persischen Einfälle unter Darius I (490) und Ahasveros (480) Weltruhm erlangt hatte (Sach 9,13). |

B. *ZEITGESCHICHTE*
1. Das politische und religiöse Umfeld ist bei Haggai behandelt.
2. Sacharja war ein jüngerer Zeitgenosse Haggais und begann zwei Monate nach dessen Botschaft zu predigen. Diese beiden Propheten waren maßgeblich daran beteiligt, die Heimkehrer zur Wiederaufnahme des Tempelbaus zu bewegen, der vierzehn Jahre lang unterbrochen war. Beide heben den Zusammenhang zwischen Gehorsam im Tempelbau und göttlichem Segen hervor (Hag 1,9; Sach 1,16.17).
3. Die ersten acht Kapitel behandeln Probleme des Tempelbaus, der unter dem wachsenden Widerstand der Nachbarvölker und der steigenden Entmutigung der Heimkehrer zu leiden hatte. Doch wurde der Bau vollendet »gemäß der Weissagung Haggais, des Propheten, und Sacharjas, des Sohnes Iddos« am 3. März 516 v.Chr., im sechsten Jahr des Perserkönigs Darius (Esr 6,14.15). Es folgte eine großangelegte Einweihungsfeier mit Opfern für alle zwölf Stämme Israels (Esr 6,17). Im nächsten Monat, am 14. Nisan, wurde das erste Passah seit mehr als siebzig Jahren gehalten.
4. Die letzten sechs Kapitel haben einen ganz anderen Hintergrund. Zeitangaben gibt es keine mehr; weder der Statthalter Serubbabel noch der Hohepriester Joschua werden erwähnt; die Visionen mit den zugehörigen Engelbotschaften hören auf und werden durch zwei längere Predigten abgelöst (9-11; 12-14). Vom Tempel ist keine Rede mehr. Sollte Sacharja diesen Abschnitt um 480 geschrieben haben, also in seinen reifen Jahren, hatte sich das internationale Hauptgewicht nach Westen verlagert, von wo den Persern Gefahr drohte. Darius wollte die persische Herrschaft bis Europa ausdehnen, mußt jedoch nach anfänglichen Erfolgen eine schwere Niederlage einstecken, als ihn die griechischen Stadtstaaten in der Schlacht von Marathon 490 v.Chr. in die Knie zwangen. Sein Sohn Ahasveros (der spätere Gemahl Esters) wiederholte diesen Versuch mit noch größerem Aufgebot im Jahre 480, wurde jedoch bei Salamis vernichtend geschlagen, womit dem persischen Vorstoß nach Westen endgültig ein Riegel vorgeschoben war. Es hatten sich die Griechen als eine weitere heidnische Großmacht erwiesen, die gefährlich werden konnte.
In diesem Umfeld verfaßte Sacharja Kap. 9-14, beginnend mit einer genauen Schilderung der griechischen Invasion, die ganz Palästina überschwemmen würde. Nur Jerusalem würde der Herr auf wunderbare Weise verschonen und bewahren (9,1-8). Der in Babel verbliebene Rest der Juden wird zur Heimkehr aufgefordert, wo der Herr ihnen Schutz und Macht verhieß. Dies spielt auf den siegreichen Kampf der Makkabäer an. Endlich würde der Messias kommen, um sie von ihren Sünden und allen Feinden zu erlösen.

Der Zweck von Sacharja

Sacharjas Zweck ist ein zweifacher: Aufruf zur raschen Vollendung des Tempelbaus und Unterweisung des Volkes über seine messianische Zukunft. Im Auf und Ab der Weltreiche in Palästina zu den Zeiten der Nationen würde der kleine Überrest Israels im Strudel der internationalen Machtkämpfe mitgerissen und ihr Glaube erprobt werden. Der Gesalbte und König würde dann in Niedrigkeit und Verwerfung kommen, später aber in großer Macht, um seinem Volk als Erfüllung der Bundesverheißungen geistliches Heil und weltweiten Ruhm zukommen zu lassen.

Gliederung von Sacharja

THEMA: Mahnung zum Tempelbau und zur Bereitschaft für den Messias

I. VORSORGE AN ISRAEL AUF DEN MESSIAS HIN..................1-8
   (Vergleiche für zuchtvollen Wandel)
   A. *Visionen des Trostes* 1-4
      1. Der Mann zwischen den Myrten — Ermutigung........................(1)
      2. Die vier Hörner und Handwerker — Errettung.........................(2)
      3. Der Mann mit der Meßschnur — Erneuerung............................(2)
      4. Recht und Reinheit Joschuas — Erlösung.............................(3)
      5. Der Leuchter und die Ölbäume — Ermächtigung........................(4)
   B. *Visionen des Tadels* 5; 6
      1. Die fliegende Schriftrolle — Die Sünder gerichtet..................(5)
      2. Die Frau im Efa — Die Sünde gefangen...............................(5)
      3. Die fliegenden Gerichtsreiter — Die Starken gestraft...............(6)
   C. *Bedeutung der Krönung Joschuas* 6,9-15
      1. Der Messias als König
      2. Der Messias als Priester
   D. *Weisung zur Tugend des Fastens* 7; 8
      1. Der Zweck des Fastens...(7)
      2. Die Zukunft der Feste..(8)

II. FÜRSORGE FÜR ISRAEL DURCH DEN MESSIAS........................9-14
    (Verheißung von machtvollem Handeln)
    A. *Verwerfung des Messias bei seinem ersten Kommen* 9-11
       1. Israels göttliche Rettung zur Zeit der Griechen...................(9)
       2. Israels gnädige Rückführung zur Zeit des Endes...................(10)
       3. Israels grundlose Ablehnung des Messias..........................(11)
    B. *Verheißung des Messias für seine Wiederkunft* 12-14
       1. Israels militärische Errettung bei Harmagedon....................(12)
       2. Israels geistliche Erlösung bei der Wiederkunft..................(13)
       3. Israels nationale Erhöhung durch die Wiederkunft.................(14)

Besonderheiten von Sacharja

1. **DIE »OFFENBARUNG« DES ALTEN TESTAMENTS.** Das Neue und Alte Testament schließen mit einer apokalyptischen Endzeitvision. Beide Bücher, Offenbarung und Sacharja, bündeln bisherige Weissagungen im Blick auf ihre Erfüllung zusammen. Im Buch Sacharja werden in prophetischer Zusammenschau Jesu erstes Kommen und seine Wiederkunft zu einer breit-

angelegten Sicht der Zukunft Israels verschmolzen; die Offenbarung vereint die vielen Ereignisse, die zur Wiederkunft hinführen, zu einem Gesamtbild der Vollendung von Gottes Heilswirken (Sach 9,9.10); Offb 12,6; 13,5; 14,14ff; 16,18ff; 19,9ff). Wie Maleachi gibt Sacharja seinen Zeitgenossen eine Vorschau auf das Werk des Messias, der bei seinem ersten Kommen geistliches Heil gebracht hat und bei seiner Wiederkunft nationale Erlösung bringen wird (12-14).

2. ***EIN BUCH DER GEHEIMNISSE.*** Viele jüdische und christliche Ausleger halten dieses Buch für »das dunkelste und schwierigste« der Bibel (Eli Cashdan: *The Twelve Prophets,* S. 267). »An diesem Buch ist nur eines gewiß: Jahwe will den Neubau des Tempels« (Steven Harris: *Understanding the Bible* S. 123). Sacharjas Weissagung will jedoch nicht verschleiern, sondern enthüllen. Wer die zentralen Aussagen der gleichnishaften Visionen herausschält und diese Visionen dann neben frühere Vorhersagen stellt, dem wird das messianische Motiv im Strudel der Geschichte Israels unübersehbar. Diese Weissagungen verdeutlichen etliche wesentliche Wahrheiten über Israels Erlösung und nationale Zukunft, während die Zeiten der Nationen in eine weitere Phase eintraten und die Sehnsucht Israels nach dem Messias unerfüllt blieb (z.B. 8,7.8; 9,10; 11,9.13; 12,10).

3. ***SACHARJAS BEZUG ZU DANIEL.*** Obwohl Daniel und Sacharja die Zukunft zum Inhalt haben, unterscheiden sie sich in ihrem prophetischen Blickpunkt:
   a. Bei Daniel sind prophetische Visionen mit historischen Berichten vermischt, Sacharjas Visionen und Weissagungen sind im Stile von Ermahnungen verfaßt (Dan 2; Sach 2).
   b. Daniel betont die Zeiten der Nationen im Zusammenhang mit Israel. Sacharja geht es fast nur um Israels Zukunft, wobei die Heidenvölker am Rande vorkommen (Dan 2; 7; Sach 12,3).
   c. Daniel konzentriert sich auf die heidnischen Reiche und den Antichristen, wobei er den Messias nur einmal und beiläufig erwähnt (Dan 9,26). Sacharja hat viel vom Messias zu sagen und verweist nur einmal nebenbei auf den Antichristen (11,16).
   d. Daniel war ein Staatsmann aus jüdischer Königsfamilie und enthüllte den Fortlauf der Heidenreiche bis zur messianischen Weltherrschaft (Dan 2,44). Sacharja war Priester und drängte zum Wiederaufbau des Tempels, zur Reinigung des Volkes und Wiederherstellung von Gerechtigkeit und Heiligkeit im Land (1,4.16; 3,4; 12,10).

4. ***DER GROSSE SCHLACHTTAG GOTTES*** (14,3). Sacharja beschließt seine Weissagung mit einer Darstellung des großen Endkampfes, in den der Herr selbst eingreifen wird. Der Herr als »Kriegsheld« klingt bereits in 2Mo 15,3 an, wird in Nah 1,2; Hab 2,8-15 und Zeph 3,8 weiter angeführt und gelangt in dieser Vollendungsvision zu voller Deutlichkeit. Der Herr zieht in den Kampf gegen alle Nationen, die sich bei Jerusalem versammelt haben (14,2; vgl. Offb 16,14; 19,19). Wir erfahren nichts von seinen Waffen, nur von den Auswirkungen: »Er läßt jedem sein Fleisch verwesen, während er noch auf seinen Füßen steht, und seine Augen werden verwesen in ihren Höhlen, und seine Zunge wird verwesen in seinem Mund« (14,12); das ist ein Bild für Folgen einer atomaren Explosion. Erdbeben werden große topographische Umschichtungen auslösen, bis im messianischen Reich »der HERR König sein wird über die ganze Erde« (14,5-10).

5. ***DER WAHRE WERT DES FASTENS*** (7; 8). Diese beiden Kapitel Sacharjas stellen zwei Dinge über die Fastenzeiten Israels klar. Es gab keine göttlich verordneten Fasttage, doch hatten sich die Juden vier Fastenzeiten auferlegt, um an die Ereignisse bei der Zerstörung Jerusalems im Jahre 586 v.Chr. zu denken. Es waren dies (7,5; 8,19):

Zehnter Monat (10. Januar) — Beginn der Belagerung Jerusalems im Jahre 588 (Jer 52,4).
Vierter Monat (9. Juli) — Mauerdurchbruch im Jahre 586 (Jer 52,6).
Fünfter Monat (10. August) — Zerstörung und Einäscherung Jerusalems im Jahre 586 (Jer 52,12).
Siebter Monat (1. Oktober) — Ermordung des Statthalters Gedalja im Jahre 586 (Jer 41,1).

In Sacharja 7; 8 wird die Frage erhoben, ob diese Fastenzeiten beibehalten werden sollen, nachdem der Tempel wieder erbaut ist. Die Antwort des Herrn enthält zwei Klarstellungen über das Fasten (vgl. Jes 58,4-8):
a. Fasten dient zu Gottes Ehre, nicht wegen des Menschen Verdienst. Selbstverleugnung wird leicht zu Selbstmitleid und eitler Selbstverehrung (7,5.6).
b. Fasten ist wertlos, wenn nicht Gerechtigkeit, Güte und Barmherzigkeit geübt wird (7,9.10). Weil das fehlte brachte der Herr das Gericht in Form von Vernichtung und Verwüstung (7,11-14).

6. ***CHRISTUS IN SACHARJA.*** Dieses Buch ist von allen kleinen Propheten am stärksten messianisch und steht damit auf derselben Stufe wie die Psalmen und Jesaja. Jede der Visionen hat etwas mit dem Messias zu tun. Weil die jüdischen Kommentatoren die Erfüllung dieser Messiasaussagen in Jesus Christus nicht annehmen wollen (z.B. Mt 21,5), müssen sie auch ihre völlige Verwirrung und Ratlosigkeit bei Sacharja zugeben (Rashi in H.H. Ben-Sasson: *History of the Jewish People* S. 461). »Sie werden auf mich blicken, den sie durchbohrt haben« (12,10) deutet der Talmud zum Beispiel auf »den Messias, den Sohn des Joseph, der in der Schlacht fallen wird« (Eli Cashdan: *The Twelve Prophets* S. 322). Für sie wurde er »von Gott dem erneuerten Volk der Juden geschenkt, ... doch sie verwarfen und töteten ihn«. Dieser »Märtyrer« ist eine dunkle Gestalt, jedoch nicht Jesus. — Der messianische Inhalt Sacharjas wird aus den folgenden Stellen deutlich, die in anderen Büchern belegt sind:

1,8.11	— Der Mann auf dem roten Pferd als »Engel des HERRN« ist eine Christophanie vom Bewacher Israels.	— 2Mo 23,23; Jes 63,1-6
2,12-15	— Der Herr sendet den Messias, um in Zion zu wohnen.	— Jes 61,1-3; Mal 3,1-3
3,8	— »Mein Knecht, Sproß genannt« ist der Messias in Niedrigkeit (Stumpf) und Macht (Stein).	— Jes 4,2; 11,1; Jer 23,5
6,12.13	— »Ein Mann, Sproß ist sein Name« als Priesterkönig.	— Psalm 2,6; 110,4
9,9.10	— »Siehe, dein König« kommt in Demut.	— Mt 21,5; Joh 12,15
10,3	— Der Herr als Hirte seiner Herde.	— Hes 34,11-19
11,4-14	— »Weide die Schlachtschafe«; der Prophet bricht die Stäbe »Freundlichkeit« und »Verbindung.«	— Hes 34,3
12,10	— »Sie werden auf mich blicken, den sie durchbohrt haben.«	— Jes 53,5; Joh 19,37
13,6.7	— Geschlagen im Haus meiner Freunde.	— Joh 20,25; Offb 1,7
14,3.4	— Seine Füße stehen auf dem Ölberg, und der Berg spaltet sich.	— Apg 1,11.12; Offb 16,18-20

14,5	— Der Herr kommt mit seinen Heiligen	—	Dan 7,10; Mt 16,27; 2 Thess 1,10; Jud 14; Offb 19,11-14
14,9	— »Der HERR wird König sein über die ganze Erde.«	—	Ps 2,6; 72,8-11; Offb 19,16

Der Prophet Maleachi

Einleitung

TITEL UND AUTOR

A. *BEZEICHNUNG*

Maleachi bedeutet »mein Bote« (oder Kurzform für Malach-Jah: »Bote des HERRN«). Neben dem Autor stoßen wir in diesem Buch auf drei andere »Boten«: die Priester (2,7); der Vorbote (3,1) und der »Engel des Bundes«, der Herr selbst (3,1) (»Engel« und »Bote« sind im Hebräischen gleichbedeutend). — Sein Name verweist auf die besondere Vollmacht des letzten Propheten im Alten Testament.

B. *VERFASSER*
1. Von Maleachi kennen wir nur seinen Namen aus der Überschrift des Buches. Wir erfahren nichts von Eltern, Herkunft oder Beruf. Manche halten »Maleachi« für Titel statt Namen: der Talmud und die Targumen führen Esra als den Verfasser an. Doch besteht kein Grund, den Namen des Autors infrage zu stellen: viele Propheten geben ihre Abstammung nicht an (wie Daniel, Amos, Obadja, Micha, Nahum, Habakuk und Haggai).
2. Maleachi ist der letzte Prophet, ein Zeitgenosse des Priesters und Historikers Esra, der vor und nach dem Propheten schrieb. Er war Gottes letzter Bote an das alttestamentliche Bundesvolk nach über 1000 Jahren, nachdem Mose als erster Prophet und Bibelautor auftrat.

Das geschichtliche Umfeld

A. *DATIERUNG* — um 430 v.Chr.
1. Das Buch ist das letzte der sechs undatierten Prophetenschriften. Es sind die Propheten, die sich vor allem mit den Heiden befassen, sowie Joel und Maleachi.
2. Im Text verfügen wir über mehrere Anhaltspunkte zur Datierung:
   a. Die Edomiter waren vom Bergland Seir vertrieben und nicht zurückgekehrt, was eine Datierung nach 585 v.Chr. erfordert (1,3.4).
   b. Der Überrest Judas war heimgekehrt und hatte den Tempel fertiggestellt, war jedoch in seiner Religiosität erstarrt und verknöchert (1,6ff).
   c. Ein bestechlicher persischer Statthalter regierte das Volk, also nicht mehr Nehemia (1,8).
   d. Die moralischen und religiösen Probleme ähneln denen unter Esra und Nehemia, z.B. Materialismus (Neh 13,15; Mal 3,5.9); Heirat mit Heidinnen (Esr 10,2ff; Mal 2,11ff).
3. Daraus ergibt sich eine Datierung um 430 v.Chr., nach Nehemias Persienreise im Jahre 432 und wahrscheinlich in Verbindung mit seiner Rückkehr und der Erneuerungsbewegung um 430 (Neh 13,6-31).

B. *DAS POLITISCHE UMFELD*
1. Die Welt Maleachis ähnelt der Nehemias. Artaxerxes I regierte von 465-424 über ein riesiges und schwerfälliges Perserreich. Der persische Vorstoß nach Westen wurde 490 und 480 von den Griechen bei Marathon und Salamis zurückgeschlagen. Innere Unruhen in Ägypten schlug Artaxerxes (Xerxes) im Jahre 454 nieder; der syrische Satrap Megabyzus mußte 450 den dortigen Widerstand brechen. Dann aber herrschte fast 25 Jahre lang Frieden im Reich (A.T. Olmstead: *History of Palestine and Syria* S. 582, 588). Palästina gehörte zur fünften Satrapie namens Transeuphrat, von der Israel nur eine kleine Provinz bildete. Im Jahre 537 wurde Serubbabel zum Statthalter von Juda ernannt. Sein Todesjahr kennen wir nicht, doch folgte ihm keiner seiner Söhne. Der jüdische Hofbeamte Nehemia wurde 444 v.Chr. von Artaxerxes zum Statthalter bestimmt und war bis zu seiner Rückkehr nach Persien im Jahre 432 als solcher tätig (Neh 5,14).

C. *DAS RELIGIÖSE UMFELD*
1. Obwohl der Tempel seit 516 v.Chr. fertig war, Esra 457 die Gottesdienste vollumfänglich eingesetzt hatte und 444 sogar die Stadtmauer vollendet wurde, hatte der geistliche Zustand des jüdischen Überrests einen Tiefstand erreicht. Betroffen waren sowohl die Priester als auch das Volk. Der Zehnte wurde nicht mehr gewissenhaft abgeführt, weshalb der Herr Mißernten sandte. Dem Priesterstand war der Lebensunterhalt entzogen, was zur Vernachlässigung des Tempeldienstes führte. Der moralische Zustand war lax, und langsam begannen die Juden in den sie umgebenden Heidenvölkern aufzugehen.
2. Der Geist der religiösen Gleichgültigkeit stand in krassem Gegensatz zur ersten Generation, die trotz aller Widrigkeiten ins jüdische Bergland zurückgekehrt war, um das messianische Friedensreich König Davids zu erwarten (5Mo 30,1-5; Hes 37,21.22). Die Ernüchterung kam bald, und als Folge machten sich Selbstgerechtigkeit, Überhebung und Unterdrückung anderer sowie Ungeduld und Skepsis dem Herrn gegenüber breit. Die geistliche Stagnation drückt sich in mehreren Bereichen aus:
    a. Religiöse Gleichgültigkeit in Gottesdienst und Opfer, indem Gott Trägheit im Umgang mit Gut und Böse vorgeworfen wurde (1,6-10; 2,17).
    b. Moralische Gleichgültigkeit dem Ehebund gegenüber, indem die Juden heidnische Frauen heirateten und sich von den jüdischen scheiden ließen (2,11-16).
    c. Soziale Sünden wie Meineid, Betrug und Unterdrückung der Schwachen (3,5).
    d. Materielle Selbstsucht durch Hinterziehung des Zehnten (3,8-10).
3. Doch vor allem sieht Maleachi das Problem in der Mißachtung der Bundesliebe Gottes (1,2ff). Die Folge waren Kurzsichtigkeit, Undankbarkeit, Murren und Klagen. Die letzte Mahnung Maleachis ist: »Haltet im Gedächtnis das Gesetz meines Knechtes Mose« mit seinen Verheißungen und Warnungen (3,22) und wartet auf Elia, der dieses Gesetz in einem Gericht zur Wiederherstellung zur Geltung bringen würde (3,23.24).

Der Zweck von Maleachi

Maleachi will den Überrest Israels aus seiner geistlichen Stagnation wachrütteln, damit der Herr wieder segnen kann. Er betont die Größe Gottes, der Gehorsam mit Gnade lohnt. Gott hat einen Tag des Gerichts festgesetzt. Dann werden alle Frevler gerichtet und die Gerechten belohnt (3,19-21). In diesen letzten Worten an den Überrest Israels verweist der Prophet auch auf die Reinigung des Volkes durch den Messias, ehe das Reich Gottes mit seinem vollen Segen anbrechen würde (Mt 4,17; 21,43).

Gliederung von Maleachi

THEMA: Des Herrn Güte an Israel trotz dessen Undankbarkeit

I. UNDANK FÜR GOTTES GROSSE GÜTE 1

    A. *Gott erklärt seine Liebe* 1,1-5
        1. Die Erwählung Jakobs statt Esaus
        2. Die Erneuerung Israels statt Edoms

    B. *Israel wehrt sich gegen die Liebe Gottes* 1,6-14
        1. Verachtung seines Namens
        2. Verwerfung seines Altars
        3. Verleugnung seines Dienstes

II. UNDANK FÜR GOTTES GROSSES GESETZ 2

    A. *Die Priester verletzen das Tempelrecht* 2,1-9
        1. Entehrung der Opfer
        2. Entstellung des Bundes

    B. *Das Volk verletzt das Familienrecht* 2,10-17
        1. Heirat mit Heidinnen
        2. Scheidung von Jüdinnen
        3. Zweifel an Gottes Gerechtigkeit

III. UNDANK FÜR GOTTES GROSSE GESANDTE 3,1-18

    A. *Das künftige Gericht durch die Sendung des Messias* 3,1-6
        1. Der Vorbote des Messias bringt Gericht
        2. Das vorrangige Werk des Messias ist Gericht

    B. *Das jetzige Gericht durch die Sendung der Propheten* 3,7-15
        1. Beraubung Gottes um den Zehnten
        2. Beschuldigung Gottes wegen Ungerechtigkeit

    C. *Das weitere Gericht durch den Herrn der Heerscharen* 3,16-18
        1. Das »Buch der Erinnerung«
        2. Der Unterschied zwischen dem Gerechten und dem Ungerechten

IV. UNDANK BRINGT GOTTES GROSSES GERICHT 3,19-24

    A. *Der große Tag der Furcht der Gottlosen* 3,19.22-24
        1. Gericht durch das Gesetz Moses
        2. Gericht durch das Kommen Elias

    B. *Der große Tag der Freude der Gerechten* 3,20.21.24
        1. Die Erneuerung durch Heilung
        2. Die Erneuerung der Herzen

Besonderheiten von Maleachi

1. **DIE GRÖSSE GOTTES.** Kein Prophet betont die Größe Gottes so unablässig wie Maleachi in der letzten Prophetie des Alten Testaments, dreimal in 1,11-14 lenkt er die Aufmerksamkeit darauf. Im ganzen Buch spricht er zehnmal von der Ehre, die seinem Namen zusteht (1,6.11.14; 2,2.5; 3,16.24). Weil der kleine, schüttere Überrest Israels in eine vierhundertjährige Zeit prophetischen Schweigens eintrat, umgeben von heidnischen Eroberern und Kulturen, mußte er an die Größe des Gottes erinnert werden, der ihn liebte. Obwohl die Tage der Größe vergangen schienen, konnten sich die Juden auf die Majestät des Herrn berufen, der sie zu einer besonderen Bundesbeziehung erwählt hatte.

2. **MALEACHIS GOTTESZITATE.** Diese Weissagung besteht fast gänzlich aus Gotteszitaten. Wie Haggai unterstreicht Maleachi seine Worte beständig mit »spricht der HERR der Heerscharen« oder ähnlichen Wendungen. Sein eigener Name kommt dagegen nur einmal vor. Er sah sich selbst als Sprachrohr oder Gesandten Gottes. Gerade seine Generation brauchte ein kraftvolles und vollmächtiges Wort des Herrn, denn sie hatte Korrektur in vieler Hinsicht nötig. 24mal bezeichnet Maleachi Gott als den »HERRN der Heerscharen«. Dieser Name betont die Macht Gottes als Oberbefehlshaber der himmlischen Streitkräfte, ein passender Titel für ein Buch des Gerichts und der Verheißung, da der kleine Überrest Israels über keine eigene Kraft verfügte.

3. **MALEACHIS FRAGE- UND ANTWORTSPIEL** (1,2 usw). Maleachis dialektischer Stil ist unter den Propheten einzigartig; die meisten verwenden eine vortrags- oder berichtartige Sprechweise. Maleachi enthält neun dialektische Wortwechsel des Herrn mit Israel, wobei die Fragen des Volkes immer einen feindseligen oder ablehnenden Ton tragen (1,2.6.7; 2,10.14.17; 3,7.8.13). In diesem provokanten Stil (später »rabbinische« oder »sokratische« Methode genannt) bringt der Prophet die Vorwürfe des Herrn gegenüber Israel und ihre überheblichen Antworten vor. So lenkt Maleachi die Aufmerksamkeit auf seine Botschaft und kann rasch zur Kernfrage vordringen. Der Herr Jesus hat die feindseligen Volksführer seiner Zeit in einen ähnlichen Wortwechsel verwickelt (Mt 21,25.31.40; 22,42).

4. **DER RELIGIONSVERFALL ISRAELS.** Im jüdische Glaubensbild machen sich bei Maleachi starke Verfallserscheinungen bemerkbar. Die Gottessicht ist fast deistisch: Sie stellen seine Liebe infrage (1,2), seine Ehre und Größe (1,14; 2,2) seine Gerechtigkeit (2,17) und sein Wesen (3,13-15). Diese abschätzige Gottessicht führte zu Selbstüberhebung und Lustlosigkeit im Tempeldienst, zur Beleidigung Gottes statt zur Anbetung (1,7-10; 3,14). Der Zehnte wurde mit halbem Herzen gegeben, die Opfertiere waren krank und wertlos; — einen Statthalter hätte ein solches Geschenk zum Zorn gereizt (1,8). — Als Strafe würde der Herr Mist auf das Gesicht der Priester streuen (2,3) und ihr Saatgut verfluchen (3,11). Auf moralischem Gebiet führte diese schmähliche Religion zu Zauberei, Ehebruch, Lüge, Betrug und Unterdrückung der Armen (3,5). Familienzwist war an der Tagesordnung, und oft wurden jüdische Frauen zugunsten von Heidinnen entlassen (2,10ff; 3,24). Die üblen Zustände jener Zeit riefen nach einem Elia, um den Frieden in der Familie wiederherzustellen und um ein weiteres Vernichtungswerk des Herrn abzuwenden (3,23).

5. **ISRAELS RAUB AN GOTT** (3,8-10). Eine der hartnäckigsten Sünden Israels war die Hinterziehung des Zehnten und der Opfer. Das erste Vergehen dieser Art ist die Sünde Achans beim Einzug ins Gelobte Land (Jos 6,17-19; 7,11). Auch die Verschleppung nach Babel im Jahre 586 ging unter anderem auf Diebstahl an Gott zurück (2Chr 36,21). Viele Könige begingen bei feindlichen Angriffen den schwerwiegenden Fehler, mit Tempelschätzen den Feind zu besänftigen, was unweigerlich zu weiteren Einfällen führte (z.B. 2Kö 18,14-16). Laut Maleachi beraubten sie damit eigentlich sich selbst, denn die Folge waren Mißernten. Eine weitere Gefahr lag in der Gewissensabstumpfung: Je weiter ihre Verstöße gingen, desto weniger kümmerte es sie (2,17; 3,15).

6. **DIE VERHEISSUNG AUF ELIA** (4,5.6). Die letzte Vorhersage des Alten Testaments ist die Rückkehr des Propheten Elia vor dem großen und furchtbaren Tag des Herrn. Elia wurde wie Henoch in den Himmel aufgenommen, ohne zu sterben (1Mo 5,24; 2Kö 2,11; Hebr 11,5). Henoch kündigte als erster das große Gericht Gottes an (Jud 14.15); Elia wird als letzter dieselbe Botschaft predigen, vielleicht zusammen mit Mose (Mt 17,11; Offb 11,3ff). Obwohl Johannes der Täufer in seinem Werk der Wegbereitung Elia glich, war er nicht wirklich Elia (Mt 11,14; 17,11.12; Joh 1,21). Johannes war der in Jes 40,3 verheißene Rufer (Mt 3,3) und der Vorbote (3,1). Elia wird bei seiner Wiederkehr sein Werk zur Zeit des Ahab vollenden, indem er gegen den Götzendienst predigt und die Familien in Israel zusammenführt, ehe der große Tag des Herrn kommt (3,22-24).
Nach der hebräischen Tradition ist Elia »die größte und schillerndste Gestalt, die Israel je hervorbrachte ... Er öffnet geheime Türen, durch die die Gefolterten entkommen, er beschafft die Mitgift für die notleidenden Töchter der Armen... bei jeder Beschneidung ist ein Sitz für ihn reserviert, ein Glas Wein bei jedem Passahmahl. Er steht an der Kreuzung zum Paradies, um die Gerechten willkommen zu heißen. Am Ende wird er vor dem Messias hergehen, um die neue Welt einzuleiten, in der das Leid Israels und der Völker zu Ende kommt« (Abram Leon Sachar: *A History of the Jews*, S. 50ff). In 1Kö 17 taucht er wie aus dem Nichts auf, um in 2Kö 2 wieder zu verschwinden. Doch seine hagere Gestalt wird von dem gesamten Volk hoch geehrt und sehnlichst erwartet. Sein Werk wird aber Gericht sein, ehe er Frieden bringt.

7. **MALEACHIS LETZTE WORTE** (3,22-24). Die letzten drei Verse werden zuweilen als Anhang zu den »Propheten« der Bibel betrachtet. Sie verweisen auf Mose und Elia, auf das Gesetz und die Propheten, blicken jedoch nicht zurück, sondern nach vorn, auf das Gericht durch Elia und die Freude des messianischen Zeitalters. Hebräische Bibeln wiederholen Vers 23 nach Vers 24, um das Buch nicht mit einer Gerichtsbotschaft zu beenden. (Dasselbe gilt für Jesaja, die Klagelieder und den Prediger.) Die letzten sechs Verse Maleachis richten das Augenmerk über 400 Jahre prophetischen Schweigens auf den »Engel«, der die Ankunft des Vorboten und des langersehnten Messias ankündigen wird (Lk 1,11.26ff). Maleachis letzte Worte sind nicht das letzte Wort.

8. **CHRISTUS IN MALEACHI** (1,14; 3,1.20). Obwohl der Herr am Anfang des Buches auf seine unveränderliche Liebe verweist, ist Maleachi hauptsächlich eine Gerichtsbotschaft. Im Einklang damit stehen mehrere Hinweise auf den Messias:
    a. In 1,14 bezeichnet sich der Herr als einen »großen König«, weit größer als der »Statthalter«, den sie nicht mit einer fehlerhaften Gabe beleidigen würden (1,8). Darum wird das Gericht über den Betrüger, der Großes verspricht und Kleines gibt, nicht ausbleiben. Sach 14,9 sieht das Königtum in messianischem Licht, da der Name des Herrn unter allen Völkern geehrt wird.

b. In 3,1 stellt sich der Herr als der »Engel des Bundes« vor, den sie herbeiwünschen. Im Gegensatz zu ihren selbstgefälligen Erwartungen wird er jedoch zunächst die Frevler in Israel richten, zuerst die Söhne Levis im Tempel. Sein Handeln im Tempel (Joh 2,14-16; Mt 21,12) war ein Vorgeschmack auf die Wiederkunft, wenn er Volk und Land reinigen wird.

c. Für alle, die seinen Namen fürchten, wird er als »Sonne der Gerechtigkeit« aufgehen, um Heilung und große Freude zu wirken (3,20; vgl. Jes 60,19). Dieselbe Sonne, die die Frevler versengt (3,19), wird die Gottesfürchtigen heilen. Nach dieser Verheißung der Himmelssonne, die das Volk reinigen und heilen und die Frevler vernichten wird, verstummt die Stimme des Propheten. Die dunkle Zeit zwischen den Testamenten würde ihren Glauben an das Wort im Gesetz und in den Propheten auf eine gründliche Probe stellen.

Zentrale Ereignisse der Zeit zwischen den Testamenten

Perserreich	430 —	Mit Maleachi endet die alttestamentliche Zeit.
Griechisches Reich	332 —	Alexander der Große erobert Palästina und Ägypten.
Ptolemäerreich (323-198)	323 —	Nach dem Tod Alexanders zerfällt sein Reich in vier Teile
	301 —	Ptolemäus I (Soter) sichert sich Palästina und Ägypten.
	284 —	Sein Nachfolger Ptolemäus II (Philadelphus) ist wie sein Vater äußerst kunst- und kulturbegeistert und baut eine große Bibliothek.
	um 275 —	Übersetzung des Alten Testaments ins Griechische (Septuaginta; LXX).
Seleuzidenreich (198-166)	198 —	Antiochus III von Syrien besiegt bei Panias Ptolemäus V und nimmt Palästina ein.
	175 —	Antiochus IV Epiphanes besteigt den syrischen Thron und beginnt eine durchgreifende Hellenisierungspolitik.
	167 —	Antiochus IV verbietet die jüdische Religion, entweiht den Tempel durch Schweineopfer und setzt am 25. Dezember 167 den Zeuskult im Tempel ein.
Hasmonäerreich (jüdisch); 166-63	166 —	Mattatias, der Priester von Modin, beginnt den Makkabäeraufstand.
	164 —	Judas Makkabäus nimmt Jerusalem ein und weiht den Tempel am 25. Dezember 164. Der neuen Religionsfreiheit der Juden wird im Hanukkafest gedacht.
	160 —	Nach dem Tod seines Bruders Judas in der Schlacht übernimmt Jonatan die Führung. Er wird 152 der erste hasmonäische Hohepriester (Priesterherrschaft).
	142 —	Simon folgt auf seinen Bruder Jonatan. Er erreicht die volle jüdische Unabhängigkeit von Syrien und schließt einen Friedensvertrag mit Rom. Die Große Versammlung des Jahres 140 bestätigt ihn als Ethnarchen und Hohenpriester, womit das Hohepriestertum in der hasmonäischen Dynastie erblich wurde.
	135 —	Johannes Hyrkan folgt seinem Vater als Herrscher und Hoherpriester. Durch ein Bündnis mit Rom erweitert er das Reich bis zur Küste und nimmt Idumäa ein. Die dortige Bevölkerung wird zur Übernahme des Judentums gezwungen. Erstmals Prägung jüdischer Münzen. Im Jahre 110 kommt es zum großen Zwist zwischen Sadduzäern und Pharisäern, weil das Hohepriestertum verweltlicht und hellenisiert ist.
	104 —	Aristobul I folgt auf seinen Vater, kann sich jedoch nur mit Mühe ein Jahr halten.
	103 —	Alexander Jannäus ersetzt seinen Bruder, indem er dessen Witwe heiratet. Ausweitung des Reiches auf die Größe unter David und Salomo. Seine Gewalttat und Gottlosigkeit bewirken den Unmut der Pharisäer und führen zum offenen Bürgerkrieg.
	76 —	Salome Alexandra, die Witwe von Jannäus, reißt die Herrschaft an sich und ernennt ihren Sohn Hyrkan II zum Hohenpriester. Ihr gelingt die Versöhnung zwischen Sadduzäern und Pharisäern und die Befriedung des Reiches.

Hasmonäerreich (jüdisch); 166-63	67 —	Bürgerkrieg zwischen den beiden Söhnen von Alexandra und Jannäus, Hyrkan II und Aristobul II, die um Thron und Hohepriestertum kämpfen.
Römische Herrschaft; 63—	63 —	Der römische General Pompejus nimmt Jerusalem ein, vertraut das Hohepriestertum Hyrkan an und beendet die Unabhängigkeit Judas unter den Hasmonäern.
	62 —	Der Zehnstädtebund »Dekapolis« wird von Pompejus gegründet, um die jüdische Übermacht in Palästina auszugleichen.
	60 —	Erstes Triumvirat mit Cäsar, Pompejus und Crassus als inoffizielles Herrschergremium in Rom.
	48 —	Julius Cäsar besiegt Pompejus und eint das Reich erstmals seit einem Jahrhundert. Hyrkan II bleibt Hoherpriester, doch Antipater, der Idumäer, wird Prokurator.
	44 —	Ermordung Cäsars an den »Iden des März«. Zweites Triumvirat mit Oktavian, Antonius und Lepidus (43 v.Chr.)
	40 —	Herodes wird König von Judäa und nimmt 37 v.Chr. Jerusalem ein. Nach und nach werden die hasmonäischen Priestererben beseitigt.
	31 —	Oktavian (später Augustus genannt) erlangt die Alleinherrschaft, nachdem Agrippa I in der Schlacht von Actium Antonius und Kleopatra besiegte.
	19 —	Herodes beginnt den Wiederaufbau des Tempels in Jerusalem, um die Juden wegen seines Blutvergießens und der Errichtung von Sportstadien in Jerusalem zu besänftigen.
	5 —	Geburt von Johannes dem Täufer (etwa Juni) und Jesus (etwa Dezember).

Quellen für obige Tabelle

Ben-Jacob, A: *Encyclopaedia Judaica,* Bd. 8; Jerusaelm, Israel: Keter Publishing House Jerusalem Ltd. 1972, S. 766ff
Bruce, F.F.: *Israel and the Nations,* Grand Rapids: Eerdmans 1963, S. 120-240
DeVries, S.J.: »Chronology of the Old Testament«, in: *Interpreter's Dictionary of the Bible,* Nashville: Abingdon 1962, S. 597-596
Hoehner, H.: »Between the Testaments«, in: *Expositor's Biblical Commentary,* Frank E. Gaebelein Hrsg., Bd. 1, Grand Rapids: Zondervan, S. 179-191
Unger, Merrill: *Unger's Bible Handbook,* Chikago: Moody 1966, S. 451-455

Register von Begriffen zur biblischen Einleitung

AKKADISCH — Akkad war das Zwischenstromland zwischen Euphrat und Tigris von Aram im Norden bis Sumer im Süden.
AKROSTICHON — Eine Form hebräischer Dichtung, bei der die Anfangsbuchstaben mehrerer Zeilen gemeinsam ein Wort ergeben oder in einer bestimmten Reihenfolge stehen (z.B. in alphabetischer Reihenfolge bei Psalm 119 oder in den Klageliedern).

ALLEGORISCHE AUSLEGUNG — Eine von den alexandrinischen Kirchenvätern (in Anlehnung an die Griechen) entwickelte Schule der Bibelauslegung, nach der die Berichte und Aussagen der Bibel Allegorien sind, also eine über den wörtlichen Sinn hinausreichende Bedeutung haben. Oft werden mehrere Bedeutungsebenen unterschieden.

ALLVERSÖHNUNG — Theologische Ansicht, nach der letztlich alle Geschöpfe das Heil und ewigen Segen erlangen, entweder nach einer Zeit der Strafe oder ohne Bestrafung.

ALTE MANUSKRIPTE — Die ältesten erhaltenen Bibelhandschriften, nicht jedoch die Originale selbst.

AMARNABRIEFE — Tontafeln, die 1887 am Tell El-Amarna in Ägypten gefunden wurden. Es handelt sich um offizielle Schreiben palästinischer Statthalter an die ägyptischen Pharaonen Amenhotep III und IV um 1400 v.Chr. Sie sind in akkadischer Sprache geschrieben und bitten um Hilfe vor feindlichen Einfällen.

ANACHRONISMUS — Ein Irrtum in der Zeitabfolge oder ein nicht zeitlich geordneter Bericht.

ANGELOLOGIE — Die biblische Lehre über Engel und geistliche Geschöpfe.

ANIMISMUS — Der Glaube an eine nichtmaterielle Geisterwelt, wobei unbeseelten Gegenständen Leben und Persönlichkeit zugesprochen werden.

ANTHROPOLOGIE — Die wissenschaftliche Erforschung der Herkunft, Merkmale und Entwicklung des Menschen und seiner Umgebung.

ANTICHRIST — Ursprünglich alles Christusfeindliche, als Eigenname eine Person der Endzeit, die als Christus auftreten und mit satanischer Macht die Weltherrschaft an sich reißen wird.

ANTILEGOUMENA — Jene Bücher der Bibel, deren Aufnahme in den Kanon von den frühen Kirchenvätern bezweifelt wurde: Fünf alttestamentliche Bücher (Ester, Hohelied, Sprüche, Prediger und Hesekiel) und sieben neutestamentliche (Hebräer, Jakobus, 2.Petrus, 2. und 3.Johannes, Judas und die Offenbarung).

ANTINOMISMUS — Wörtlich »Gegengesetzlichkeit«. Eine christliche Bewegung oder Sekte, nach der Christus den Gläubigen von moralischen Gesetzen befreit. Paulus weist diese Irrlehre in Galater 5 zurück.

ÄON — Göttliche Haushaltung, Heilszeitalter, in dem Gott auf bestimmte Art und Weise an den Menschen handelt, um seine Ziele zu erreichen.

AÖNENLEHRE — Eine prämillennialistische Schriftauslegung, die auf der konsequenten grammatisch-historischen Deutung basiert und infolgedessen die Unterscheidung zwischen Gottes Heilsplan für Israel und die Gemeinde ernst nimmt. Von der Bundestheologie grenzt sie sich auch insofern ab, als sie einen theologischen statt soteriologischen (heilsgeschichtlichen) Schwerpunkt setzt.

APOKALYPTISCHE LITERATUR — Eine visionäre Schriftgattung, in der eine glückliche messianische Zukunft verheißen wird. Die Probleme von Sünde und Leid werden beseitigt und der Sieg der Heiligen sowie die Vernichtung der Gottlosen besiegelt.

APOKRYPHEN — Nichtkanonische Bücher, die nach der Festsetzung des Kanons der Bibel angefügt wurden, jedoch nicht die Voraussetzungen für ein Bibelbuch erfüllen. Im Alten Testament oder aus der Zwischenzeit kennen wir etwa 14 solche Bücher, beim Neuen Testament eine weit größere Anzahl. »Apokryph« bedeutet »verborgen« oder unecht.

APOLOGETIK — Ein Zweig der Bibelkunde, der sich mit der Verteidigung und Bestätigung biblischer Aussagen befaßt.

ARAMÄISCH — Die Aramäer sind die Nordsemiten von Aram (Syrien); ihre Sprache wurde in Chaldäa und unter den palästinischen Juden von der Babylonischen Gefangenschaft bis zur Zeit Jesu gesprochen.

ARCHÄOLOGIE — Eine Wissenschaft, welche die Überreste alter Zivilisationen ausgräbt und untersucht, um ihre Geschichte zu erforschen.

ÄTIOLOGIE — Die Lehre von den Ursachen der Ereignisse und Erscheinungen.

AUTHENTIZITÄT — Die Echtheit eines Buches, aus der sich die Verläßlichkeit seiner Aussagen ergibt.

BAAL — Phönizisches und kanaanitisches Wort für »Gott (»Herr, Meister«); zugleich der wichtigste männliche Gott der Phönizier.

BEHISTUN-FELSEN — Eine dreisprachige Inschrift an einem Felsen in Persien aus der Zeit von König Darius (6. Jahrhundert v.Chr.), durch die Sir Henry Rawlinson die Entzifferung der babylonischen Sprache gelang.

BIBEL — Bezeichnung für die gesamte Heilige Schrift, abgeleitet von *Biblios* (Schreibmaterial aus Papyrus, später auch »Buch«). *Biblos* ist das erste Wort des Neuen Testaments. Im zweiten nachchristlichen Jahrhundert setzte sich der Titel *Biblia* für die Heilige Schrift durch.

BIBLISCHE EINLEITUNG — Teilgebiet der Bibelkunde, das sich mit Grundfragen wie Festlegung des Kanons, ursprüngliche Texte und historische Probleme (Urheberschaft, Datierung, Hintergrund usw.) befaßt.

BIBLISCHE THEOLOGIE — Teilgebiet der theologischen Bibelforschung, das die verschiedenen Offenbarungsbegriffe nach ihrer fortschreitenden Verdeutlichung durch die einzelnen Autoren und in verschiedenen Epochen zu erforschen versucht, z.B. die Theologie Moses und des PENTATEUCH.

BILEAMISMUS — Benannt nach dem heidnischen Propheten Bileam, der seine Gabe zu eigennützigen Zwecken einsetzte, und das Volk Gottes moralisch zu unterhöhlen versuchte, nachdem er es nicht verfluchen konnte.

BRONZEZEIT — Epoche der Menschheitsgeschichte, in der das Metall Bronze weite Verbreitung fand, etwa von 3200 bis 1200 v.Chr. (*The Archaeology of Palestine*)

BUND — Arbeitsübereinkunft oder Vertrag zwischen zwei Parteien mit Bestimmungen, die an bereits gegebene oder noch zu erfüllende Bedingungen geknüpft sind. Die beiden Testamente werden als »Bund« bezeichnet, weil sie Gottes Arbeitsübereinkunft mit dem Menschen im alten und neuen Zeitalter darstellen. Das Alte Testament enthält mehrere Bundesschließungen, die alle mit dem Abrahambund in Beziehung stehen.

CHRISTOLOGIE — Biblische Lehre über Person und Werk Christi.

CHURRITER — In der Bibel HORITER genannt (1Mo 14,6), von etwa 2400-1800 die dominierende Volksgruppe des Nahen Ostens, deren Zivilisation durch die kürzlich entdeckten Nuzi-Tafeln erhellt wird. Sie waren Nichtsemiten und lebten südlich des Kaukasus und östlich des Tigris.

CODEX HAMMURABI — Gesetzbuch des babylonischen Königs Hammurabi (um 1700 v.Chr.), das dieser in eine Steinsäule meißeln ließ. Viele dieser Gesetze waren bereits damals ein Jahrtausend alt. Die 282 Bestimmungen des Codex Hammurabi ähneln in manchen Zügen dem Gesetz Moses.

DAGON — ein frühbabylonischer und kanaanitischer Gott. Er hat die Form eines Fisches mit einem Menschenkörper und wurde zum Nationalgott der Philister.

DATIERUNG JÜDISCHER KÖNIGE — In Juda wurde in alttestamentlicher Zeit die Jahreszählung der Könige mit dem Monat Nisan nach dem Amtsantritt begonnen. Das »erste Jahr« ist somit das erste volle Kalenderjahr des jeweiligen Königs.

DEISMUS — Gottesbild, das seine Transzendenz (Übersinnlichkeit) betont und sich auf das Zeugnis der Vernunft statt der Schrift beruft. Zwar wird die Verpflichtung zur Anbetung Gottes anerkannt, nicht jedoch die Möglichkeit übernatürlicher Eingriffe sowie die Göttlichkeit und das Versöhnungswerk Christi.

DELPHI-INSCHRIFT — Eine Inschrift in Delphi gegenüber von Korinth, in der die Ankunft von Gallio in Korinth (51 n.Chr.) bestätigt wird.

DIATESSARON — Eine sogenannte Evangelienharmonie Tatians um 170 n.Chr. in syrischer Sprache. Die vier Evangelien werden (allerdings nicht vollständig) in einer einzigen Schrift vereinigt.

DIDACHE — Ein Dokument vom Ende des ersten Jahrhunderts mit dem Titel *Die Lehre der Zwölf*. Es betont die Lehre Jesu im Gegensatz zu seinen Handlungen.

DOKETISMUS — Ein früher Irrglaube, der Christus als ein leibloses Phantom betrachtete, vertreten von Marcion und manchen Gnostikern. Sie betonten die Verworfenheit alles Leiblichen, wodurch Christus unmöglich Fleisch werden konnte. Darum durfte Jesus nur einen »Scheinleib« haben.

DOKUMENTARHYPOTHESE — Theorie zur Entstehung der biblischen Texte aus zwei oder mehreren älteren Urkunden. Gründet sich auf ein naturalistisches und evolutionäres Entwicklungsbild. Auch URKUNDENHYPOTHESE genannt.

DREIEINHEIT oder DREIEINIGKEIT — Bezeichnung für den einen Gott als Vater, Sohn und Heiliger Geist. Die wesensmäßige Einheit Gottes umfaßt drei Personen, die weder drei Götter sind noch drei Teile Gottes, sondern Dreiheit in der Einheit, drei Persönlichkeiten in einem Wesen. Dafür gibt es keine menschliche oder leibliche Analogie.

EISENZEIT — Das letzte Zeitalter der Menschheitsgeschichte, das nach dem veränderten Einsatz von Werkzeugmaterial (Stein, Bronze, Eisen) benannt ist. Beginnt um 1200 v.Chr.

EKKLESIOLOGIE — Die biblische Lehre von der Gemeinde.

EPIKURÄER — Anhänger der Denkschule Epikurs, der den Lebenssinn in Lustgewinn und fleischlicher Befriedigung suchte.

EPISTEMOLOGIE — Erkenntnistheorie. Die Wissenschaft von Wesen, Grundlage, Grenzen, Gültigkeit und Kriterien für Wissen und Erkenntnis.

ESSENER — Asketische religiöse Gruppe in Palästina, die als Orden in Mönchsgemeinschaften zölibatär zusammenlebte. Die Mitglieder wurden adoptiert und lebten in Gütergemeinschaften nach dem traditionellen Judentum (Tieropfer usw.).

EVOLUTION — Die Lehre von der spontanen und fortschreitenden Entwicklung von Ordnung aus Chaos, vom Einfachen zum Komplexen. In der Biologie die stammesgeschichtliche Entwicklung aller Lebensformen durch weitgehende Abänderungen einer rudimentären Urform.

EXORZISMUS — Austreibung von Geistern und Dämonen.

FESTROLLEN — Siehe MEGILLOT, HAGIOGRAPHEN.

FLUCHPSALM — Ungenauer Ausdruck für Psalmen mit strafenden Vergeltungsworten, auch »Gerechtigkeitspsalmen« genannt.

FORMKRITIK — Eine Methode zur Analyse von Bibeltexten durch die Suche nach ihrem »Sitz im Leben« (vorliterarischen Umständen), in dem sie entstanden, wobei eine Weiterentwicklung aus mündlichen Berichten zu schriftlichen Sammlungen angenommen wird.

FUNDAMENTALISMUS — Lehrgebäude der »konservativen Theologie« auf der Grundlage der VERBALEN UND VOLLSTÄNDIGEN INSPIRATION der Schrift. Basiert auf der Bibel selbst, statt auf Glaubenssätzen und -bekenntnissen.

GEMARA — Der zweite Teil des TALMUD, der den ersten (die MISCHNA, das mündliche Gesetz) kommentiert oder erklärt. In aramäischer Sprache abgefaßt und um 500 n.Chr. vollendet, enthält sie die Gesetzesauslegungen der Weisen vieler Generationen.

GILGAMESCH-EPOS — Frühbabylonisches Werk auf zwölf Tafeln aus der Zeit Assurbanipals. Es ist dem mythischen König Gilgamesch von Babylon gewidmet und enthält viele Parallelberichte zum ersten Buch Mose, allerdings polytheistisch verarbeitet.

GLEICHNIS — Eine erfundene, doch lebensnahe Geschichte zur Verdeutlichung einer geistlichen Wahrheit durch eine Analogie des Reiches Gottes. Auch PARABEL.

GNOSTIZISMUS — Frühchristliche Irrlehre, nach der Christus weder wahrer Gott noch wahrer Mench war und das Heil nur durch Erkenntnis (Gnosis) erlangt werden könne. Ihr mythisches Wissen erforderte Initiationsriten.

GROSSE SYNAGOGE — Eine mutmaßliche Versammlung der frühen zwischentestamentlichen Zeit aus 120 Männern unter dem Vorsitz Esras. Sie diente zur Auslegung der Gesetze und war wohl ein Vorläufer des Sanhedrin (Hohen Rates).

HAGGADA — Zweiter Teil der Midrasch, der das Alte Testament in populärer und homiletischer Weise auslegt.

HAGIOGRAPHEN — Griechischer Titel des dritten Teiles des hebräischen Alten Testaments (Heilige Schriften, KETUBIM). Sie enthalten elf Bücher in drei Abschnitten; drei poetische Schriften (Psalmen, Sprüche, Hiob); fünf FESTROLLEN (Hohelied, Rut, Klagelieder, Prediger, Ester); und drei Geschichtsbücher (Daniel, Esra-Nehemia und Chronik).

HALACHA — Erster Teil der MIDRASCH mit einer Auslegung des hebräischen Gesetzes einschließlich rabbinischer Urteile über Fälle, die im Gesetz nicht behandelt sind.

HAMARTIOLOGIE — Biblische Lehre über Sünde.

HAMMURABI — siehe CODEX HAMMURABI

HASIDIM — Eine Gruppe eifriger Juden zur Zeit von Antiochus Epiphanes (um 168 v.Chr.), die sich »die Frommen« nannten. Sie nahmen lieber den Tod auf sich als ihr religiöses Gesetz zu brechen und waren vielleicht Vorläufer der Pharisäer (Separatisten).

HEBRAISTEN — Juden in der zwischentestamentlichen und apostolischen Zeit, die nicht nur der Religion nach Juden blieben, sondern auch in Sprache (hebräisch oder aramäisch) und Gebräuchen. Sie widerstanden dem Hellenismus.

HELLENISTEN — Juden der zwischentestamentlichen und apostolischen Zeit, die unter Beibehaltung ihres jüdischen Glaubens die griechisch-römische Kultur übernahmen.
HERMENEUTIK — Die Wissenschaft oder Kunst der Auslegung (v.a. Schriftauslegung), wobei Auslegungsprinzipien entwickelt und angewandt werden.
HERODIANER — Jüdische Partei, die politisch auf der Seite von Herodes stand und sich religiös sowohl gegen Christus als auch gegen die Pharisäer wandte.
HETHITER — Ein palästinisches Volk während und nach der Landnahme durch Josua. Sie kamen aus Kleinasien, wo sie von ca. 1600-1200 ein mächtiges Reich besaßen (Einnahme Babylons um 1550). Rassisch waren sie Arier.
HIEROGLYPHEN — Bilderschrift (heilige Zeichen) aus Schriftzeichen oder Wörtern mit geheimen Bedeutungen.
HOMILETIK — Die Wissenschaft und Kunst der Vorbereitung und Darbringung einer Predigt.
HOMOLEGOUMENA — Jene Bibelbücher, deren Aufnahme in den Kanon unumstritten war (34 Bücher des Alten und 20 des Neuen Testaments).
HORITER — siehe CHURRITER.
HUMANISMUS — Studium der Geisteswissenschaften, der Literatur, Kunst und Gesellschaft im Gegensatz zur reinen Scholastik. Auch Bezeichnung einer Lebensphilosophie und Denkschule, die in ihren Voraussetzungen und Zielen den Menschen zum Mittelpunkt macht.
HYKSOS — »Fremdherrscher«, die Hirtenkönige Ägyptens von der XIII zur XVII Dynastie (um 1750-1550 v.Chr.). Sie waren großteils Semiten und an ihren Pferden, Wagen und Kriegswaffen erkennbar.
IDEALISMUS — Philosophische Denkschule, die das Leben und das Universum als sich langsam entwickelnde Verwirklichung eines Ideals sieht (im Gegensatz zu Realismus oder Naturalismus).
IDUMÄER — Griechische Bezeichnung der Edomiter in der zwischentestamentlichen und apostolischen Zeit, als eine edomitische Mischrasse Südjuda um Hebron besetzte. Sie verloren sich nach dem Fall Jerusalems von 70 n.Chr.
INKARNATION — Fleischwerdung; die hypostatische Einheit der göttlichen und menschlichen Natur Christi, durch die der Sohn Gottes Mensch wurde, ohne dabei von seiner Göttlichkeit oder Menschlichkeit einzubüßen.
INSCHRIFT — Gemalte oder gemeißelte Schrift an einem öffentlichen Ort oder Gegenstand (Denkmäler, Stelen, Münzen usw.) zur Einsichtnahme durch die Öffentlichkeit.
INSPIRATION — »Einhauchung« Gottes in den Menschen. Dient der Vorbereitung und Befähigung zur Übernahme und Weitergabe des Wortes Gottes. Bezeichnet auch die Eigenschaft der Heiligen Schrift selbst, die »gottgehaucht« (theopneustos) und daher vertrauenswürdig und vollmächtig ist.
ISAGOGIK — siehe BIBELEINLEITUNG. Die biblische Einleitungswissenschaft, die sich mit der literarischen Geschichte der Bücher, ihrer Inspiration und Verfasserschaft sowie mit dem geschichtlichen Umfeld der Abfassung und ähnlichen Fragen auseinandersetzt.
JAHWE — Mutmaßliche hebräische Aussprache des Tetragrammatons JHWH, des Namens des dreieinen Gottes (im Hebräischen werden keine Selbstlaute geschrieben). Der Name wurde früher als »Jehova« gedeutet, weil die Konsonanten von JHWH später mit den Vokalzeichen von »Adonai« (Herr) versehen wurden, wohl um Gotteslästerung durch die Nennung des Gottesnamens zu vermeiden (3Mo 24,16; Am 6,10). Das Wort kommt von der Wurzel »haja« (Zeitwort »sein«) und weist auf das bundestreue und unveränderliche Wesen des Gottes Israels hin (»Ich bin, der ich bin«. 2Mo 3,14). In der LXX und im NT wird JHWH durch »Kyrios« (Herr) wiedergegeben, ebenso in den meisten deutschen Übersetzungen.
JOSEPHUS — Jüdischer Historiker der apostolischen Zeit (um 37-100 n.Chr.), Autor von *Antiquitates Judaicae, Bellum Judaicum* usw.
JUDAISTEN — Frühe christliche Irrlehrer aus einer Gruppe bekehrter Pharisäer, welche die Einhaltung des mosaischen Gesetzes für heilsnotwendig hielten.
JUDENTUM — Im weiteren Sinne die Religion der Juden, vor allem wie sie in der zwischentestamentlichen Zeit von den Rabbinern entwickelt wurde und im orthodoxen Judentum bis heute besteht. Hauptinhalte sind die Einheit, Transzendenz (Übersinnlichkeit) und Vaterschaft Gottes.

KANON — Die in der Bibel enthaltenen Bücher, die aufgrund der Voraussetzungen für göttliche Inspiration als Heilige Schrift gelten. Der Ausdruck kommt vom griechischen *Kanon,* eine Meßlatte, im übertragenen Sinn eine Norm oder Verhaltensregel, Richtschnur. Die kanonischen Bücher sind dies nicht aufgrund menschlicher Satzungen, sondern weil sie die Kennzeichen für göttliche Autorität und Inspiration an sich tragen.

KEILSCHRIFT — Eine keilförmige Schriftart, die die alten Babylonier und Kanaaniter in Tontafeln ritzten.

KENOSE — Die »Entäußerung« Christi bei seiner INKARNATION (Menschwerdung), wobei nicht der Verlust der Göttlichkeit, sondern die Annahme der Menschlichkeit gemeint ist. Bedeutet seine Selbstbeschränkung in bezug auf Herrlichkeit und göttliche Vorrechte während seines Erdenwandels.

KENOTISMUS — Irrlehre, welche die Entäußerung Christi als Beschränkung seines Wissens auf den Erkenntnisstand seiner Umwelt versteht. Damit sind Irrtümer in seinen Aussagen nicht ausgeschlossen.

KERYGMA — »Predigt« oder Verkündigung der Werke Jesu in der Urkirche; ergänzend zu seiner *Didache* (Lehre). Oft bedeutet *Kerygma* allgemein die Evangeliumsbotschaft.

KETUBIM — Hebräische Bezeichnung der Heiligen Schriften oder HAGIOGRAPHEN (elf Bücher des Alten Testaments).

KIRCHENVÄTER — Frühchristliche Autoren und Lehrer in den ersten sieben Jahrhunderten, die die großen Lehren der Kirche entwickelten und bei späteren Auslegern eine Art Schiedsrichterfunktion erhielten.

KOINE — »Gemeines« oder alexandrinisches Griechisch, die Umgangssprache der apostolischen Zeit, die sich nach den Eroberungen Alexanders aus dem älteren klassischen Griechisch entwickelte. Sprache des Neuen Testaments.

KOSMOGONIE — Wissenschaftliche Untersuchung der Schöpfung oder Entwicklung der Welt und des Universums.

KRITIK — Der vom griechischen *krino* (richten) abgeleitete Begriff bedeutet die Unterscheidung zwischen zwei oder mehr Dingen, um zu einer zutreffenden Beurteilung einer Sache zu gelangen. *BIBLISCHE EINLEITUNG* ist eine theologische Wissenschaft, die die exakten Originaltexte bestimmen und Fragen der Urheberschaft, Datierung und des geschichtlichen Hintergrunds klären will. Die TEXTKRITIK befaßt sich mit der Bestimmung der genauen Urtexte, während die *historische Kritik* (»höhere Kritik«) die geschichtlichen Zusammenhänge und die Echtheit der von den Dokumenten erhobenen Ansprüche aufklärt. Die *destruktive Kritik* findet im Bereich der höheren Kritik statt, fußt jedoch in der Behandlung der Texte auf den Grundlagen des Naturalismus und der Evolution.

LIBERALISMUS — »Modernistische« Vereinigung von Christentum und Wissenschaft, wobei die Bibel auf Grund rationalistischer Denkansätze ausgelegt wird, die ihren übernatürlichen Charakter leugnen und sie vor allem im Sinne gesellschaftlichen Fortschritts auslegen.

LXX — Abkürzung für SEPTUAGINTA.

MAKKABÄER — Jüdische Familie tapferer Patrioten (Söhne von Mattatias, dem Priester von Modein), die den Aufstand gegen die syrische Herrschaft von Antiochus Epiphanes leiteten und Israel um 164 v.Chr. zur Unabhängigkeit führten.

MARI-TAFELN — Tontafeln, die am Tell Hariri in der Nähe der Stadt Mari am Euphrat gefunden wurden und mit 1813 bis 1781 v.Chr. datiert sind. Sie bestätigen archäologisch die biblischen Angaben über Abrahams Herkunft aus Haran und Nahor im oberen Mesopotamien.

MASORETEN — Jüdische Gelehrte des fünften bis zehnten nachchristlichen Jahrhunderts, die anhand der »Massora« (überlieferte Anmerkungen zum hebräischen Bibeltext) die Texte des Alten Testaments mit Selbstlautzeichen und Akzenten versahen, um die richtige Aussprache des alttestamentlichen Hebräisch zu bewahren, das im Aussterben begriffen war.

MEGILLOT — Hebräische Bezeichnung der fünf FESTROLLEN: Das Hohelied (gelesen zum Passahfest), Rut (Pfingsten), Prediger (Laubhüttenfest), Ester (Purimfest) und Klagelieder (Jahrestag der Zerstörung Jerusalems).

MESA-INSCHRIFT — Altes Steindenkmal in Transjordanien im früheren Moab mit einer Inschrift des Moabiterkönigs Mesa von 890 nach seinem erfolgreichen Abfall von Israel. Die Schriftzeichen ähneln den hebräischen.

MIDRASCH — Jüdischer Kommentar, bestehend aus HALACHA und HAGGADA (über das Gesetz und das übrige Alte Testament). Enthält populäre Auslegungen.

MISCHNA — Erster Teil des jüdischen TALMUD, der das »mündliche Gesetz« enthält. Entstanden vor der GEMARA (Kommentare und Auslegungen der Rabbis). Gesammelt vom Fürsten Juda um 200 n.Chr.

MÜNDLICHES EVANGELIUM — Die gängige Darstellung des Lebens und Wirkens Christi, die während der ersten 20 Jahre nach der Auferstehung unter den Gläubigen weitergegeben wurde. Bereits vor ihrer Niederschrift wurde sie praktisch wörtlich auswendig gelernt (siehe Lukas 1,4).

NASIRÄER — Person (männlich oder weiblich), die sich durch einen besonderen Eid dem Dienst an Gott verschrieben hat, der ansonsten den Leviten vorbehalten war.

NATURALISMUS — Lehrgebäude, nach dem das Universum und alle Erscheinungen durch natürliche Ursachen erklärbar sind; oder die Ansicht, Gottes Offenbarung in der Natur sei voll und ganz ausreichend für die religiösen Bedürfnisse des Menschen.

NEOORTHODOXIE — Moderne Gegentheorie zum Liberalismus, die die Transzendenz Gottes (des ganz Anderen) betont. Unter Verwerfung lehrsatzmäßiger Offenbarung wird eine dialektische Theologie mit einer »existentiellen Erfahrung« betont (Theologie der Krisis), wobei der Mensch Gott und seinem lebendigen Wort in einer lebensentscheidenden Begegnung gegenübertritt und sich voll und ganz der Wahrheit verschreibt. Die Neoorthodoxie teilt zwar mit den Liberalen die naturalistische Sicht der Schrift, sieht den Zweck der Bibel jedoch in der Herbeiführung einer existentiellen Begegnung und in der Offenbarung der Unaufhebbarkeit göttlicher Erwählung (fast bis hin zur ALLVERSÖHNUNG). Die Rückkehr zur Orthodoxie besteht vor allem in der Erneuerung der Reformationslehre von der souveränen Gnade Gottes.

NESTORIANISMUS — Von Nestorius (Patriarch von Konstantinopel im 5. Jahrhundert) gegründete Lehre, welche die hypostatische Einheit Christi (Zweinaturenlehre) ablehnt und sich vor allem auf die Menschlichkeit Jesu verlegt, wobei seine Göttlichkeit fast gänzlich geleugnet wird.

NIKOLAITEN — Irrlehrer, die gegen das Priestertum aller Gläubigen verstießen, indem sie ein System von Priestern und Geistlichen einsetzten.

NIZÄNISCH — Glaubensbekenntnis, das im Konzil von Nizäa 325 n.Chr. von der Kirche gebilligt wurde.

NUZI-TAFELN — Dokumente aus der Zeit der Erzväter, entdeckt um 1925 in Nuzi, einer Hauptstadt der Churriter. Diese Tafeln tragen viel zu unserem Wissen über den historischen Hintergrund des ersten Buches Mose bei.

OFFENBARUNG — 1) Das Handeln Gottes im Mitteilen seiner selbst und seines Werkes; 2) der konkrete Bericht seiner Selbstoffenbarung, wie er in der Bibel enthalten ist. Der Ausdruck bezeichnet die Enthüllung ansonsten unbekannter und unerforschlicher Dinge.

ORTHODOXIE — Gesamtheit der christlichen Lehre, wie sie in der Schrift ausgedrückt und von der Kirche allgemein anerkannt ist.

PARABEL, siehe GLEICHNIS.

PARALLELISMUS MEMBRORUM — Besonderheit der hebräischen Dichtung, wobei der Gedankenrhythmus statt des Wort- oder Klangrhythmus im Vordergrund steht. Übliche Techniken dazu sind Wiederholung, Gegensatzbildung, Weiterführung usw.

PAROUSIA — »Anwesenheit«, Bezeichnung der Wiederkunft Christi sowohl für die Gemeinde als auch für die gesamte Erde.

PENTATEUCH — »Fünfrollenbehälter«, Bezeichnung der fünf Bücher Mose.

PESCHITTA — Alte syrische Übersetzung des Alten Testaments vom zweiten oder dritten Jahrhundert n.Chr., abgeleitet vom hebräischen Grundtext und der griechischen Septuaginta, (Syrische Parallele zur lateinischen Vulgata).

PHARISÄER — Jüdische Sekte der zwischentestamentlichen und apostolischen Zeit, die besonderes Gewicht auf Traditionen und zeremonielle Handlungen legte, die Absonderung von der Welt betonte und die Synagoge als religiöses Zentrum pflegte (Vorläufer des heutigen Judentums).

PNEUMATOLOGIE — Die Lehre von Geistwesen in der Schrift.
PRAGMATISMUS — Philosophisches Lehrgebäude, das die praktische Brauchbarkeit zur einzigen Wahrheitsprobe erklärt.
PRÄMILLENNIALISMUS — Endzeittheorie, die an ein wörtliches Tausendjähriges Reich (Millennium, Chiliasmus) in der Zukunft glaubt, in dem Christus auf der Erde herrschen wird.
PROPHETIE — Eine Gottesbotschaft an den Menschen durch einen Propheten des Herrn. Eine Prophetie kann eine Vorhersage der Zukunft beinhalten oder auch eine gegenwärtige Botschaft Gottes sein.
PSEUDEPIGRAPHEN — Unechte Schriften über die Ereignisse des Alten und Neuen Testaments, die großteils um 200 v.Chr. und 200 n.Chr. im Namen berühmter Bibelgestalten verfaßt wurden.
PTOLEMÄER — Ägyptische Herrscherdynastie und Nachkommen von Ptolemäus Soter. Die Dynastie beginnt mit dem Tod Alexanders des Großen und endet mit der Herrschaft Kleopatras um 30 v.Chr.
Q (QUELLE) — Eine mutmaßliche griechische Schrift, die nach der Dokumentarhypothese den Evangelisten zur Verfügung stand.
QUMRAN-ROLLEN — Schriftrollen des Alten Testaments und der zwischentestamentlichen Zeit, die 1947 in der schroffen Gebirgslandschaft nordöstlich des Toten Meers bei Qumran gefunden wurden. Sie bestätigen viele Einzelheiten über die alttestamentlichen Texte und historischen Ereignisse bis zur Zeit der Essener (um Christus und Johannes den Täufer).
RAS SCHAMRA-TAFELN — Alte Urkunden aus der Zeit Moses, die um 1929 bei UGARIT an der nordsyrischen Küste entdeckt wurden und Aufschluß über Alphabet und Sprache der Kanaaniter sowie das sinnliche Heidentum jener Zeit geben.
REDAKTION — Sammlung und Bearbeitung verschiedener schriftlicher oder mündlicher Quellen bei der Abfassung eines Schriftstücks. Solche Redaktionen werden von der historischen Kritik oft Bibelbüchern unterlegt. Der Bearbeiter heißt Redaktor.
REICH GOTTES — auch REICH DER HIMMEL. Abgeleitet von Daniel 2,44, bezeichnet der Ausdruck in den Evangelien die Herrschaft, den Wirkensbereich und die Vollmacht Gottes sowohl in ihrer universellen als auch persönlichen Bedeutung im geistlichen und leiblichen Bereich.
SADDUZÄER — Religiöse Sekte des Judentums zur Zeit Christi vor allem aus der Adelsschicht, die die Traditionen der Ältesten ablehnten, wie sie die Pharisäer lehrten. Leugneten Auferstehung, Engel und ewiges Leben, die von Mose nicht ausdrücklich gelehrt wurden. Ihr religiöser Bereich war der Tempel.
SAKRAMENT — »Zeichenhafte Handlung«; im Alten Testament eine göttlich eingesetzte rituelle Handlung. Im Neuen Testament eine von zwei symbolischen Gedächtnishandlungen, die Christus befahl: die Taufe, eine einmalige Symbolhandlung für die Identifikation des Gläubigen mit Christus in Tod und Auferstehung; und das Abendmahl, der symbolische Vollzug der täglichen Teilhabe des Gläubigen an Christus und der Anteilnahme an dem Werk seines Todes. Theologisch ist ein Sakrament ein göttlich eingesetztes äußeres Symbol zur Verdeutlichung einer geistlichen Evangeliumswahrheit, die somit allgemein und dauerhaft verbindlich wird. Sakramente haben keine Heilswirkung.
SAMARITISCHER PENTATEUCH — Die Mosebücher des Alten Testaments in samaritischen Buchstaben. Entdeckt im Jahre 1616, stimmt der Text im wesentlichen mit dem masoretischen Text überein.
SATRAP — Im Perserreich der Herrscher über eine »Satrapie«, (Verwaltungseinheit). Palästina ist die fünfte Satrapie.
SCHECHINA — »Wohnstatt« der göttlichen Gegenwart, wie sie im Alten Testament in der Wolkensäule sichtbar wird und in Hesekiel 10,18 den Tempel verläßt. Sie kehrt wieder in der Person Christi, in dem Gott Gestalt annimmt.
SCHOLASTIZISMUS — Eine Methode zur Erforschung der biblischen Lehre, wie sie im Mittelalter entwickelt wurde. Durch philosophische Denkansätze wurde eine Harmonisierung von Glaube und Vernunft angestrebt.
SELEUZIDEN — Syrische Herrscher seit der Teilung des griechischen Reiches nach Alexander.

SEMITEN — Nachkommen Sems, des zweiten Sohnes Noahs (1Mo 10,21-31). Sie ließen sich vor allem im oberen Mesopotamien nieder und breiteten sich von Elam bis ins südliche Kleinasien aus. Heute sind sie die Völker des Nahen Ostens mit den flektionslosen Sprachen Akkadisch, Aramäisch, Hebräisch und Arabisch.

SEPTUAGINTA — Die griechische Übersetzung des Alten Testaments, die ab 280 v.Chr. unter der Schirmherrschaft Ptolemäus II in Alexandrien hergestellt wurde, angeblich von 72 jüdischen Schriftgelehrten. Zur Zeit Christi hatte sie in Palästina weite Verbreitung gefunden (Abk. »LXX«).

SOTERIOLOGIE — Heilslehre; die biblische Lehre von Erlösung und Heil.

SPRACHFIGUR — Wort oder Wendung, welche abseits ihrer gewöhnlichen Bedeutung eingesetzt wird, um durch einen Vergleich ein bestimmtes Merkmal oder eine Wahrheit zu verdeutlichen.

STOIZISMUS — Pantheistisches religiöses System, das Steno im vierten Jahrhundert v.Chr. gründete und Seneca im apostolischen Zeitalter weithin bekanntmachte. Es betrachtet alle Ereignisse als unabwendbar, leidenschaftliche Gefühle als nutzlos, Lust und Schmerz als inhaltslos und gleichmütige Hinnahme alles Geschehens als einzige Möglichkeit der Lebensbewältigung.

SYNAGOGE — Religiöses, gesellschaftliches und schulisches Zentrum der Juden, das sich während der Babylonischen Gefangenschaft entwickelte, als der Tempelgottesdienst nicht möglich war. Die Synagoge besteht als Ort der Zusammenkunft zu Anbetung und Thorastudium bis heute.

SYNERGISMUS — »Zusammenarbeit«; in der Heilslehre die pelagianistische Sicht, nach der das Heil sowohl von Gott als auch vom Menschen bewirkt wird (im Gegensatz zum augustinischen Monergismus).

SYNKRETISMUS — Philosophische Methode der Aufnahme und Verknüpfung nützlicher Elemente aus verschiedenen Theorien in ein vorher festgelegtes Grundschema, um sie gegen einen gemeinsamen Feind zu verbinden und zu vereinheitlichen.

SYNOPTIKER — Die ersten drei Evangelien: Matthäus, Markus und Lukas. So genannt, weil sie starke inhaltliche Ähnlichkeiten aufweisen (Synopse bedeutet »Zusammenschau«).

SYSTEMATISCHE THEOLOGIE — Theologie ist die wissenschaftliche Erkenntnis Gottes und seines Handelns im Universum. Unter systematischer Theologie verstehen wir die thematische Ordnung aller Erkenntnisse und Wahrheiten aus Natur, Schrift und Logik in ein einheitliches System.

TALMUD — Jüdische Sammlung bürgerlicher und religiöser Gesetze, die im PENTATEUCH nicht behandelt sind. Weiter sind Kommentare, Meinungen und Urteile jüdischer Lehrer von etwa 300 v.Chr. bis 500 n.Chr. enthalten. Der Talmud besteht aus zwei Teilen, der MISCHNA (mündliche Gesetze) und der GEMARA (Kommentar). Es gibt zwei Talmudversionen, den Babylonischen Talmud, dessen Gemara von babylonischen Kommentatoren stammt, und den Jerusalemischen Talmud, der von palästinischen Gelehrten kommentiert ist.

TARGUMEN — Mehrere Übersetzungen oder Übertragungen des Alten Testaments ins Aramäische, die von Esra bis zur Zeit Christi mündlich überliefert und zwischen dem ersten und dem zehnten Jahrhundert schriftlich festgehalten wurden.

TATIANS DIATESSARON — siehe DIATESSARON.

TAUFE — Ein Eintauchen in Wasser, das in der Zeit zwischen den Testamenten die Bedeutung einer neuen Identität annahm. Zum Judentum bekehrte Heiden (Proselyten) wurden getauft, was Johannes und Jesus als Erkennungszeichen übernahmen. Das griechische Wort für »taufen« (*baptizo*) kommt aus der Färberei und steht bildhaft für eine erneuerte Identität.

TELL — Arabisch für »Hügel.« Ruinenhügel, unter dem alte Städte oder Zivilisationen begraben liegen. In Ägypten, Mesopotamien, Palästina und Syrien gibt es viele solcher Tells.

TELL EL-AMARNA — siehe AMARNABRIEFE.

TESTAMENT — Vom lateinischen *Testamentum* (Bund). Einer der beiden Hauptteile der Heiligen Schrift, geläufig seit Tertullian (um 155 n.Chr.). Theologisch unterscheiden sich die beiden Testamente durch die Aufhebung des Mosebundes und Aufrichtung einer neuen Ordnung beim Tod Christi sowie die Einsetzung eines neuen Hohenpriesters in den Beziehungen des Menschen zu Gott.

TETRAGRAMMATON — Der Vierbuchstabenname Gottes im Alten Testament (JHWH), ausgesprochen »Jahwe.« In der Septuaginta und im Neuen Testament wird das Tetragammaton mit »Kyrios« (Herr) wiedergegeben, ebenso in den meisten deutschen Bibeln.

TEXTKRITIK — Teilwissenschaft der Theologie, die mit der Untersuchung der erhaltenen alten Bibeltexte befaßt ist, um den genauestmöglichen Urtext zu rekonstruieren.

TEXTUS RECEPTUS — »Anerkannter Text«, eine 1633 in Holland veröffentlichte Ausgabe des griechischen Neuen Testaments, die sich vor allem auf die französischen Texte von Stephanus und Beza stützt. In der zweiten Auflage von den Gebrüdern Elzevir wird der Text im Vorwort als »allgemein anerkannt« bezeichnet.

THEISMUS — Der christliche und jüdische Theismus ist ein philosophisches System, das sowohl Gottes Transzendenz als auch seine Immanenz anerkennt, als Schöpfer und Erhalter des Universums mit Persönlichkeit und wesensmäßiger Unendlichkeit.

THEOLOGIE — Geordnete Erforschung der Tatsachen und Wahrheiten über Gott und sein Wirken im Universum.

THEOPHANIE — Eine Gotteserscheinung in menschlicher Form, wie sie mehrmals im Alten Testament vorkommt (z.B. 1Mo 12,7; 18,1; Ri 13,6 usw).

THORA — Der mosaische PENTATEUCH, abgeleitet vom hebräischen *thora* (lehren, vor allem aus göttlicher Offenbarung). Der Begriff wurde später auch auf die mündlichen Traditionen ausgeweitet.

TYPUS — Alttestamentliches Vorausbild, das einerseits historische Wirklichkeit mit eigener Aussage ist, andererseits als Schatten einer neutestamentlichen Wahrheit über das Reich Gottes fungiert.

ÜBERREST — auch »Rest.« Die Gruppe der Gläubigen in jeder Epoche des Alten Testaments, die »kleine Herde« des Neuen Testaments und alle, die während der Drangsalszeit der Offenbarung gerettet werden.

UGARIT — siehe RAS SCHAMRA-TAFELN.

UNFEHLBARKEIT — Die Irrtumslosigkeit und Inspiration der Bibel, durch die die heiligen Schriften in allen Bereichen der Wahrheit frei von Fehlern sind, weil ein unfehlbarer göttlicher Autor die Abfassung überwachte (»Dein Wort ist Wahrheit«, Joh. 17,17).

UNIFORMITARIANISMUS — Wissenschaftliche Theorie, nach der die Entwicklung des Universums völlig durch heute wirksame und beobachtbare natürliche Prozesse erklärbar ist, ohne Zuhilfenahme von »Katastrophenfällen«, in denen das heutige Zustandsbild zum Teil auf gigantische Umstürze zurückgeht.

UNZIALE — Unzialschrift ist die ursprüngliche Schreibweise in Großbuchstaben. Unzialmanuskripte kennt man aus dem vierten bis zehnten Jahrhundert n.Chr.

URKUNDENHYPOTHESE — siehe DOKUMENTARHYPOTHESE.

VERSÖHNUNG — ein von »bedecken« abgeleiteter alttestamentlicher Begriff, der theologisch zur Bezeichnung des Opferwerkes Christi am Kreuz verwendet wird. Eigentlich ein unzureichender Ausdruck, der nur im Alten Testament vorkommt.

VÖLKERTAFEL — Das Geschlechtsregister in 1. Mose 10, in dem alle Völker der Welt auf die Söhne Noahs Sem, Ham und Jafet zurückgeführt werden.

VULGATA — Titel der lateinischen Bibelübersetzung von Hieronymus (um 400 n.Chr.), welcher ihr im Konzil von Trient 1545 verliehen wurde. Die Übersetzung wurde im Auftrag von Papst Damasus angefertigt, um zu einem einheitlichen und verläßlichen Text in der Sprache des Volkes zu gelangen.

WADI — Orientalischer Ausdruck für ein Fluß- oder Bachbett, das nur in der Regenzeit Wasser führt.

WEISHEIT — Alttestamentlicher Ausdruck für Fertigkeiten, Fähigkeiten und Urteilsbildungen, die nicht notwendigerweise von Gott stammen. Im Neuen Testament sowohl die intellektuelle Befähigung des Menschen als auch eine Offenbarung von Person, Ratschluß oder Willen Gottes, wie er in Christus Mensch wurde.

WEISHEITSLITERATUR — Die Bücher Hiob, Sprüche und Prediger, die philosophische und praktische Lebensweisheit zum Inhalt haben.

WESTLICHER TEXT — Eine von vier Textarten, die Wescott und Hort veröffentlichten. Diese Texte entstanden in Syrien im zweiten nachchristlichen Jahrhundert und fanden den Weg in den Westen, wo sie von den lateinischen KIRCHENVÄTERN verwendet wurden. Sie weichen zum Teil erheblich vom Grundtext ab, um größere Aussagekraft und Deutlichkeit zu erzielen, weshalb sie mit Vorsicht zu genießen sind.

WÖRTLICHE AUSLEGUNG — Auslegungsmethode zur Interpretation der Schrift in ihrem grammatisch-historischen Sinn, wobei die übliche und gängige Bedeutung der Wörter und Sätze vorausgesetzt wird und Sprachfiguren im Rahmen des jeweiligen Kontexts gedeutet werden.

VERBALE/VOLLSTÄNDIGE INSPIRATION — Theorie der INSPIRATION, nach der die Bibel im vollen Wortlaut (»verbal«) und in allen Teilen (»vollständig«) von Gott inspiriert und daher irrtumsfrei und verläßlich ist. Sie unterschiedet sich vom »wörtlichen Diktat«, indem sie Gott durch die Pesönlichkeit des Verfassers sprechen läßt, wobei trotz unterschiedlichen Hintergrunds und Schreibstils das Wort Gottes irrtumsfrei in menschlicher Sprache festgehalten ist.

WUNDER — Außergewöhnliches Ereignis im materiellen Bereich, gewirkt durch direktes göttliches Eingreifen zu einem gottgesetzten Ziel (gewöhnlich zur Bestätigung einer Offenbarung).

ZELOTEN — Militante und loyalistische Partei der Juden im ersten nachchristlichen Jahrhundert, die Gewaltanwendung im Interesse der jüdischen Unabhängigkeit für gerechtfertigt hielten. In der Lehre ähnlich den Pharisäern; ihr Nationalgeist war jedoch wesentlich stärker ausgeprägt.

ZIKKURAT — Stufenturm in Babylon und Syrien, in der Antike als Tempel errichtet. Gewissermaßen Abbilder des Turmes von Babel.

ZOROASTRISMUS — Persische Religion etwa seit dem sechsten vorchristlichen Jahrhundert, benannt nach Zarathustra (Zoroaster). Ein dualistisches System, das den Kampf für das Gute, Demütige und Edle gegen das Gewalttätige lehrt. Glaube an Auferstehung und Gericht.

GL